2012

བོད་ལྗོངས་ཁྲལ་དོན་ལོ་རིམ་མེ་ལོང་

西藏税务年鉴

西藏自治区国家税务局　编

中国税务出版社

图书在版编目(CIP)数据

西藏税务年鉴.2012/西藏自治区国家税务局编.
--北京:中国税务出版社,2013.8
ISBN 978-7-80235-976-5

Ⅰ.①西… Ⅱ.①西… Ⅲ.①地方税收-西藏-2012-年鉴
Ⅳ.①F812.775.042-54

中国版本图书馆CIP数据核字(2013)第147594号

书　　名: 西藏税务年鉴·2012
作　　者: 西藏自治区国家税务局　编
责任编辑: 陈金艳
责任校对: 于　玲
技术设计: 刘冬珂
出版发行: 中国税务出版社
北京市西城区木樨地北里甲11号(国宏大厦B座)
邮编:100038
http://www.taxation.cn
E-mail:swcb@taxation.cn
发行中心电话:(010)63908889/90/91
邮购直销电话:(010)63908837　传真:(010)63908835
经　　销: 各地新华书店
印　　刷: 北京联兴盛业印刷股份有限公司
规　　格: 787×1092毫米　1/16
印　　张: 25.25　彩插 4印张
字　　数: 411000字
版　　次: 2013年8月第1版　2013年8月第1次印刷
书　　号: ISBN 978-7-80235-976-5
定　　价: 200.00元

2010年12月29日，西藏自治区税务工作会议在拉萨召开。西藏自治区副主席白玛才旺（右二）出席会议并作重要讲话。他代表西藏自治区人民政府充分肯定了全区税务工作取得的成绩，强调2011年是“十二五”的开局之年，是中国共产党建党90周年，是西藏和平解放60周年，全区税务干部要打牢基础，做到开局之年成果丰富，为全面完成“十二五”时期的任务开好头、起好步，要求正确判断和把握所面临的挑战和机遇，继续加大税收政策研究力度、征收管理力度、干部队伍建设力度，不断加强思想政治教育和廉政建设。

（摄影：杨新天）

2011年8月，西藏自治区副主席宫蒲光在全区税务系统干部队伍和党风廉政建设工作会议上作重要讲话。

（摄影：徐华）

2011年9月，西藏自治区副主席宫蒲光出席全区“服务科学发展　共建和谐税收”座谈会，并对税收工作提出要求。

（摄影：徐华）

2011年1月，西藏自治区副主席宫蒲光（中）看望慰问自治区国税局干部职工。

（摄影：朱文波）

2011年7月，西藏自治区国家税务局局长袁庆杰在全区“税收·发展·民生”座谈会上致辞。

（摄影：徐华）

2011年11月，西藏自治区国家税务局局长袁庆杰（前排中左）与中国电信西藏公司代表签订发票兑奖协议。

（摄影：杨建龙）

2011年2月，西藏自治区国家税务局纪检组长群培（前排左）看望慰问执勤武警官兵。

（摄影：朱文波）

2011年5月，西藏自治区国家税务局副局长陈文通在全区稽查工作会议上安排部署稽查工作。

（摄影：杨建龙）

2011年10月，西藏自治区国家税务局副局长格桑次仁（左）到米林县国税局调研 工作。

（摄影：曾树清）

2011年10月，西藏自治区国家税务局副局长旺堆（左）在西藏国税系统廉政教育基地调研。

（摄影：高玉儒）

2011年10月，西藏自治区国家税务局副局长杨承碧（左一）欢送驻村工作队员。

（摄影：徐华）

2011年12月，西藏自治区国家税务局副局长袁继军在干部座谈会上致辞。

（摄影：徐华）

2011年4月，西藏自治区国家税务局总经济师谢学忠在纳税百强排行榜新闻发布会上答记者问。

（摄影：徐华）

2011年2月，西藏自治区国家税务局总会计师穷达参加视频会议。

（摄影：徐华）

2011年12月，西藏自治区国家税务局总审计师雷纪选（中）在日喀则地区国税局调研工作。

（摄影：小次）

2011年4月，西藏自治区国家税务局副巡视员尼玛（右二）向纳税人赠送税法宣传资料。

（摄影：徐华）

2011年12月，全区税务系统干部教育培训工作座谈会在拉萨召开。

（摄影：徐华）

2011年6月，全区税务系统处级干部视频会议在拉萨召开。

（摄影：徐华）

2011年11月，西藏自治区国家税务局党组召开党组民主生活会。

（摄影：徐华）

2011年10月，全区前三季度税收收入形势分析座谈会在拉萨召开。

（摄影：徐华）

2011年11月，西藏自治区国家税务局举办党的十七届六中全会精神主题宣讲会。

（摄影：徐华）

2011年11月，全区税务系统自助办税终端知识视频培训会议在拉萨召开。

（摄影：徐华）

西藏国税12366呼叫中心人员接听纳税人咨询。

（摄影：徐华）

2011年12月，西藏自治区国家税务局干部参加全国法制宣传日活动。

（摄影：徐华）

2011年7月，西藏自治区国家税务局邀请自治区党校老师为全体税务干部职工作主题报告。

（摄影：徐华）

2011年12月，西藏自治区国税系统廉政教育基地在西藏税务干部学校揭牌。

（摄影：刁云秀）

2011年1月，西藏自治区国家税务局干部职工参加演讲比赛。

（摄影：杨建龙）

2011年9月，西藏自治区国家税务局妇委会代表看望慰问环卫工人。

（摄影：杨新天）

2011年4月，西藏自治区国家税务局干部职工在中国税务林植树。

（摄影：徐华）

2011年5月，西藏自治区国家税务局组织全体团员开展环保活动。

（摄影：杨新天）

2011年10月，西藏自治区国家税务局举办机关效能建设文艺汇演。

（摄影：杨新天）

བོད་ལྗོངས་ཁྲལ་དོན་ལོ་རིམ་མེ་ལོང་
西藏税务年鉴

地(市)局风采

拉萨市国家税务局

2011年，拉萨市国家税务局积极把握“十二五”开局之年的发展机遇，推进专业化管理、优化纳税服务、提高依法治税水平、加强干部队伍建设，促进税收职能作用得到充分发挥。一是税收收入显著增长。在2010年突破10亿元的基础上，2011年全市税务系统税收达到19.92亿元。二是征管质量进一步提升。重点加强税收分析预测和重点税源监控，开展异常税负分析和纳税评估，加大户籍管理力度，扩大税控收款机推行范围，有效发挥了信息化手段对征管的支撑作用。三是纳税服务持续优化。在税收宣传方式上进一步创新，办税业务进驻拉萨市民服务中心，纳税服务热线、拉萨国税网站服务作用有效发挥，“双减负”工作有效推进。四是执法水平不断提高。实体法与程序法并重，认真落实税收政策，严格规范税收执法，加强执法监督，深入整顿和规范税收秩序，税收执法环境净化。五是队伍建设深入推进。充分发挥班子的示范带头作用，深化机构人事改革，建立合理的人才流动机制，以创新的举措深入推进学习型机关，加强机关作风和效能建设，树立了良好的国税形象。六是内部管理更趋规范。加强政务、财务、事务管理，加强执行力建设，提高工作落实力，形成和谐有序的运行机制，为税收整体工作提供有力的服务和保障。

▲ 2011年6月，拉萨市国税局召开全市国税系统科级干部大会。（摄影：谢东萨）

► 2011年8月，拉萨市国税局党组书记其美（右二）在柳梧新区税务分局调研。（摄影：郝巧莲）

◄ 2011年10月，拉萨市国税局局长葛程蓉（左四）带队慰问驻村工作队。

（摄影：郝巧莲）

▲ 办公大楼。

（摄影：谢东萨）

▲ 拉萨市国税局干部业余足球队风采。

（摄影：德吉卓嘎）

日喀则地区国家税务局

2011 年，日喀则地区税务系统紧紧围绕地区经济社会发展大局，树立“为国聚财、为民收税”理念，坚持依法治税，强化税收征管，圆满完成各项税收工作任务。**税收收入实现新突破**。税收收入突破 5 亿元大关，达到 5.46 亿元，比上年增加 1.7 亿元，同比增长 46.8%，超额完成目标任务的 30%，创历史新高。**纳税服务水平持续提升**。深入贯彻落实科学发展观，始终坚持以人为本，注重和谐，着力改进服务方式，提高办事效率，加强办税服务厅建设，深入开展税收宣传教育，广大纳税人的纳税意识和税法遵从度不断提升。**税收征管质效显著**。全面实施税收执法责任制，深入开展税收执法综合检查和监督，执法质量不断提升。加强发票管理，推行有奖发票及税控收款机，发挥“以票控税”作用，有力堵塞了税收漏洞。充分利用信息化资源优势，完善社会协税护税网络，税收秩序与执法环境明显改善。**队伍建设不断加强**。按照“政治过硬、业务熟练、作风优良、执法公正、服务规范”的总体要求，注重执行力和团队精神的培养，不断提高干部队伍的思想觉悟，为全地区税收工作的推进和税收事业的发展提供了坚强的组织保证。

▲ 2011年9月，日喀则地区国税局局长杨锐（右）看望慰问亚东“9·18”地震受灾户。 （摄影：次旦卓嘎）

▲ 2011年8月，日喀则地区国税局召开民主评议政风行风工作动员大会。 （摄影：小次旦卓嘎）

▲ 团结、务实、廉洁的日喀则地区国税局领导班子。（摄影：刘莹）

◀ 2011年8月，国家税务总局工作组在日喀则地区国税局调研。（摄影：小次旦）

▲ 2011年7月，日喀则地区国税局“国税课堂”开班。（摄影：刘莹）

▲ 2011年4月，税务干部向群众宣传税法知识。（摄影：小次旦）

山南地区国家税务局

2011年，山南地区国家税务局紧紧围绕“服务科学发展，共建和谐税收”，积极服从、服务于社会发展稳定大局，大力组织收入，强化税收征管，优化纳税服务，全年共组织各项税收收入7.2亿元，比上年增收8305万元，同比增长13%，被山南地委行署评为“综合考评和效能建设年”先进单位。**强化税收征管**。大力整顿和规范税收秩序，全年查补各项税款1171万元；严厉打击制售假发票行为，积极推广应用税控收款机，为403户纳税人安装417台税控收款机，着力提高税源监控水平；积极推进税收管理信息化建设，推广使用POS机刷卡缴税业务，推行电子档案管理系统，应用财税库银横向联网缴税业务；全面贯彻落实各项税收优惠政策，全年共减免各项税收788万元。**优化纳税服务**。完善值班服务制度，落实首问责任制，推行全程服务、预约服务、提醒服务、延时服务，开展“一站式”、“一窗式”、“绿色通道”等服务，着力提升服务质量；推行“一户式”纳税人电子信息，减少纳税人报送资料，减轻纳税人负担；紧紧围绕“税收·发展·民生”主题，广泛开展送税法进农村、进企业、进校园等税收宣传活动，积极推进和

▲ 2011年3月，扶贫联系点为山南地区国税局赠送锦旗。（摄影：林千）

▲ 山南地区国税干部重温入党誓词。（摄影：林千）

谐税收建设。**提升队伍素质**。推进领导班子作风建设，努力为基层排忧解难；深入开展“基层建设年”、“强基惠民”和创先争优活动，加强学习型机关建设，积极推进党组织建设；大力开展业务培训，推行业务考试，着力提高税务干部岗位技能和综合素质；完善内部风险控制机制，严格廉政责任考核，加强廉洁从税教育，全面推进党风廉政建设工作。

▲ 2011年6月，国家税务总局巡视组与山南地区国税局干部座谈。（摄影：林千）

▲ 2011年5月，山南地区国税局局长冯留性（右二）到基层检查指导工作。（摄影：林千）

▲ 2011年4月，山南地区国税干部走上街头向群众宣传税法。（摄影：林千）

▲ 2011年5月，山南地区国税局开展税法进学校活动。（摄影：林千）

林芝地区国家税务局

2011年，林芝地区国税系统深入践行科学发展观，认真贯彻党的十七届六中全会精神，全面落实中央“调结构、促发展、惠民生”一系列税收政策，充分发挥税收职能作用，通过创新管理、优化服务、带强队伍，各项税收工作取得显著成效，促进了林芝经济社会较好发展，先后获得“林芝地区先进集体”、“林芝地区民族团结进步先进单位”等称号。

▲ 林芝国税系统科级干部选拔任用暨晋升科级非领导职务动员大会。（摄影：曾树清）

▶ 林芝地区行署副专员杨方宇在林芝地区国税局办税服务厅观看网上税务咨询情况演示。

（摄影：邱育群）

◀ 林芝地区国税局向“诚信纳税户”授牌。（摄影：李青）

▼ 林芝地区首个“税收法律宣传基地”在地区二小正式成立。林芝地区人大工委副主任多吉（右）为地区二小授牌。

（摄影：曾树清）

▼ 林芝地区国税局驻察隅县目巴村工作队给村民开展“感党恩”教育。

（摄影：曾树清）

昌都地区国家税务局

2011 年，昌都地区国税系统完成税收收入 4.03 亿元，比上年增收 1.39 亿元，同比增长 52.7%。该局以邓小平理论和“三个代表”重要思想为指导，深入贯彻落实科学发展观，全面贯彻党的十七届五中全会和中央第五次西藏工作座谈会精神，牢记“为国聚财、为民收税”的神圣使命，以改革创新为动力，以科学化、精细化、专业化管理为主线，以队伍建设和反腐倡廉建设为根本，充分发挥职能作用，全力服务发展，努力实现税收收入稳定增长、税收环境持续改善、税务管理全面升级、干部素质显著提升，圆满完成了各项工作任务。该局荣获“昌都地区先进基层党组织”、“三八红旗先进集体”等称号和“学习党史、坚定信念”知识竞赛组织奖；该局驻布托村工作队被昌都县委、县政府授予“先进工作队”荣誉称号。

▲ 2011年3月，昌都地区国税局召开2011年税务工作会议暨纳税人表彰大会。（摄影：李立军）

▲ 昌都地区国税局办税服务厅。（摄影：李立军）

► 2011年3月，昌都地区国税局在全国妇联“巾帼建功”活动中荣获“巾帼文明岗”称号。
（摄影：李立军）

◄ 2011年3月，昌都地区国税局干部到敬老院慰问孤寡老人。
（摄影：李立军）

▲ 昌都地区国税局召开学习贯彻全区税务系统党风廉政建设工作会议精神大会。
（摄影：李立军）

▲ 2011年6月，昌都地区国税局举行唱红歌比赛，纪念建党90周年暨西藏和平解放60周年。
（摄影：李立军）

那曲地区国家税务局

那曲地区国家税务局于 1994 年 10 月 25 日从地区财政局分设挂牌。那曲地区国税局机关设 14 个部门，下设 11 个全职能局，主要负责全地区的税收征收管理。自成立以来，那曲国税人团结拼搏、艰苦奋斗、求真务实、开拓进取，建立健全各项规章制度，规范管理，严格依法治税，从严治队，税收收入年年上台阶。1994 年税收收入为 1646 万元，2011 年共组织各项收入 3.8 亿元，首次突破 3 亿元大关，是 1994 年的 23 倍。

▶ 那曲地区国税局举行“全国文明单位”授牌仪式。

（摄影：王君）

▲ 那曲地区国税局税务人员下户检查。

（摄影：张庆）

▲ 那曲地区国税局干部在征税途中。

（摄影：张庆）

▲ 那曲地区国税局领导班子。

（摄影：张庆）

◀ 2011年8月，国家税务总局、西藏自治区国家税务局领导看望藏北国税干部。

（摄影：张庆）

▲ 2011年7月，那曲地区国税局举办“青春献税收永远跟党走”文艺汇演。 （摄影：张超）

▲ 那曲地区国税局荣誉栏。

（摄影：尼玛顿珠）

阿里地区国家税务局

超额完成全年税收任务。2011 年，阿里地区国税系统组织入库各项收入 1.51 亿元，比上年增收 3544 万元，同比增长 30%，完成区局考核指标的 120%，扣除一次性增收因素，增长速度仍高达 16%。**服务经济社会的作用得到较好发挥。**为增值税一般纳税人办理固定资产进项税额抵扣，全年累计抵扣进项税款 25 万元；积极贯彻落实修改后的个人所得税法，政策调整后全地区有 500 余人不再缴纳个人所得税；降低了小规模纳税人和娱乐业的征收率；开征了城镇土地使用税和地方教育附加，分别实现收入 106 万元和 114 万元；积极落实自治区人民政府为支持小型微利企业和推进非公有制经济发展的税收政策。**税收管理取得新进展。**稳步推行税控收款机。金税三期工程广域网项目建成并投入运行，网络可靠性明显提高。严格执行增值税一般纳税人认定标准和增值税抵扣管理。深入推行税收执法责任制，严格执法过错责任追究。开展税收专项检查和税收专项整治，严厉查处涉税违法行为，全年共查补入库税款 22.69 万元。**纳税服务水平得到有**

▲ 2011年1月，阿里地区税务工作会议召开。 （摄影：冯利萍）

► 2011年6月，阿里地区国税局领导走上街头宣传税法。
（摄影：郁万全）

效提升。加强税收日常宣传教育，扎实开展税收宣传月活动，不断增强全社会的税收法治意识。切实改进服务方式，简化办税程序，热情周到服务。**队伍建设呈现新气象**。广泛开展创建文明单位、青年文明号，深入开展“创先争优”、建设学习型党组织、基层建设年和强基础惠民生等活动；通过组织考察、民主推荐等程序，认真开展地区局机关和县局领导的选拔任用工作；切实加强廉政建设，健全惩治和预防腐败体系。**内部管理迈出新步伐**。加强信访工作，落实信访工作责任制，加强对税收执法权和行政管理权的监督。大力推进节约型税务机关建设，办公成本降低，行政经费支出下降；政务公开力度不断加大，财经纪律执行到位，经费、基建、政府采购管理更加科学规范。

▲ 2011年3月，阿里地区国税局干部参加“佩团徽、亮身份，让青春在阿里闪光”活动启动仪式。
（摄影：洛桑卓玛）

▲ 阿里地区国税局办税服务厅工作人员学习业务知识。
（摄影：扎西加措）

བོད་ལྗོངས་ཁྲལ་དོན་ལོ་རིམ་མེ་ལོང་
西藏税务年鉴

县局风采

堆龙德庆县国家税务局

▲ 向纳税人宣传税法。

2011年，堆龙德庆县国家税务局全年税收收入突破2亿元，完成年度计划的177.42%。一是加强重点税源监控，科学分析经济税源信息，及时掌握税收收入、生产经营和缴税情况，对收入进度、税源状况做到情况清、底数明；二是推广应用税控收款机，加大以票控税力度，对营业额在1万元以上的核定户推行税控机，推行582台，补缴税款800万余元；三是加强建安业税源控管和征收，注重以票控税，防止建安业税款流失，代开发票657份，缴纳税款3303.42万元，比上年增收1773.93万元，同比增长116%；四是加强城镇土地使用税征收管理，与国土、城建等部门加强协作，征收城镇土地使用税749.81万元；五是优化纳税服务工作，认真落实增值税、营业税起征点提高优惠政策，惠及全县个体工商户597户，年减免税额220余万元；六是通过举办税企座谈会等方式，当面听取企业建议和合理诉求，积极构建和谐征纳关系，提高了纳税人的税法遵从度。

曲水县国家税务局

2011年，曲水县国家税务局完成税收收入5100万元，比上年增收2071万元，同比增长68%，税收总量和增速均创历史新高。在日常税收管理上，依法加强纳税人户籍管理，不折不扣贯彻执行各项税收政策，加强干部执法监督和考核，严防管理漏洞。在纳税服务上，规范和完善办税服务厅内部标识和功能分区，坚持不懈地开展税收宣传活动，广泛开展业务辅导、政策咨询服务，使税收法律、法规、政策深入人心，不断提升服务层次，拓展服务内容，全面提高工作效率和服务质量。在干部管理上，不断创新思想观念，以创建学习型、创新型单位为目标，建章立制、加强培训，坚持以制促学、以训促学，不断提高干部队伍综合素质，有力推进全局税收工作。2011年，曲水县国税局被县委、县政府评为“先进基层党组织”。

▲ 2011年5月，曲水县国税局被评为曲水县先进党组织。

达孜县国家税务局

▲ 上街宣传税法。

2011年，达孜县国家税务局完成各项税收收入6745万元，比上年增收2562万元，同比增长61%。该局顺应达孜县经济快速发展及工业园区发展总体规划趋势，结合管理经验，分析各类企业的涉税管理难点，推进税源分类管理，为纳税人提供优质高效的服务，促进税收征管质效提升。始终注重干部教育培训工作，以干部素质提升带动服务税收水平的提高，以优质的纳税服务为税收事业保驾护航，进一步激发了干部的主观能动性和工作积极性，干部更加爱岗敬业，更好地服务税收工作。2011年，达孜县国税局被拉萨市国税局评为“先进集体”，被达孜县委、县政府评为“平安文明单位”、“目标管理责任先进单位”、“招商引资先进单位”、“为园区发展服务有功单位”等。

墨竹工卡县国家税务局

2011年，墨竹工卡县国税系统共组织入库各项税收收入2.3亿元，比上年增收1.3亿元，同比增长125%。立足于辖区税源实际，加大对矿产企业采矿权、探矿权、股权转让的管理；加强发票管理，严格以票控税，在缴销发票过程中，认真核实纳税人发票开票金额，对发票开具超过核定额并达到起征点的进行全额补税，全年26户个体工商户自行补缴税款，补征税款6万元；认真落实税收优惠政策，优化纳务服务水平，对农牧民在农牧区从事运输业务的实行先征后退政策，全年共为农牧民退税104万元。

▲ 开展税法宣传活动。

▲ 为纳税人办税。

林周县国家税务局

2011年，林周县国家税务局共组织入库各项税收收入4140.74万元，同比增收1443.03万元，增长53.49%。始终坚持应收尽收，不断强化征管手段，拓宽管理思路，转变工作重心，积极寻找新的税收增长点，加强税源管理。坚持不懈地做好税收宣传工作，推动纳税人纳税遵从度不断提高，税收治税环境大为改善。始终坚持依法治税，不折不扣地落实各项税收政策。注重加强队伍建设，深入推进精神文明建设，进一步提高全局干部素质，努力打造学习型、服务型、创新型税务机关，2011年获得林周县“机关效能建设三等奖”

▲ 开展税法宣传。

▲ 开展税源调查。

尼木县国家税局

2011年，尼木县国家税务局共组织入库税收收入2898.36万元，比上年增收223.36万元，同比增长21.64%。该局坚持从基础入手，加强经济税源管理，做好税源摸底调查工作，着重加强重点税源监控，定期从经济发展状况、税收结构、税收政策影响、征管质量等方面做好税收计划执行情况综合分析，注重加强与县财政、工商等部门合作，深入实际调查掌握基建税源情况，规范临时生产经营、建筑安装工程项目以及其他工程作业申报程序。积极做好税控收款机推广工作，集中开展操作应用培训，征税户税控收款机推广率达90%以上。坚持改进纳税服务工作方式，送税法、送政策上门，让纳税人及时了解税收政策。坚持以人为本，认真开展干部理论与业务学习，不断提高干部税收执法水平，为税收工作提供了有力的支持与保障。

▲ 为纳税人办理涉税事宜。

当雄县国家税务局

▲ 为纳税人办理涉税事宜。

2011年，当雄县国家税务局完成税收收入3733万元，为当雄县经济发展和社会稳定发挥了积极作用。在税收工作中，对3户增值税一般纳税人实行重点管理，落实人员，明确责任，每月开展相应的调查，按行业、分税种对纳税人静态和动态涉税数据进行采集、比对、分析，结合重点税源监控报表，对重点税源经营情况、纳税情况进行全方位监控和管理。认真开展纳税人发票使用情况检查，做好税控收款机推广工作，全年推行税控收款机用户32户，基本涵盖了辖区内规模大的纳税户。加大协税护税工作力度，主动与地方相关部门沟通联系，做到税源清、底数明。不断优化纳税服务工作，加强政策宣传解释，进一步提高了纳税人依法纳税意识。

亚东县国家税务局

2011年，亚东县国家税务局共组织各项收入654.6万元，比上年增长26.62%，同比增收137.64万元。坚持“依法诚信纳税、共建和谐亚东”为主体，开展税收宣传工作。以广大纳税人、机关干部、学生为主要对象，采取召开财税政策宣传大会、开展纳税人培训、悬挂宣传标语、搭设街道宣传台、发放宣传资料等形式，积极开展税法宣传，累计发放宣传资料1820份。进一步优化纳税服务，提升纳税服务功能和效率。坚持强税政、抓规范、促收入，深入推进税收科学化精细化管理。2011年开展打击制售假发票和非法代开发票专项整治行动，大力整顿和规范经济秩序，共检查120户辖内用票户，共检查违法户数7户、违法发票13份、罚款1500元。建立第三方涉税信息采集机制，优化征管业务流程，运用信息化手段规范征管。推进企业所得税辅导检查，强化地方小税种管理办法，提升小税种收入地位。

▲ 开展税法宣传工作。

江孜县国家税务局

▲ 西藏自治区国家税务局局长袁庆杰（中）在江孜调研。

2011年，江孜县国家税务局共组织税收各项收入1992.32万元，完成年度奋斗目标的124.52 %，同比增长37.96 %，首次突破1000万元大关。推陈出新，优化纳税服务水平。设立A、B角工作制度，相互交叉开展工作，确保责任到人；大力推行POS机刷卡缴税申报方式；制作"江孜县国家税务局纳税服务联系卡"、推出"温馨提示板"，想纳税人之所想，急纳税人之所急。积极探索，提升税收征管水平。提出"重点税源重点管理、一般税源强化管理、零散税源及时管理"工作要求，逐步探索税源专业化管理模式；对征管数据分析结果，实行"一站分析，全程共享"；2011年检查发票用票户共计75户，发现问题的29户、违法发票份数40份，共补缴税款247.5元、处以罚款5600元。

谢通门县国家税务局

2011年，谢通门县国家税务局共组织税收收入1.51亿元，同比增长87%。抓宣传、提服务。建立"企信通"平台发送税法宣传短信13万余条、通过税企QQ群和纳税人信箱宣传各类法规政策，并解决涉税事件20余起；增设宣传栏、纳税人便民信箱、干部在岗情况栏等便民办税设施，提升服务质量。建立健全矿产企业管理体系促征管。建立矿产企业个性化档案。根据矿产企业的主营矿产品的产量、销量、市场价格及行业发展等特点，将传统的企业档案改建为传统档案信息、产销量统计表、市场价格变动情况表等信息数据型档案，有利地把握企业在重要经营活动和重点业务流程中的风险点。

▲ 日喀则地区国税局局长杨锐（左二）在谢通门县检查指导工作。

▲ 下户检查。

聂拉木县国家税务局

2011年，聂拉木县国家税务局共组织税收收入1142万元，比上年增收259万元，同比增长29%。多渠道提供纳税服务。开通部门邮箱、八小时以外预约服务、搭建QQ咨询平台，畅通征纳交流渠道，简并表证单书，建立健全纳税服务体系。动态管理，开展征管工作。对纳税人实施动态管理，对其经营情况严格监控，及时掌握涉税变化；征期前以电话等形式，告知纳税户及时履行纳税申报义务，保证征收税款及时，2011年纳税申报率实现100%；贯彻非公有制经济跨越式发展有关税收政策，2011年辖内免税个体户509户，占总个体户的98%，极大地减轻了纳税人税收负担。

▲ 开展送税法活动。

▲ 向外国人宣传中国税法。

拉孜县国家税务局

2011年，拉孜县国家税务局共组织各项税收收入1303.70万元，比上年增收579.20万元，同比增长79.95%，完成年度计划的157.07%。坚持“为国聚财、为民收税”宗旨，努力提升纳税服务水平和税收征管水平。率先推广4台税控机；加强发票管理，检查出有问题业户18户，共取得罚没收入1.79万元，比上年增长1.69万元；加强与相关部门的协作，与工商局等部门建立登记信息、工程信息交换制度，确保监控到位、项目不漏，管理到位、税源不流，征收到位、税收不丢；针对辖区内18家行政事业单位房租收入征收易漏、难管的现状，组织人员对其房屋出租收入情况进行清理检查，全年取得房屋租赁业各项税收收入24.32万元。

▲ 在县城主街道开展税法宣传活动。

▲ 向县财政局了解项目扣款情况。

白朗县国家税务局

2011年，白朗县国税系统税收工作取得历史性突破，组织各项税收收入1053.93万元，税收收入首次突破1000万元大关，同比增长181.08%，为地方经济建设和税收事业的发展作出了贡献。税收宣传工作亮点突出。利用“税收宣传月”活动契机，向纳税人发放“自制挂历”，营造“处处见税法”的浓厚氛围。税收征管工作取得实效。狠抓打击发票违法犯罪活动检查工作以及年度区域税收专项整治检查工作，共查补税款6.16万元；贯彻落实拉日铁路建设中各项税收惠民政策、提高个体工商户增值税和营业税起征点的政策以及对小型微型企业暂免普通发票工本费的政策，依法共减免各项税收15.63万元。

▲ 2011年11月23日，西藏自治区国家税务局局长袁庆杰赴白朗县检查指导工作，并为“日喀则地区国家税务局廉政教育基地”揭牌并题词。

岗巴县国家税务局

2011年，岗巴县国家税务局实现税收收入458.13万元，同比增长22%。积极培育固定重点税源，提高自身造血能力。积极培育固定重点税源，两户增值税一般纳税人，2011年缴纳各项税金共计170万元，占全部税收收入的37%，税收贡献率创历史之最。树立管理质效论成败观念。从税收执法风险角度出发，要求全体干部树立“水到渠成”、“细水长流”工作理念，将各项工作流程的合法性和合理性置于首要位置。坚决贯彻落实减免税政策。受“9·18”印度锡金邦地震影响岗巴县城受灾，纳税户在2011年享受减免各项税金共计3.17万元。

▲ 日喀则地区国税局局长杨锐（左）在岗巴县“曲登尼玛”矿泉水生产企业了解情况。

▲ 税法进农家书屋。

萨嘎县国家税务局

2011年，萨嘎县国家税务局共组织收入338万元，比上年增收58万元，同比增长17.1%。多头并进，改善纳税服务水平。在税法宣传方面，积极创新宣传方式，加强与宣传部门沟通协调，增强税法宣传取得实质效果；在纳税咨询方面，安排业务能力强的干部认真做好日常纳税宣传工作；在办税服务方面，为纳税人构建整洁、文明的纳税服务环境，努力提高纳税服务质量；在协税护税方面，做好与相关部门的沟通协调工作，形成良好的协税护税环境。齐抓共管，提高税收征管质量。在登记管理方面，定期与县工商局加强信息交换，清查漏管户，督促漏管户及时办理税务登记；在税源管理方面，积极向兄弟单位学习，提高管理水平；在发票管理方面，严格把关发票“领、用、存”环节，加强以票控税，开展发票检查工作，营造良好的发票使用环境。

▲ 为纳税人进行税收政策宣传讲解。

仁布县国家税务局

2011年，仁布县国家税务局共组织各项收入701.08万元，比上年增收236.49万元，同比增长50.9%。明确工作职责，提升征管质量。按照“征、管、查”三分离原则和“加强管理、有利于服务、讲求效率”的要求，对税收职责进行重新分解，使职能更加合理，职责更加明确，工作协作更加有力；加强拉日铁路沿线税收征管工作，共组织相关税收收入56.36万元，减免相关税收收入134.16万元。树立无缝隙的纳税服务理念，优化纳税服务，提高税法遵从度。着力打造严谨、务实、高效、奉献的纳税服务团队，提高全体干部在纳税服务方面的学习力、执行力和创新力，进一步拓宽服务领域、丰富服务方法、提高服务质量，以及“一窗式”、“一户式”、“一站式”等服务方式及利用微笑服务、礼貌用语、零距离等贴近纳税人的形式，发挥好办税服务厅的作用。

▲ 日喀则地区国税局局长杨锐（左二）在仁布县达热瓦青稞酒厂实地考察。

▲ 纳税人征管档案。

仲巴县国家税务局

▲ 为“诚信纳税人”颁发荣誉证书。

2011年，仲巴县国家税务局共组织税收收入1336万元， 比上年增收635万元，同比增长90.59%，完成全年税收奋斗目标178.13%。强化纳税服务工作。以税收宣传月活动为契机，围绕“税收促进发展 发展改善民生”主题，开展张贴宣传画、发放税收政策宣传单、召开税企座谈会、向先进纳税户颁发荣誉证书等扎实有效的活动，进一步提高广大群众自觉纳税的意识；上班期间一律统一着装，使用文明用语，认真耐心为纳税户答疑解惑，做到微笑服务、用心服务。细节入手，强化税收征管工作。2011年共清理漏管户24家，责令其限期办理税务登记证，纳入到正常税收管理；对纳税户涉税情况实行动态管理，特别是对双定户，认真盘查并结合发票领购情况，及时进行纳税调整；加大发票管理力度，严把发票缴销、审核及发售关，实现“以票控税”。

吉隆县国家税务局

2011年，吉隆县国家税务局共组织税收收入501.67万元，比上年增收158.16万元，同比增长46.04%。通过“三推行、一及时”加强纳税服务工作。推行“一站式”服务和“一窗式”管理；推行首问负责制、限时服务制、承诺服务制；推行纳税服务卡强化税收宣传；及时足额兑现税收优惠政策。通过“四化”加强税收征收管理。建立信息共享化管理，定期或不定期与工商局交换登记信息，截至2011年底，辖区内登记户数272户，税务、工商基本实现信息对称；建筑业施工进度和工程拨款进度实行动态化管理，对高收入行业的经营状况实行重点监控；个体工商户和固定企业税源实行常态化管理；加强发票规范化管理，强化以票控税。

▲ 开展税法宣传活动。

南木林县国家税务局

2011年，南木林县国家税务局共组织各项税收收入652.89万元，比上年增收78.80万元，创造历史最高水平，为地方经济建设作出积极贡献。建立联合机制，税收征管工作得实效。“税务—工商”联合，登记户数心中有数。“税务—国土”联合，对单位或个人办理占用耕地和销售不动产时严格执行“先税后书”原则，并建立部门信息共享机制，使销售不动产征管工作趋于规范。积极筹划，税收宣传工作出新招。通过媒体播放税收法律法规、个人所得税政策、新版发票管理等材料，进一步提高纳税人的纳税意识、索取发票意识；利用短信平台——企信通，对纳税人宣传税收常识、扩大宣传面和影响力；利用传统宣传手段，共发放宣传资料536余份，取得良好社会效应。

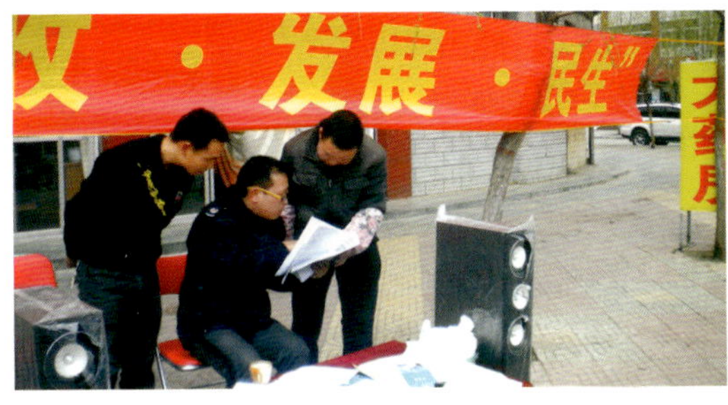

▲ 为纳税人答疑解惑。

▲ 为纳税人发放宣传资料。

昂仁县国家税务局

▲ 开展税法宣传活动。

2011年，昂仁县国家税务局共组织税收收入795.43万元，为地方财政收入稳定增长提供了支撑，促进了地方经济快速健康发展。强化税收征管、提升税收征管水平。采取灵活多变的举措，加大基建税源与矿产税源管理，做到重点行业重点管控；通过对外与财政、教育、交通、发改委等部门沟通协调，及时了解基建与矿产税源的分布情况，建立信息互享、代扣税款等协作关系；加大发票监管力度，严格“以票控税”制度，对施工企业及推销产品纳税人实现“一户一证”制，结束部分纳税人以零散形式开具税票的模式。改进方式方法，不断优化纳税服务。换位思考，尊重纳税人主体地位，坚持公平服务、全员服务，建立互信、平等、和谐的新型征纳关系；推行上门服务等方式，使纳税人熟悉办税流程、掌握法规政策、提高办税效率、节约征纳成本。

定日县国家税务局

▲ 开展强基惠民工作。

2011年，定日县国家税务局共组织各项税收收入784万元，比上年增收319万元，同比增长40.63%，完成全年税收计划的135.16%。加强税收征管，切实提高征管水平和质量。加强税收数据运行质量监管，规范数据采集、录入和审核，提高征管数据质量，深入推进纳税人信用等级评定工作，增强税收征管的针对性；加强发票监管力度，对3户违规使用发票行为进行处理，罚款1400元。创新服务方式，切实提高纳税服务水平。强化纳税服务意识，树立讲文明、重礼仪、真服务的形象，把社会群众、纳税人满意作为最高标准和根本任务；完善办税服务厅功能，大力推行多元化办税方式，畅通多元化办税渠道，努力降低纳税人办税成本，满足纳税人合理需求；明确各部门职能职责，建立完善相互良性运行机制。

萨迦县国家税务局

2011年，萨迦县国家税务局实现各项税收收入775.6万元，比上年增收214万元，同比增长38.2%，完成年度目标的110.8%。“求新思变”改善纳税服务水平。利用电视、公开办税栏及时公布税收政策和办税程序，加大对纳税人合法权益、税收优惠政策的宣传力度，保障纳税人的税法知情权。推行限时服务承诺，提高行政审批效率。推出文明用语、首问责任、限时办结、延时服务等服务制度，初步实现纳税服务方式向简化办税程序、提高办税效率等深层次的转变。“两加强”凸显征管工作成效。加强发票管理工作。2011年实现发票违规罚款收入1999元，定期定额户超过核定额共9户，补缴各项税款共计9481.92元。自推行新版有奖发票以来共收到兑奖发票57份，兑奖金额1510元。利用税务机关代开发票软件征收税款29.74万元。加强税收检查工作，对发现问题的2户企业查补税收收入6万元。

▲ 税法宣传如火如荼。

康马县国家税务局

2011年，康马县国家税务局共组织税收收入347万元，比上年增收44万元，同比增长14.52%。“一对一”开展纳税服务。一对一进行纳税走访、召开座谈会、进行问卷调查，全面了解纳税人的服务需求，主动为纳税人提供所需服务。实地调研税收征管工作。加强经济发展和税源状况的实地调研，以重点行业建筑安装业为主线，同财政、工商、发改委、交通、教育、农牧、水利七部门建立税源信息按月定时收集和共享制度，推进征管工作顺利开展。

▲ “一对一”开展纳税服务。

▲ 召开2011年度税收经济分析会议。

定结县国家税务局

2011年，定结县国税系统共组织各项税收收入406万元，比上年增收126万元，同比增长45%，完成年度计划的116%。创新机制提升纳税服务水平。征询纳税服务需求，组织“纳税人满意度及纳税服务需求”问卷调查活动，建立纳税人需求分析机制，以纳税人的需求为导向开展税务工作。拓宽政策解读新渠道，开展每周一小时“税务课堂”，为纳税人提供税收基础知识和解读税收新政策。

按信用等级将纳税人进行区别管理，进行不同程度的政策解读和税收培训。加强各项管理、夯实征管基础。加强税种管理，与各部门沟通协调，信息共享，充分发挥代开发票以票控税的作用。加强防伪税控的推广工作，14户纳税户纳入防伪税控管理工作。加强日常税收管理，定期对固定户开展巡查，了解纳税人经营变化情况。

▲ 开展税法宣传活动。

措美县国家税务局

▲ 深入矿山检查。

2011年，措美县国家税务局坚持“为国聚财、为民收税”宗旨，扎实开展工作，完成税收收入565.06万元，比上年增收144.62万元，同比增长34.40%。征管水平迈上新台阶。个体工商户起征点提高后，加强对发票使用情况的管理，2011年，因发票超额补缴税款6.5万元。对发票专用章的使用情况进行整改，同时缴销旧版发票，使新版发票得到普及。认真落实各项税收新政策。积极宣传地方教育费附加新政策，扎实开展征收工作，于2011年6月完成第一个地方教育费附加征期工作。深入矿山、企业宣传税法。深入全县6个采矿点实地调研，深入企业辅导报税系统操作，讲解税收政策，促进征纳和谐关系。

错那县国家税局

2011年，错那县国家税务局共组织各项收入486万元，比上年增收133万元，同比增长38%，为错那县经济发展作出了贡献，获县委、县政府“2011年财政收入突破奖”。坚持依法治税、营造公平纳税环境。认真审验外出经营证，防止偷税逃现象；加强发票管理，对违章违法行为加大处罚力度，对开票金额超过核定额的纳税户严格按照新《税收征管法》和新《发票管理办法》进行补税，2011年，补征税收12万余元。不断优化纳税服务。以优化纳税服务为抓手，积极向建设服务型机关转变；在办税大厅放置《税收征管法》等常用税收法律，方便纳税人学习和查询；设立公示栏、意见箱，接受纳税人的意见建议，及时改进纳税服务工作。

▲ 指导个体工商户使用税控收款机。

▲ 错那县国税局获县委、县政府2011年财政收入突破奖。

隆子县国家税务局

2011年，隆子县国家税务局紧密围绕税收工作中心，不断强化各项税收征管，共组织各项收入6768.15万元,比上年增收4790.86万元，同比增长242.29%。被评为“隆子县2011年度财税工作先进集体”。严格落实各项税收政策。共计为农牧民退税27.6万元。集中力量对企业所得税减免进行调查，对已满5年减免期的企业从2011年第一季度开始恢复征税。积极做好地方教育附加费征收工作，提高个体工商户起征点，重新核定征收额。扎实抓好发票管理。对旧版发票尚库存量进行登记，在隆子县监察局的监督下进行销毁；着力推进新版发票使用，在县城宣传新版发票的使用和防伪信息。加强大企业税收管理。对辖区内的5家大型企业的纳税情况进行全面审核检查，坚持“抓大不放小”原则，认真核实税基，从源头做好企业税收管理。

▲ 西藏自治区国家税务局局长袁庆杰（右二）到隆子县国税局调研。

琼结县国家税务局

2011年，琼结县国家税务局始终坚持依法组织收入原则，克服税源单一，较好地完成了税收任务，共组织各项收入608万元，比上年增收224万元，同比增长58.09%，为琼结县经济发展作出了贡献，获2011年度琼结县“先进集体”荣誉称号。税收征管水平不断提高。扎实做好征管基础工作，加强对招商引资企业的税收管理，积极为琼结县招商引资工作服务；加大基建税收管理，建立健全基建企业电子总账、明细账和纸质台账，做到随时准确查询。扎实做好各项基础性工作。不断优化纳税服务，制定纳税服务制度；不断推进信息化建设，改造升级机房；认真贯彻落实党风廉政建设责任制，扎实做好维稳工作。

▲ 慰问贫困户。

▲ 税法进校园。

桑日县国家税务局

2011年，桑日县国家税务局不断挖潜增收，涵养税源，各项工作取得较好成绩。共组织收入1亿元，比上年增收5482.56万元，同比增长119.56%，获桑日县财税贡献“先进单位”称号。狠抓重点税源监控。不断加强对重点税源管理，对太阳能光伏发电站和一些新兴税源加强涵养和扶持。加强纳税户管理。对登记注册纳税户及时进行摸排调查，确保相关登记信息准确、完善。优化纳税服务。深入企业、商户进行零距离宣传，及时解决纳税人疑难问题。制定《服务承诺制度》，结合青年文明号创建工作，为纳税人提供优质服务。

▲ 召开税企座谈会。

▲ 为纳税人服务。

扎囊县国家税务局

2011年，扎囊县国家税务局大力推进依法治税，深入推进党风廉政建设，大力组织税收收入。全年组织各项收入915.32万元，比上年增收341.39万元，同比增长59%，为扎囊县经济社会发展提供了财力保障。提高税收征管质量及效率。推进精细化、科学化管理，完成普通发票换版工作，积极推广税控收款机，不断加大以票控税管理力度，2011年发票补税11万元，补缴户数30户。积极开展维稳工作。深入贯彻落实区、地两级税务工作会议精神，以及扎囊县委、县政府关于做好维护稳定的工作指示，认真执行24小时值班、领导带班等制度，做到了“三不出”。

▲ 组织学习讨论。

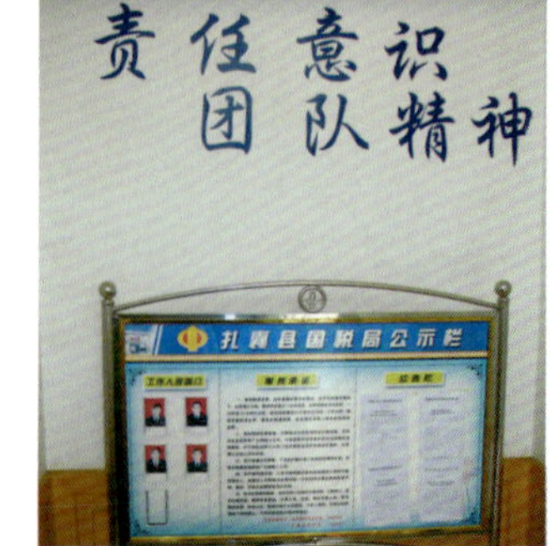

▲ 推行政务公开。

加查县国家税务局

▲ 西藏自治区国家税务局局长袁庆杰（左四）到加查县国税局检查指导工作。

2011年，加查县国家税务局严密监管重点税源，提高税源管理水平，确保了全年税收计划的圆满完成，组织各项收入3503万元，比上年增收375万元，同比增长12%，完成年度计划的100.09%，获得加查县“先进集体”、“文明单位”荣誉。征管水平迈上台阶。2011年为22户企业和个体工商户安装税控机。建立个体工商户明细台账。起征点提高后，认真做好个体户的税收核定工作。加强干部队伍建设。认真学习党风廉政建设文件，推行党风廉政建设责任制，签订责任书，使干部职工正确树立反腐倡廉、自警、自省、自励的廉政意识。优化纳税服务。巩固完善“一窗式”综合服务，公示税收政策，大力开展税法宣传，设置意见箱、留言簿，实行“阳光办税”。

▲ 召开税企座谈会。

浪卡子国家税务局

2011年，浪卡子县国家税务局共组织各项收入619.77万元，比上年增收119.7万元，同比增长24%。加强发票管理。集中力量进行发票换版，对旧版发票进行销毁，建立发票使用台账。对违法开票行为进行处罚，将罚款情况进行公示。优化服务水平。坚持服务承诺制、文明用语；严格执行岗位职责和执法责任追究制，设置了意见箱，接受社会各界的监督。认真贯彻落实财务管理制度。做到厉行节约，合理开支，办公设备和大宗物品由地区局政府采购小组统一购买，严格限制公车私用。切实加强社会治安综合治理。严格落实每日值班制度；加强维稳情报信息“日报告”制度；积极与纳税人协调、沟通，及时解决涉税问题。

▲ 办税大厅。

◀ 税务干部清理羊湖周边垃圾。

洛扎县国家税务局

2011年，洛扎县国家税务局深入贯彻落实科学发展观，组织收入1029.66万元，比上年增收579.82万元，同比增长129%。税收收入翻倍增长，为全县经济发展作出了积极贡献，被洛扎县政府授予“财税工作贡献奖”。扎实做好招商引资企业税收管理。积极做好招商引资工作，为企业提供优质的纳税服务，同时依法治税、严格管理。加强税收征管。对全县税源进行详细调查，认真进行税负分析；完善户籍管理，强化税收征管；主动与工商等部门沟通协调，加大信息交换力度，减少漏征漏管户；提高发票管理水平，加大辖区内的发票检查力度。深化廉洁从税教育。开展廉洁从税自查自纠活动，要求每一位干部职工把好“廉洁从税”关，自觉做到自省、自警、自励。

▲ 在街头开展税法宣传。

送税法进百姓家。▶

曲松县国家税务局

2011年，曲松县国家税务局在矿产品市场经济不景气、矿石价格大幅度下跌的不利情况下,仍组织收入2498万元。抓好组织收入工作。以依法治税为保证，积极采取有效措施克服组织收入的不利因素，做到应收尽收，严征细管，确保日常税收及时入库。积极向政府请示，防止偷逃税现象。全面落实维稳制度。紧紧围绕“改革、稳定、和谐、发展”的大局，认真做好24小时值班、带班工作，积极参与“平安单位”创建。推进税收法律法规宣传。在做好日常税法宣传工作的基础上，重点开展 “税收・发展・民生”为主题的税收宣传月活动。开展“四进”宣传活动，把税收法律法规送进矿区、企业、校园、农牧区。

▲ 会同相关部门进矿区宣传税法。

▲ 开展“税法进学校”宣传活动。

波密县国家税务局

2011年，波密县国家税务局围绕税收中心工作，全面开展以强化征管、服务兴税、依法治税、人才强税、勤廉护税为主线的系列活动，充分突出税收征管职能，切实推进依法治税，不断优化纳税服务，全面提升国税形象，各项工作取得显著成绩。全年共组织各项税收2225万元，比上年增收222万元，同比增长11.08%，先后获得“波密县2011年度工作先进单位”、“波密县2011年度社会治安综合治理工作先进集体”等称号。

▲ 讲解税法知识。

▲ 用心服务纳税人。

米林县国家税务局

2011年，米林县国家税务局以科学化、精细化管理为目标，认真贯彻区地两级税务工作会议及米林县经济工作会议精神，全面落实国务院支持小微企业有关税收政策和自治区人民政府关于推进非公有制经济跨越式发展政策等税收政策，不断提高征管工作效率和纳税服务水平，确保了各项税收工作稳步推进。全年组织税收收入2685万元，提前73天完成全年任务，获得“米林县2010年度综合考评先进单位”、“米林县先进基层党组织”等称号。

▲ 林芝地区国税局局长蒋辉（左一）在米林县国税局调研。

工布江达县国家税务局

2011年，工布江达县国家税务局按照地区国税局确定的“创新年”总体思路，以科学发展观统领全局，在组织收入、扶贫济困、创先争优等方面扎实有效地开展工作。税收收入保持平稳快速增长，全年组织税收收入2593万元，完成全年计划任务的118%，比上年增收827万元，同比增长47%，创历史新高。广泛深入地开展了创先争优活动，荣获“工布江达县2011年度社会治安综合治理工作先进集体”称号、“工布江达县组织收入奖”。

▲ 开展税法宣传活动。

▲ 廉政、荣誉展示室。

察隅县国家税务局

2011年，察隅县国家税务局围绕组织收入中心工作，夯实征管基础，积极做好然察公路、松塔电站等国家基本建设项目税收管理，加大木材销售、个体工商户税收征管力度，大力推进“以票管税”工作，促进各项工作任务圆满完成。全年共组织各项税收收入847万元，荣获“察隅县2011年度先进集体”称号。

▲ 察隅县国税局新办公楼。

朗县国家税务局

2011年，朗县国家税务局把税收征管、优化服务、队伍建设等工作列入“创新”工作计划，通过总结经验、改进工作、细化责任、狠抓落实，圆满完成了各项工作任务。全年完成税收收入696万元，比上年增收257万元，同比增长72%。获得“朗县民族团结进步先进集体”称号。

◀ 西藏自治区国家税务局局长袁庆杰（左）到朗县国税局检查指导工作。

墨脱县国家税务局

2010年10月，林芝地区国家税务局派出1名干部进驻全国唯一不通公路的县，正式恢复设立中断13年的墨脱县国家税务局。2011年，该局克服各种困难，开展工作，清理税源、办理登记，各项工作步入正轨。全县登记纳税户151户，全部纳入正常税收征管范围，全年征收税款327万元，同比增长30.8%。

▲ 开展日常税收管理。

芒康县国家税务局

2011年，芒康县国家税务局共组织入库各项税收收入3312万元，比上年增收1502万元，同比增长83%。一是加强重点税源监控，认真落实税收管理员制度，积极开展税源调研、监控，深入矿区实地核查，确保了税源转化税收收入。二是加大与优化"以票管税"工作力度和机制，理顺代开发票监管秩序，及时跟踪工程的拨款与进度，确保建筑安装业税款能够及时、足额入库。三是强化纳税服务意识，建立和谐征纳关系，努力为纳税人提供更加方便、快捷、优质的服务。

▲ 开展税法宣传活动。

▲ 开展川藏税务联合税法宣传活动。

▲ 办税大厅。

江达县国家税务局

2011年，江达县国家税务局共组织入库税收收入2483万元，比上年增收1187万元，同比增长91.6%，税收总量和增速均创历史新高。江达县矿产资源丰富，矿产品行业税收占总收入的比重超过半数以上。该局严格按照《税收征管法》，严把审核审批程序，建立良好的数据传送机制，及时、准确获取相关经济指标，建立健全户籍档案制度，拓展服务方式，明确管理责任，认真落实各项税收政策，积极营造公平、公开、公正的征纳环境，充分保障纳税人的合法权益，矿产行业税收征管工作取得了良好成效。在维护稳定工作中，该局采取切实有力的措施，积极开展维护社会稳定和平安单位建设各项工作，为江达县社会稳定作出了突出贡献。该局被江达县政法委、县社会治安综合治理委员会授予"平安单位"荣誉称号和"2011年度县（中、区）直单位日常工作先进集体"荣誉称号。

▲ 办税大厅。

贡觉县国家税务局

2011年，贡觉县国家税务局共组织入库各项收入767万元，比上年增收142万元，同比增长22.7%。该局认真按照两级税务工作会议精神，坚持组织收入原则，大力加强税收征管，狠抓组织收入工作，加大对漏征漏管户的整治力度，从源头上防止税款流失，保证税款及时足额入库。通过开展宗旨教育、廉政教育、思想作风纪律教育、职业道德教育，切实加强思想、作风和业务建设，通过实行岗位责任制、首问负责制、承诺服务制、限时办结制，推进预约服务、全天候服务、跟踪服务、上门服务、延伸服务，全面提高税务干部依法行政水平和服务质量，切实加强机关作风建设。

▲ 下户检查。

▲ 学习税法知识。

类乌齐县国家税务局

2011年，类乌齐县国家税务局共组织入库税收各项收入840万元，比上年增收290万元，同比增长52.7%。进一步规范代开发票管理程序，对申请代开发票的纳税人实际经营行为进行严格审查，对开具给单位或单位人员申请代开发票的一律要求其提供报账单位的财务证明，有效地防止了以虚假经营索取发票或单位人员乱报账等情况。同时充分利用各种媒体渠道，及时在全县范围内对税收政策展开正面宣传，确保纳税人知晓明白政策内容。强化维护稳定工作，努力营造和谐稳定税收工作环境。2011年，被类乌齐县委、县政府授予“社会治安综合治理先进单位”荣誉称号。

▲ 开展业务学习。

▲ 接受纳税人税法咨询。

丁青县国家税务局

2011年，丁青县国家税务局共组织入库税收收入1347万元，比上年增收635万元，同比增长89.2%。以组织收入为中心，按照“抓紧、抓早、抓实、抓出成效”的工作思路，借新版普通发票发行以及“税务机关代开发票”征管模块的施行为契机，加强辖区内发票用户和代开发票的资格审核工作，规范各用票单位和个人的用票制度和财务制度，为深入推行“以票控税”制度奠定良好基础。2011年，该局积极配合参与县委、县政府及综合治理委员会开展的平安创建活动，严格落实人防、物防、技防措施，被授予“丁青县平安单位”荣誉称号。

▲ 为纳税人办理税务登记。

▲ 开展税法宣传活动。

左贡县国家税务局

2011年，左贡县国家税务局共组织入库税收收入828万元，比上年增收169万元，同比增长25.6%。加强干部队伍建设，引导全局干部职工树立“爱岗敬业、廉洁奉公、勤征细管、业务精通、服务文明”的职业理念。税收政策宣传落实到位，税收征管要求明确到位，纳税辅导开展到位，强化税源监控，深入开展纳税评估工作，提高征管质量。建立健全内控监督机制，规范税收执法行为，促进税收工作的公正、廉洁和高效。强化税法宣传，努力提高纳税人的税法遵从度，积极营造良好的税收征纳环境。认真做好单位值班和安保工作，实现了“三不出”工作目标，全年无任何违法违规现象发生，被当地县委、县政府授予“社会治安综合治理先进单位”和“2011年度综合工作先进集体”荣誉称号。

▲ 开展日常税务检查。

▲ 向农牧民讲解税收政策。

边坝县国家税务局

▲ 认真工作。

2011年，边坝县国家税务局共组织入库税收收入802万元，比上年增收101万元，同比增长14.4%。该局始终坚持组织收入原则，采取切实措施，认真做好各项税收征管基础工作，加强与当地党委、政府及各相关部门的联系、协作，不断强化对重点税源的监管，全力搭建合法、规范、涉及全面税种的税源征管体系。采取加强日常巡查掌握工程施工进度、与相关单位签订委托代征协议和加强“以票控税”等手段，切实加强对建筑安装行业的管理。坚持“抓大不放小”的原则，进一步强化、规范对各种税源的征收管理，全力搭建合法、规范、涉及全面税种的税源征管体系。全面落实各项税收政策，持续改进和优化纳税服务，为当地经济平稳健康发展和社会和谐稳定营造良好环境。大力加强队伍建设，深入推进反腐倡廉，为完成各项税收工作任务提供了有力的政治和纪律保证。

洛隆县国家税务局

▲ 为纳税人办理税务登记。

2011年，洛隆县国家税务局共组织入库税收收入668万元，比上年增收136万元，同比增长25.6%。积极主动向当地党委、政府汇报工作，多次召开工作协调会，争取县委、县政府对税务工作的大力支持和有关协税护税单位的协作配合。以信息采集为基础，以信息分析为核心，以健全税源管理体系为落脚点，切实加强涉税信息共享工作，通过广泛搜集财政、发改委、国土、住建、工商等有关部门和相关社会组织的第三方信息，丰富涉税信息来源，规范信息录入，强化涉税信息管理，促进技术平台和税收业务的融合，有效防范执法风险。通过发放资料、下户宣讲、开展培训等方式，广泛普及安装税控收款机的重要意义，引导和鼓励纳税人主动申请安装税控收款机，进一步整顿和规范税收秩序，堵塞税收征管漏洞，确保税款及时、足额入库。开展“一讲一查一测”学习活动，提高了全局税务人员的政治素养和业务素质。

察雅县国家税务局

2011年，察雅县国家税务局共组织入库税收收入1489万元，比上年增收491万元，同比增长49.2%。结合辖区内税源结构实际，按照纳税人规模、行业，对税源进行科学分类，实施分类管理，重点监控龙头企业，及时掌握重点税源企业经营发展的态势，制定相对应的管理措施，做到管理精细到位，对达到一般纳税人规模的企业，及时纳入一般纳税人的管理。积极开展税源调查，坚持依法治税，注重挖掘新的税收增长点，着力加强建筑安装企业和矿业的税收征管，加大税务稽查力度，严厉打击偷税等涉税违法活动，确保税款及时足额入库。建立健全代开发票的领用、开具、保管、缴销制度，加强通用机打发票代开资格的审核，加强对代开发票纳税户税款的征收工作，做到及时足额入库。加强税控收款机推广应用工作，实现对税源信息的有效监控。2011年，该局被县委、县政府授予"民族团结先进集体"和"2011年度精神文明创建奖"荣誉称号。

▲ 共同学习税收知识。

八宿县国家税务局

▲ 西藏自治区国家税务局副局长杨承碧（右一）在八宿县国税局调研。

2011年，八宿县国家税务局共组织入库税收收入648万元，比上年增收100万元，同比增长18.2%。加强税基管理，加大以票管税力度，采取与县农行签订"委托代征税款协议书"、对各单位工资表进行收集整理、建立工资薪金个人所得税征管档案等措施，实现个人所得税收入持续增长。建立代开发票领用、开具、保管、缴销制度，设置复核岗位，严格审核相关资料，特别是加强对免税项目、金额较大的发票登记管理，有效杜绝了非法代开发票现象发生。参加由团委、妇联等部门组织的"学党史、知党情、跟党走"知识竞赛荣获优秀奖，并在八宿县"爱国歌曲大家唱"比赛活动中荣获最佳组织奖。

▲ 接受纳税人咨询。

安多县国家税务局

近年来，安多县国家税务局各项工作取得长足进步，分获总局“全国税务系统文明单位”、区局“文明税务局”、地区局“先进集体”、地区团委以及县团委“青年文明号”等称号。该局按照组织收入原则，认真做好组织收入工作，截至2011年底，共有纳税户438户，其中个体工商户418户、企业20户。2009年共组织收入457.99万元，2010年组织收入613.09万元，2011年首次突破1500万元，完成1660.47万元。

▲ 税务干部在安多县人民代表大会上发放税收资料。

班嘎县国家税务局

2011年，班嘎县国家税务局在税源比较薄弱、征管基础比较单一的情况下，严格落实组织收入原则,积极实施“向管理要税收”，大力强化税收征管措施，不断完善税收监控机制，加大对税源的挖掘、监控和管理。完成税收收入741.84万元，比上年增收286.98万元。各项税收收入保持平稳较快增长，保证了班嘎县财政预算资金的正常调度和全年税收收入任务的圆满完成。

▲ 宣传税收政策

▲ 进行纳税辅导

▲ 做好纳税服务

尼玛县国家税务局

2011年，尼玛县国家税务局坚持以科学发展观统领税收工作，不断加强干部队伍建设、党风廉政建设、精神文明建设，全面提高干部职工思想政治素质和业务素质，全年税收完成690.18万元，创历史新高。组织干部学习《公务员法》、《党内监督条例》、《中国共产党纪律处分条例》以及上级相关文件精神，增强全局干部职工反腐倡廉的意识，并签订党风廉政建设责任书。

▲ 下户开展税法宣传活动。

▲ 上街宣传税法。

索县国家税务局

索县国家税务局以“夯基础、抓落实、强素质、上水平”为工作目标和思路，总结以往的工作经验，开拓创新，积极进取，精诚团结，2011年在税收征收管理、干部队伍建设、基层组织建设等方面都取得了可喜的成绩。共组织入库各项税收673万元，比上年增收188万元，同比增长39%，超额完成年度任务。

▲ 对索县医药行业进行税务专项检查。

▲ 与个体工商户代表召开落实税收政策座谈会。

▲ 发放税法宣传材料。

巴青县国家税务局

▲ 办公楼。

2011年，巴青县国家税务局共完成税收收入645万元，比上年增收72万元，同比增长13%，完成年度计划的101%。坚持把认真落实各项税收政策作为调节经济、促进发展的重要工作来抓。抓好征管基础管理，做好普通发票管理工作。认真落实组织收入原则，切实做到依法治税、依法征管。深入推行税收执法责任制，严格执法过错责任追究。加强税收日常宣传教育，扎实开展税收宣传月活动，不断增强纳税意识。切实加强廉政建设，进一步健全惩治和预防腐败体系；坚持落实党风廉政建设责任制，全面推进反腐倡廉和政风行风建设，增强队伍的凝聚力、向心力和战斗力。2011年荣获那曲地区“青年文明号”、那曲地区国税局“先进集体”、巴青县党风廉政建设“优秀单位”等称号。

比如县国家税务局

▲ 发放税法宣传资料。

2011年，比如县国家税务局共组织各项税收收入820万元，同比增长38.31%，其中税收收入为797.77万元，同比增长37.43%，各项税收收入保持平稳较快增长。认真落实组织收入原则，切实做到依法治税，积极开展税收宣传月活动，不断增强全县范围内的税收法治意识。在2011年全县综合治理责任考评中，比如县国税局荣获第一名。

嘉黎县国家税务局

嘉黎县国家税务局于1994年挂牌成立。自成立以来，以科学发展观统领税收工作，认真落实税收优惠政策，着力提高行政效能，不断优化纳税服务，扎实推进依法治税、管理强税、人才兴税“三大发展战略”，确保了税收收入随着经济发展平衡较快增长。2011年该局共组织各项收入2706万元，为全面建设小康嘉黎、和谐嘉黎作出了积极贡献。

▲ 在矿区召开现场办公会。

▲ 办税服务厅。

聂荣县国家税务局

2011年，聂荣县国家税务局共组织各项税收收入507万元，比上年增长98万元，同比增长23.9%。一是税收收入与地方经济发展协调增长。经济与税收协调增长、良性互动的局面初步形成。二是税款入库的及时性、预测性继续增强，2011年各月份税收收入进度明显加快。三是对聂荣县地方财力的贡献进一步增强，全年县级财政收入500万元，比上年增长12%，成为县级财政收入的重要来源。

▲ 聂荣县国税局。

▲ 办税服务厅。

申扎县国家税务局

▲ 下企业宣传税法。

2011年，申扎县国家税务局坚持以科学发展观为指导，锐意进取，埋头苦干，各项工作取得长足进展，为地方经济社会发展提供了可靠财力保障。组织收入659万元，创历史新高。加强税源管理，积极落实税收管理员制度，不断规范税收执法行为；积极开展税控设备推广，科学化、专业化、精细化管理初见成效。优化纳税服务，及时解答纳税人在发展中遇到的税收问题，以优质服务构建和谐征纳关系。切实加强税务干部队伍建设，持续深化党风廉政建设。加强和改进思想政治工作，全面营造互相尊重、互相关爱、互相帮助、互相激励的工作氛围，团队精神明显增强。

双湖特别行政区国家税务局

双湖特别行政区国家税务局于1995年成立，配备在职干部1人。长期以来，该局干部克服恶劣的自然条件，认真贯彻执行税收政策，强化税收执法工作，各项工作取得有序进展。

▲ 双湖特别行政区国税局。

◀ 职工周转房。

措勤县国家税务局

▲ 研究税收政策。

措勤县国家税务局以两级税收工作会议精神为指导，认真部署本年度税收工作。以“应收尽收”为原则开展各项税收工作，共组织各项收入585万元，超额完成全年计划。进一步提高思想政治素养，牢固树立稳定是第一位，稳定压倒一切的政治责任意识，加强干部职工的廉政意识。积极开展税法宣传，加强纳税服务工作。认真开展税收宣传月活动，使税收进校园、税收到乡镇，政策传到每户纳税人。

▲ 开展税法宣传活动。

改则县国家税务局

改则县国家税务局加强组织税收收入，2011年该局共组织收入821.9万元，完成年计划的105.37%,比上年增收41.88万元。整顿和规范税收秩序，对整个市场进行了一次较全面的清理检查，及时把漏征漏管户纳入税收征管范围内。认真落实结构性减税政策,享受起征点政策的个体工商户121户。加大管理员的工作力度，明确了内部管理职责、工作明确分工。积极落实党风廉政责任制，签订党风廉政责任书，以严明的纪律约束人，确保全年各项工作任务的顺利完成。

▲ 向纳税人讲解税法知识。

▲ 开展业务知识学习活动。

日土县国家税务局

日土县国家税务局以科学发展观统领税收工作，2011年该局坚持“抓大户，管小户”，圆满完成税收工作。以组织收入为中心，全面推进税收信息化和法制化建设，狠抓征管改革，努力开创组织收入、税源建设、思想政治、行政管理工作的新局面。该局税收收入首次突破1000万元大关。组织收入总量、收入进度、增长幅度均创历史纪录。进一步加强党风廉政工作、规范财务制度，把握经费总量，有效地保障了经费支出等。

▲ 开展税法宣传活动。

革吉县国家税务局

革吉县国家税务局落实党风廉政责任制，签订“党风廉政建设责任书”。坚持依法行政，坚决纠正执法过错行为，强化执法监督，落实执法追究责任制。切实加强税收征管，全年实现税收收入2600余万元。加大重点税源企业的监控和税源分析，规范增值税一般纳税人管理，严把增值税进行税额抵扣票的审查力度，确保抵扣票的真实性。认真落实结构性减税政策，享受起征点优惠政策的个体工商户 61户。加强新《个人所得税法》和扶持非公有制经济发展税收政策的宣传，确保了新政策顺利实施。重视维稳各项工作，确保了税收工作的顺利开展。

▲ 联合相关部门开展综治宣传活动。

▲ 开展税法宣传活动。

普兰县国家税务局

▲ 学习、研究新的征管软件。

普兰县国家税务局大力加强税源管理，税收收入保持高速增长。共组织入库各项税收收入494万余元，完成年度计划的171%，比上年增收220万元，同比增长81%。进一步开展好纳税服务工作，提升服务质量。加强欠税公告力度。推进政务公开，提高办税效能。全面加强建筑安装行业税收征管工作。深入开展打击发票违法专项检查。认真落实各项税收优惠政策。规范征管基础资料档案。加强普通发票管理，推广税控收款机的使用。 加强党风廉政建设，进一步加强干部队伍建设。

▲ 业务学习。

札达县国家税务局

2011年，札达县国家税务局共组织收入538.69万元，圆满完成了全年税收任务。针对县税源少且单一、重点税源不稳定的实情，加强税收管理，创造良好的税收环境。了解县域项目投资情况，加强对施工企业的登记管理工作和征管工作。加强对个体工商户办税环节的管理。加强新版普通发票的宣传及管理，开展“税控收款机”应用推广工作。强化建筑业税收征管。进一步加强党风廉政建设。加强干部管理，提高干部综合素质。规范财务管理，保障经费支出。

▲ 札达县国税局。

《西藏税务年鉴》（2012）

编辑委员会

主　任　袁庆杰（西藏自治区国家税务局党组书记、局长）

副主任　群　培（西藏自治区国家税务局党组成员、纪检组长）

陈文通（西藏自治区国家税务局党组成员、副局长）

格桑次仁（西藏自治区国家税务局党组成员、副局长）

旺　堆（西藏自治区国家税务局党组成员、副局长）

杨承碧（西藏自治区国家税务局党组成员、副局长）

袁继军（西藏自治区国家税务局党组成员、副局长）

谢学忠（西藏自治区国家税务局党组成员、总经济师）

穷　达（西藏自治区国家税务局党组成员、总会计师）

雷纪选（西藏自治区国家税务局党组成员、总审计师）

尼　玛（西藏自治区国家税务局副巡视员）

成永安（西藏自治区国家税务局副巡视员）

委　员（按行政序列排序）

一、西藏自治区国家税务局

孙清明（西藏自治区国家税务局办公室主任）

边巴仓决（西藏自治区国家税务局政策法规处处长）

魏忠梅（西藏自治区国家税务局货物和劳务税处处长）

次旺桑培（西藏自治区国家税务局所得税处副处长）

刘春祥（西藏自治区国家税务局收入规划核算处处长）

扎西平措（西藏自治区国家税务局纳税服务处处长）

林　涛（西藏自治区国家税务局征管和科技发展处处长）

杨建昌（西藏自治区国家税务局财务管理处副处长）
刘全洪（西藏自治区国家税务局督察内审处副处长）
李昌友（西藏自治区国家税务局人事处处长）
焦　政（西藏自治区国家税务局巡视工作办公室副主任）
马端仁（西藏自治区国家税务局监察室主任）
刘希明（西藏自治区国家税务局大企业处处长）
卫　萍（西藏自治区国家税务局机关党委办公室副主任）
土　登（西藏自治区国家税务局离退休干部处处长）
达娃云丹（西藏自治区国家税务局稽查局局长）
米玛罗布（西藏自治区国家税务局直属税务分局局长）
达娃次仁（西藏自治区国家税务局信息中心主任）
边巴扎西（西藏自治区国家税务局机关服务中心主任）
焦　芳（西藏自治区国家税务局税收科学研究所副所长）
尼　珍（西藏自治区国家税务局集中采购中心主任）
珠　加（西藏自治区国家税务局开发区国家税务局局长）
舒启荣（西藏自治区税务干部培训学校校长）

二、各地（市）国家税务局

其　美（拉萨市国家税务局党组书记）
葛程蓉（拉萨市国家税务局局长）
杨　锐（日喀则地区国家税务局党组书记、局长）
冯留性（山南地区国家税务局党组书记、局长）
蒋　辉（林芝地区国家税务局党组书记、局长）
夏少云（昌都地区国家税务局党组书记）
李建群（昌都地区国家税务局局长）
刘菊梅（那曲地区国家税务局党组书记）
南　扎（那曲地区国家税务局局长）
索南养培（阿里地区国家税务局党组书记、局长）

《西藏税务年鉴》（2012）

撰　稿

一、西藏自治区国家税务局（按行政序列排序）

杨新天	杨建龙	朱文波	黄黎宏	尼　珍
王　江	徐　华	格桑普尺	李玲玲	次　央
赵　杰	卢　晶	江　伟	李　昆	次仁顿珠
糜亚男	昌　斌	沈　祺	刁云秀	赵　丽
白玛单增	高心义	德　吉	扎西罗布	普布宗吉
格桑卓玛	仁增旺久	平措加措	李幼燕	高玉儒

二、各地（市）国家税务局（按行政序列排序）

郝巧莲	谢东萨	次旦卓嘎	刘　莹	崔宇阳
邱育群	曾树清	吴　彬	李立军	董　星
尼玛顿珠	王　君	彭佐国	格桑美朵	扎西加措
冯利萍				

《西藏税务年鉴》（2012）

编 辑 人 员

主　　编　袁继军

副 主 编　孙清明　何　莎　彭文宇
　　　　　李　雷

文字编辑　杨建龙　朱文波　杨新天
　　　　　徐　华

彩页编辑　杨新天　徐　华

编　辑　说　明

一、《西藏税务年鉴》由西藏自治区国家税务局组织编写，中国税务出版社编辑出版发行，是记录西藏自治区年度税收工作的文献资料性工具书。

《西藏税务年鉴》（2012）全面反映2011年度西藏自治区税收工作总体情况，收录相关重要文献、法律法规、统计资料、机构人员和税收大事记等内容。本年鉴因首次编纂出版，部分内容有时间上的延伸。

二、本年鉴共七个篇章：

第一篇　重要文献。本篇收录西藏自治区党委、政府领导关于税收工作的重要讲话，西藏自治区国家税务局领导的重要报告和讲话。

第二篇　全区税收工作概述。本篇综述西藏自治区各项税收业务工作开展情况。

第三篇　各地税收工作概述。本篇收录西藏自治区各地（市）经济概况、税收概况和税收业务工作等情况。

第四篇　法规及规范性文件（目录）。本篇以目录形式收录国家税务总局、西藏自治区国家税务局税收法律法规及规范性文件。内容按税收业务类别分类，每类以发文时间先后排序。

第五篇　统计资料。本篇收录西藏自治区税收收入、重点税源、税收征管、税务稽查等统计资料。

第六篇　机构和人员。本篇收录西藏自治区国家税务局领导名单、处级机构及处级领导干部（含各地、市）名单，处级领导干部（含各地、市）任免情况（包括任免起止期），以及各类表彰情况等。

第七篇　大事记。本篇收录西藏自治区税收工作大事记。主要内容为上级领导对税收工作的指示、税收政策的重大调整和举措、区局及系统的重大税收事件、区局领导的重要活动等。

三、本年鉴在出版过程中得到各方面的大力支持，在此表示感谢！同时，为提高《西藏税务年鉴》质量，希望读者提出宝贵意见和建议。

编　者
2012年12月

目　　录

第一篇　重要文献

第二篇　全区税收工作概述

第三篇　各地税收工作概述

第四篇　法规及规范性文件（目录）

第五篇　统计资料

第六篇　机构和人员

第七篇　大事记

第一篇　重要文献

发扬成绩 开拓进取
不断开创全区税务工作新局面

——在全区税务工作会议上的讲话

西藏自治区副主席 白玛才旺

（2010 年 12 月 29 日）

同志们：

2011 年全区税务工作会议，是在全国税务工作会议和全区经济工作会议刚刚结束，全区上下深入学习党的十七届五中全会和区党委七届七次全委会精神之际召开的一次重要会议。这是我区税务系统真抓实干、迅速行动，积极贯彻中央和自治区党委、政府的决策部署，早准备、早谋划、早行动的充分体现。会议的召开，必将有力地推进我区“十二五”时期，特别是 2011 年全区税务各项工作再上新台阶。在此，我谨代表自治区人民政府向会议的召开表示热烈的祝贺！刚才，袁庆杰同志所作的工作报告，总结全面、思路清晰、目标明确、任务具体、措施可行。我完全赞同。

下面，我讲三点意见。

一、求真务实，各项工作成绩突出

2010 年是实施“十一五”规划的最后一年，也是全面实现“十一五”规划目标的决战之年。在自治区党委、政府的坚强领导下，全区经济保持了平稳较快发展的良好势头，预计全年完成地区生产总值 506 亿元，比去年增长 12.2%，连续 18 年保持两位数增长；地方财政一般预算收入完成 36.1 亿元，增长 20.0%；财政一般预算支出达到 550 亿元，增长 17%；农牧民人均纯收入和城镇居民可支配收入分别预计达到 3990 元和 14871 元，是“十五”末的 1.9 倍和 1.8 倍。我们 GDP 是 506 亿元，地方财政一般预算收入 36.1

亿元，而财政一般预算支出达到550亿元，这说明西藏的发展全靠国家的支持，是依赖性很强的一个表现。这些成绩的取得，是全区上下团结奋斗、扎实工作的结果，其中也凝聚着广大税务干部职工的心血和汗水。主要表现在以下方面：

（一）积极组织收入，税收收入总量实现新突破

2010年，全区税务系统在自治区党委、政府和国家税务总局的领导下，奉行“聚财为国、执法为民”的宗旨，恪守“依法征税、应收尽收、坚决不收过头税、坚决防止和制止越权减免税”的组织收入原则，努力克服国际金融危机和税收政策调整等因素给税收收入工作带来的困难和压力，坚持以组织收入为第一要务，稳步推进税收科学化、精细化、专业化管理，全面分析税源形势，及时采取有效措施，确保了税收收入的稳定较快增长。预计今年全区实现税收收入51亿元以上，同比增长16.34亿元，增长44%。年初，郝鹏副主席我们在和袁庆杰局长谈到能否完成46亿元，当时觉得压力较大，现在再回头看发现任务完成得非常好。“十一五”期间，全区组织税收收入达到158亿元，年平均增长幅度达26.6%，超过“十一五”税收收入规划53亿元。2010年，全区9个地级税收征收单位中有2个组织收入达到10亿元以上，全区首次出现了墨竹工卡、堆龙德庆等税收收入过亿元的县。在税收总量突飞猛进的同时，税收增长质量也在不断提高，宏观税负稳中有升，预计今年税收占GDP的比重将达到10%。税收收入的平稳较快增长和良性发展，切实增强了公共财政实力，不断协调了经济增长，为全区各项经济社会事业的发展和局势稳定提供了强有力的保障。

（二）充分发挥作用，支持经济发展取得新成效

税收在经济发展中的宏观调控和引导作用得到了有效发挥。自治区国税局充分运用中央赋予的“税制一致、适当变通”的权限，立足实际，深入调研，进一步加强地方税建设，优化税制结构，规范税收优惠政策。“十一五”期间，尤其是2008年以来，对税收优惠政策进行了整理，形成了一致性文件，取得了良好效果。对营业税、消费税、企业所得税、城镇土地使用税、资源税等在我区的运用提出了良好的政策建议。今年，我们调整了农林牧产品收购环节营业税，全面开征了卷烟批发环节消费税，城镇土地使用税也开征在即。目前来看，西藏税制与全国基本接轨，没有更多的差别，我们根据经济发展对税种、税率进行了调整，充分发挥了税收的杠杆作用。全区各级税务机关自觉服从和服务于经济社会发展大局，认真贯彻落实国家和自治区的宏观调控政策，全面落实税收优惠政策，在推动全区经济持续快速发展、促进增长方式转变、涵养培植财源税源、培育良好经济发展环境等方面发挥了积极的重要作用。

（三）推进依法行政，依法治税工作取得新进展

全区税务系统内外并举，全面贯彻实施各项法律法规和政策规定。一是规范执法行为，加大执法监督和责任追究力度，切实做到了依法行政、依法征管、依法治税。二是深入开展“五五”普法教育，严厉打击各类涉税违法犯罪行为，联合公安等部门开展打击制售假发票、虚开倒卖增值税专用发票等涉税违法犯罪专项行动，进一步规范了税收秩序，有力地震慑了涉税违法犯罪行为，减少了国家损失，为经济发展营造了税负公平、平等竞争的舆论环境、市场氛围和税收法治环境。

（四）深化信息管税，征管水平迈上新台阶

近年来，全区各级税务机关按照科学化、精细化、专业化管理的要求，结合我区实际，制定出台了一批强化税收征管，优化纳税服务的措施，深化了征管改革，促进了税法遵从，推进了税收信息化建设。全区税务系统依托金税工程，开发应用了综合征管系统，实现了税收征管数据的省级集中。在此基础上，还逐步推广了电话申报系统、增值税管理系统、财税库银横向联网系统、所得税管理系统、税控货运发票管理系统、车购税管理系统、出口退税管理系统等。前一段时间，税控收款机和新版有奖发票得到了推广应用，信息管税和以票控税工作取得了新进展。征管现代化进程大幅度加快，征管工作科技含量不断提高，税收征管工作正快速步入法治化、规范化、信息化轨道。

（五）转变管理理念，队伍建设获得新成果

近年来，全区税务系统按照“政治过硬、业务熟练、作风优良、执法公正、服务规范”的总要求，深化以人为本理念，注重领导力、执行力和团队精神的培养和提升，大力加强领导班子和队伍建设，为我区税收工作的推进和税收事业的发展提供了坚强的组织保障。经过不断的培养教育，干部队伍思想政治觉悟得到了提高，在思想上、行动上更加与党中央、区党委保持高度一致，在反对分裂、促进团结、维护稳定等方面更加旗帜鲜明、立场坚定；干部队伍组织纪律得到了加强，认真执行有关制度和规定，严格按照程序办事，自觉维护班子团结，形成了整体合力。干部队伍形成了求真务实、踏实能干的工作作风，各级干部特别是领导干部做到了深入实际、深入基层、深入群众，查实情、摸实底、谋实招、办实事、求实效。全区税务系统干部队伍形成了顽强的凝聚力和战斗力，大家心往一处想，劲往一处使，初步形成了同心协力干事业，同舟共济谋发展的良好局面。

同志们，2010 年取得了显著成绩，“十一五”税收工作目标圆满完成，西藏税收事业再次迈上一个新的台阶！对于全区税收工作取得的成绩，自治区党委、政府是充分肯定的，党委、政府本想在全区税务工作会议召开时发一个表彰决定，由于前几天全区经济工作会议的召开，领导们比较忙，没有及时研究这个决定，过几天自治区政府会下发文件给予表彰。这是以袁庆杰局长为班长的全区税务系统广大干部职工，尽心尽责、任劳任怨、埋头苦干的优异成果，充分说明全区税务系统是一个团结务实、开拓进取、艰苦奋斗的集体。全区税务系统既加强税收征管，又努力培植税源，为全区经济发展作出了重要贡献，我谨代表自治区政府向全区税务干部和广大奋战在税收一线的干部职工表示衷心的感谢和崇高的敬意！

二、狠抓落实，切实学习贯彻好中央经济工作会议、全国税务工作会议和全区经济工作会议精神

前不久，中央经济工作会议、全国税务工作会议和全区经济工作会议相继召开。全区税务系统要将这三个会议的精神贯彻落实到全区税收工作中去，要体现在工作的指导思想、战略目标和具体措施等各个方面上。要认真领会“三个会议”明确的实质是什么？那就是科学发展观。对科学发展观要不断地进行学习和理解，深刻把握科学发展观的内涵，贯彻落实科学发展观就要让天更蓝、山更绿、水更清，老百姓更富裕，还要改变增长方式的转变。绝不能把科学发展观只作为一个口号，上述“三个会议”都贯穿着科学发展观的主要精神，是以科学发展观总的理论、总的思想来安排部署工作的。我们一定要学习好、贯彻好、落实好“三个会议”的精神，要把科学发展观贯穿到工作中去，用科学发展观理论来把握我们的总体工作。

三、再接再厉，开创全区税收工作新局面

中央第五次西藏工作座谈会、区党委七届七次全委会和全区经济工作会议明确了“十二五”时期和 2011 年我区经济社会发展的指导思想、政策措施和目标任务。2011 年是“十二五”的开局之年，开局之年打牢基础，成果丰富，那我们完成整个时期的工作就会更有把握。2011 年还是我们党建立 90

周年，西藏和平解放60周年，做好明年的税收工作，意义更加重大。全区税务系统要以科学发展观为统领，以服务于西藏经济发展和社会稳定的大局为己任，发扬成绩，再接再厉，不断开创全区税收工作的新局面。具体的税收工作刚才袁庆杰局长讲得很详细，我从宏观方面强调以下五点。

（一）正确判断2011年所面临的挑战和机遇

2011年全区经济发展目标已经确定，即地区生产总值要保持12%以上的速度增长，全区的税收任务建议不低于这个比例，税收的增长一定程度上代表着GDP增长质量的好坏，假如GDP增长了12%，税收只增长了5%，那说明什么？GDP质量不行或者是GDP统计有问题，税收收入可是实打实的。我们在注重GDP增长速度的同时，更要关注增长质量，而税收增长速度便可反映这方面的问题，明年的全区税收收入任务至少要以12%的速度增长。大家要有信心，达到60亿元收入的可能性也是比较大的，如果能达到这个数，我仍会建议自治区政府给予全区税务系统进行表彰。税收收入的快速增长体现了中央第五次西藏工作座谈会的成果，体现了中央关心西藏、内地支持西藏的实际，体现了西藏经济发展质量的不断提高，这些都是有密切联系的。话又说回来，我们既定的税收任务是富有艰巨性的，有很大的挑战性，甚至大于机遇。世界金融危机仍然存在，西方国家对我国经济发展阻碍的动作始终在进行，国外热钱资金流入国内，导致国内物价上涨，粮食、原材料等价格都在上涨，现在铜的价格涨到了每吨6万元，回复到了2007年的价格。我国开始实行稳健的金融政策，进一步控制贷款规模，这给企业的生存和发展无疑会带来压力，企业资金紧缺必会导致经营受到影响，企业不景气就会直接影响到税源。再加上矿产开发环境较差，许多地方的矿产无法得到顺利的勘探和开采，有几个采矿点已经关闭。西藏房地产业本就没有得到充分发展，贷款规模被控制以后，受到的影响会更大。矿产业和房地产业作为财源税源的重要行业都会受到影响。同时，加工业因资金缺乏，势必会影响到生产规模。这样一来，税源必定会受到较大的影响。

感受挑战的同时，大家也要有信心，机遇是同时存在的。“十二五”时期，国家将向西藏财政拨款2300亿元，还有基建资金3600亿元，加上其他基建援藏投资能达到4000亿元。拉日铁路投资约90亿元，目前已经动工，藏木电站投资约60亿元，也已经动工，川藏公路还要全部铺成柏油路面。西藏有其自身的特殊性，其投资拉动主要靠中央和内地兄弟省市的支持，内地的投资主要依靠金融平台，从这方面来讲西藏的投资受金融政策的影响是有限的。矿产业方面，随着矿产价格进一步上升，矿产企业会想方设法继续加大开发力度。同时，内地的市场竞争不断加大，房地产行业政策进行从严控制，一些企业集团会带着大量资金到西藏寻求商机，这些都是好事情，内地企业来西藏注册就注册，这是企业的自由，来了就欢迎，收税就行了。不要怕网络上炒作说西藏是什么“避税天堂”，西藏就是伟大的中华人民共和国不可分割的一部分，其他说什么都不恰当。山南引进了一个叫海思科的企业，一年缴税一两个亿，既无污染又不破坏环境，这就很不错。中央和内地兄弟省市对西藏大力关心支持，西藏要不断增强自身的“造血”功能，我们不能一直依靠中央扶持下去，目前自身能力弱，不能再几十年上百年地依靠中央的扶持，我们以后要学会自己走路，这是我们发展的最重要目的，也是中央所希望的。

（二）继续加大税收政策研究力度

要加大西藏税制改革力度，充分利用中央赋予的“税制一致、适当变通”权限，西藏税收制度的研究和制定一定要解放思想，要活一点，步子再大一点。进一步加大税收政策研究，推进税收制度改革。税收制度是税收执法的基础，没有合适可行的税收制度，就无法进行有效的征收管理。资源税的改革，新疆已经开始进行，将从量征收改为从价征收，这是合理的，矿产业成为暴利行业就说明税收政策的职能发挥上有问题，改革后即促进发展有保证资源的节约合理运用，估计西藏资源税改革后，增加税收两亿元没有问题。西藏这方面应该努力做，今年就这个问题向国家税务总局领导汇报过，我们不妨利用“税制一致、适当变通”权限，抓紧研究出台政策。另外，税收政策上面还要注重“抓大放小”，要研究大的政策，抓住大的税源，注重征收成本的降低和征管效率的提高。

（三）进一步加大征收管理力度

要继续恪守“依法征税、应收尽收、坚决不收过头税、坚决防止和制止越权减免税”的组织收入原则。一个企业发展起来不容易，西藏企业的发展更加辛苦，海拔高、服务不到位，还经常停电，影响生产的因素很多。一到淡季，工厂停工了，酒店关门了，西藏企业生产经营很困难，税务部门在做到应收尽收的同时，还要担起服务企业发展的责任。税收征管要注重从源头上进行管理，要加强征收力度，不要存在“靠稽查”的思想，稽查查补多了显然是征管不到位，稽查查补越少越好，说明工作做到位了。所以说，征收管理一定要抓源头，从源头上堵塞漏洞。

（四）继续加大干部队伍建设

目前，全区税务系统1500余名税务干部，建议区国税局党组进一步加大高层次人才培养力度，不断加大智力投入。要加大力度，破例把年轻的优秀干部送到清华、北大、人大等名校去读“研究生”，不要担心影响工作，几年时间学成就回来了。今年，我们的税务干部学校已经建成投用了，学校的条件和环境都很好，有利于大家业务学习和更新知识。但是，真正培养高素质人才还要靠送出去，现在全体干部平均年龄只有31岁，每年争取送出去二三十个，抓紧对年轻干部进行深造，争取把队伍的整体素质再提升一个台阶。

（五）不断加强思想政治教育和廉政建设

在西藏，我们处在分裂与反分裂的前沿，思想政治教育和廉政建设显得尤为重要。现在，全区形势稳定，各项事业快速发展，各族人民群众安居乐业，但是离中央要求的长治久安还有距离。达赖反动集团对我们事业的发展可以说恨之入骨，他们不希望西藏有发展，不希望西藏人民富裕起来，他们想尽一切办法对我们的发展和稳定进行干扰、捣乱和破坏。大家谁都不会想到有“3·14”事件的发生，所以，我们要时刻保持高度警惕，绝不能麻痹大意，松懈防范。全区税务干部都是国家公务员，必须在思想上、行动上与党中央、区党委保持高度一致，对党中央和区党委的指示精神一定要矢志不渝地贯彻好。在廉政建设方面，我们作为执法单位和执法人员，一定要严格要求自己，不该拿的不拿，不该办的不办，做到坚持原则，依法办事。

同志们，万事开头难，即将到来的2011年是实施“十二五”规划的第一年，做好明年的税收工作，任务艰巨，责任重大。相信在自治区国税局党组的领导下，全区1500余名税务干部职工共同振奋精神，科学谋划，开拓进取，扎实工作，一定能够再次取得优异成绩，为“十二五”规划开好头，为我们党成立90周年和西藏和平解放60周年献礼，为推进西藏跨越式发展和长治久安作出新的更大的贡献。

在全区税务系统干部队伍和党风廉政建设工作会议上的讲话

西藏自治区副主席　宫蒲光

（2011 年 8 月 8 日）

同志们：

在我区成功举行西藏和平解放 60 周年庆祝活动、区党委七届八次全委（扩大）会议刚刚结束之际，自治区国税局就组织召开全区税务系统干部队伍与党风廉政建设工作会议，贯彻落实区党委七届八次全委（扩大）会议、全国税务系统干部队伍和党风廉政建设工作会议精神，充分体现了自治区国税局贯彻区党委、政府决策部署及时有力、抓早务实的工作作风。刚才，袁庆杰同志作了一个很好的工作报告，回顾总结了上半年全区税务工作，肯定了成绩，分析了形势，部署了下半年工作任务。这个报告对于加强全区税务系统干部队伍和党风廉政建设，促进全区税收事业科学发展具有很强的针对性和指导性。我完全赞同这个报告，并希望认真抓好落实。下面，我代表自治区政府讲三点意见。

一、深刻领会区党委七届八次全委会精神，进一步提高认识，切实将思想统一到党中央和自治区党委、政府的一系列决策部署上来

刚刚闭幕的区党委七届八次全委（扩大）会议，既是全面学习贯彻习近平同志在西藏和平解放 60 周年庆祝活动期间一系列重要讲话精神的动员大会，也是深入落实中央第五次西藏工作座谈会精神的重要大会。深刻学习和领会这次会议的精神实质，准确把握坚持中央关于西藏工作指导思想不动摇的新要求、立足西藏特殊区情进行科学决策的新基点、走中国特色西藏特点的新途径、西藏工作任务的新部署和做好西藏工作的新方法，是当前我们做好一切工作的重要基础，对于统一思想、凝聚力量，高质量、高标准实施好

“十二五”规划，实现全面建设小康社会的宏伟目标具有决定性意义。

全区税务系统干部队伍肩负着“为国聚财、为民收税”的神圣使命，在西藏各项工作中具有不可替代的重要地位，是我区推进跨越式发展和长治久安的重要力量。长期以来，你们讲政治、顾大局、识大体，得到区党委、政府的充分肯定。面对新形势、新任务，全区税务系统干部要将贯彻落实区党委七届八次全委（扩大）会议精神作为一项重要的政治任务，作为加强队伍建设和党风廉政建设的行动纲领，进一步强化认识，提高思想觉悟。要把区党委七届八次全委（扩大）会议精神与胡锦涛总书记“七一”重要讲话和习近平同志重要讲话精神融会贯通，将学习好、领会好、落实好会议精神作为当前的一项重要政治任务，不折不扣地把思想统一到中央关于西藏工作的指导思想和一系列大政方针上来，统一到区党委、政府各项部署上来，按照中央第五次西藏工作座谈会精神和习近平同志重要讲话精神，以及自治区党委、政府对“十二五”时期的工作部署，不断增强税收服务发展和稳定的能力。狠抓落实，强化领导责任，分解工作任务，细化落实措施，提出完成时限，把落实工作做得更加扎实有效。

二、紧紧围绕党委、政府中心工作，充分发挥税收的职能作用，不断促进西藏经济社会跨越式发展和长治久安

税收是宏观调控的重要杠杆。经过“十一五”的不懈努力，我区综合实力大幅提升，发展的基础更加坚实，特别是随着中央第五次西藏工作座谈会的召开，我区各项事业已站在新的历史起点上。“十二五”时期是推进西藏经济社会跨越式发展和长治久安、全面建设小康社会的关键阶段，这既对税收工作提出了新的挑战，也为税收事业发展提供了难得的机遇。中央第五次西藏工作座谈会提出“要继续保持中央对西藏特殊优惠政策的连续性和稳定性，进一步加大政策支持和资金投入力度”及“继续实行‘税制一致、适当变通’的政策”，明确了中央继续赋予西藏在税收制度建设方面一定自主权和政策相对的连续性和稳定性。税务部门一定要牢固树立科学发展的理念，正确处理跨越式发展与税收的辩证关系，最大限度地用好用活税收政策，创新发展思路，充分发挥税收在财力保障、政策引导、调节收入等方面的作用，不断提高服务能力与水平。

（一）立足科学发展，努力推动经济发展方式转变

经济发展是税收的基础，确保经济又好又快发展，是税收工作的大局。

要着力培育税源，努力增加税收收入。西藏经济发展相对滞后，经济主体较少，规模不大，质量不高，培育经济主体难度大，要把关心经济主体、发展经济主体作为己任，优化发展环境，把培育和发展经济主体作为一项重要任务，多想挖潜增收之策，多开培植税源之道，多思加强征管之路，特别是进一步完善促进非公有制经济发展政策措施，重点支持中小企业技术创新、结构调整和开拓市场。要通过转变经济发展方式，增强发展可持续性。经验告诉我们，国际金融危机对我国经济的冲击，实质上是对经济发展方式的冲击。我区经济发展要做到可持续，就必须转变经济发展方式，必须按照“一产上水平、二产抓重点、三产大发展”的经济发展战略的要求，积极运用税收政策，认真落实国家促进节能减排的税收政策，全面加强生态文明建设，大力发展循环经济，积极培育战略性新兴产业，改变以资源环境为代价的粗放增长方式，尤其是要在发展低碳、绿色经济方面发挥作用，加快我区经济结构调整步伐，优化产业结构，推进产业协调发展。要壮大特色产业，增强发展动力。落实好国家自主创新、科技进步的税收政策，注重提升企业研发能力，大力发展高新技术产业，加快科技成果就地转化，推动产业深加工，延长产业链，提高附加值，培育壮大优势特色产业，推进新型工业化步伐。

（二）立足保障和改善民生，加大富民惠民政策的落实力度

改善民生是发展的根本目的，是税收为民的具体体现，是加快发展的重要途径。国家出台一系列税收优惠政策，其目的是促进经济，改善民生，这是税收服务改善民生的重要体现。要用足用好税收优惠政策，积极运用税收杠杆，调节税收收入分配，进一步拓宽收入渠道，提升城乡居民整体消费水平，在扩大消费、拉动经济增长的过程中促进民生。要坚持“不落实税收优惠政策就是违法组织收入”的理念，对各项政策，特别是税收优惠政策要不折不扣地落实到位，发挥好税收政策在经济发展中的引导、调控作用。认真落实加快廉租住房建设、“家电下乡”等税费优惠政策，积极拓展农村市场，巩固传统消费，培育消费新热点。始终把支持就业再就业工作作为关注民生、维护社会稳定的大事来抓，全面落实就业再就业的各项税收优惠政策，为大学毕业生就业、困难群众就业，以及企业录用下岗失业人员提供税收支持；并积极运用税收政策支持就业吸纳能力强的服务业、非公有制经济和中小企业加快发展，使其成为新的就业增长点。认真贯彻落实福利企业税收优惠政策，促进残疾人劳动力的优抚安置工作，加大对弱势群体扶持力度，促进城乡居民收入水平和生活质量普遍提高，促进共同富裕和社会公平。

（三）立足长治久安，着力构建和谐的税收关系

西藏的特殊矛盾决定了必须采取有力措施不断促进社会局势长治久安。各级税务机关无不积极发挥行业作用，促进社会稳定。在具体工作中，既要按照建设法治政府的要求严格执法，科学征管，又要按照建设服务型机关的要求优化服务，坚持执法与服务两手抓、两兼顾。在税收执法活动中，要坚持依法治税，加强税源管理，改进征收方式，做到应收尽收，严禁乱开口子擅自减免税，严厉打击各种税务违法犯罪行为，进一步规范税收秩序，保证税款及时足额入库。在开展税收执法的同时，要更加注重为经济社会发展服务，更加注重为纳税人服务，加快推进服务型机关建设。要坚持以人为本，树立为民执法理念，健全纳税服务体系，完善纳税服务制度，拓宽纳税服务渠道，创新纳税服务手段，全面整合纳税服务资源，进一步简化办税服务程序，优化纳税服务，最大限度地方便纳税人办税，最大限度地维护纳税人合法权益；要加强税法宣传普及教育，提高全社会依法诚信纳税意识；要坚持依法征税，文明征税，应收尽收，坚决不收过头。通过构建和谐税收，为我区走向长治久安尽职尽责。

三、以加强干部队伍和党风廉政建设为契机，打牢税收事业科学发展的基础，努力确保“十二五”实现良好开局

提高税务人员的素质是搞好税收工作的根本。今年是实施“十二五”规划的开局之年。1～7月全区经济实现平稳较快增长，全区生产总值完成250亿元，同比增长16.5%，呈现出“动力持续向好，基础更加稳固，发展势头强劲”的特点。全区税收工作在国家税务总局和自治区党委、政府的正确领导下，在广大税务干部职工的积极工作、努力作为下，税收工作成绩喜人，1～7月共组织税收收入59.12亿元，同比增长1.2倍，增收32.44亿元。张庆黎书记对此作出批示，给予了高度肯定。希望同志们以加强干部队伍和党风廉政建设为契机，全面提升干部队伍素质，更加注重管理与服务，不断提高执政能力和领导水平，再接再厉，发扬成绩，立足长远，着眼当前，强化措施，认真做好下半年税收工作，为我区“十二五”实现良好开局提供更加坚实的保障。

一是增强决策服务能力。要密切关注和分析宏观经济形势，全面跟踪和了解企业经营情况，科学把握经济发展与税收增长的内在联系，增强政策落实的针对性、灵活性和有效性，增强运用税收政策支持经济发展的素质。加

强税收政策调研工作，及时了解纳税人在履行纳税义务过程中的困难，掌握纳税人的需求，持续改进纳税服务的措施，建立税企沟通机制，增进双方的理解和信任，把税收征管与纳税服务进行有机的融合，实现征纳良性互动。要加强税收政策调研工作，及时了解掌握经济社会发展的新情况、新问题，在加快发展、壮大税源、增加收入上多动脑筋，多想办法，多出主意，及时向党委政府提出好的政策建议，发挥好决策参谋助手作用。不断健全我区地方税制，增强税收促进经济社会发展的能力。

二是提高依法治税水平。要提高对依法治税工作的认识，树立正确的执法观念，增强干部的法律意识和自觉性，使税收征管工作的每个过程、每个环节、每个层面都纳入法制化轨道。要全面提高税务干部的法律素质，特别要抓好行政法基础知识、行政处罚法、行政复议法、行政诉讼法等有关内容的学习，使广大干部熟悉履行职责所必需的法律知识，提高运用法律手段解决涉税事务的能力。建立执法责任制，深入开展税收执法监察，强化对“两权”[①] 运行关键环节和重点岗位的监督。要根据税收征管工作流程，对每个岗位的职责、权限、程序、办事时限等进行严格界定，将每个岗位的权力分解，责任明确到每个人，推进行政权力公开透明运行。

三是健全协税护税机制。要加强部门之间的协调配合。税收涉及国民经济的各个领域和社会生活的方方面面，税务部门既要按照科学化、专业化、精细化管理的要求加强税收管理，又要注重加强与政府各部门的沟通联系，建立健全全社会协税护税的协作机制。各级税务部门要依据管理需要，主动汇报、主动沟通、主动协调，全面了解政府及各部门有关经济社会发展方面的信息，认真分析和加工运用，同时将税收信息及时向政府报告、向各部门反馈。各级财政、工商、劳动、国土、建设、金融、公检法等部门要按照税收法律赋予的职责，切实履行协税护税义务，大力支持和配合税务部门开展工作，主动无偿地提供信息交换，尽快实现信息共享，推动信息管税。

四是强化税收服务措施。要着力创新服务手段，不断改进和优化纳税服务，千方百计方便纳税人的纳税需求，建立以为纳税人服务为中心的工作模式。进一步优化税收流程，减少执行层次，提升执行效率，以最少环节、最优程序实现税收监管与服务。加快纳税服务信息化建设，提升纳税服务体系的科技含量，为纳税人提供规范、快捷、全面、经济的税前、税中、税后服

① 两权：税收执法权和行政管理权。

务，努力减轻纳税人办税负担。认真解决纳税人反映的各类问题，拓展多元办税，优化办税流程，精简涉税资料，丰富服务内容。进一步推进办税服务厅规范化、标准化建设，拓宽“一窗式”服务范围，扩充“一站式”服务内涵，强化“一户式”管理，切实增强办税窗口服务能力，杜绝多次跑路、多头审批等现象，最大限度地提高办事效率。

五是扎实推进税务干部队伍建设和党风廉政建设。要以贯彻落实区党委七届八次全委会议为契机，以学习领会中央第五次西藏工作座谈会精神、胡锦涛总书记“七一”重要讲话和习近平副主席在大庆期间的一系列重要讲话精神为主要内容，进一步加强全区税务干部的思想理论建设，推进学习型综合班子建设，大力加强领导班子建设和队伍建设，不断加强党风廉政建设，从体制机制上拒腐防变。深入开展税收执法监察，加强税收执法监督管理。努力形成风清气正的征税机制和税务工作环境。

同志们，西藏和平解放60周年庆祝活动，集中展示了西藏翻天覆地的历史变化，展示了全区各族人民促发展、思稳定、惠民生的良好精神风貌，展示了中央关心西藏、全国支援西藏的友好形势和美好的发展前景，全区各族干部群众无不为之鼓舞，正满怀豪情地为全面建设小康社会而努力奋斗。让我们紧密团结在以胡锦涛为总书记的党中央周围，在自治区党委、政府和国家税务总局的坚强领导下，大力加强干部队伍和党风廉政建设，以更加强烈的责任感和使命感，以更加积极的作为和突出的工作业绩，开创性地做好各项税收工作，为推进西藏科学发展、跨越式发展和长治久安作出新的更大贡献！

在全区“服务科学发展 共建和谐税收”座谈会上的讲话

西藏自治区副主席　宫蒲光

（2011 年 9 月 15 日）

同志们：

今天，我们召开全区“服务科学发展，共建和谐税收”座谈会。自治区党委、政府和国家税务总局对开好这次会议高度重视，国家税务总局专门派来了赵福增司长和靳东升所长指导会议，让我们对他们的到来表示热烈的欢迎和衷心的感谢！我们这次会议的主要目的是，深入贯彻落实中央第五次西藏工作座谈会精神及区党委常委扩大会议、区党委七届九次全委（扩大）会议精神，认真研究如何更好地发挥税收在服务经济社会发展、促进和谐社会建设中的作用，探讨税务部门如何更好地聚财为国、执法为民，推进税收综合治理，进一步提高征税服务水平，改善征纳关系，为推动我区经济社会更好更快更大发展作出应有贡献。

刚才，自治区国税局群培同志的致辞，代表自治区国税局就共建和谐税收作了很好的表态，也对全区税务系统提出了明确的要求，讲得很好，希望全区各级税务部门抓好落实。

下面，我讲四点意见。

一、正确把握形势，切实增强科学和谐办税的责任感和使命感

进入新世纪以来，全区生产总值先后突破 200 亿元、300 亿元、400 亿元、500 亿元大关，去年达到 507.46 亿元，是 2000 年的 3.2 倍；地方财政一般预算收入 36.65 亿元，是 2000 年的 6.8 倍。全区税收也是连年递增，一年一大步，年年超目标，五年间分别突破了 20 亿元、30 亿元和 50 亿元大关，西藏税收实现了“五年迈出三大步”的跨越，2010 年达到 50.46 亿元，

为推进跨越式发展和长治久安作出了重要贡献。当前，全区呈现出经济发展、社会进步、文化繁荣、民生改善、民族团结、社会稳定、人民安居乐业的可喜局面。但是，我们也应当清醒地认识到，我区仍属于欠发达地区，与全国平均发展水平相比还有较大的差距，2010 年全区人均生产总值只有全国平均水平的 60% 左右，农牧民人均纯收入只占全国平均水平的 69.9%；而且，我们在面临着人民群众日益增长的物质文化需要同落后的社会生产之间的这个主要矛盾的同时，还存在着各族人民同以达赖集团为代表的分裂势力之间的特殊矛盾。

我们要正视困难，也要把握历史机遇。党中央、国务院高度重视西藏工作，十分关怀西藏人民，内地兄弟省市给予了大力无私的援助。今年 7 月 6 日，温家宝总理主持召开国务院第 161 次常务会议，批准了《“十二五”支持西藏经济社会发展建设项目规划方案》：“十二五”期间重点支持西藏 226 个重大项目建设，规划项目总投资达 3305 亿元，其中“十二五”期间计划完成投资 1931 亿元（中央财政安排投资 1384 亿元），这既是中央在西藏和平解放 60 周年之际送给西藏各族人民的一份厚礼，是推动西藏“十二五”经济社会发展的巨大动力，也是西藏今后 5 年经济社会发展面临的最大机遇。在前不久召开的区党委常委扩大会议和区党委七届九次全委（扩大）会议上，区党委书记陈全国同志先后发表重要讲话，强调“五个要”、“六个着力”和“九个坚定不移”。“五个要”，即：一要坚定政治方向，二要落实中央精神，三要保持工作的连续，四要加强自身建设，五要抓好当前工作。“六个着力”，即：一是着力维护社会稳定，二是着力推进科学发展，三是着力保障改善民生，四是着力抓好民族宗教工作，五是着力做好党委换届工作，六是着力加强党的建设。“九个坚定不移”，即：一要坚定不移地高举伟大旗帜，二要坚定不移地贯彻中央精神，三要坚定不移地保持工作连续，四要坚定不移地维护稳定，五要坚定不移地推进科学发展，六要坚定不移地保障改善民生，七要坚定不移地促进民族团结，八要坚定不移地推进党的建设，九要坚定不移地转变工作作风。我们一定要把思想和行动统一到中央的决定和自治区党委的要求上来，各司其职，各负其责，各尽其能，做到四个坚持，围绕一个中心，抓好两件大事，强化一个保障，体现一个落脚点，实现四个确保，同心同德、奋发有为、扎实工作。服务科学发展，共建和谐税收，是新时期税收工作的主题。要聚精会神谋发展、抓发展、干发展。按照既定的发展思路不改变、发展目标不动摇、发展措施不松劲，做到“不动摇、不懈怠、不折腾”（不动摇就是要坚定理想信念不动摇，高举中国特色社会主义伟大旗帜不动摇；不懈怠就是要保持良好的精神状态不懈怠，为人民群众谋福祉不懈怠，聚精会神搞建设，一心一意谋发展；不折腾就是要在科学发展上不折腾，在改革开放上不折腾，不搞内耗，不搞无谓的争论，不在影响发展和团结的事情上乱作为，否则就会贻误时机），在科学发展的轨道上坚持和谐办税。

坚持科学和谐办税，是推进税收事业乃至整个经济社会发展的本质要求。筹集财政收入是税收最基本的职能，是国家参与国民收入分配最主要、最规范的形式。离开税收的保障，和谐社会无从谈起。无论是税收“聚财为国、执法为民”的行业特色，还是税收在调节经济中的杠杆作用，处理好社会效率与公平，都需要树立科学和谐的税收发展观。只有这样，才能确保税务事业的全面高效发展，才能营造法治公平的税收环境，才能为国家经济社会发展提供充足的财力保障。

坚持科学和谐办税，是我区税务发展的必然选择。近年来，全区税务系统在区党委、政府的正确领导下，依法治税，从严治队，创新税收工作理念，切实加强税收执法能力建设，收入规模上了新台阶，依法治税有了新发展，征管方式有了新突破，税收信息化有了新提高，队伍建设有了新加强，各项工作取得新成效。实践证明，没有科学和谐的税收发展观，就没有今天有目共睹的成绩。

坚持科学和谐办税，是加快我区税务发展的迫切需要。西藏税务从无到有、从小到大，在西藏社会主义革命和建设的伟大进程中实现了自身的历史性跨越，税收在西藏经济发展、社会进步、政局稳定中发挥着越来越重要的作用。昨天的成绩就是今天的压力。一个组织发展到一定阶段，如不能正确决策使其保持持续向上的发展态势，就会因停滞不前而僵化。当前，西藏税务在执法能力、工作绩效、服务品质上面临全面提升的新形势、新任务，要有效使用现有资源，提高征管效能、提升发展水平，需要我们重新审视和认真研究。要适应新形势、面对新挑战，树立和落实科学和谐的税收发展观，创新发展理念，明确发展重点，制定新的发展举措，不断开创工作新局面。

二、坚持科学和谐办税，准确把握税收工作新要求

税收作为国家财政收入的主要来源，是国家经济发展的重要杠杆，是调节利益分配的重要经济手段，在推进跨越式发展、保障和改善民生，促进社

会和谐的历史进程中具有十分重要的作用。

第一，立足科学发展，努力推动经济发展方式转变。经济发展是税收的基础，确保经济更好更快更大发展是税收工作的大局。一要着力培育税源，努力增加税收收入。要把关心经济主体、发展经济主体作为己任。要树立为企业服务，支持企业发展的大局意识。企业是连接政府与百姓的桥梁，为国家创造税收，为职工创造就业机会，为社会创造财富。我们要牢固树立为企业服务的意识，支持企业走科学发展道路，支持“想做事、做好事、做成事”的企业，鼓励企业在发展生产经营的同时，勇于承担社会责任，开拓就业渠道，保护环境资源，与老百姓一起致富，与职工一起发展。特别是服务非公有制经济发展，目前非公有制经济在全区的税收贡献已达到2/3左右，对就业的贡献也十分突出。自治区党委、政府近期将召开全区发展非公有制经济大会。我们一定要认真贯彻落实会议精神，提高认识，转变观念，改进工作，做好服务，努力为民营企业做大、做强、做精提供有力的税务服务。二要通过转变经济发展方式，保持税收收入持续稳定快速增长。税收事业发展不能脱离经济的发展，需要有良好的宏观经济环境作保障，税收的增长建立在经济发展、企业效益提高、个人收入增加的基础上。要按照区党委提出的“提升一产、壮大二产、做强三产”的要求，以积极的态度处理好宏观调控和微观服务的关系，加强税收征管和服务经济发展的关系，大力组织收入和落实税收优惠的关系。既要发挥好税收宏观调节经济的作用，又要在微观层面通过良好的服务促进各市场主体健康有序发展。通过税收的杠杆作用，加快我区经济结构调整步伐，优化产业结构，推进产业升级协调发展。三要壮大特色产业，增强发展的动力。落实好国家自主创新、科技进步的税收政策，积极支持企业提升研发能力，大力发展高新技术产业，加快科技成果转化，特别要注重推动农畜产品深加工，延长产业链，提高附加值，培育壮大优势特色产业。

第二，立足保障改善民生，着力营造宽松发展环境。改善民生是发展的根本目的，是税收为民的具体体现。科学发展关键在于营造良好宽松的环境，提供良好的服务。通过不懈努力，我区的发展环境明显改善，发展质量显著提高，但与兄弟省市相比还存在较大差距。中央第五次西藏工作座谈会提出，“要继续保持中央对西藏特殊优惠政策的连续性和稳定性，进一步加大政策支持和资金投入力度”及“继续实行‘税制一致、适当变通’的政策”，明确继续赋予西藏在税收上的优惠政策。全区各级税务部门一定要牢固树立科学发展的理念，正确处理跨越式发展与税收的辩证关系，创新发展思路，坚持让利于民，最大限度地用好用活税收政策，充分发挥税收在财力保障、政策引导、调节收入等方面的作用，积极营造宽松的发展环境，不断提高西藏经济自我发展能力和内生动力。一要用足用好税收优惠政策。要把中央第五次西藏工作座谈会制定的各项优惠税收政策，不折不扣、完全彻底地落实到位，以良好的服务、宽松的税务环境，促进企业投资和居民消费，增强各类经济主体活力，促进经济平稳较快发展。牢固树立“不落实税收优惠政策就是违法组织收入”的理念，发挥好税收政策在经济发展中的引导、调控作用。二要制度创新，减轻纳税人负担。以重点解决纳税人办税“多头找、多次跑”等突出问题为着力点，推进制度创新，改革管理方式，优化工作流程，简并报表资料，提高办税效率，降低税收成本。三要把支持就业作为关注民生、维护社会稳定的大事来抓。全面落实税收优惠政策，为大学生、困难群众和企业下岗失业人员就业提供支持，并积极支持就业吸纳能力强的企业发展。四要认真贯彻落实福利性企业税收优惠政策，促进残疾人劳动力的优抚安置，加大对弱势群体的扶持力度，促进城乡居民收入水平和发展质量普遍提高，促进共同富裕和社会公平。

第三，立足税务部门职责，着力推进税收科学发展。经济决定税收，经济规模决定税收规模，经济结构决定税收结构，经济速度影响税收速度，反过来税收对经济发展具有积极的促进作用。税务工作必须彻底跳出“就税论税”的路子，正确认识和处理税收与经济的辩证关系，紧紧围绕“坚持依法治税、促进经济发展”这个主旋律，全面发挥税收的职能作用，努力实现税收工作与经济发展的良性互动和协调发展。一要坚持公开、公正、文明执法，营造良好的税收环境。二要发挥税收的引导作用，对需要鼓励的基础产业、绿色产业、支柱行业，落实好税收优惠政策；对需要限制的不符合国家产业政策和基本国策的，要充分运用税收调整资源配置。三要努力实现税收收入增长与经济发展速度良性互动。进一步巩固和深化税收征管改革，大力推进税收管理精细化、标准化和信息化，努力提高税源监控能力和税收管理质量，始终保持和不断增强税收的可持续增长能力。

三、坚持以人为本，切实提高纳税服务水平

纳税服务水平的好坏，直接关系到税收征纳双方的关系，关系到党和政府的形象，关系到社会和谐稳定。目前，我区征纳关系总体是好的，税务部

门的服务意识、服务体制、服务机制和服务态度是适应和谐税收总体要求的。近些年，税务部门努力推行“两个减负”[①]、积极实施“阳光作业”、全面开展“同城同办”等改善服务的有效措施，涌现出不少好的经验、好的做法和先进典型，受到广大纳税企业和纳税人的好评。但个别地方、个别单位、个别人的服务意识还不够强、服务水平还跟不上发展的需要，有的还没有牢固树立征纳双方地位平等的理念，损害纳税人合法权益的现象仍时有发生，服务质量和效率还有待提高。要以解决影响征纳关系和谐与侵害纳税人合法权益的突出问题为突破口，以化解税收征纳纠纷为重点，完善沟通协调、排查预警、疏导转化、调解处置机制，着力解决影响征纳关系和谐融洽的源头性、基础性、根本性问题，保持税收秩序和谐有序，不断提高税收管理科学化水平。

*一要更新观念，提高认识，增强服务意识。*做好纳税服务工作是转变政府职能、建设服务型政府的题中应有之义，是服务科学发展、共建和谐税收的重要内容，它是税务部门的核心业务之一，是税收工作的最重要基础。转变观念、提高认识、强化意识，是做好纳税服务工作的前提。全区各级税务部门要牢固树立服务意识。纳税人不仅是纳税的主体，更是我们征税服务的对象。既要严格执法，科学征管，又要优化服务，坚持执法与服务两手抓、两兼顾。同时，要牢固树立征纳双方地位平等的理念，切实尊重纳税人，在依法向纳税人行使征税权力的同时，切实保障纳税人各项合法权益。

*二要抓住关键，突出重点，着力构建和谐税收关系。*税收是政府驾驭市场经济的重要手段，处于利益分割的焦点，统筹兼顾处理好各方面关系，努力营造和谐治税环境，十分重要。要积极发挥好行业职能作用，处理好各种各类矛盾和问题，积极构建和谐税收关系，为我区长治久安服好务。要坚持依法治税，加强税源管理。改进征收方式，做到应收尽收，税务部门既要积极贯彻落实国家产业政策，大力扶持社会弱势群体，大力支持企业提高自主创新能力，大力服务创新型国家建设，又要积极加强与社会公众沟通，努力促成管税人依法管税，纳税人依法纳税，享税人依法协税护税的大好局面，营造和谐的税收环境。要更加注重为经济社会发展服务，更加注重为纳税人服务，加快推进服务型机关建设。坚持以人为本，文明征税，树立为民执法理念，健全纳税服务体系，完善纳税服务制度，拓宽纳税服务渠道，创新纳

---

① 两个减负：减轻纳税人不必要的办税负担和基层税务机关额外的工作负担。

税服务手段，全面整合纳税服务资源，进一步简化办税服务程序，优化纳税服务，最大限度地方便纳税人办税，最大限度地维护纳税人合法权益。

三要健全制度，完善体系，提高服务水平。法治公平、规范高效、文明和谐、勤政廉洁是做好税收工作的核心要求。改进和规范纳税业务流程、减轻纳税人负担、优化纳税服务平台、满足纳税人正当需求、提高税法遵从度、促进征纳和谐是税收工作的重要内容。全区各级税务部门要积极健全和完善纳税服务体系，对纳税服务工作进行系统化规划、标准化实施、全员化参与、机制化运行，切实推动纳税服务进一步优化，促进征纳关系进一步改善，更好地发挥税收筹集财政收入和调控经济、调节分配的职能作用，大力促进我区和谐税收环境的建设。要加强纳税辅导，帮助纳税人降低税法遵循执行风险。要拓宽纳税服务渠道，积极开展各项主动服务，及时解决纳税人申报纳税过程中的困难和问题。要改变纳税服务方式方法，以满足纳税人合理需求为根本出发点，充分运用现代化信息手段，尽可能降低纳税人办税成本。要丰富纳税服务工作内容，积极推行一站式服务、首问责任制、办税绿色通道、税企联系卡、温馨提示电话等零距离服务。要加快税收管理信息化建设步伐，加大现代化纳税申报手段应用力度，尽快实现网上电子申报，推进无纸化办税。

四、加强领导，精心组织，共建和谐税收

税收取之于民、用之于民。关心、支持、维护和协助税收工作，是全社会义不容辞的共同责任。加强协税护税工作，实行社会化综合治税，积极打造“政府领导、税务主管、部门协作、司法保障、信息支撑、堵漏开源、多方共抓”的协税护税网络，对加强财源建设、强化税收征管、推进我区经济跨越式发展和社会长治久安具有重要意义。

一是与时俱进，用科学的税收理论指导工作。税务部门要坚持聚财为国、执法为民的工作宗旨，创新思路、更新观念，充分发挥税收在社会利益分配中的重要作用。要统筹兼顾效率与公平的关系，提高效率，加快发展，实现税收管理的科学化、精细化、高效化。要把深度管理、细节管理和科学管理、现代管理有机结合，提炼“精细、务实、为民”的征管文化，大力推进依法治税，严格税收执法与监督，深化税收改革，加强科学管理，不断提高税收征管的质量和效率。要从实际出发，实事求是，遵循税收规律，善用现代管理方法和信息化手段，实现税务决策科学性和管理实效性；要明确职责分工，

优化业务流程，完善岗责体系，加强协调配合，避免粗放式管理，走规范化、精细化、严格化道路；要依托信息化，加快整合现有信息资源，强化数据应用管理，建立协调高效的运行机制，体现高效率的现代公共组织形象。

二是协助配合，构建科学合理协税护税的网络。税收具有很强的社会属性。它既渗入到社会生活的方方面面，又受到社会发展进程的影响和制约。这就要求税务机关正确把握税收与社会发展的辩证关系，在强调经济目标的同时，也要注重社会目标，要致力于维护社会公平，推动社会全面进步。要实现社会化综合治税目标，其核心是税源监控，重点是信息共享，关键是网络共建。要组建信息化共享平台。要加快信息交换平台的对接，从信息筛选、分类、整理、储存等环节入手，认真做好涉税信息的整理加工，真正使信息资源变为税源，实现对税源信息的全方位监管。要以强化征管、堵漏开源为目标，构建税务、工商、金融等部门的信息共享平台。要建立健全税务登记与工商登记信息的交换与共享机制。要大力推广电子申报，完善实时划缴工作。要通过对产量、能耗、用地等信息的分析，实现对纳税人生产经营真实情况的掌握。要在一些关键环节卡住口子，加长短板，保障税收应收尽收。

三是统筹兼顾，确保协税护税机制运转顺畅。要确保税收工作的顺利开展，密切跟踪了解税收各项调控措施的实施效果，针对执行中的问题及时提出意见和建议。及时关注和把握宏观经济走势，加强对税收政策的前瞻性研究，确保机制运转顺畅。首先，强化政府组织领导。打造协税护税网络、建立良好税收秩序是一项系统工程，必须加强政府的组织领导，整合资源，才能步调一致，行动统一，从而形成税源监控多元化的新格局。其次，要确立科学的协作机制。各级政府部门、各社会团体，要加强协作，携手共建区域税收协护税体系。要根据各自的工作实际，加强沟通会商，通过信息共享、数据交换和工作交流，全面细化涉税安排，协调解决各种问题。第三，要建立健全税务司法保障机制，发挥税法威力，确保税务刚性，做到应收尽收。第四，要建立健全长效机制。定期召开通报会，适时交流情况，及时研究和解决工作中出现的问题，将综合治税贯穿到日常税收征管工作中，长期坚持，确保社会综合治税持久运行，逐步实现社会综合治税工作协调制度化、税源监管职能化、考核奖惩规范化，从而切实把社会综合治税作为一项经常性、长期性的工作来抓，保障社会综合治税持续健康发展。

四是加强宣传，努力形成和谐税收良好社会氛围。要充分发挥舆论导向作用，大力宣传税收对促进发展、改善民生的重要作用；大力宣传国家和自治区出台的一系列“保增长、调结构、扩内需、惠民生”的政策措施；大力宣传自治区为促进中小企业发展，加快非公有制经济发展出台的各项优惠政策；特别要大力宣传自治区对再就业税收优惠政策、涉农税收优惠政策以及其他有关税收优惠政策；要大力宣传纳税大户和主动纳税方面涌现的突出事迹和先进典型；要大力宣传税务机关坚持依法治税，优化纳税服务，税务干部爱岗敬业、无私奉献、执法为民的先进事迹。各级税务机关要在全社会大力倡导诚信纳税的新风尚，创造和谐的税收环境，让税收走进大众、贴近生活，引导全社会都来关心税收、支持税收、维护税收，最大限度地调动积极因素，最大限度地减少不利因素，努力营造公平公正、规范有序、文明征纳的税收环境。广大纳税人要切实增强依法诚信纳税意识，坚持守法经营、依法纳税，为推动西藏和谐税收、和谐社会建设作出应有的贡献。

同志们，税收事业，使命光荣，责任重大。让我们紧密团结在以胡锦涛同志为总书记的党中央周围，在自治区党委、政府的坚强领导下，以更加强烈的责任感和使命感，以更加积极的工作态度，扎实推进和谐税收、和谐社会建设，为推进西藏科学发展、跨越式发展和长治久安作出新的更大的贡献！

全面提升税收工作水平
促进经济发展方式转变
为经济社会实现跨越式发展作出新贡献

——在全区税务工作会议上的讲话

西藏自治区国家税务局局长　袁庆杰

（2010年12月29日）

同志们：

全区税务工作会议今天召开。这次会议的主要任务是：认真贯彻落实全国税务工作会议、李克强副总理的批示精神和全区经济工作会议精神，总结“十一五”时期的全区税收工作，研究“十二五”税收发展思路，部署2011年的工作任务，动员全区税务干部认清形势，明确目标，再接再厉，扎实工作，为全面完成2011年各项工作任务，为“十二五”时期发展开好局、起好步。

自治区党委、政府领导对我区税收工作十分重视。自治区领导多次作出重要批示，充分肯定我区税收工作取得的成绩，这是对我们的极大鼓舞和鞭策。白玛才旺副主席亲临会议并作重要讲话，对我们做好当前乃至今后一个时期的工作提出明确要求，我们一定要认真学习，悉心领会，全面贯彻落实。

下面，我按照区局研究的意见，讲三个方面问题。

一、认真总结“十一五”时期全区税收工作

“十一五”期间，我们以科学发展观统领税收工作全局，紧紧围绕自治区党委、政府和国家税务总局工作部署，充分发挥税收职能作用，坚持服从、服务于西藏经济社会发展大局，税收收入实现持续稳定增长，地方税收制度改革取得重大突破，落实结构性减税等政策收到明显成效，纳税服务开创良好局面，税收征管水平实现新的提升，税务干部队伍建设迈上新台阶，党风廉政

建设取得重要进展，全面实现了各项工作目标，既为“十一五”税收工作画上了一个圆满的句号，又为“十二五”税收事业发展打下了良好的基础。

在过去的五年里，全区税收收入一年一大步，年年超目标，始终保持持续稳定增长的良好态势。五年共入库税收157.2亿元，年均增收6.9亿元，年均增幅26.6%。其中非公有制经济实现税收106.6亿元，占总体税收的68%。2006~2010年，税收收入分别完成18.47亿元、23.44亿元、30.13亿元、34.67亿元和50.5亿元。2010年税收收入突破50亿元，为全区经济发展、社会稳定提供了可靠的财力保证。

在过去的五年里，税收服务经济社会发展能力不断增强，税收制度不断完善。初步建立了更加有利于经济社会发展的税收制度体系。先后开征车辆购置税、车船税、烟草批发环节消费税；改革资源税制，增加资源税品目，调整资源税税额标准和采购环节营业税范围；公平税负，扩大城市维护建设税征收范围，统一城市维护建设税税率。不断完善税收政策，大力推进产业结构升级和产业规模化发展。与全国同步实施增值税转型改革和新《企业所得税法》，清理完善企业所得税优惠政策，调整个人所得税政策，落实国家结构性减免税政策，集中力量大力扶持高新技术企业、乡镇企业、非公有制经济和特色产业发展。“十一五”期间，全区减免各类税收9.2亿元。大力推进对外经济发展，加大出口退税工作力度，促进对外经济健康发展。“十一五”期间，全区办理出口退税1.08亿元，对提高我区特色产品的市场竞争力，鼓励企业扩大出口起到了积极的作用。

在过去的五年里，依法治税内外并举、以内促外，初步形成了执法、守法、护法良性互动的税收环境。深入推行税收执法责任制，扎实开展税收执法检查，有效规范了税收执法；以每年的税收宣传月活动和“五五”普法教育为契机，大力开展日常宣传和税收宣传月集中宣传，改善了税收法治环境。以税务稽查为手段，认真开展税收专项检查和专项整治，严厉查处各种涉税违法案件，五年累计查补税款2.9亿元，其中2010年查补0.92亿元，进一步整顿和规范了税收秩序；以做好宣传与协调工作为抓手，争取党政领导对税收工作重视关心和有关部门的配合支持，协税护税网络和机制不断完善，形成了有利于依法治税的舆论环境和工作氛围。

在过去的五年里，坚持服务与管理并重，把纳税服务和税收征管作为税务部门的核心业务，积极探索依法加强征管的有效途径，提高了税法遵从度和税收征收率，税收管理日益专业、日趋规范，税收征管质量与效率不断提高。纳税服务手段不断创新，为纳税人提供了电话申报、财税库银横向联网等多元化、个性化服务。服务措施不断完善，拓展了服务内容，改进了服务方式，简化了办税程序，完善了办税服务厅的功能，受到纳税人普遍欢迎。服务理念深入人心，办税效率和服务水平明显提高，纳税人满意度和社会评价越来越高。围绕提高征管质量和效率，持续深化税收征管改革，全面落实税收管理员制度，积极开展纳税评估，加强重点行业的经济税源分析，不断探索推行专业化管理，推进以票控税，提高了税源控管水平。依托综合征管软件，加强数据运行分析监控，强化税源监管，征管理念发生了质的变化，征管方式和手段发生深刻变革，"疏于管理、淡化责任"的问题得到一定程度的解决。现代管理理念初步确立，税收征管体制不断完善，初步建立了税源管理的有效机制。大企业和国际税收管理工作初见成效。

在过去的五年里，税收信息化软硬兼顾、协调发展，信息化建设实现跨越。"十一五"末期，全区税务系统建立了自治区局、地市局、县局三级广域网络，全区 7 个地（市）局、70 个县局、84 个基层单位实现了计算机网络互联互通。开发了综合征管系统（西藏版）和电话申报系统，推行了电话申报系统、增值税管理系统、人事管理系统、公文处理系统、税控货运发票管理系统、车购税管理系统、财务管理系统、出口退税管理系统、个人所得税管理系统等，并对重要的业务系统，采用双机冗余模式。设立了自治区局、地（市）局两级运行维护组织，集中管理全区税务信息系统的运行维护工作。

在过去的五年里，行政管理逐步规范、有序运转，内部管理日趋规范。基础设施和装备条件明显改善。新建、改建、扩建和维修了一批基层县局综合办公楼和职工周转房；交通工具有了根本改观，质量性能得到提高，有效改善了系统办公条件。健全落实机制，加强考核督查和业绩评价，政务运转更加规范，管理机制进一步健全，监督制约进一步加强，行政效能进一步提高。稳步开展财务管理各项改革，顺利推行收支分类、国库集中支付、部门预算、收支两条线等改革，进一步完善基本建设管理和固定资产管理相关制度，促进财务管理工作更加科学化、规范化。政府集中采购工作更加规范。税收科研工作得到加强，西藏税务学会、西藏国际税收研究会、西藏注册税务师协会等社团科研组织相继成立，内部刊物《西藏税务》得以创刊并广泛发行，税收科研与税收中心工作相互促进局面初步形成。以提高运转效率为目标，完善机关工作规则，加强会议、培训、检查、出国等计划管理，依法开展信访工作，做好社会综合治理工作，不断提高后勤管理水平，发挥了服务保障效能。

在过去的五年里，班子和队伍建设突出抓机制、强素质，队伍的凝聚力和战斗力不断增强。“十一五”期间，我们紧紧抓住提高综合素质、加强激励约束两个关键环节，大规模开展教育培训，进一步健全制度激发干部队伍活力，积极推广内控机制，努力造就高素质专业化干部队伍，为西藏税收事业发展提供了可靠保证。全区税务系统先后组织18批竞争上岗，共选拔和晋升处级干部34人、科级干部292人，干部结构得到改善，执政能力得到提升。西藏税务干部学校建成并投入使用。围绕税收法制、计算机技术、业务知识技能等方面开展各类培训56期，培训人员2121人次；税务干部专科以上学历由“十五”末的74.68%提高到2010年的87.87%，干部队伍的整体素质得到较大幅度提高。全力打造学习型税务机关，努力塑造具有西藏税收特色的税收文化。党风廉政建设成效显著，精神文明建设硕果累累，干部队伍形成锐意进取、积极向上的思想作风和工作作风。基层建设得到加强，党团等各级组织的作用充分发挥，为税收工作的顺利开展提供了有力保障。

在过去的五年里，全区税务系统不仅履行了本职工作，更重要的是还充分发挥了作为一个政府部门在维护社会稳定和加强民族团结上的积极作用。拉萨“3·14”事件以来，全区税务系统在自治区党委、政府的坚强领导下，高举维护社会稳定、维护社会主义法制、维护人民群众根本利益、维护祖国统一、维护民族团结的旗帜，坚持旗帜鲜明、针锋相对、掌握主动、争取人心、强基固本的基本方针，团结带领全区广大税务干部职工深入持久地开展同反动集团的斗争，谋长久之策、行固本之举，下好先手棋、打好主动仗，扎实做好常态下和非常态下维护社会稳定的两手准备。我们按照自治区的政策规定，认真贯彻落实了对拉萨“3·14”事件受损商户恢复生产经营秩序税收扶持，对部分行业实施了税收减免，促进了经济市场的恢复和稳定；各级税务机关及全体干部职工本着守好自己的门、管好自己的人、干好自己的事这一基本要求，在确保本单位平安的同时，积极按照当地统一部署，认真值班、巡逻、守桥护路，做到了尽职尽责，为全区社会稳定局势作出了应有的贡献。

五年来，经过艰苦实践和积极探索，全区税收工作形成了一些鲜明的特色，主要体现在四个方面：

预中求立。“凡事预则立，不预则废”。无论是对“十一五”税收工作发展的把脉定调，还是对每年工作部署的精心运筹，我们始终坚持从宏观着眼，从全局把握，科学谋划发展，增强了工作的预见性和前瞻性。这一时期提出的“坚持一个宗旨、实施两大战略、加强四项建设”的目标，都抓准了上级精神同本地本系统实际的结合点，既顺应了科学发展观的要求，又贴近基层工作的实际，促进了税收事业全面健康发展。

稳中求进。稳扎稳打，循序渐进是贯穿“十一五”期间工作始终的一个突出特色。五年来，我们遵循税收发展的客观规律，每年确定一个主题、突出一个重点、形成一个亮点。2006 年工作主题为协调发展；2007 年主题为强化税收基础管理；2008 年工作主题为加强机关作风建设；2009 年的主题为抓基层、打基础、提升基本素质；2010 年的主题为推进纳税服务，使各项工作一步一个脚印，有计划、有步骤地稳妥推进。

管中求精。管理是税收工作的永恒主题。五年来，我们始终抓住税收管理这个“牛鼻子”，按照科学化、专业化管理的要求，不断创新管理模式，健全管理体系，完善管理机制，力求管理目标化、程序化、制度化。通过不懈努力，相继推出了处级领导干部考评管理办法、建立了部门内控管理机制、规范了机构编制管理、明确了干部管理权限，完善征管系统、所得税管理系统，产生了一定的示范效应，带动了税收业务管理和内部行政管理的整体推进。

干中求实。求真务实、真抓实干是促进税收事业兴旺发达的关键所在。

五年来，自治区局推行领导干部基层联系点等制度，加强督促检查，促进了各项工作的落实，促进机关作风进一步转变。

总之，“十一五”期间，是我们团结战斗，奋力拼搏，实现税收收入大增长的五年；是全区广大税务干部职工与时俱进，锐意探索，实现各项管理大突破和大丰收的五年。过去五年的成绩来之不易，既是国家税务总局和自治区党委、政府正确领导的结果，是社会各界尤其是广大纳税人配合支持的结果，也是广大税务干部职工辛勤工作的结果。借此机会，我代表区局党组，向各级领导、社会各界以及广大纳税人表示衷心感谢，向全区广大税务干部职工表示亲切的慰问！

在肯定成绩的同时，我们也要清醒地认识到，当前工作中仍然存在一些问题：一是我们解放思想、更新观念的力度需要加大，工作中开拓创新的步伐有待进一步加快。二是税收管理基础还不够牢固。主要是税源管理基础还比较薄弱，数据信息利用不够充分，税收征管各环节之间业务衔接不够紧密，“淡化责任，疏于管理”问题尚未得到很好解决。三是税收执法还有待进一步规范，执法意识不强的现象还有所存在。四是班子和队伍建设还有待加强。

少数班子和领导干部遵法执纪还不够严明、作风不够扎实，对区局的重大工作部署落实不力。少数一线执法人员的事业心和责任感不够强，宗旨观念和法纪意识比较淡薄。对这些矛盾和问题，我们必须高度重视，采取措施，在今后的工作中切实加以解决。

二、科学谋划“十二五”全区税收发展的基本思路

“十二五”是我国全面建设小康社会的关键时期，是深化改革开放、加快转变经济发展方式的攻坚时期，更是我区全面贯彻中央第五次西藏工作座谈会精神，推动跨越式发展和长治久安、开创社会主义新西藏更加美好明天的最为重要、最为紧迫、最为关键的时期，是建立和完善适应社会主义市场经济体制的税收工作体系的重要时期。党的十七届五中全会描绘了我国在新世纪第三个五年经济社会发展阶段的宏伟蓝图。自治区党委在不久前召开的七届七次全会和刚刚结束的全区经济工作会议上提出了“十二五”期间，坚持走有中国特色、西藏特点的发展路子，以科学发展、跨越式发展和长治久安为主题，以实施“一产上水平、二产抓重点、三产大发展”的经济发展战略、加快转变经济发展方式为主线，确保地区生产总值年均增长12%以上的要求和奋斗目标。总局也明确提出了“十二五”时期税收发展与改革的总体思路。这一系列决策部署具有很强的针对性和指导性，为“十二五”全区税收发展指明了努力方向，是我们做好未来五年税收工作的行动指南。我们要认清形势，抢抓机遇，锐意进取，乘势而上。

根据总局和自治区党委、政府对“十二五”的总体规划，结合实际，我们确定，“十二五”全区税收工作的指导思想是：以邓小平理论和“三个代表”重要思想为指导，深入贯彻落实科学发展观，紧紧围绕中央第五次西藏工作座谈会精神和西藏自治区“十二五”经济社会发展目标，坚持以人为本，牢记为国聚财、为民收税的神圣使命，遵循依法行政和和谐征税的基本准则，坚持服务科学发展、共建和谐税收的工作主题，不断改革和完善税收制度，抓好纳税服务、税收征管核心业务，大力推行专业化、信息化的管理方法，完善人才强税、廉洁从税的保障机制，建设法治、服务、责任、和谐、效能、廉洁的税务机关，全面提升科学、民主、依法行政能力，推进税收事业科学发展，服从、服务于西藏社会经济发展大局，为构建社会主义和谐社会作出贡献。

“十二五”全区税收工作的总体思路是：“牢记一个使命，抓住四个必

须”。“牢记一个使命”就是要牢记为国聚财、为民收税的神圣使命。“四个必须”就是在今后五年的税收工作实践中，必须坚持服务科学发展、共建和谐税收的工作主题；必须抓好纳税服务、税收征管核心业务；必须推行专业化、信息化的管理方式；必须完善人才强税、廉洁从税的保障机制。

根据上述指导思想和总体思路，“十二五”全区税收工作的基本原则是：一是坚持把科学发展作为税收工作的指导方针，更加注重深化税收管理改革，更加注重改进和优化纳税服务，更加注重提升税务部门服务经济发展的能力；二是坚持把促进经济发展方式转变作为税收工作的着力点，切实完善西藏税收制度，切实落实各项税收政策，切实服务经济社会科学发展；三是坚持把依法行政和和谐征税作为税收工作的基本准则，规范税收执法，强化执法监督，维护纳税人合法权益；四是坚持把改革创新作为税收工作的强大动力，以全心全意为纳税人服务为中心，以科学化、专业化管理为基础，以信息化大集中和高效运用为依托，强化税收管理体制和运行机制创新，逐步实现从以征收工作为中心向征收工作、税收征管、为纳税人服务并重转变，从以税收任务为主向以税收任务、税源管理并重转变，从以经验型管理为主向以知识化管理为主的转变；五是坚持把造就高素质、专业化干部队伍作为税收工作的重要保证，立足“带好队、收好税、服好务”基本要求，深化人力资源管理改革，强化专业化、多层次人才培养，推进人才科学使用，加强工作绩效考核，努力实现各级党政更加满意、社会各界更加满意、广大纳税人更加满意和全区税务干部职工更加满意的工作目标。

根据上述总体要求，确定“十二五”时期全区税收发展的基本目标为：

税收收入稳定增长。全区税收收入随着经济发展实现持续稳定增长，收入的规模、速度、结构与经济发展相适应。到“十二五”期末，力争全区税收收入规模比“十一五”期末翻一番。

税收制度和政策措施逐步完善。税收调控职能作用得到有效发挥，其前瞻性、针对性、实效性进一步增强。新一轮税制改革举措和各项税收法规在全区得到有效贯彻落实；使税收促进增长方式转变、增强科技创新能力、发展循环经济、扩大就业等各项税收鼓励措施执行到位，税收调控经济的功能明显增强。

现代税收征管格局更趋完善。税收征管制度体系进一步健全；税收业务流程持续优化简化，征管运行机制更为完善；税收征管信息集中共享，信息一体化基本实现。税收征管质量和办税效率不断提高，征纳成本进一步降低，建立起适应新时期西藏经济社会发展特点的税收征管机制。

纳税服务质量和水平得到全方位提升。初步形成以纳税人合理需求为导向，以持续提高纳税人满意度和税法遵循度为目标，以办税服务厅、税务网站和“12366”纳税服务热线为平台，以税法宣传、纳税咨询、办税服务、权益保护、信用管理、社会协作为内容，以健全组织、完善制度、严格考核为手段，增强税务人员的服务意识，提高税务人员的服务水平，建立规范化服务与个性化服务有机结合的纳税服务新格局。

税收法治化程度明显提高。以税收执法责任制为核心的执法监督体系健全完善，税收干部依法行政能力明显增强；税收执法公开、公平、公正，完善税收行政救济体系。完善税务稽查体系，部门协作运转畅通有效，打击涉税违法犯罪坚决有力，税收秩序进一步好转，实现税务稽查在信息化、现代化支撑下的专业化、集约化，切实维护税法刚性和严肃性。

税收管理信息化水平进一步提升。提高信息化覆盖和服务范围，为税收各项工作提供技术支撑。建成功能齐全、内容丰富、安全可靠、快速灵活、随需应变的符合西藏税收工作实际的信息管理系统，实现由数据、信息、知识到能力的转换。

税源税基控管更加科学专业。税源分析预测监控体系科学实用；税收管理员制度落实到位，纳税评估规范完善；涉税数据采集全面准确，数据利用能力进一步增强，各税种税源税基得到有效控管，管理科学规范，为西藏经济社会发展创造良好的税收环境。

税务行政管理水平大幅提高。建立起与征管改革和推进信息化要求相适应的行为规范、运转协调、公正透明、廉洁高效的税务机关行政管理机制。

税收文化建设不断推进。构建和谐发展的税务组织。营造先进、科学、民主的文化氛围，打造具有西藏税务特色的税收文化。组织活力进一步增强，干部积极性、创造性得到进一步发挥。

干部队伍素质全面提高。各级领导班子结构合理，领导水平和执政能力不断提高；干部选拔任用机制和管理监督机制科学有效，人才培养、评价、竞争机制基本形成。稳步推进公务员分类管理工作。积极推行从下级机关和基层公开遴选上级机关工作人员制度。健全干部考核评价机制，提高考核评价的科学化水平，强化考核结果运用。加强干部的实践锻炼，在实践中砥砺品质、锤炼作风、增长才干。

党风廉政建设进一步加强。惩治和预防腐败体系建立健全，构建以内控机制为主体的大预防工作格局。严格执行党内监督条例、税务系统领导班子和领导干部监督管理办法，认真落实领导干部廉洁从政若干准则，税务行业风气和部门形象有新的改善。

根据上述基本思路，我们起草完成了《西藏自治区“十二五”税收工作规划》，并在此次会议印发，请大家认真讨论并提出修改意见。当前和今后一个时期，全区各级税务机关要把认真学习贯彻十七届五中全会、中央第五次西藏工作座谈会和西部大开发会议精神作为一项重大政治任务切实抓紧抓好，真正落实到税收工作的各个方面，积极实施好“十二五”时期税收发展规划，以更加昂扬的斗志和更加扎实的工作，努力开创“十二五”时期税收事业科学发展的新局面。

三、全面落实2011年全区税收工作任务

2011年是实施“十二五”规划的开局之年，是深入贯彻落实科学发展观、实现我区全面建设小康社会奋斗目标的重要一年，也是我区经济社会又好又快发展的关键一年。做好明年的税收工作，对于充分发挥好税收职能作用、促进我区跨越式发展和长治久安的大局具有十分重要的意义。全区各级税务机关要充分认识当前经济社会发展的总体形势，全面把握上级的各项决策部署，科学分析税收事业发展面临的机遇和挑战，统一思想，坚定信心，抓住关键，突出重点，推动全区税收事业科学发展。

对于做好明年的税收工作，既要正确认清所面临的严峻形势，更要充分看到有利条件。从宏观经济形势来看，当前世界经济形势复杂多变，不稳定不确定因素明显增多。受世界经济复苏动力不强，我国经济生活中深层次矛盾仍然突出，以及明年将实施的经济政策取向等因素影响，我区经济工作将面临比较复杂的形势和一些困难。但是，我国宏观经济发展的基本面没有改变，经济实力、综合国力和抵御风险的能力显著增强，经济发展的重要战略机遇期依然存在、前景依然乐观，国家在推动产业结构调整、转变经济发展方式上，相继出台了一系列宏观调控措施，为经济实现更长时期、更高水平的发展奠定了坚实基础。中央第五次西藏工作座谈会和西部大开发会议胜利召开，为我区经济社会发展提供了强大的动力。明年是西藏和平解放60年，国家将继续加大投资力度，一些重大项目将陆续开工建设，全区经济将继续保持良好的发展态势，税收稳定增长的有利条件将持续存在。此外，我们多年的工作积累为税收事业长远发展打下了坚实基础。征管长效机制建设成效

明显，科学化、专业化的管理理念深入人心，必将有力地促进征管水平的提升和税收收入的增长。因此，各级税务机关和广大税务干部要正确认识面临的形势，既要看到当前存在的困难和问题，更要看到工作中的积极因素和有利条件，发挥自身优势，积极应对挑战，主动做好各项税收工作。

明年要重点抓好以下几项工作：

（一）大力组织税收收入

组织收入是税收的基本职能，也是税务部门的中心工作。全区经济工作会议确定明年 GDP 增长 12% 以上。按照税收与经济协调发展的要求，全区税收收入奋斗目标也应力争实现增长 12% 以上，即在 2010 年各项税收收入实际完成数的基础上增长 12%，要完成确定的这个目标，应当说任务比较艰巨。对此，全区各级税务机关务必保持清醒认识，既要看到当前面临的形势，把困难估计得更充分一些，把应对措施考虑得更周密一些，又要坚定做好组织收入工作的信心和决心，强化收入措施，讲究工作方法，确保把明年收入任务完成好。一是坚持组织收入原则。收入形势越是紧张，越要坚持收入原则。要正确处理组织收入与规范执法、纳税服务和支持发展的关系，坚决制止有税不收和人为调节收入进度，坚决杜绝寅吃卯粮收过头税和转引税款，确保经济税收协调增长。要严格缓税审批，大力清缴欠税，确保应收尽收。二是加强经济税收分析。要密切关注宏观经济态势，深入开展收入进度、规模和结构分析，科学分析税源发展变化趋势，及时掌握影响收入增长的重大因素。三是强化重点税源监控。整合重点税源监控指标，建立重点税源预警分析机制，严密监控和预测重点税源行业和企业的变化态势，密切关注经济税收运行态势，及时掌握对税收收入产生的影响并有针对性地采取措施。四是加强减免税统计调查和税收资料调查工作，全面掌握减免税政策执行情况，实现减免税政策效应量化分析，切实提高减免税管理水平。五是积极争取理解和支持，主动向地方党委政府汇报明年特殊的经济税收情况，实事求是地分析税源情况，确定各自的收入任务及奋斗目标。同时，进一步加大宣传力度，既要大张旗鼓地宣传税务部门在支持地方经济发展中所付出的努力，又要实事求是地反映收入工作中存在的困难和压力，积极争取当地党委政府和社会各界的理解与支持。

（二）落实税制改革政策

认真落实税制改革要求，正确贯彻执行各项税收政策，是发挥税收职能作用的重要方面。明年国家将逐步完善发展战略性新兴产业、加快发展服务业、鼓励循环经济发展和节能减排，支持企业创新和科研成果产业化，促进区域协调发展，扶持现代物流业发展等税收优惠政策。各级税务机关一定要正确认识税制改革的重大意义，全面落实好国家出台的各项税收政策，促进我区企业技术进步、产业结构调整和经济增长方式转变。一是搞好调研测算。要根据政策变化和当地实际，深入开展调查研究，分析掌握政策调整对经济发展、组织收入和税收管理的影响，从加强税收征管、促进经济发展等方面积极向地方党委政府建言献策。二是完善配套制度。要根据政策调整变化可能带来的新情况、新问题，采取有针对性的监控和预防措施，研究制定相关的配套制度和办法，实现新旧政策的顺利衔接。三是加强跟踪问效。要建立多级政策反馈机制，对税收政策落实情况进行调查摸底，及时了解和解决企业在政策执行中遇到的问题，确保各项税制改革政策落实到位。

（三）提升纳税服务水平

优化纳税服务是构建服务型政府的内在要求，也是税务部门的法定义务和基本职责。各级税务机关要把纳税服务作为服务经济发展、促进征纳和谐的重要方面，将税收管理与纳税服务有机结合起来，创新服务方式，丰富服务内容，改进纳税服务工作，不断提高纳税服务的层次和水平。一是要充分尊重纳税人的主体地位，坚持公平服务和全员服务，以纳税人合法需求为导向，分清服务事项的轻重缓急，合理规划和设计纳税服务项目，使纳税服务举措真正契合纳税人的实际需求，提高征纳双方的理解度和信任度。二是稳步推进纳税服务工作业务标准建设、平台建设、权益维护工作。三是改进纳税服务方式。要在巩固和完善现有服务方式的基础上，整合纳税服务资源，充分依托网络环境和技术手段拓展纳税服务领域；进一步优化完善西藏国税网站和 12366 纳税服务热线功能。四是提高办税服务效率。积极探索和推进无纸化申报和无纸化审批，根据纳税人反映的突出问题，切实减少不必要的内部流转环节，并注重搞好工作统筹与整合，使纳税人办税更加简便、成本更加低廉。五是加强与纳税人的沟通和联系，认真听取意见建议，有针对性地改进纳税服务工作。六是加强税法宣传和新闻宣传。强化宣传辅导。要通过各种新闻媒体加大对政策调整的宣传报道，及时公布有关政策和操作办法，认真解答纳税人提出的各种问题，为纳税人正确理解和执行政策提供帮助。丰富宣传形式，了解宣传受众的需求，将税法宣传与日常管理服务工作相结合，充分利用培训班、网站、大众传媒以及办税服务厅等有效形式和载体，切实提高税法宣传的针对性和实效性。拓展宣传领域，认真开展好税收宣传月活动，充分利用各种宣传资源，积极创新宣传的方式方法，进一步扩大宣传的辐射面和影响力。找准税务工作与地方工作的结合点，突出宣传税收促进经济发展、服务民生等职能作用，为税收工作开展营造更加有利的社会环境。

（四）大力推进税源专业管理

税收征管的核心是税源管理。目前税源管理存在不少薄弱环节，要求我们必须创新思路，强化措施，全面推进税源专业化管理。一是切实提高信息管税水平。推进税源专业化管理，必须以解决征纳双方信息不对称问题为重点，以对涉税信息采集、分析、应用为主线，以现代信息技术手段为依托，加大税控收款机应用力度，继续加强发票管理，按照总局统一部署，推行网络发票，建立西藏发票信息库，大力实施信息管税，深化信息利用，提高税源管理水平。二是强化税源的分类分级管理，增强税源管理的针对性和实效性。要根据税收风险发生规律和类型，对税源进行科学分类，加强大企业税收管理和提高中小企业税收管理水平。三是要规范税收征管理程序，努力做好各环节工作。税收分析、纳税评估和税务稽查是税源管理的关键环节。只有加强税收分析和纳税评估，才能有效发现和处理税源管理风险点。各级税务机关要将税源管理职责在不同层次、部门和岗位间进行科学分解、合理公工。要根据税收征管程序和风险管理流程，优化税收征管资源配置。切实加强税收分析、纳税评估和税务稽查等税源管理重点工作，特别是要针对纳税评估工作比较薄弱的实际情况，适当充实力量，着力加强这项工作，力求取得成效。四是完善税源管理运行机制。要加强统筹协调，建立健全税务机关之间、机关内部各部门之间、税务机关与外部门之间纵横联系、内外协作的税源管理运行机制，完善协税护税体系。五是全面加强各税种管理。做好城镇土地使用税贯彻落实工作。积极推进资源税改革。加强个人所得税专业化管理，全面推行个人所得税管理系统。加强财产与行为税税源监控管理平台的推广使用。完善增值税抵扣管理和申报评估工作。规范企业所得税管理。做好城建税和教育费附加统一后的征管工作。进一步加强对出口退税的日常管理和动态监控，切实加强对重点行业和敏感货物的管理，严防出口骗税案件发生。六是以改进税收征管方式，增大科技含量，提高工作效能和整合信息资源为抓手，切实减轻征纳双方的负担，解决税务机关人员不足，办税服务人员紧缺的矛盾。

（五）积极推进依法治税

深入贯彻全国依法行政工作会议精神，按照构建法治政府的要求，全面规范税收执法行为。一是要规范执法行为。严格执行税收规范性文件管理办法，认真做好文件备案备查和审核把关工作，进一步清理规范性文件，切实解决税收执法依据不统一、适用政策条文不准确问题。进一步深化税收执法责任制，继续抓好税收执法检查、执法监察、重大案件审理和复议应诉工作，改进方式方法，突出工作质量，切实加大执法监督力度，全面提高税收执法水平。二是要将风险管理理念贯穿税收征管全过程，制定税收风险管理战略规划，逐步建立起风险预警指标体系、评估模型和风险特征库，按照分析识别、等级排序、应对处理、绩效评估等目标要求，初步设计出符合我区实际的税收风险管理流程，建立监控、应对体系，完善评价体系，加强征管质量分析评估。执法必然伴随着风险，一旦出现执法程序不当、适用依据错误等问题，不仅影响税务机关形象，而且会直接损害税务干部的切身利益。各级税务机关和广大税务干部，一定要加强自我规范和自我约束，将法治要求关口前移，切实增强防范和化解执法风险的能力。要建立完善执法风险综合防控机制，对每个工作岗位可能存在的执法风险进行全面梳理，依托执法管理信息系统、税收分析预警系统等信息化手段，建立执法风险预警提醒制度和风险评估制度，力求将问题发现在萌芽状态、处理在系统内部。同时也要努力保护广大税务干部勇于执法、敢于执法的积极性，促进税收执法工作健康开展。三是切实加大稽查力度。税务稽查是税收风险处理的重要手段，强有力的税务稽查可以通过发挥震慑作用有效促进税法遵从。做好总局2011年确定的指令性和指导性检查项目税收专项检查工作，继续深入开展税收专项整治，加大发票检查力度，注重发现线索，扩大战果，加大案件查处力度和移送力度，严厉打击税收违法行为，规范税收秩序，净化纳税环境。

（六）扎实推进信息化建设

一是继续做好金税三期实施前的各项准备工作，按照总局金税工程（三期）建设的统一部署，做好骨干网络建设工作，建设好各应用系统，加强技术支持和日常运维工作，推进基础平台的建设、升级、扩容和整合。二是加强信息数据管理。统一数据规范标准，全面清理征管数据，加强信息采集工作，确保信息真实、准确。三是切实加强信息安全管理。进一步强化信息安全意识，继续做好各应用系统数据库管理、备份、恢复等工作，完善安全事故应急响应机制，加强对各应用系统的监控管理，及时发现和解决安全问题，保证系统安全、稳定、高效运行。进一步明确职责、落实责任，全面提高信息系统运行维护工作水平。四是认真做好数据中心的筹备与建设工作。

（七）大力加强干部队伍建设

一是加强领导班子建设。坚持把领导班子建设作为干部队伍建设的重头戏，按照科学发展观要求，大力加强各级领导班子思想、组织、作风建设和党风廉政建设，进一步提高班子的凝聚力和战斗力。认真落实党组中心组学习制度，不断强化各级领导班子政治理论学习。继续加大巡视监督力度，建立健全巡视工作汇报和成果运用机制，整合监督资源，创新工作方法，增强巡视工作灵活性。严格落实民主集中制，充分发扬党内民主，推进决策的科学化和民主化。认真落实领导干部诫勉谈话和函询、述职述廉等制度，加强党内监督，增进班子团结。进一步完善后备干部的选拔、培养、管理和使用机制，加强学习培训和实践锻炼，推进后备干部管理的科学化和规范化。二是深化干部人事制度改革。按照德才兼备、以德为先的标准，进一步完善领导干部选拔任用工作，扩大选人用人上的民主，增强民主推荐、民主评议的客观性和科学性，提高选人用人的公信度。建立完善科学高效的综合考核评价体系，充分发挥好考核的促进和推动作用。建立健全干部交流轮岗办法，完善公务员职务任免、考核和升降等有关配套制度，进一步激发干部队伍活力。三是加强素质能力建设。加强和改进思想政治教育，大力推进个人品德、家庭美德、职业道德、社会公德建设，发挥道德榜样的示范作用，引导广大税务干部自觉履行工作使命、家庭责任和社会责任。充分发挥税校培训基地职能作用，认真抓好各类业务技能培训。大力实施人才兴税战略，积极推进专业人才分类管理，加强专业人才库建设，切实加大高层次、专业化人才培训力度，努力打造一支素质优良、结构合理的税务人才队伍，更好地满足新形势下税收工作需要。四是巩固和发展2010年效能建设年活动成果，进一步开展创先争优活动，不断加强学习型组织建设，创新工作思路，努力打造一支高效和充满活力的税务干部队伍，为促进我区税收事业健康、稳定和加快发展奠定良好的基础。五是进一步加强离退休干部服务管理工作，认真落实离退休干部政策，从政治上、学习上、生活上积极关心老干部、老英模和年老病弱同志，促进离退休干部管理工作健康发展。

（八）加强党风廉政建设

全区税务系统要全面贯彻落实党中央、自治区和国家税务总局关于加强反腐倡廉的总体部署和要求，坚持标本兼治、综合治理、惩防并举、注重预防的反腐倡廉工作方针，深入推进惩治和预防腐败体系建设，在坚决惩治腐败的同时，加大教育、制度、监督、纠风工作力度，积极推进内控机制建设，为税收事业科学发展提供坚强的政治和纪律保证。要把反腐倡廉教育放在更加突出的位置，继续抓好理想信念、法制纪律、工作作风教育，全面深化廉政文化建设，营造反腐倡廉的浓厚氛围。建立完善各项廉政规章制度，深入落实党风廉政建设责任制，细化工作责任和目标要求，强化责任分解、考核和追究，构建严密的反腐倡廉制度防线。进一步深化和加强“两权”监督，特别是要切实加强对各级领导干部、重要岗位人员以及重点执法环节的监督。大力推进执法管理信息系统，加大执法责任追究工作，推进领导干部经济责任审计，发挥督察内审作用，建立严密有效的权力运行监控机制。继续做好违法违纪案件查办工作，注重从群众的信访举报中发现线索，严肃查处违法违纪行为。大力加强行风建设，严防损害纳税人利益的不正之风。

（九）完善税务文化体系

税务文化建设是税收管理发展的必然趋势，也是推进税收事业可持续发展的内在动力。近年来，全区各级税务机关围绕加强文化建设做了大量富有成效的工作，但是如何形成一个更加完整的文化体系，将文化建设贯穿于税收工作的方方面面，需要我们深入地思考和研究，需要提炼出我们西藏税务系统核心价值理念。各地要将文化建设与税收工作有机融合起来，进一步创新和发展文化建设的实现手段，在提升层次上下工夫，在创新载体上求突破，在促进工作上求实效，更深层面地推进税务文化建设。一是注重思想引导的方式。要把西藏税务核心价值理念转化为税务干部职工的自觉行动。紧密结合干部职工的思想和工作实际，采取更加灵活多样、易于接受的方式开展思想教育，提高税务文化的渗透力和影响力，使全体干部明确价值取向、提升精神境界、增强综合素质，形成干事创业的共同精神追求。二是体现于制度建设之中。要把制度作为文化建设的有效载体，通过建立和推行基本行为准则体系，将核心价值理念渗透到各项制度之中，并逐渐内化到税务干部的思想观念中去，使各项制度规定成为税务干部自觉遵循的行为规范，在执法、管理和服务中处处体现核心价值理念。三是发挥激励促进作用。推进税务文化建设必须奖惩结合、双管齐下，既要鼓励先进，又要鞭策后进。要通过建立公平合理的激励鞭策机制，有效激发税务干部的工作热情和潜在能力，在系统内强化人文关怀，树立正确的用人导向、营造和谐的工作环境，为干部成长发展创造良好条件。四是营造浓厚的文化氛围。要克服文化建设浮于表面、流于形式的做法，进一步创新文化建设的载体和形式，在更广的领域、更深的层次体现文化气息和文化内涵，使广大干部置身于浓厚的文化氛围之中，在潜移默化中受到熏陶和教育，不断增强组织认同感和归属感，始终保持昂扬向上的精神状态。

（十）全面抓好内部管理

一是加强财务管理。继续落实部门预算、收支两条线、国库集中支付三项改革，坚持开源与节流并重，深入开展节约型机关建设，从严控制出国费、交通费、公务招待费等开支，大力压缩行政支出。深化预算管理改革，切实增强预算执行的刚性，从源头上控制支出总量与结构。进一步加强基建及固定资产管理，完善内控机制，严格落实财务管理制度，强化财务监督，合理使用节余资金，切实提高财务管理水平。加强和完善政府采购工作，及时有效保障工作需要。二是加强安全管理和信访工作。严格落实各项安全保密规定，建立健全工作责任制，特别是要加强计算机信息防泄密工作，确保万无一失。要深入细致地做好信访工作，注意及时发现苗头性、倾向性问题，妥善化解征纳矛盾和解决内部问题，维护正常的税收工作秩序。三是进一步提高后勤保障能力。努力改善干部职工的办公生活条件，保证机关工作顺畅运转。各级税务机关要在政策、财力允许的范围内，积极采取各种有效措施，努力帮助干部职工解决实际困难，从思想上关心、工作上支持、生活上照顾，解决他们的后顾之忧，使广大干部职工能够集中精力、全身心地投入工作。四是认真做好社会综合治理工作。认真落实各级党委政府要求，建设好平安机关。五是加强税收科研工作。要积极推进税收科研工作，紧紧围绕税收中心工作和经济社会发展大局，密切关注热点焦点问题，深入开展调查研究，更加积极主动地为领导决策提供理论参考和智力支持。六是要进一步加强对注册税务师行业的监督管理，督促和指导其发挥好对纳税人的服务作用，促进税务代理事业规范健康发展。

同志们，回顾过去，我们倍感欣慰，全区税务干部职工不负重托，不辱使命，圆满完成了党和人民交给我们的各项工作任务；展望未来，我们豪情满怀，充满信心。让我们在自治区党委、政府和税务总局的正确领导下，以更加昂扬的斗志、更加饱满的激情、更加扎实的作风，奋力拼搏，开拓进取，全面开创“十二五”全区税收事业发展的新局面，以优异的成绩迎接中国共产党建党90周年和西藏和平解放60周年！

在2011年全区税务系统党风廉政建设工作会议上的讲话

西藏自治区国家税务局局长　袁庆杰

（2011年3月18日）

同志们：

这次全区税务系统党风廉政建设工作会议，是继全区税务工作会议之后召开的又一次重要会议。刚才，群培同志代表自治区局党组作了工作报告。下面，我再强调几点。

一、认清形势和要求，把党风廉政建设和反腐败工作摆上更加突出的位置

今年是“十二五”开局之年，新的形势给我区税务系统的反腐倡廉工作提出了更高的要求。我们要站在全局和时代的高度审时度势，切实增强党风廉政建设和反腐败工作的责任感、紧迫感，坚定不移地把思想统一到中央、总局和区党委的部署上来。

在中纪委六次全会上，胡锦涛总书记从党和国家事业发展全局和战略的高度，全面、科学地分析了当前反腐倡廉形势，明确提出了今年党风廉政建设和反腐败工作的总体要求和主要任务，着重阐述了切实把“以人为本、执政为民”贯彻落实到党风廉政建设和加强反腐倡廉制度建设的重要性、紧迫性，以及总体要求和工作重点。在全国税务系统党风廉政建设工作会议上，肖捷局长结合全国税务系统的实际深入分析了党风廉政建设面临的新形势，要求切实抓好税务系统党风廉政建设和反腐败工作，不断取得税务系统党风廉政建设和反腐败工作的新成效。冯慧敏组长总结了2010年全国税务系统党风廉政建设工作，对今年的工作任务作了具体部署。在区纪委七届七次全会上，张庆黎书记要求把反腐倡廉建设摆在更加突出的位置，始终保持清醒头

脑，旗帜鲜明，态度坚决，常抓不懈，并特别强调要加强反腐倡廉制度建设，强化制度执行力度，推进反腐倡廉工作。中央、总局和区党委领导同志对反腐倡廉建设提出的新要求，为我们进一步推进党风廉政建设和反腐败工作指明了方向。我们一定要顺应形势发展的要求，认真学习、深刻领会，把党风廉政建设摆在更加突出的位置，始终绷紧反腐倡廉这根弦，以更加坚决的态度、更加有力的措施、更加扎实的工作，切实把党风廉政建设的各项要求落到实处，确保权力运行不出轨，干部队伍清正廉洁。

二、突出工作重点，统筹推进全区税务系统的反腐倡廉建设

各级税务机关要紧紧围绕税收工作大局，把反腐倡廉建设贯穿于各项税收工作之中，统筹推进反腐倡廉建设，以党风廉政建设促进税收工作的顺利开展。

（一）把党风廉政建设贯穿于服务经济社会发展之中，充分发挥保障和促进作用

今年是全面落实“十二五”的关键一年。税务部门作为国家重要的经济执法和宏观调控部门，要服务好经济社会发展的大局，就必须坚定不移地抓好党风廉政建设，不断加大监督检查力度，督促广大税务干部严格依法办事，切实防止违法违纪行为的发生，确保圆满完成税收收入任务，确保国家经济调控政策正确贯彻落实，确保税收职能作用的充分发挥。一是加强对组织收入工作的监督。在当前收入任务更重、压力更大的情况下，既要不断加大收入工作力度，采取措施深入挖掘增收潜力，保持税收收入持续稳定增长，为经济社会发展提供财力支持，又要严格遵循经济税收规律，加强对组织收入原则执行情况的监督，确保在任何情况下都不能有税不收或收过头税，切实提高组织收入工作质量。二是加强对国家经济调控政策落实情况的监督。要认真贯彻中央的经济调控部署，既要正确及时地落实好各项政策，确保将纳税人应享受的优惠政策不折不扣地落实到位，有效发挥税收政策的调节和调控作用，促进企业技术进步、产业结构调整和经济发展方式转变，又要严格依法加强管理，禁止违规操作甚至变通执行税收政策，防止政策执行中出现人情税、关系税等问题。三是加强对税收执法的监督。要督促广大税务干部自觉遵从法定程序，正确行使法定职权，科学把握执法的力度和尺度，既要讲究方式方法，避免激化征纳矛盾，又不能片面地以支持企业发展为由弱化执法，防止出现失职渎职问题。要通过加强监督检查，促进税收执法的不断

规范，为经济发展创造公平公正的税收环境。

（二）把党风廉政建设贯穿于深化西藏税收文化建设之中，大力营造廉洁勤政的良好氛围

党风廉政建设是干部队伍建设的重要方面，也是税务文化建设的重要组成部分。各级税务机关要把廉政文化作为税务文化建设的重要内容，在税务文化体系中突出党风廉政建设，通过文化潜移默化的影响力，增强干部的廉政意识，规范干部的行为。各级税务机关要积极创新廉政文化载体，丰富廉政文化内容，大力培育和发展廉政文化，充分发挥廉政文化的教育和熏陶作用，深入推进全区税务系统的反腐倡廉建设。

（三）把党风廉政建设贯穿于完善税收征管长效机制之中，不断强化源头防范与治理

构建惩治和预防腐败体系必须把制度建设作为重中之重，通过建立完善严密的制度体系和规范的运行机制，努力铲除腐败现象滋生蔓延的土壤和条件，切实从源头上预防和治理腐败。

近年来，我们通过努力不断充实和完善了税收征管的制度体系，并充分依托信息化手段搭建工作平台，不仅极大地提高了管理和服务效能，而且在规范执法行为、防范执法风险等方面发挥了重要作用。各级税务机关要通过完善和落实税收征管的长效机制，在提高税收征管质量和效率的同时，进一步加强对权力运行的监督和制约，从根本上防范腐败问题的发生。

（四）把党风廉政建设贯穿于优化纳税服务之中，努力构建和谐健康的征纳关系

加强党风廉政建设，不仅是保持税务部门自身健康发展的内在需要，也是构建和谐征纳关系的必然要求。各级税务机关要把党风廉政建设自觉地融汇贯穿于纳税服务工作之中，以廉洁高效的作风推动纳税服务工作，以优质服务促进党风廉政建设。

（五）把党风廉政建设贯穿于内部管理之中，进一步健全完善内控机制

内部管理是税务管理的重要方面，涵盖了干部人事、财务、行政、后勤、行风等领域。推进税务系统的反腐倡廉建设，不仅要将党风廉政建设贯穿于税收执法的全过程，也要贯穿于内部管理的方方面面，通过加强对人、财、物等重点部位和关键环节的监督管理，逐步建立完善内控机制，确保行政管理权的规范行使。

（六）将党风廉政建设贯穿于党性修养和作风建设之中，大力树立和弘扬良好作风

领导干部党性修养，树立和弘扬优良作风，是党的执政能力建设和先进性建设的重要内容，是落实科学发展观的重要保证。面对当前严峻的税收经济形势和繁重的税收工作任务，要推动我区税收事业科学和谐发展，必须以坚强的党性和优良的作风为保证。广大税务干部尤其是领导干部要把加强党风廉政建设与加强思想作风建设相结合、继承优良传统与弘扬时代精神相结合、加强个人修养与接受教育监督相结合，自觉做到政治坚定、纪律严明、勤政为民、恪尽职守、清正廉洁。

三、加强组织领导，确保党风廉政建设和反腐败工作落到实处

加强党风廉政建设和反腐败是一项长期性的工作，事关全局，意义重大。全区各级税务机关要全面贯彻落实上级的部署和要求，强化措施，狠抓落实，确保取得实实在在的效果。

（一）群策群力，稳步推动惩防体系建设

加强党风廉政建设和反腐败工作涉及方方面面，各级税务机关要全面落实党政齐抓共管、纪检监察部门组织协调、其他部门各负其责、依靠群众参与和支持的反腐败工作领导体制和工作机制，形成整体合力，要及时总结经验、把握规律、改革创新，在统筹推进惩防体系建设各项工作的基础上，坚持以制约和监督权力运行为核心，按照“制度＋科技”的要求，切实完善相关制度，深入推进内控机制建设，力求取得实效。各级“一把手”要切实履行第一责任人的职责，对本单位的党风廉政建设工作要负总责、亲自抓。其他领导班子成员也要认真落实“一岗两责”，在部署和检查业务工作的同时抓好分管部门的党风廉政建设。机关各部门要按照反腐倡廉建设的职责分工，将党风廉政建设渗透到业务工作的方方面面，抓好职责范围内的党风廉政建设。各级党组要认真开展对下考核，完善和落实党风廉政建设责任制的评价激励机制，对在执行党风廉政建设责任制方面存在问题的领导干部，要严格进行责任追究。

（二）各地（市）党组要切实担负起领导责任，严格落实党风廉政责任制

坚持党的领导是加强反腐倡廉建设的根本政治保障。各级党组作为反腐倡廉建设的责任主体，要对反腐倡廉建设负全面领导责任，把反腐倡廉工作

纳入总体规划，与其他工作通盘考虑，坚持一手抓业务工作，一手抓反腐倡廉建设，两手抓两手都要硬，严格执行党的政治纪律。要深入研究分析本单位本系统反腐倡廉建设中存在的问题、面临的形势、改进工作的措施，将反腐倡廉建设与其他各项工作一起部署、一起检查、一起考核、一起落实。要充分认识中央修订颁发的《关于实行党风廉政建设责任制的规定》的重要性，认真组织学习，抓好贯彻落实，确保责任制的落实。同时，要加强对基层工作的指导，研究解决工作中的矛盾和问题，避免基层的工作走弯路，使全系统的反腐倡廉建设始终沿着正确的轨道前进。

（三）加大制度执行力度，强化广大税务干部廉洁自律工作

广大税务干部特别是党员领导干部务必增强责任感、使命感，严以自律，“勿以恶小而为之，勿以善小而不为”，自觉地为党风廉政建设作贡献。要继续加大《党员领导干部廉洁从政若干准则》的实施力度，认真执行《税务系统贯彻落实〈廉政准则〉实施意见》。要把《税务系统领导班子和领导干部监督管理办法》和《领导干部廉洁从政“八不准”》，作为党组中心组学习和干部廉政教育培训的重要内容，广泛学习宣传，狠抓贯彻落实。各级领导干部要以身作则，对照“八不准”规定，查找廉洁自律方面存在的问题，并认真加以整改。要加强对《廉政准则》及总局相关制度执行情况的监督检查，及时发现和解决执行中出现的问题。要严肃组织人事纪律，全面落实四项监督制度，防止和纠正选人用人上的正之风。要严格执行财务制度，从严控制因公出国、出境、公务用车、公务接待费用的支出。广大税务干部要立足本职，脚踏实地，认真贯彻上级的决策部署，争做真抓实干的榜样，弘扬求真务实的良好作风。要从我做起，从小事做起，自觉遵守廉洁自律的各项规定，永葆清廉本色，弘扬清廉之风，树立西藏税务的良好形象。

（四）加大惩治力度，着力解决群众反映强烈的突出问题

要注重加强基层税务机关党风廉政建设，强化对基层税收法执法行为的监督，加强和创新中央关于社会管理的各项部署，切实维护纳税人的合法权益。要继续加大对损害纳税人利益案件的查处，对存在的问题一经发现，坚决一查到底，不护短、不迁就、不留情。要进一步转变机关作风，严格工作纪律，为税收工作创造风清气正的良好环境。

（五）全面提高纪检监察部门的履职能力和水平

纪检监察部门在党风廉政建设和反腐败工作中担负着重要职责，处于反腐倡廉建设的第一线，工作难度大、压力大、责任大。各级纪检监察部门和纪检监察干部要进一步增强责任感和使命感，坚持把以人为本、执政为民贯彻到纪检监察工作中，全面履行职责并协助党组抓好党风廉政建设和反腐败工作。要刻苦钻研纪检监察业务和各方面知识，自觉加强实践锻炼，努力提高履职能力和水平。

同志们，加强反腐倡廉建设，任务艰巨，责任重大。各级税务机关要深入贯彻落实科学发展观，坚持以人为本、执政为民，统一思想，真抓实干，不断开创全区税务系统反腐倡廉建设新局面！

在全区税务系统纳税服务与征管工作会议结束时的讲话

西藏自治区国家税务局局长　袁庆杰

（2011 年 5 月 25 日）

同志们：

全区税务系统纳税服务与征管工作会议即将圆满结束。这是在“十二五”开局之年，全区税务系统围绕当前税收工作核心业务召开的一次非常重要的会议。会上，杨承碧同志代表局党组对做好今后一段时期纳税服务和税控收款机推行工作作出了安排部署。根据会议召开情况，我就此次会议精神的贯彻与落实，以及做好当前的纳税服务和税收征管工作再讲三点意见。

一、认真贯彻会议精神，扎实落实各项部署

这次会议，局党组非常重视，期望很高。在形式上突破传统，采取交流经验、深入探讨、实地观摩的形式进行；在规模上，召集各地（市）局负责纳税服务、征管、直属局以及相关县局的同志们参加，是近年来规模最大的一次专业会议。会议内容非常丰富，各地（市）局既认真总结了纳税服务与征管工作取得的成绩，也深入查找出各自存在的问题，并站在全局的高度对进一步做好我区纳税服务与征管工作提出了许多很好的意见和建议。杨承碧同志所作的工作报告，总结成绩全面客观，部署任务切合发展需要，思路清晰，重点突出，要求具体，我完全赞成。总的来看，这次会议，主题突出，内容丰富，气氛活跃，成效显著。通过会议，大家统一了思想，提高了认识，认清了形势，明确了任务，为进一步优化纳税服务、推进税源专业化管理、开创我区税收征管新格局奠定了坚实的思想基础和工作基础。会议达到了预期目标，取得了圆满成功。在此，我代表区局党组，对为成功举办这次会议付出许多辛劳的林芝地区国税局表示感谢，对各位会议代表的积极努力表示

感谢！

关于这次会议精神的如何贯彻落实，我在这里提几点要求：

一要统一思想，提高认识。全区税务系统要以这次会议为契机，切实转变观念。在新的形势下，当前我区税收工作的核心就是要抓好纳税服务和税源管理这两项工作。我们要抓住优化纳税服务、推进信息管税、提高税法遵从度三个关键点，在税收工作实践各个环节中贯彻好、落实好“为国聚财，为民收税”宗旨，在全面优化纳税服务的同时，切实推进税源专业化管理，努力提高纳税遵从度。全区税务系统把思想统一到这次会议确定的纳税服务和征管工作的主题上来，要深刻认识当前优化纳税服务和加强税收征管工作的重要意义，把握其主要内容，落实好具体措施。

二要明确思路，坚定信心。会议传达学习了全国税务系统纳税服务工作会议精神，客观分析了我区纳税服务和税收征管工作的不足，部署了今后一个时期工作的重心和主要任务。归纳起来就是：努力构建纳税服务体系，大力推进信息管税和税源专业化管理，提高税务机关和纳税人税法遵从度，促进征纳和谐。同志们一定要对今后工作的开展有清醒的思路。与会代表参观了林芝地区办税服务厅建设情况，听取了其他地市纳税服务、税控收款机和新版发票推行工作情况，明确了做好工作的总体要求和具体措施，各位代表对本单位本部门的差距和今后努力方向相信已经做到了心知肚明。会议以后，各单位、各部门要全面把握总体要求、找准突破口，抓好重点工作，按照会议的总体部署制定详细计划，坚定不移地把纳税服务体系建设和税源专业化、信息化管理的路子走下去。

三要积极主动，落实到位。目前，纳税服务和税收征管工作的要求、目标任务和措施已经确定，关键在于抓好落实。抓落实是我们工作中一个极为重要的环节，是党的思想路线和群众路线的根本要求。实践证明，我们所取得的每一项工作成绩，都是狠抓落实的成果，而存在的很多问题，正是抓而不实的后果。去年年底开始，我们开展了发票换版和税控收款机推行工作，极个别税务机关和税务干部行动迟缓，换版前不准备，换版期限过后仍然不积极、不作为，出现了一些商家不开具发票或者仍开具作废发票的现象，造成了不良的影响。我们一定要使抓落实成为广大干部职工的自觉行动。

四要振奋精神，勇担责任。好的精神状态使人蓬勃向上、心态成熟、意识清醒、思维缜密、斗志顽强。古人说得好，“心弱则志衰，志衰则不达”。当前，全区税收工作任务比较繁重，纳税服务的全面优化，税源管理的专业化和信息化要求我们必须始终保持良好的精神状态。经济社会发展进入新的阶段，税收工作的发展环境也发生了新的变化，税收管理的格局正在进行新的演变，我们自身的工作面临着许多新的困难和挑战。通过会议召开，我们认清了科学发展的方向，明确了税收工作的目标，部署了具体的措施，这是有利于人民群众利益、推动西藏税收事业发展的伟大工作，我们再也不能畏首畏尾、唯唯诺诺，要有勇气、有担当，一步一个脚印地向前进。

五要求真务实，真抓实干。会议精神的落实必须发扬求真务实、脚踏实地、真抓实干的优良作风，防止和克服形式主义。要把重心放在基层和征收一线，全区税务系统各级领导干部要坚持眼睛向下看、身子往下沉，深入基层开展调查研究，及时了解在上面难以听到、不易看到和意想不到的新情况新问题，掌握第一手资料，向一线干部和纳税人问计问策。

二、全面客观对待税收工作的成绩与不足，认真领会新时期税收工作总体要求

近年来，在自治区党委、政府和国家税务总局的正确领导下，我区税收工作取得了显著成效。一是服务经济社会发展的能力不断增强，地方税收制度更加完善；二是筹集财政收入的能力不断增强，税收收入连年实现高速增长；三是服务民生的能力不断增强，在落实各项税收优惠政策，特别是惠农政策上力度不断加大；四是推动和谐社会建设的能力不断增强，纳税服务便民措施不断健全，纳税人对税务部门的满意度有了较大提高，部门形象得到了很好的树立。在肯定成绩的同时，经各位会议代表讨论，也提出了不少问题。还是那句老话，“成绩不提跑不了、问题不说不得了”。我们宁愿把问题想得多一点、重一些，这样才能使工作更加有力地开展。经归纳，以下几方面问题仍然比较突出。

一是理念没有转变到位，意识仍然陈旧。部分税务机关和税务干部仍然对纳税服务在提高税法遵从度、构建和谐征纳关系上的重要作用认识不足，纳税服务的主动性和实效性不够强，服务水平不高、服务态度不好、税收执法不规范、损害纳税人合法权益的现象仍有发生。税源管理专业化和信息管税理念还没有深入人心，部分干部还带有畏惧心理和抵触情绪，综合征管系统推行 5 年多时间，可是有很多业务部门的同志现在都很少用、不会用，或者因为缺乏责任意识，所用数据只知道让下面报送。对新设备、新手段、新模式实施不积极、不主动，刚才谈到的发票换版和税控收款机推行的迟缓现

象就是一个典型案例，上级下了文件，提了要求，下面就是不理会，不行动。

二是体制机制还不完善，内容和手段还不丰富。纳税服务制度和组织保障体系还有待进一步健全，税收宣传的长远规划和长效机制还没有形成，缺乏多样化、个性化的税收政策宣传手段，税收宣传资源利用不充分，纳税人了解掌握税收政策不够，影响政策执行效果。纳税咨询和税收辅导工作未形成制度，纳税咨询辅导针对性不强，缺乏对个性问题进行专门的纳税辅导，没有对共性问题形成专门解决的方案，缺乏完善的收集纳税人需求的工作机制，大部分纳税人遇到难题仍询问无门、没有着落。专业化纳税服务、自助式信息化服务措施针对性不强，缺乏对纳税人的个性化服务。征管体制机制不够完善，税源分类、分级管理、纳税评估机制还未完全建立，“以票控税”作用还没有完全发挥。

三是个别税务机关内部层级协同和部门联动不力。互动机制运行不畅，信息反馈机制不健全，互动链条衔接不紧密，纳税服务和税收管理全员参与、齐抓共建的局面还未形成，内部合力还没有完全形成。还存在业务工作流程交叉、部门职责不清，纳税人办事不畅等现象。

四是与落实“两个减负”要求还有一定差距。办税程序仍然比较复杂，要求纳税人报送的资料繁多，重复报送现象较为普遍，纳税人多头跑、多头找的问题还没有从根本上得到有效解决，个别地方纳税服务厅窗口排长队的现象还很突出。基层税收管理员头上的“婆婆”太多，承担了大量上级部门交代的重复劳动，甚至大部分时间耗在报送上，对税源管理的主业只得疲于应付，导致税收管理员管户的全面性不够、管事的时效性较差、监控的有效性不强。

五是纳税服务和税收征管的信息技术含量有待提高。虽然全区税务系统信息化建设工作在区内名列前茅，但与纳税服务和税收征管实际业务需求相比仍显滞后。信息化的利用总体层次不高，集中共享程度低。网上办税服务厅等应用系统还没有开发，纳税人的咨询、办税等需求还无法全部通过信息化手段进行满足，纳税信息采集的准确度、可用度还有待提高，信息共享的效率不高，发票信息库的建设还没有提上日程，信息管税尚未形成全方位的工作格局。

六是干部的工作能力还有待进一步提高。一些税务干部主动学习意识不够，掌握税收业务知识不全面，信息化操作技能不够熟练，独立开展工作的主观能动性不够，分析解决问题的能力不强，部分干部受年龄、知识结构等方面的影响，存在应付工作、责任心不强等现象。干部培训还没有形成科学的、实用的制度规范，掌握税收、财会和法律知识并具备一定应用系统操作技能的复合型人才不足，影响了纳税服务和征管工作开展。

上述问题与新时期税收工作要求存在明显差距。总局就“十二五”时期纳税服务工作明确提出，要遵循征纳双方法律地位平等的服务理念，以法律法规为依据，以纳税人正当需求为导向，以信息化为依托，以提高税法遵从度为目的，丰富服务内容，创新服务手段，完善服务机制，提升服务质效，积极构建和谐的税收征纳关系和服务型税务机关，要形成以理论科学化、制度系统化、平台品牌化、业务标准化、保障健全化、考评规范化为主要特征的始于纳税人需求、基于纳税人满意、终于纳税人遵从的现代纳税服务体系。要求税法更加透明，常态化的纳税人需求响应机制逐步形成，正当需求得到有效满足，办税负担明显减轻，合法权益得到充分保护，诚信意识普遍增强，纳税人税法遵从度不断提高。

总局在“十二五”规划纲要中明确提出要构建起税收征管的新格局，具体包括实行分类分级管理，加强税收风险管理，实施信息管税，核查申报纳税真实性、合法性，规范税收征管程序和完善运行机制，推进税源专业化管理等内容，形成立体型、全方位、信息化支撑下专业化管理的税收征管新格局。一是实行分类分级管理，要按照纳税人规模、行业，兼顾特定业务，对税源进行科学分类，优化管理资源配置，采取相应的管理措施。二是实施税收风险管理，要制定税收风险管理战略规划，建立风险预警指标体系、评估模型和风险特征库，按照采集信息、分析识别、等级排序、应对处理、绩效评估等设计税收风险管理流程，采取有针对性的应对措施。三是推进信息管税，要以涉税信息采集、分析、应用为主线，以现代信息技术为依托，加强业务与技术的融合，推动业务、制度、技术创新，优化资源配置。四是规范税收征管程序，要按照受理申报、纳税评估、税务稽查、法律救济等环节，优化税收征管基本程序。五是完善税源管理运行机制，要建立健全各级税务机关之间、税务机关内部各部门之间、税务机关与外部门之间纵横结合、内外协作的税源管理运行机制。六是加强国际税源管理，要健全国际税收管理体系，将非居民个人源自中国的所得以及中国居民企业和个人源自境外的所得纳入国际税收管理范围，构建管理、服务、调查三位一体，统一规范的反避税防控体系。七是强化税务稽查，要坚决查处重大税收违法行为，震慑不法分子，促进提高税法遵从度。八是夯实税收征管基础，要健全征管法律制度体系，完善税收征管和收入质量考核评价指标体系，做好纳税人登记和户籍管理工作，完善纳税人“一户式”税收档案资料的电子化管理，加强申报缴税管理，增加电子申报软件的逻辑审核功能，不断优化征管流程，规范岗责体系，简并表证单书，实施标准化管理，提高管理效能，认真落实新修订的发票管理办法及其实施细则，逐步推行网络发票等等。

我们一定要按照总局的要求，高度重视自身存在的问题和不足，切实采取有效措施，有计划，有步骤，循序渐进地认真加以解决。针对迫在眉睫、矛盾突出的问题要加快解决。

三、切实强化税收征管，构建税收征管新格局，不断提高税收征管质量和效率

目前，我们面临的税收发展形势正在发生着深刻变化。随着中央第五次西藏工作座谈会的召开及西藏自治区“十二五”规划的确定，西藏经济和社会发展进入新的阶段，这对税收政策的适应性和税收管理的质量、水平提出了更高要求。随着经济发展方式的转变，提高自主创新能力、调整产业结构、推进城镇化、节约资源能源和保护环境等任务对发挥税收职能作用提出了新任务。新的社会矛盾和问题不断产生，解决就业、社会保障、收入分配等人民群众最关心、最直接、最现实的利益问题压力进一步加大，对运用税收政策促进改善民生提出了新要求。税收工作对象、手段、主体出现新的内容，呈现新的特点，跨国、跨地区经营的大企业集团不断涌现，纳税人数量迅猛增长，业务创新层出不穷，税源流动性显著提高，税源结构发生新的变化，纳税人法律意识和维权意识不断增强，纳税服务需求日益拓展，信息技术在税收工作中的应用将更加广泛深入。时代发展赋予了税务部门更多的新任务，这给我们做好税收工作带来越来越大的压力，要求我们必须振奋精神，全身心地投入到新的税收征管模式工作中去。

对于如何强化税收征管、构建税收征管新格局的问题，按照总局要求，并结合当前实际状况，可否从以下几个方面进行思考、探讨。

一是针对目前仍然存在纳税人在办税服务厅、主管税务机关来回跑的问题，各级税务机关要本着“窗口受理、内部流转、后台审批、前台出件”的原则，力求将纳税人办理的涉税事项全部纳入到办税服务厅前台受理，将能够前移的审批事项一律向窗口前移。

二是针对地市以上尤其是拉萨市区办税服务厅，申报征收期纳税人排长

队的问题，各级税务机关要引起高度重视，加大多元化申报缴税方式的推广力度，充分依托信息化的支撑作用，结合本地实际，制定切实可行的工作计划，下大力气推行财税库银税收收入电子缴库横向联网系统，有效解决办税服务厅排长队的问题。

三是针对办税流程繁琐，纳税人重复报送资料的问题，区局有关部门、各级税务机关要充分利用综合征管系统，整合内部资源，通过梳理各项办税事宜，理清各环节的流程，应报送的资料，在不违背税收、征管政策的前提下，进一步简化程序，精简资料，制定全区统一的办税流程，为纳税人提供操作简便、程序简化、成本节省的办税服务，从而促进纳税遵从度的提高。

当然要建立一个新的格局，出台一个新的有效措施，远远不止这几个方面，希望各地、各部门的同志认真研究思考，提出更多更好的建议和意见，由此变成行动，形成制度和措施，使整个纳税服务工作和征管工作不断向前跨进。

创新干部队伍管理 增强税收服务能力 为推进全区经济跨越式发展和社会长治久安作出新贡献

——在全区税务系统干部队伍和党风廉政建设工作会议上的讲话

西藏自治区国家税务局局长 袁庆杰

（2011 年 8 月 8 日）

同志们：

全区税务系统干部队伍和党风廉政建设工作会议今天召开，这是在热烈庆祝中国共产党成立 90 周年和西藏和平解放 60 周年之际，全区上下深入学习贯彻胡锦涛总书记“七一”重要讲话、习近平副主席在庆祝西藏和平解放 60 周年期间一系列讲话精神的关键时刻召开的一次会议。会议的主要任务是，认真学习贯彻自治区党委七届八次全委（扩大）会议及全国税务系统干部队伍和党风廉政建设工作会议精神，安排税务部门贯彻落实措施，部署今年后几个月税收工作。自治区宫蒲光副主席将对全区税收工作作重要指示，我们一定要认真领会，切实贯彻落实。下面，我讲三个方面的问题。

一、认真学习贯彻区党委七届八次全委会议精神，切实增强税收服务经济跨越式发展和社会长治久安的能力

7 月 27 日至 28 日，自治区七届八次全委（扩大）会议胜利召开。会议认真学习贯彻习近平同志在西藏和平解放 60 周年庆祝活动时的一系列重要讲话精神，全面动员全区各级党组织、广大党员干部和全区各族人民为加快全面建设小康社会步伐而努力奋斗。会议指出习近平同志一系列重要讲话，体现了胡锦涛总书记“七一”重要讲话精神，体现了科学发展观和中央第五次

西藏工作座谈会的战略部署和工作要求，全面总结了西藏60年来的辉煌成就，充分肯定了西藏的各项工作，深刻分析了西藏面临的形势，明确提出了西藏今后时期的指导思想、奋斗目标和工作任务。这一系列重要讲话是中央关于西藏工作的又一重要指导性文件，为我们继续做好西藏工作进一步指明了方向。

会议号召我们一定要充分认识习近平同志重要讲话的重大意义，切实增强学习贯彻的自觉性和坚定性，把思想和行动统一到中央决策部署和习近平同志重要讲话精神上来，要从全局和战略高度，深刻认识肩负的历史使命和政治责任，凝聚全区各族干部群众的智慧和力量，奋力推进跨越式发展和长治久安，确保西藏到2020年同全国一道全面步入小康社会。会议要求我们深刻领会精神实质，切实把握形势任务，准确把握全面建设小康社会的奋斗目标，准确把握推进跨越式发展的深刻内涵；准确把握实现长治久安的重大原则，准确把握提高党的建设科学化水平的具体要求；着力推进跨越式发展，着力保障和改善民生，着力维护社会和谐稳定，着力抓好党的建设。

（一）要统一思想，迅速掀起学习贯彻高潮

全区税务系统一定要积极响应区党委的号召，把认真学习贯彻胡锦涛总书记“七一”讲话精神、习近平副主席西藏和平解放60周大庆期间一系列重要讲话精神、张庆黎书记区党委七届八次全委（扩大）会议讲话精神作为当前首要政治任务抓紧抓好。各级税务机关要迅速行动起来，采取集中学、重点谈、专题讲等多种形式，认真组织干部职工特别是党员干部深入学习领会中央和区党委的讲话会议精神。要列出详细的学习方案，明确目标任务，分解学习内容，提出完成时限，细化学习步骤，严格学习要求，确定落实措施，确保学习效果。各级税务机关党员领导干部要先学一步，充分发挥理论学习中心组的示范、带头、辐射作用。要围绕“加快发展、改善民生、促进团结、维护稳定”的根本要求，以中央和区党委精神为指导，真正做到坚定不移地用中央第五次西藏工作座谈会精神统一思想行动，坚定不移地推进西藏跨越式发展，坚定不移地保障和改善西藏各族人民的生活，坚定不移地维护西藏的社会稳定，坚定不移地抓好党的建设。要认真思考税收在推进经济跨越式发展和社会长治久安的作用和地位，找准工作的切入点和落脚点，以实际行动和工作业绩，发挥好税收的职能作用，提高税收服务大局能力，不断开创我区税收工作的新局面，坚决落实好中央、区党委的方针政策和决策部署。

（二）要提高认识，切实增强加快发展的使命感

全区各级税务机关要在自治区党委政府的统一领导下，在各级党委的具体部署下，有组织、有目标、有措施地抓好学习，把深入学习领会讲话精神作为做好当前税收工作、推进社会建设、实现长治久安和社会稳定的理论基础、思想武器和动力支撑，振奋精神，激励斗志，为实现自治区的宏伟目标而奉献每个税务干部职工的力量，为完成上级部署的各项任务而尽职尽责。要立足税收科学发展的根本要求，切实增强加快税收科学发展的使命感和责任感，着重从理论和实践的结合上研究影响税收发展的突出问题，把学习与调研相结合，学习与工作相结合，学习与税收事业的发展相结合，最终把学习成果转化为推进税收科学发展的强大动力。

（三）要认真落实，积极发挥税收职能作用

全区税务系统广大干部职工要把思想和行动统一到中央精神和区党委决策部署上来，贯彻落实到税收工作的方面面面。按照不断提高党的建设科学化水平的要求，着力破解工作难题，加强干部队伍建设，为税收事业科学发展提供坚强保证。坚持不懈地把改革创新精神贯穿到依法行政的各个工作环节，继续推进税收工作思想理念、制度机制、方式方法等创新，健全地方税制，完善税收征管模式，推动税收事业改革发展。按照坚定不移地走科学发展道路的要求，积极构建有利于科学发展和加快转变经济发展方式的税收政策体系，充分发挥税收在促进经济结构战略性调整、建设资源节约型和环境友好型社会、推动城乡统筹和区域协调发展等方面的作用。按照大力保障和改善民生的要求，进一步规范税收执法，切实维护纳税人合法权益，认真实施促进社会事业发展的税收政策，有效履行税务部门在加强和创新社会管理中的重要职责。

二、加强干部队伍和党风廉政建设，为税收事业科学发展提供坚强的政治思想组织保证和人才支持

（一）认真领会全国税务系统干部队伍和党风廉政建设会议精神

7 月 19 日至20 日，总局召开了全国税务系统干部队伍和党风廉政建设工作会议。会议充分肯定了近年来全国税务系统大力加强税务干部队伍建设取得的显著成绩，分析了当前新形势下对税务干部队伍建设提出的新任务、新要求、新挑战和新课题。明确当前和今后一个时期，加强税务干部队伍建设

的总体要求是：以邓小平理论和“三个代表”重要思想为指导，深入贯彻落实科学发展观，认真贯彻党的十七大和十七届四中、五中全会精神以及中央关于干部队伍建设的一系列重要决策部署，坚持以人为本，围绕服务科学发展、共建和谐税收的工作主题，按照完善人才强税、廉洁从税保障机制的要求，以激发活力、创新管理为重点，努力造就一支政治坚定、业务精湛、作风优良、勤政廉洁、团结和谐的高素质专业化税务干部队伍，为税收事业科学发展提供坚强的政治思想、组织保证和人才支持。

会议把“激发活力、创新管理”作为加强干部队伍建设的核心要求，要求通过加强思想教育、改革制度机制、强化管理监督等措施，使广大税务干部职工干事创业的内在动力竞相迸发，良好的行为规范逐步养成，推动税务干部队伍建设向纵深发展。会议部署了当前和今后一个时期税务干部队伍建设的五项主要任务：一是不断加强领导班子建设，进一步提高领导税收事业科学发展的能力。坚持把政治思想建设放在领导班子建设首位。加强领导班子组织建设，重点是选准配强正职，大力选拔年轻干部，优化领导班子结构。以保持同人民群众的血肉联系为重点，切实加强领导干部作风建设，以领导干部优良作风引领群众、凝聚力量。加强对领导干部的管理监督，促进领导干部规范用权、勤政廉政。突出抓好地市局、县区局领导班子建设。二是大力推进公务员队伍建设，逐步形成科学合理的干部分途发展格局。加快推进行政执法类公务员管理工作，激发干部队伍活力。进一步加强综合管理类公务员管理，积极探索试行聘用制公务员管理。稳步推进事业单位改革。加强离退休干部队伍建设。三是继续完善选拔任用制度，努力提高选人用人公信度和群众满意度。不断改进干部选拔任用方式，坚持竞争性选拔干部的改革方向，建立竞争上岗、考察任用等多种方式并举的干部选拔任用机制。紧紧围绕德才兼备、以德为先的用人标准和民主、公开、竞争、择优的方针推进干部人事制度改革。实现干部选拔任用工作规范化、常态化，提高选拔任用的科学性和公信度。进一步完善选拔任用各项制度。四是切实加强和改进教育培训工作，着力造就一大批高素质专业化人才。适应形势发展要求和干部队伍的实际，明确加强教育培训、创新人才工作的基本思路。以人才培养为重点，努力形成一支数量充足、专业齐全、结构合理、素质优良的税务人才队伍。针对干部教育培训需求差别化、培训方式多样化、培训手段现代化的发展趋势，创新教育培训理论和方法。五是全面提高党建和思想政治工作水平，积极营造奋发向上、团结和谐的良好氛围。发挥党组织在完成税收工作任务中的协助和监督作用，使基层党组织成为推动发展、服务群众、凝聚人心、促进和谐的坚强战斗堡垒。高度重视思想政治工作，不断提高做思想政治工作的本领。切实加强基层建设，切实增强为基层服务的意识，帮助基层更好地开展工作。

在党风廉政建设方面，要求全国税务系统认真贯彻中央关于惩治和预防腐败体系建设的重大决策部署，进一步明确工作重点，采取有力措施，推动惩防体系建设各项任务的落实。要加强惩防体系建设情况的检查，认真分析梳理本单位惩防体系建设工作情况，发现问题，逐项整改。要把推行内控机制建设作为税务系统惩防体系建设的重要载体、预防腐败的重要举措和税收体制机制改革的重要内容，科学安排，周密部署，稳步推进。要认真做好违纪违法案件查办工作，提高查办案件工作能力，配齐、配强、配好纪检监察干部队伍，保持骨干队伍的相对稳定，提高办案水平。要认真落实党风廉政建设责任制，按照总局制定的《税务系统贯彻中央〈关于实行党风廉政建设责任制的规定〉实施办法》的要求，结合当地实际制定实施细则及相关配套措施，力求做到职责划分清晰、任务分工明确、工作要求具体、保障措施有力，形成党风廉政建设和反腐败工作的整体合力。会议还对下半年的税收工作进行了部署。

全国税务系统干部队伍和党风廉政建设工作会议为我们的干部队伍和党风廉政建设指明了方向，找准了抓手，全区税务系统要切实把思想统一到总局的各项工作要求上来，结合自身实际，吃透总局会议精神，把握政策实质，全面有效地贯彻落实好，努力开创税务干部队伍和党风廉政建设工作的新局面。

（二）准确把握推进我区税务干部队伍建设总体要求

近年来，全区税务系统以邓小平理论和“三个代表”重要思想为指导，深入贯彻落实科学发展观，按照政治过硬、业务熟练、作风优良、执法公正、服务规范的总要求，把加强各级领导班子建设、干部队伍建设和党风廉政建设放在突出位置，狠抓思想、组织、作风、制度、廉政、内控等方面建设，以提高素质、优化结构、改进作风和增强团结为重点，努力提高各级干部的领导能力和执政水平，各级领导班子和干部队伍的思想政治素质不断提高，廉洁从政的意识不断增强，为我区税收工作的推进和税收事业的发展提供了坚强的组织保障、人才支持和纪律保证。就全区税务系统干部队伍状况来讲，总体上是好的，是坚强团结的，是有凝聚力和战斗力的。一是领导班子建设不断加强。坚持不懈地推进领导班子建设，注重提高领导干部推动科学发展的素质能力。加强理论武装，深入开展理想信念和党性修养教育，有计划地轮训领导干部，各级领导干部理论水平和政治素养进一步提升。开展学习型领导班子建设，提高领导干部的战略思维、创新思维、辩证思维能力。认真贯彻民主集中制，建立健全党组议事规则，推进科学民主依法决策。二是干部队伍综合素质不断提高。抓住教育培训和实践锻炼两个关键环节，提升税务干部素质能力。以专业化人才培养为重点，开展大规模、多层次、分类别教育培训，“十一五”期间，共组织培训7468人次，培训面达到100%。深入开展全员岗位练兵，提高了干部的业务技能。大力实施人才强税战略，制定中长期人才队伍建设规划，加强人才库建设，培养了一批法律政策、会计审计、统计分析、征管稽查等急需紧缺人才。鼓励干部职工自我提升学历，参加注册会计师、律师、注册税务师资格考试，推动骨干人才建设。目前，全区系统大专以上学历比例达到89.5%，较2005年提高了14.8个百分点，硕士研究生以上学历达到32人。三是干部管理机制不断完善。认真贯彻《公务员法》和干部选拔任用条例，推进干部管理制度机制创新。深化干部人事制度改革，逐步完善选人用人机制。不断健全竞争性选拔干部制度，提高考试测评的科学性、实用性和岗位适应性。“十一五”期间，全区税务系统通过竞争上岗选拔副处级以上领导干部25人，科级干部292人，副处级后备干部62人，考察确定正处级后备干部22人。四是税务部门形象不断提升。坚持在做好税收工作、服务经济社会科学发展中展示税务部门良好形象，受到了社会各界的好评。认真开展深入学习实践科学发展观活动，理清了发展思路，解决了一些纳税人和干部职工反映突出的问题，达到了党员干部受教育、科学发展上水平、人民群众得实惠的目的。大力开展创先争优活动，较好地发挥了基层党组织的战斗堡垒作用和共产党员的先锋模范作用。开展机关作风建设和效能建设等活动，立足本职争创一流业绩、服务人民群众。积极推进税务文化建设，并与纳税服务、税收征管等工作有机结合，发挥税务文化凝聚力量、激励干部的作用。持续开展精神文明创建活动，涌现了一大批先进集体和个人，全区税务系统有30多个集体和14名个人获得省部级以上荣誉称号。不断完善惩治和预防腐败体系，加强政风行风建设，有效促进了税务干部廉洁从税。

在肯定成绩的同时，也要清醒地看到，当前我区税务干部队伍建设中还存在一些与形势发展不相适应的问题，主要是：一些税务干部责任意识还不够强，存在理解贯彻落实上级政策不到位现象。少数领导干部在工作中存在畏难情绪，不敢抓、不敢管或管理不到位。干部队伍结构不够优化，人力资源配置不够科学。干部激励机制不健全，考核评价体系不完善，干部发展空间不宽敞，队伍活力仍有不足。干部职工素质参差不齐，工作能力和业务知识不全面；少数干部工作缺乏积极性和创造性，对新的管理理念难以接受，不能从新视角、用新观念、以新对策来分析、认识、解决新情况新问题。教育培训的针对性和实效性有待提高，高层次专业化人才和基层复合型人才匮乏。

当前，我国已进入全面建设小康社会的关键时期，经济社会发展呈现新的阶段性特征，税收事业面临新的发展环境。同时，自治区面临着加快发展和长期稳定的新形势，区党委政府正团结带领全区各族干部群众坚定不移抓发展、千方百计惠民生、旗帜鲜明反分裂。税收作为国家财政收入的主要来源和调控经济、调节分配的重要手段，税务部门在服务经济社会科学发展中责任重大。随着经济全球化和社会主义市场经济的不断发展，税收工作对象、手段等也发生着新的深刻变化。要做好新时期的各项税收工作，有效发挥税收职能作用，关键是要有一支高素质的税务干部队伍。全区税务系统要充分认识新形势下进一步加强和改进税务干部队伍建设的重要性和紧迫性，切实增强责任感和使命感，努力把税务干部队伍建设提高到一个新水平。

根据上述形势，当前和今后一段时期全区税务系统加强队伍建设的总体要求是，以邓小平理论和“三个代表”重要思想为指导，深入贯彻落实科学发展观，认真贯彻中央和国家税务总局关于干部队伍建设的一系列重要决策部署，坚持以人为本，以促进干部队伍全面发展为目标，以激发活力、创新管理为原则，以转变管理方式、创新管理机制、提高管理水平为内容，着力优化培养机制、优化队伍结构、优化激励奖惩措施，全面挖掘和充分发挥好干部职工的主动性、积极性、创造性，落实好人才兴税的根本要求，建设一支富有坚定理想信念、饱含爱岗敬业热情、勇于追求真理、具有务实作风、敢于担当大任、善于团结协作、积极改革创新、争创一流业绩的高素质税务干部队伍，为税收事业科学发展提供坚强的政治思想组织保证和人才支持。

（三）激发活力，创新管理，全面推进我区税务干部队伍建设

激发活力，既要关注干部职工的个人发展和切身利益，更要注重加强精神激励和思想引导，深入开展理想信念教育、思想道德教育、优良传统教育，激发干部干事创业的内在动力；创新管理，要结合情况变化和工作实际，针对外部环境深刻变化、干部思想状况多元等特点，不断更新管理理念、创新管理机制、改进管理方法，通过改革创新，更好地提高管理实效。按照新形势下加强税务干部队伍建设的总体思路，当前和今后一段时期重点要做好以下几个方面的工作。

加强领导班子建设，发挥示范标杆作用。一要坚持党管干部的原则，全面加强领导班子思想政治建设。领导干部是方针、政策的贯彻者、执行者、实践者和推动者。各级税务机关领导班子要强化学习，做到理论成熟、政治清醒、立场坚定，要坚持向基层学习，向实践学习，使学习过程成为研究工作、破解难题、促进发展的过程。要坚持中心理论组集体学习，通过沟通交流，查找不足，查漏补缺。要加强解放思想、开拓创新能力的学习和培养，转变不适应、不符合科学发展观的思想观念，树立和提升开拓创新的眼光、思维和能力。二要进一步加强各级税务机关领导班子组织建设。要进一步优化领导班子结构，选准正职，配好副职，大力鼓励年轻优秀干部脱颖而出。三要进一步加强各级税务机关领导班子作风建设。要践行党的根本宗旨，大力弘扬求真务实的精神，始终保持密切联系群众和清正廉洁的作风。要坚持和完善民主集中制，领导班子内部要充分发扬民主，严格执行议事规则和决策程序。四要健全和完善领导制度建设。包括建立健全理论学习制度、集体领导制度、沟通协作制度、联系群众制度、监督制约制度，全面规范领导班子行为。完善领导权责激励配比制度，坚持公开、平等、竞争、择优的原则选配领导干部，坚持权责对等的原则，合理划定领导岗位职权和责任界限，坚持客观公正的原则，对领导干部进行德、才、绩考评，将考评结果运用到领导干部能上能下的机制中去。建立健全领导责任追究制度，促使领导履行决策权力时增强责任心，正确谨慎使用决策权，避免决策失误，尤其是对“一把手”要增强风险意识和责任感，克服主观武断、个人说了算的“家长制”作风，严格执行集体、科学、民主的决策制度。

完善人才培育机制，促进人才全面发展。要注重人才培育机制建设，逐步建立起完整的干部发展体系。要充分理解和掌握公务员队伍分类管理的理念和精髓，根据总局要求，为我区税务干部队伍分类管理做好前期调研、可行性研究等准备工作。要注重干部人事的管理服务工作，积极做好人事管理系统的上线运行工作，提高人事管理的水平和效率。以因需招人、因岗用人、因事评人、因材选人为原则，按照岗位、职位的不同有重点、有方向地招录和培养专业型、复合型人才。树立正确导向，形成人才培育的良好机制，有效激励干部抓工作、出成绩，保证各方面人才健康发展。要创造人才成长的公平竞争环境，系统用人要面向社会统一招录，机关用人要面向基层公开遴选，激发干部勤学苦练、奋发向上、多作贡献。要努力做到能职匹配、人尽其才、才尽其用，注重因势利导、因材施用，好钢用在刀刃上。各级领导干部要在充分尊重干部职工、平等对待干部职工、热情对待干部职工的基础上，采取一切可行的措施激励干部职工，坚决不能做打压干部积极性、创造性的“杀手”，应当以兄弟般、家长般的情义做好下属干部成才、发展的引路人和激励者。

*加大干部交流轮岗力度，拓宽干部培养渠道。*加大对人才的开发锻炼力度，提倡干部在多种环境、岗位、条件下进行历练，以提高其综合素质，丰富其工作经验。结合我区实际，积极协调和请求总局，继续选派有培养前途的中层领导干部和业务骨干到内地兄弟单位挂职锻炼，并研究进行双向交流，采用“派出去、引进来”的方法，进一步提高干部的综合素质。要加大干部上挂、下派、横向交流力度。科级以下干部实行轮岗制，让干部在多个岗位上历练，提高干部综合业务素质、创新能力，增长多重工作经验；科级干部实行轮岗和交流相结合的任用制，在轮岗的基础上注重机关与基层双重培养锻炼，既要有一定的基层领导岗位经验，又要有机关独当一面的能力；处级干部实行异地交流调任制，通过异地任职多岗位锻炼使干部放手开展工作，培养提高领导能力和经验。大力实施科级干部上挂下派锻炼机制，定期由各地市局选派一定数量科级干部在区局机关挂职锻炼，区局也定期选派科级干部到各地市局任职锻炼。实施机关与基层双向锻炼机制，机关干部原则上应具有两年以上基层工作经验。积极考虑岗位流动、一人多岗等模式，来解决目前人员缺乏的难题。

*完善奖惩管理机制，激发干部队伍活力。*要进一步做到奖罚分明，以此树立队伍正气，提高队伍工作积极性、创造性和活力。一是找准奖励与惩罚的最佳结合点。坚持奖励和惩罚相结合，以奖为主、以罚为辅、奖惩适度。坚持物质奖励与精神激励相结合，坚持惩罚和教育勉励相结合，使奖惩行为发挥提高工作积极性、创造性的最大作用。二是完善考核体系，健全考核机构。科学设定责任目标，完善考核的程序、标准、办法，建立常年考核机构，加强对工作过程的监控和最终效果的评估，既看结果、又看过程，逐步建立起科学的绩效管理体系，形成正确的用人导向和政绩观。三是活用考核结果。要将考核结果与岗位、能级联系，与收入分配、评先创优、干部使用等方面

挂钩，形成科学合理的竞争激励机制。四是注重实施精神鼓励。注重对各个领域的考评奖惩，对工作业绩突出的干部职工，授予“征管能手”、“稽查能手”、“行业标兵”、“道德模范”、“巾帼红旗手”、“业务尖兵”等荣誉称号，鼓励各个岗位的干部职工争先创优。

建立健全选拔任用制度，提高选人用人公信度和满意度。要营造良好氛围和制度环境，让能干事者有机会、干成事者有舞台，不让老实人吃亏，不让投机钻营者得利，不让跑官要官者得逞。要不断改进干部选拔任用方式，在以提高选拔质量和选人用人公信度为前提下，形成考察任用、竞争上岗等多种方式并举的干部选拔任用机制，使干得好的出得来、能力强的选得上、选得上的能胜任，及时发现、合理使用品德好、能力强，有真才实学、实绩突出、群众公认的优秀干部。要深刻认识整治用人上不正之风的重要性、紧要性和必要性，把整治用人上不正之风工作摆上突出位置，作为人事工作中的一项长期工作来做。要认真贯彻执行干部选拔任用工作的各项规定，落实各项工作制度，严格规范工作程序，在干部选拔任用工作中，坚持程序一步不缺，履行程序一步不错，使制度和程序成为选准用好干部的有力保证，成为防止不正之风的屏障。要认真做好选拔任用制度的修订完善工作，对已有的制度要根据形势变化及时修订，对尚未建立的制度要抓紧制定，及时出台，相应规范。

加强和改进教育培训工作，全面提高干部队伍素质。积极实施“人才强税”战略，下大力气提高教育培训的针对性和实效性。要坚持按需施教，联系实际、学用结合，突出干部在学习培训中的主体地位，做到干什么学什么、缺什么补什么。要坚持基础培训从年轻人抓起，专业知识培训从骨干队伍抓起；基础培训以区内为主，专业基础骨干以采用内地与当地相结合的方式进行。要坚持传统与创新相结合，在现有成功的培训模式基础上，以管用、实用为原则，大力实施以干代训、实地观摩、定向培训、定向培养等方式。要充分利用税务干部学校资源，搞好管理，注重实效，建立和完善培训考核制度，提高教学质量和培训效果，实现干部教育培训规模和质量、效益相统一。要加强基层一线干部素质能力建设，有计划地选派基层业务能手到上级相关业务部门学习锻炼，确保每个基层税务机关有一半以上的干部，成为熟悉税法和财务会计，懂评估、会查账、能熟练操作计算机的基层复合型人才和业务能手，有 1 ~ 2 人能够把握总体经济社会发展形势，熟悉社会主义市场经济发展规律，拥有先进管理理念，在税收工作某一方面具备专长。鼓励税务干部积极参加注册会计师、律师、注册税务师、注册房地产估价师等执业资格考试。加强各类人才库建设，健全入库人才选拔、培养、使用、考评等机制，发挥其在推动税收事业发展中的关键作用。

（四）大力推进惩防体系建设，建立“廉洁从税”保障机制

今年是全面落实《建立健全惩治和预防腐败体系2008～2012年工作规划》的关键一年，各级税务机关务必引起高度重视，针对全区税务系统惩防体系建设工作责任制落实不到位、相关制度不健全等问题，要从现在着手，在前期开展自查的基础上，找出各单位薄弱环节，查漏补缺，完善配套措施。要进一步落实好党风廉政建设责任制，从讲政治、讲大局的高度自觉承担起推进反腐倡廉建设的政治责任和领导责任。要加大教育防范力度，筑牢税务干部拒腐防变的思想防线，进一步完善反腐倡廉宣传教育工作机制，逐步落实“一把手”讲廉政党课、纪检组长作反腐倡廉形势报告制度，增强干部职工的敬畏意识和勤政廉政意识，把理想信念教育、廉洁从政教育、案例警示教育作为经常性教育内容来抓，做到警钟长鸣。要继续深入开展廉政文化活动，用喜闻乐见、具体生动的形式启迪、教育干部职工树立正确的世界观、人生观，筑牢拒腐防变的思想防线。全区税务系统廉政教育基地目前正在筹备建设中，各地（市）局也要结合各自实际，建立廉政教育、展览场所，有条件的可以按照廉政教育基地建设标准有针对性地建设廉政教育基地。进一步强化“两权”监督，保证权力正确行使，加强对关键岗位干部特别是领导干部的监督，开展对行政执法权的监督，创新税收执法检查日常工作新机制，将部门内控机制引入税收执法全过程。要全面加强和推进内控机制建设，针对查找到的廉政风险点进一步细化防范措施、完善相应的管理制度和追究机制，并按照总局要求，将内控机制建设工作推行到分局、重点县局，将防范执法风险、规范税务人员执法行为作为重点，制定完善制度、规范流程。要加强信访举报和案件管理工作，畅通信访举报渠道，及时查办案件，落实“一案双查”制度，针对举报案件、协查案件反映的问题，查找在执行制度、内部管理、教育监督等方面存在的问题和不足，并加以改进。要加强纪检监察队伍建设，全区税务系统各级纪检监察部门和工作人员要切实履行好党组赋予的职责，提高自身监督、查办案件和组织协调能力，了解新形势、掌握新情况、探索新途径，提升新水平。

三、扎实做好今年后几个月工作，确保全年税收工作任务圆满完成

今年以来，全区各级税务机关和广大税务干部按照年初的工作部署，深入贯彻落实科学发展观，深入学习、宣传、贯彻党的十七大和十七届五中全会精神及区党委七届七次全委会精神，坚持服务经济社会发展大局，大力实施“一产上水平、二产抓重点、三产大发展”的总战略，认真落实“一个中心、两件大事、四个确保”的总体要求，围绕“服务科学发展、共建和谐税收”的工作主题，积极开展各项工作。大力组织税收收入，实现收入的较快增长，各级税务机关不断加强税源管理，认真开展税源监控和分析，注重提高税收收入质量，1~7月，全区税务系统共组织各项收入59.12亿元，同比增长1.2倍，增收32.44亿元，提前五个月超额完成全年56.80亿元的税收收入工作任务。大力加强税收征管，稳妥有序地开展发票改革和税控收款机推行工作，扎实推进“信息管税”和“以票控税”工作，有效遏制了发票违规使用，维护了良好的经济税收秩序。大力优化纳税服务，进一步确立纳税服务新理念，及时响应纳税人需求，健全完善纳税服务设施和制度，积极做好12366纳税服务热线平台建设，大大提高税法遵从度。自治区党委书记张庆黎同志对上半年税收工作作出批示，给予了充分肯定。

今年还剩四个半月的时间，我们要把思想统一到胡锦涛总书记“七一”讲话、习近平副主席西藏和平解放60周年一系列讲话、自治区党委七届八次全委（扩大）会议以及全国税务系统干部队伍和党风廉政建设工作会议上来，按照党中央、自治区党委政府和国家税务总局的部署与要求，全面做好各项税收工作，促进全区经济社会又好又快发展。

（一）扎实做好组织税收收入工作

1~7月全区税收收入形势喜人，为超额完成全年收入任务奠定了很好的基础，但税收收入质量亟须提高、部分税源存在较大不确定性、各地区及各税种间收入不均衡等问题比较突出。今年后几个月，各级税务机关要继续落实依法组织收入原则，确保应收尽收。要在推行税源专业化管理上下工夫，切实把税收收入质量管理放在突出位置；要密切跟踪经济税源的新变化，准确把握组织收入中的不确定因素及其对税收收入的影响，减少税收流失，确保税收收入持续稳定增长。

（二）坚定不移地继续做好维护稳定工作

今年以来，全区各级税务机关深入排查化解矛盾隐患和不稳定因素，全

面加强安全管控，努力构建和谐征纳关系，认真落实24小时值班制度和领导带班制度，不断夯实稳定根基，确保了“三大节日”、3月份、中国共产党建党90周年和西藏和平解放60周年等维稳敏感时期的稳定。今年以后几个月，维护稳定工作任务依然较重，全体税务干部要按照“思想不能松、标准不能降、措施不能减、机制不能变”的要求，积极总结经验，按照各级党委的要求，布置落实好下一阶段的维稳工作。要从思想上、行动上，做到不松懈、不麻痹，做到维护社会稳定常态化，坚持“两手抓、两不误”，切实做到“看好自己的门，管好自己的人，办好自己的事”。

（三）继续加强税收征管工作

按照总局的统一部署，结合我区税收工作实际，要及时发现研究税源情况的新变化，创新税收征管模式，积极稳妥地推进税源专业化管理，继续做好税控收款机的全面推广应用和发票管理工作。加强税种管理，深化增值税一般纳税人的认定和凭证抵扣管理，深化企业所得税专业化管理，做好个人所得税费用扣除标准调整后的政策宣传、咨询辅导、申报征收的衔接工作，抓紧建设财产行为税税源监控平台和车购税电子化管理系统，积极做好资源税征收方式改革的准备工作。积极探索分类管理，摸索具有西藏特点的税源专业化管理模式。开展出口退税预警分析，完善非居民税收管理规范。根据总局部署，做好金税三期涉及的工程建设，为各项税收工作的开展提供强有力的信息化支持。要抓好征管基础，加强税收征管制度建设，对目前已经出台执行的制度办法做好跟踪问效和情况反馈工作，总结经验、了解情况，对某些未出台的制度办法，要展开前期调研论证工作。

（四）大力优化纳税服务，进一步提高纳税服务质量

要加快现代纳税服务体系建设步伐，努力解决制约纳税服务发展的突出问题，统筹推进纳税服务工作。要大力加强纳税服务平台体系建设，切实逐步减轻办税负担，大力缓解纳税人在办税服务厅排长队、来回跑的现象，着力增加“同城通办”办税网点，努力改善办税服务厅的软硬件设施，积极开展POS机缴税方式进大厅的工作，更大程度地方便纳税人。加强税法税收知识宣传，充分发挥办税服务厅、12366咨询热线、税务网站的作用，做好纳税宣传咨询工作。

（五）坚持依法治税，切实维护税收秩序

深入推行税收执法责任制，扎实开展税收执法检查，认真开展税收专项检查和专项整治，严厉查处各种涉税违法案件。税政、征管、督察、稽查、纳税服务等部门要通力合作，协调一致，形成合力，进一步规范执法、堵塞漏洞。96555涉税举报电话要保持有人接听，遇有紧急情况，要进行及时处理。各级税务机关、机关内各个部门遇有涉税举报的来电、来信，要按照规定进行受理转办，不得借故不办，相互推诿。

（六）认真抓好教育培训工作

在加大培训力度的同时，要注重规范、健全教育培训机制，围绕税收中心工作，创新培训体制，突出专业性人才培训。要加强对培训工作的管理，对培训情况进行常态化管理和跟踪调研，针对培训效果进行测试，建立教育培训考核评价机制。教育培训部门要按照年初既定的教育培训计划，统筹合理安排培训的项目、时间、内容和师资，稳步实施。

（七）认真做好财务预算执行、基本建设、专项治理和审计工作

要进一步强化财务预算的执行刚性，落实工作职责、加强动态监控分析和开展检查清理，注重预算执行进度均衡性。预算执行一定要按照财经纪律、基本建设、“三公”经费、政府采购、民主决策等制度规定和程序严格办理。要按照预算控制，安排落实好各项建设资金，同时按照相关法律法规制度和程序保质保量地建设好各个项目，严防和制止项目建设过程中出现违反法律法规的不正之风和违规违纪行为。区局、地市局以及各级纪检、巡视、督察内审、采购部门要加大监督巡查力度。要有序做好领导干部经济责任审计工作。要按照统一部署，积极开展公务用车、清理规范庆典、研讨会、论坛活动、工程建设领域突出问题，“小金库”、利用中介机构谋取不正当利益、信息技术运维中增加纳税人负担等专项治理工作。

（八）做好基层调研工作

根据每年的调研任务，要按照统一安排和各自分工，认真开展基层调研和年度调研工作。所有的调研工作要事先有目标，有要求，有针对性。事后要形成调研报告，做到有情况，有分析，有对策，有建议。要注重科研论文和课题的撰写工作，保质保量地按时完成相关任务。

（九）继续抓好思想政治工作和党风廉政建设工作

要通过学习中央领导的一系列讲话和自治区党委七届八次全委（扩大）会议精神，提高广大税务干部的思想认识、政治觉悟、纪律观念以及政治责任感。增强税务干部开拓创新、积极奋进的自觉性。要切实改进税务干部的工作作风，牢固树立发展意识和宗旨观念，从思想上、行动上尽心尽力做好本职工作，积极主动地为基层税务干部职工，为税收事业科学发展献计献策，解决困难，搞好服务。要抓紧做好全区税务系统廉政基地建设工作，进一步充实完善教育内容。要抓好内控机制建设，积极将内控机制建设工作向基层推进，把风险点查找、风险防范措施制定、责任追究实施等工作做扎实，切实构建起纵横交叉的监督制约网络。

同志们，全面推进干部队伍和党风廉政建设，提升税收工作水平，增强税收服务经济社会发展的能力，任务艰巨，使命光荣，让我们把思想和行动统一到胡锦涛总书记“七一”讲话和习近平副主席一系列讲话上来，统一到自治区党委七届八次全委（扩大）会议及全国税务系统干部队伍和党风廉政建设工作会议上来，统一到中央、总局和自治区党委政府的决策部署上来，鼓足干劲，奋力拼搏，乘势而上，确保圆满完成各项税收工作任务，为加快全面建设小康社会步伐而努力奋斗，为推进西藏经济社会跨越式发展和长治久安作出应有的贡献！

在全区税务工作会议结束时的讲话

西藏自治区国家税务局纪检组长　群　培

（2010 年 12 月 30 日）

同志们：

全区税务工作会议按照既定议程，即将圆满结束。自治区白玛才旺副主席到会并作了重要讲话，充分肯定了全区税收工作取得的成绩，对做好“十二五”和 2011 年的税收工作提出了明确要求。袁庆杰局长代表局党组总结了“十一五”时期的全区税收工作情况，科学谋划“十二五”税收发展的基本目标，部署了 2011 年的工作任务。与会各位代表认真学习领会白玛才旺副主席重要讲话精神，讨论学习了袁局长所作的报告，对“十二五”全区税收发展规划和 2011 年工作要点进行了完善和补充，提出了各自的意见和建议。刚才，袁庆杰局长分别与各地（市）局局长签订了党风廉政建设责任书。至此，会议预定各项议程圆满完成。希望同志们回去以后，迅速将会议精神传达到每一个干部，动员全区税务干部认清形势，明确目标，再接再厉，扎实工作。各地（市）局局长要及时向当地党委、政府（行署）汇报会议情况，争取当地党委、政府的支持，并结合实际，统筹安排好各地（市）的税务工作。会议结束之前，结合与会议代表讨论情况，我再谈三个方面意见。

一、本次会议的主要收获

（一）肯定了成绩，鼓舞了斗志

昨天，白玛才旺副主席讲话时说：“2010 年取得了显著成绩，‘十一五’税收工作目标圆满完成，西藏税收事业再次迈上一个新的台阶！”过几天，自治区政府关于表彰全区税务系统为保障西藏“十一五”经济发展先进集体的文件就会下发。可见，自治区党委、政府对全区税收工作充分肯定，非常满意，给了我们很高的评价。袁庆杰局长的会议主题报告从八方面认真总结了“十一五”时期全区税收工作的主要成绩，指出我们形成了预中求立、稳中求进、管中求精、干中求实的鲜明特色。可以说，过去的“十一五”是我们科学发展、硕果累累的五年，是大家齐心协力、奋力拼搏的五年，是大家与时俱进、锐意探索的五年。回眸“十一五”，我们有理由为我们的共同努力和奋斗所取得的成就而骄傲和自豪。我们更有理由相信，有自治区党委、政府和国家税务总局的正确领导，有区局党组的求真务实和科学决策，有我们多年来打下的坚实基础和积累的丰富经验，有全区税务系统干部职工的顽强拼搏和扎实工作，全区税收工作一定能够在新的台阶上实现新跨越。

（二）明确了任务，增强了意识

会议全面回顾总结了“十一五”的工作成绩和经验，科学谋划了“十二五”全区税务发展的工作思路，清醒认识到当前工作中仍然存在的一些问题。总结成绩中肯全面，工作思路科学正确，安排部署前瞻深入，目标任务明确具体，任务措施重点突出。我们确定了“十二五”全区税收工作的指导思想、总体思路、基本原则和基本目标。主报告和工作安排既顾全大局，又务实详细，具有较强的发展意识和可操作性。这为我们进一步做好今后的税收工作指明了方向，给予了方法，强化了保障。各地（市）、各单位、各部门要按照会议的安排部署，进一步强化发展意识、创新意识和大局意识，不断增强做好税收工作的责任感、使命感和紧迫感，紧密联系各自的工作实际，科学谋划，狠抓落实，确保取得实效。

（三）认清了形势，理清了思路

2011 年是实施“十二五”规划的开局之年，是全面实施西藏跨越式发展和长治久安战略部署的关键之年。袁局长在主报告中，深刻阐述了所面临的严峻形势和有利条件，使与会代表对当前经济社会发展总体形势下税收工作所承担的光荣而艰巨任务有了进一步认识。面对新形势、新任务，全区税务系统要认真贯彻中央、自治区和国家税务总局的会议精神，全面把握上级的各项决策部署，按照会议研定的科学思路，统一思想，坚定信心，抓住关键，突出重点，全面落实中央关于科学发展和加快经济发展方式转变的重大决策，结合各自实际，创新工作思路，不断化解前进中的矛盾和问题，再一次圆满完成所承担的各项工作任务。

二、学习贯彻会议精神，确保各项部署全面落实

（一）统一思想，提高认识

前段时间我们学习了党的十七届五中全会和自治区党委七届七次全委会会议精神，本次会议对会议精神继续进行了学习贯彻，并重点传达学习了中央经济工作会议、全国税务工作会议和全区经济工作会议精神，袁庆杰局长的工作报告对全区税收工作作了全面部署，提出了全面把握税收工作的总体思路和主要任务。这是区局党组按照上级会议精神要求，结合当前税收工作形势，站在促进全区经济又好又快发展、推进税收事业科学发展的大局下所做出的决策。全区税务系统要按照中央、自治区和总局的部署，进一步统一思想，坚定信心，做好工作。要认真学习，吃透精神，切实把全体税务干部的思想统一到中央、自治区和国家税务总局对明年经济工作的判断上来，统一到这次税务工作会议上来，统一到各项工作部署上来，以过硬的措施、实干的作风，把全年工作谋划好，安排好，落实好，确保思想统一，步调一致，形成合力。

（二）把握实质，明确抓手

会议明确了“十二五”期间全区税收工作的基本目标。实现所定的目标，必须遵循税收发展规律，把握我们所确定的指导思想、总体思路、基本原则的实质内容，始终抓住管理税收工作的抓手。

一要突出管理主线。以管理为主线贯穿“十二五”时期税收发展的全过程，按照“规范、巩固、提高、深化”的步骤，将其作为一项基础性、战略性的工程，循序渐进，常抓不懈，抓紧、抓实、抓到位。

二要更新管理理念。重点是要牢固树立五大理念：一是“责任重于泰山”的责任理念。增强使命感，切实负起责任，扎实工作，干事创业。二是“细节决定成败”的精细理念。严谨细致，精益求精，把各项税收管理工作做实、做细、做精。三是“零过错”的质量理念。做到时时、事事、处处认真负责，不出差错。四是过程控制、持续改进的管理理念。对税收执法权和行政管理权运行过程实行全程监督与控制，规避执法行政风险；通过决策、执行、监督等管理过程，不断变革和改进，促进管理层次和水平持续提升。五是“抓落实是一切决策的生命”的执行理念。大力倡导说实话、办实事、求实效的作风，切实提高执行力。

三要完善管理机制。按照建设法治政府的目标和依法执政、科学执政、

民主执政的要求，大力推进管理机制创新，进一步完善税收征管机制、税收执法机制、竞争激励机制、质量考评机制，从制度和机制上解决税收业务管理和内部行政管理存在的突出问题，促进各项管理不断规范。

四要优化管理手段。不断完善相关规章制度，强化制度的优化和执行，充分体现制度管理手段和规范性与统一性。在制度管理的基础上，突出以人为本理念，注重培养干部职工的道德意识和责任感，激励干部职工的创造精神和工作活力，实现制度管理与人本管理的有机结合，以崭新管理手段全面提升工作效率。

（三）发挥优势，坚定信心

过去五年，我国各项建设都取得了重大进展，谱写了建设中国特色社会主义的新篇章，社会生产力快速发展，综合国力大幅提升，人民生活水平有了明显改善，国家的国际地位和影响力有所提高。同时，世界经济不稳定、不确定的因素仍然较多，我国发展的外部环境更趋复杂，国内发展的不平衡、不协调、不可持续的问题仍然突出。经过“十一五”的发展，我区经济社会发展已经具有更加坚实的基础，特别是今年年初，中央第五次西藏工作座谈会对西藏跨越式发展和长治久安做出了战略部署，吹响了到2020年西藏同全国一道实现全面建设小康社会宏伟目标的新号角。全区的经济发展和内地联系逐渐紧密，许多在全国出现的经济和税收上的新情况、新问题在西藏也开始出现，甚至由于西藏的一些特殊因素，还会出现一些不同于内地的新现象。可以说，“十二五”时期我们既面临难得的大有可为的重大发展机遇，也面对诸多的特殊困难和严峻挑战，这对我们做好税收工作提出了更高的要求。我们要进一步端正态度，树立信心，化压力为动力，充分把握和利用有利因素，把明年和“十二五”的工作做好。一要看到随着中央第五次西藏工作座谈会精神的进一步落实，党中央、国务院和内地兄弟省市对西藏投资的不断加大，一大批重大民生工程、重大基础设施和生态环境项目会相继开工建设，同时，内地的一些企业集团也会不断来西藏寻求商机，这都会带来一些新税源。二要看到西藏的自身发展能力越来越强，在“一产上水平、二产抓重点、三产大发展”战略的指引下，全区积累了一定的经济基础，传统制造业、采矿业、旅游业等具有了较大的发展潜力。这又会为保持税收的稳定持续增长奠定基础。三要看到全区税务系统已形成了一支能征善战、堪当大任的干部队伍，具备了一套行之有效的服务格局、征收、管理和稽查程序，我们有信心、有能力完成新的任务。

（四）执行到位，狠抓落实

袁庆杰局长在今年的主报告中对全面落实2011年全区税收工作任务提出了四项要求，布置了十项具体工作，这是做好明年税收工作的重点和着力点。贯彻落实好这次会议精神，就是要不折不扣地抓好这些部署和要求的执行和落实。各单位各部门要抓早、抓紧、抓实，结合本单位实际提出年度工作意见和措施，进一步分解落实各项工作任务。

抓好落实是关键，再正确的决策，如果不能贯彻落实，也只是一纸空文，毫无意义。抓落实的问题，既是促进工作的有力武器，也是检验各级领导能力、衡量干部队伍战斗力的重要依据。一要增强抓落实的意识。这既是思想和态度问题，又是工作和方法问题。要根据上级的决策和部署，吃透上情，联系下情，确定自身的方向和目标。要端正态度，排除私心杂念，本着税收事业健康发展的目的来抓落实，把抓落实作为政治修养、执行力、贯彻力的重要体现和义不容辞的责任。二要注重抓落实的行动。要结合实际，认真研究，提出切实可行的工作思路和措施，出实招、下硬功。领导干部要做表率，要带头开动脑筋，发挥主观能动性，积极整合利用各种现有条件，创造性地开展工作。要督促全体干部早行动、快行动，不能把措施和任务只停留在会议上，停留在书面上，停留在话语上。三要端正抓落实的作风。要健全各项规章制度，做到岗位清晰，责任明确，把岗责体系建设作为促进各项工作的总抓手。要建立健全内部协调机制，加强配合与协作，形成工作合力。要坚持上下同欲，求真务实，深入基层，了解实情。要深入总结效能建设年活动的各项内容，把整改措施落到实处。四要创新落实方法。要加强学习，不断提高促进税收科学发展的思想水平和业务素质。要在苦练内功、注重创新上下工夫，把学习作为提高素质、增长本领、开创工作的根本途径，坚持学以致用，善于研究新情况，解决新问题，总结新经验。在此基础上，不断改进工作方式方法，进一步提高工作质效。

三、开好头、起好步，认真抓好近期各项工作

同志们，马上就要进入全新的2011年了，元旦、春节、藏历新年三大节日相继来临。万事开头难，年初“开好头、起好步”对于全年工作具有举足轻重的作用。

（一）做好年初工作，实现年度税收工作“开门红”

明年的税收收入工作面临着基数大、增幅高、部分税源不确定等困难，

任务更加艰巨，头绪更为繁杂。年初各项工作能否顺利开展，将直接关系到全年任务的完成。各单位要充分认识实现年初工作“开门红”的重要意义，切实增强抓好工作的紧迫感和责任感。新年伊始，重要工作很多，重点税源监控户的调整、停歇业户的审核检查、城镇土地使用税开征、企业所得税的年度申报、“年所得12万元”自行申报等等，要对手头的工作尽快梳理，抓紧落实，确保各项工作有条不紊地顺利开展。

（二）关心干部职工生活，确保大家度过祥和幸福的节日

各级税务机关和领导干部要认真排查和研究干部职工生活中存在的突出问题和困难，实实在在帮助解决；要有组织、有计划地走访慰问离退休和基层一线干部职工，积极开展走访慰问、送温暖、献爱心活动。开展形式多样、内容健康的群众性文化娱乐活动，丰富干部职工的节日生活。

（三）切实抓好安全稳定工作，确保社会大局稳定

要深刻认识做好维护稳定工作的重要性，从讲政治、讲大局的高度始终把维护稳定工作放在突出位置，克服麻痹大意、松劲厌战情绪，树立维护稳定工作的长期作战思想，始终高度警惕、常抓不懈。要深入开展排查工作，及时掌握不稳定因素，把问题解决在当地，把矛盾化解在萌芽状态。扎实做好纳税服务工作，及时梳理和解决税收征管中可能引发矛盾的问题和隐患。要切实加强重点场所和重点部位的安全防范工作，认真落实24小时值班制度和领导带班制度，严格遵守各项保密制度，确保国家秘密安全。严格落实重大事件和信息随时报告制度，保证联络畅通。

（四）禁止各种铺张浪费行为

各级税务机关和领导干部要坚持“厉行节约、注重实效”的原则，带头发扬艰苦奋斗、勤俭节约的精神，自觉执行有关廉洁自律的各项规定，牢固树立法纪观念和廉洁从政意识，坚持勤俭过节，杜绝铺张浪费。要严肃财经纪律，一律不准用公款进行相互走访、相互宴请等拜年过节活动；不准用公款大吃大喝、游山玩水和进行高消费娱乐活动；不准收受与行使职权有关系的单位和个人的礼品、礼金、有价证券和支付凭证，严禁以赌博或变相赌博以及大操大办婚丧嫁娶等形式收钱敛财。

创新思路 狠抓落实
大力推进党风廉政建设全面发展

——在全区税务系统党风廉政建设工作会议上的讲话

西藏自治区国家税务局纪检组长　群　培

（2011 年 3 月 18 日）

同志们：

我们今天召开全区税务系统党风廉政建设工作会议。这次会议的主要任务是：回顾 2010 年党风廉政建设工作；部署 2011 年党风廉政建设工作任务。局党组书记、局长袁庆杰同志还要作重要讲话，我们要认真学习，深刻领会，抓好贯彻落实。

一、2010 年党风廉政建设工作回顾

2010 年，在国家税务总局、自治区国税局党组正确领导和精心指导下，全区税务系统深入贯彻落实科学发展观，紧紧围绕税收中心工作，全面推进惩治和预防腐败体系建设，立足于防范，着眼于治本，突出重点，强化措施，狠抓落实，有力地推动了党风廉政建设和政风行风建设工作的顺利开展，为圆满完成各项税收任务，发挥了积极的政治保障作用。

（一）明确责任，切实落实党风廉政建设责任制

局党组对党风廉政建设高度重视，为确保全年反腐倡廉建设各项工作任务落到实处，在召开全区税务系统党风廉政建设工作会议的基础上，陆续召开了监察室主任座谈会、党风廉政建设工作汇报会，研究部署、督促安排反腐倡廉工作任务，进一步明确细化责任，切实起到了强化落实的良好作用。

严格落实党风廉政建设责任制各项任务。按照党风廉政建设责任制要求，坚持党组统一领导、分级管理、分级监督的原则，实行“一岗两责”，除专

项检查外，利用有利时机开展日常检查，以检查促落实。切实做好党风廉政建设责任制考核工作，按照要求，成立专门考核小组对全区税务系统2009～2010年度党风廉政建设责任制情况进行全面检查，通过民主测评、听取汇报、实地检查等方式进行全方位的考评。从检查考核情况看，全区税务系统在贯彻落实党风廉政建设责任制各项工作中普遍能够结合实际，认真执行各项规定，总体贯彻情况良好。

（二）狠抓落实，强化干部廉洁自律

以贯彻落实《廉政准则》为重点内容强化干部廉洁自律。将学习贯彻活动同反腐倡廉整体工作部署相结合，同当前税收各项工作紧密结合，同监督检查工作相结合，将学习贯彻活动与党风廉政建设各环节紧密结合。强化效率意识，提高工作效能，普遍将干部廉洁自律工作同效能建设活动紧密结合，在活动中安排反腐倡廉内容，进一步强化干部拒腐防变能力。强化领导干部廉洁从政自觉性，严格执行领导干部重大事项报告、廉政责任制贯彻情况考核测评、廉政谈话等制度。全区税务系统285名科级以上领导干部建立了电子廉政档案，开展各类廉政谈话40人（次）。拓宽监督渠道，听取各方意见，连续四年参加全区“政风行风”热线节目，强化与纳税人和社会各界的沟通交流，及时解决纳税人关心的问题；各地（市）国税局还聘请特邀监察员共47人开展外部监督，对促进干部依法依纪从政，起到了良好促进作用。

（三）积极开展廉政文化建设，加强反腐倡廉宣传教育

按照总局开展税务系统廉政文化建设系列活动要求，加强组织领导，着重与坚定理想信念、坚持党性原则、坚定政治立场、牢记税收宗旨、加强道德修养、推进依法治税、自觉遵守纪律、努力廉政勤政等紧密结合起来，通过文化的力量，不断增强各级领导干部的领导能力和拒腐防变的能力，不断提高广大干部职工的政治理论素质、科学文化素质、税收业务素质、思想道德素质和职业心理素质，营造出良好文化氛围。因地制宜，开展丰富多彩的廉政文化活动，在强化廉政修养的同时，展示税务干部良好精神面貌，各地（市）国税局开展了撰写廉政文化建设调研文章活动、党风廉政建设知识问答活动、举办廉政知识讲座、举行廉政演讲、举办廉政文艺表演活动等。根据总局要求组织人员参加全国税务系统廉政文化汇演，取得了良好成效。积极做好与内部职能部门及外部相关部门的协调配合，形成反腐倡廉教育“大宣教”格局。将学习宣传廉政知识和廉政纪律作为学习的重要内容之一，出台《建立全区税务系统廉政教育基地实施意见》，确定西藏税务干部学校为全区税务系统廉政教育基地建设单位，提出开设廉政课程等具体工作要求。通过一系列活动的部署开展，在很大程度上筑牢了税务人员拒腐防变的思想道德防线，提高了税务人员反腐倡廉的自觉性。

（四）全面推进内控机制建设

在自治区国税局局机关前期试点工作取得经验的基础上，印发《局机关风险控制工作规程》手册，将风险防范按照风险概要、风险内容、预防措施和责任追究等方面要求予以明确，在区局机关全面开展此项工作。与此同时，我们将此项工作向各地（市）国税局推进，采取措施指导各地（市）国税局开展内部风险控制建设工作。要求基层各单位根据各自实际，在参照区局做法的同时，因地制宜组织调研、形成机制、办法，有步骤地开展工作。

（五）强化监督制约，规范“两权”行使

加强各级领导班子和领导干部行使权力的监督，把好权力运用的决策关。监督各级领导班子严格执行《党组议事规则》、《重大事项决策办法》以及资金分配、经费追加、大额资金使用审批办法，执行重大决策、人事任免、个人报告重大事项等制度的情况。把握权力运行的重点岗位。针对税收执法、人事管理、财务管理等税收执法权和行政管理权，容易产生腐败的重点部门，通过纪检监察参与公务员招录、干部竞争上岗、政府采购等工作，切实监督有关制度的落实。开展执法监察效能监察工作，根据总局要求结合系统实际，确定以落实厉行节约、治理工程建设领域突出问题、干部选拔任用、政府采购工作为重点检查内容。整合有效资源、加强各部门协调配合，联合开展好检查工作。运用纪检监察信息系统开展监督，根据总局的统一安排，结合全区税务系统特点，做好纪检监察信息系统前期准备、组织培训、数据录入工作，运行该系统实现了日常报表信息化报送、实现了领导干部廉政档案信息化规范管理等。进一步提高了纪检监察工作质量和效率。

（六）以做好信访举报工作为抓手，完善案件管理工作

认真贯彻《信访条例》，加强对重要信访举报的督办，切实维护举报人和被举报人的合法权益，确保事事有回音、件件有着落。加强了对信访举报的管理，做到专人负责、专门登记、及时办理、认真答复，并及时配合当地纪检监察部门开展协查工作。针对信访举报初查反映的问题，查找在执行制度、内部管理、教育监督等方面存在的问题和不足，对进一步改进工作、加强源头预防提出了很好的意见和建议。

（七）加强纪检监察干部队伍建设

全区各级税务机关努力提高纪检监察干部自身素质，抓好学习教育，认真组织纪检监察干部学习理论知识，进一步改进作风，明晰思路，增强工作的预见性和主动性，坚定做好纪检监察工作的信心和决心。要求纪检监察干部开展学习税收法律业务及相关专业知识，进一步提高了纪检监察干部队伍的综合素质，为搞好全区税务系统党风廉政建设工作提供了坚实的保障。掌握纪检监察干部整体情况，对全区系统专兼职纪检干部情况进行调查，对纪检干部整体素质进行综合评价，为下步开展教育培训、组织开展工作提供人员保障。要求纪检监察部门围绕加强廉政制度执行力、防范税务人员职务犯罪及时开展调研，积极探索新的工作思路和工作方法，为进一步改进工作、明确思路和工作重点。

在充分肯定成绩的同时，我们要清醒看到，在党风廉政建设工作中还存在着一些不容忽视的问题，主要表现在：个别单位和部门对党风廉政建设和反腐败工作的重要性认识不足，特别是对于惩防体系建设工作，认识不到位、重视不够；工作部署多、落实少，工作落实不够扎实、不够具体，还存在以文件贯彻文件的现象，工作流于形式、浮于表面；领导干部“一岗两责”意识不强，少数税务干部仍存在着执法不规范的现象，在执法中仍有“吃、拿、卡、要、报”的行为发生；“两权”监督工作力度还不到位，纪检监察部门发挥组织协调作用不够，工作主动性不强；内控机制建设工作在推进过程中，各单位各部门相关配套制度还未予建立，风险防范效果难以显现等。对于这些问题，我们在今后的工作中要高度重视，采取有效措施，认真加以解决。

二、2011年党风廉政建设工作任务

2011年全区税务系统党风廉政建设和反腐败工作的总体要求是：以科学发展观为指导，认真贯彻落实十七届中央纪委六次全会、全国税务系统党风廉政建设工作会议精神，坚持以人为本、执政为民，紧紧围绕税收中心工作，坚持标本兼治、综合治理、惩防并举、注重预防的方针，积极完善符合全局实际的惩治和预防腐败体系建设的措施，认真落实党风廉政建设责任制，抓好廉洁从政教育，完善内控机制建设，加强日常监督检查，狠抓政风行风建设，努力取得党风廉政建设工作新成效，为全区税收事业发展提供有力的政治纪律保证。

今年，我们要严格按照党风廉政建设工作总体要求和上级的安排部署重点加强以下七方面工作。

（一）完善惩防体系建设，切实落实党风廉政建设责任制

做好惩防体系建设各项工作。今年是全面落实《建立健全惩治和预防腐败体系2008～2012年工作规划》的关键一年，去年和今年总局对12个省国税局进行了重点检查，不排除下一步到西藏进行检查的可能，为此，各地（市）国税局党组、各部门要引起高度重视，针对全区税务系统惩防体系建设工作还存在责任制落实不到位、相关制度不健全等问题，要从现在着手，在前期开展自查的基础上，找出各单位薄弱环节，查漏补遗，完善配套措施，区局将不定期对此项工作进行检查。

加强领导，切实落实好党风廉政建设责任制。各单位负责人要从讲政治、讲大局的高度来认识党风廉政建设工作，自觉承担起推进反腐倡廉建设的政治责任和领导责任，落实党风廉政建设责任制的关键在于明确和强化责任。年初，在全区税务工作会议上局党组书记、局长袁庆杰同志已与各地（市）国税局“一把手”签订了新一轮的“党风廉政建设责任书”，明确了工作任务，提出了具体要求，区局分管领导与各部门的责任状也要签订，必须把责任明确，各单位主要负责人要切实履行好第一责任人的责任，要把党风廉政建设和税收中心工作融会贯通，统一部署、统一落实、统一检查。

（二）加强教育防范，筑牢干部职工拒腐防变的思想防线

加强教育是做好廉政预防工作的基础。要进一步完善反腐倡廉宣传教育工作机制，加强和改进教育培训工作，把反腐倡廉教育工作抓深抓实。逐步落实“一把手”讲廉政党课、纪检组长作反腐倡廉形势报告制度。加强预防职务犯罪教育，开展多种形式的警示教育活动，增强干部职工的敬畏意识和勤政廉政意识，把理想信念教育、廉洁从政教育、案例警示教育作为经常性教育内容来抓，做到警钟长鸣。深入开展廉政文化活动，用喜闻乐见、具体生动的形式启迪、教育干部职工树立正确的世界观、人生观，筑牢拒腐防变的思想防线。着力建设廉政教育基地，按照建设标准，积极推进西藏税务干部学校廉政教育基地建设工作，抓好廉政课程的设置教学工作，培养选拔一批廉政师资，增强教育效果；建立廉政文化展览场所。去年底已提出了初步意见，明确了税校应该干什么，区局监察室需要干什么的意见。今年，将面向全区税务系统征集廉政文化作品，作为展品供长期展览使用。各地（市）国税局要结合各自实际，建立廉政教育、展览场所，有条件的单位可以按照廉政教育基地建设标准有针对性地建设廉政教育基地。

（三）强化“两权”监督，保证权力正确行使

监督是廉政预防工作的关键。要牢固树立监督就是履行职责，监督就是关爱干部的意识，做到权力运行到哪里监督就跟踪和延伸到哪里。切实加强对领导班子、特别是对领导干部的监督，凡属重大事项决策，必须经集体讨论决定。开展对行政执法权的监督，创新税收执法检查日常工作新机制，将部门内控机制引入税收执法全过程。要注重将执法监察、效能监察与执法检查等工作紧密结合，注重强化各部门协调配合，整合人力资源，扎实开展监督检查，切实加强对税收执法权、税务行政管理权重点环节的监督。

（四）加强和推进内控机制建设

内控机制建设工作是惩防体系建设的一个重要方面，是一个动态完善的过程，是一项全局性工作，不仅仅是纪检监察部门的工作，也不仅仅是制定一项规程、一项制度，内控机制建设工作需要各部门的全力配合，需要各部门针对查找到的廉政风险点制定相应的防范措施、完善相应的管理制度和追究机制。按照总局要求，今年，内控机制建设工作要在市县级税务机关全面推行，就全区税务系统情况看，虽然各地（市）国税局普遍制定了“风险控制工作规程”，但规程内容结合实际、符合自身特点的不多。在认识上，很多单位还未真正意识到内控机制建设工作重点是要解决管理层面的问题，解决责任落实的问题，解决制度层面的问题。下一步，还未开展内控机制建设工作或开展工作不力的单位要高度重视，切实抓紧抓好工作；已经开展内控机制建设工作的单位要进一步完善制度机制，切实发挥内控机制防范风险的重要作用。根据我区系统实际，区局决定内控机制建设工作推行到分局、重点县局，在向分局、重点县局推进内控机制建设工作中要结合实际，将防范执法风险、规范税务人员执法行为作为重点，制定完善制度、规范流程，要有针对性、不要过于宽泛，要以取得实际效果为目标，不要浮于表面、流于形式。对此项工作区局将开展专项检查，并将推行情况及进度予以通报。

（五）加强作风建设，规范干部职工廉政从政行为

要以贯彻落实《关于实行党风廉政建设责任制的规定》、《廉政准则》和总局《税务系统贯彻落实〈中国共产党员领导干部廉洁从政若干准则〉的实施意见》、《税务系统领导干部廉洁从政“八不准”》、《全国税务系统领导班子和领导干部监督管理办法》三个配套文件为重点规范干部特别是领导干部廉洁从政行为。要进一步加强思想作风、学风、工作作风、生活作风建设，树立正确的政绩观、利益观，促进作风转变。

要大力弘扬求真务实精神，切实增强为纳税人服务意识，要加强对作风纪律的监督检查，以纠正不作为、乱作为和损害纳税人合法权益等行为为重点，抓好作风建设。要切实加强队伍建设，努力做到权力运行不出轨、干部队伍不违纪。严格执行述职述廉、廉政谈话等制度，及时补充电子廉政档案数据，保证数据的完整准确。今年，将对“廉政准则”及总局三个配套文件等制度的学习贯彻和落实情况也要开展检查，对领导不得力、执行不到位的，将进行通报。

（六）加强信访举报和案件管理工作

我们要充分认识查办案件在反腐倡廉工作中的地位和作用，要正确理解查办案件与保护干部的关系，提高查办案件、发现问题的主动性。要自觉加强业务学习掌握查办案件知识和技能，要注重案件管理，做好案件的档案化管理，做好登记、保密工作。继续重视对信访举报的核实，提高初核率和初核质量。要发挥案件综合效应，认真落实“一案双查”制度，加强同稽查及其他业务部门的沟通协调，对涉税案件，在严肃查处纳税人偷骗税的同时，内查执法人员有无失职渎职、内外有别、内外勾结的问题。

（七）加强纪检监察队伍建设，努力提高工作水平

要进一步加强纪检监察队伍自身建设，不断提高思想政治素质，在加强党性修养、树立和弘扬优良作风方面发挥模范带头作用。区局党组对纪检监察队伍始终给予支持并寄予厚望，从各个方面给予了关心和支持。下一步，全区税务系统纪检监察部门要切实履行好党组赋予的职责，纪检组长要“在其位、谋其政”，积极主动地协调争取支持，讲究工作方式方法，利用好各种有利时机，从抓好党风廉政建设工作的需要出发负责任地提出建议，主动争取党组和有关部门的理解和支持，要注重从党组角度分析、解决问题。纪检监察干部要不断提高自身服务大局的能力、有效监督的能力、依纪依法查办案件的能力、组织协调的能力。深入开展调查研究，了解新形势、掌握新情况、探索新途径，提高工作水平。今年，我们将实行纪检组长到区局述职述廉制度，第一批选取 4 个地（市）国税局纪检组长到区局集中述职，着重听取纪检组长如何履行自身职责、如何开展党风廉政建设工作等，请各位纪检组长做好准备。今后各地（市）、区局各部门在一个年度内管辖范围的干部在廉政上出了问题的话，今后我们在开党风廉政建设工作会议时请“一把手”或部门主要负责人就出现的情况进行剖析，是工作不到位的原因出现的问题，要按责任状追究责任。

同志们，今年党风廉政建设各项工作任务已经部署，关键是要抓好落实。我们要把反腐倡廉工作摆到更加突出的位置，始终以与时俱进、昂扬向上的精神状态，真抓实干、求真务实的工作作风，积极探索新形势下做好反腐倡廉工作的新思路和新方法，努力开创全区税务系统党风廉政建设工作新局面，为税收事业发展作出新的贡献。

在全区税务系统干部队伍和党风廉政建设工作会议结束时的讲话

西藏自治区国家税务局纪检组长　群　培

（2011 年 8 月 9 日）

同志们：

这次全区税务系统干部队伍和党风廉政建设工作会议，是贯彻落实自治区党委七届八次全委（扩大）会议、全国税务系统干部队伍和党风廉政建设工作会议精神，安排部署今年后几个月税收工作的一次重要会议。会议开得很好，很成功。会议讨论中大家提出的一些建议，区局将认真研究。

自治区宫蒲光副主席到会并作了重要讲话，袁局长代表区局党组作了《创新干部队伍管理 增强税收服务能力 为推进全区经济跨越式发展和社会长治久安作出新贡献》的工作报告，就学习贯彻区党委七届八次全委会、全国税务系统干部队伍和党风廉政建设工作精神，做好后几个月的工作进行了具体部署。会议期间，袁庆杰书记主持召开党组理论中心组和全体会议代表集中学习了习近平副主席在西藏和平解放 60 周年庆祝活动期间的一系列的讲话，以及自治区张庆黎书记讲话等重要文件。这次会议安排紧凑，内容丰富，收到了预期成效。大家有一个共同的体会，认为这次会议在吃透上情、把握下情、立足当前、着眼长远的基础上，把上级会议精神和基层工作实际较好地结合，把近年的工作实践与今后一个时期的工作筹划有机融合，既体现了贯彻落实上级工作部署的坚定性，又结合了西藏税务实际，保持了近年来税务工作的稳定性、连续性。

大家回去后要向当地党委、政府领导汇报会议情况，取得地方党委、政府的理解和支持；各地各部门要进行专题研究，结合本地本部门的实际，制定具体贯彻落实的意见、措施，要结合年初工作会议精神，认真梳理今年后几个月各自的工作，按照职责分工逐项分解，逐项落实，各司其职，各负其责，并深入研究具体落实意见和措施。

下面，我就贯彻落实好这次会议精神再讲三点意见。

一、统一思想，提高认识，认真落实好区党委七届八次全委会精神

区党委七届八次全委（扩大）会议，是全面贯彻落实习近平同志在出席西藏和平解放60周年庆祝活动时的一系列重要讲话精神的动员大会，是深入贯彻落实中央第五次西藏工作座谈会精神的再部署大会，是贯彻落实国务院关于《“十二五”支持西藏经济社会发展建设项目规划方案》，抓好“十二五”规划，推进跨越式发展和长治久安的誓师大会。这次会议内涵丰富，意义重大，影响深远。全会要求各级党委、政府和广大党员干部一定要把深入学习贯彻胡锦涛总书记“七一”重要讲话和习近平副主席重要讲话精神落实到行动上，把西藏和平解放60周年大庆作为西藏各族人民的宝贵财富珍惜好、利用好，把庆祝西藏和平解放60周年焕发出来的热情转化为工作的动力和干劲，认真贯彻落实自治区党委、政府的各项决策部署，坚持统筹兼顾、突出重点，全力奋战下半年，狠抓发展稳定两件大事，确保经济又好又快发展，确保社会和谐稳定，确保实现“十二五”良好开局。

各地各部门一定要把认真学习贯彻胡锦涛总书记“七一”重要讲话和习近平同志重要讲话精神作为当前的一项重要政治任务抓紧抓好，一定要把思想和行动统一到胡锦涛总书记“七一”重要讲话和习近平副主席重要讲话精神上来，统一到中央关于西藏工作的指导思想和一系列大政方针上来，统一到区党委七届八次全委（扩大）会议各项部署上来，能够使全区各级税务机关组织全体干部职工深刻认识和真正做到“五个坚定不移”：坚定不移地拥护中国共产党的领导、坚定不移地走中国特色社会主义道路、坚定不移地推进改革开放、坚定不移地开创社会主义事业新局面、坚定不移地提高党的建设科学化水平。按照中央第五次西藏工作座谈会精神和习近平副主席重要讲话精神以及自治区党委、政府对“十二五”的决策部署，切实把中央和自治区的要求落实到税收工作中，落实到税收推动加快发展、改善民生、促进团结、维护稳定的重大举措中，以经济建设为中心、以民族团结为保障、以改善民生为出发点和落脚点，紧紧抓住发展和稳定两件大事，毫不动摇地推进跨越式发展、坚定不移地促进社会长治久安、扎扎实实地保障和改善民生、始终不渝地维护民族团结、持之以恒地抓好党的建设，全面推进西藏跨越式发展和长治久安，不断增强税收服务发展稳定的能力。要认真学习、深刻领

会，着重从理论和实践的结合上研究税收推动发展稳定的重大问题，把握战略全局，明确税务部门贯彻落实目标任务，坚定税收推动跨越式发展和社会长治久安的信心和斗志；要全面贯彻、狠抓落实，强化领导责任，分解工作任务，确定落实措施，提出完成时限，切实把各项目标任务掷地有声地落到实处。

二、进一步提高对加强干部队伍和党风廉政建设两者相互促进重要性的认识

当前，我区正处在跨越式发展的重要阶段，税收工作也将担负着十分重要的责任。既要加大税收征管力度，增加税收收入，为全区经济持续快速发展提供财力保障；又要改进作风，优化服务，全面落实国家各项税收优惠政策，维护经济发展的良好环境。能否充分发挥税收职能作用，将取决于我们这支队伍的凝聚力、战斗力和创造力。加强党风廉政建设，是造就特别能吃苦、特别能战斗、务实进取、廉洁奉公的税务干部队伍的有力手段，也有助于增强我们干部队伍的纯洁性和战斗力，税务干部的不廉洁行为不仅影响税务机关的形象，更重要的是将影响国家税收政策的全面落实和执行，危害极大。

全国和全区税务系统干部队伍和党风廉政建设工作会议，为我们加强干部队伍建设和党风廉政建设工作指明了方向，找准了抓手，各地各部门要切实把思想统一到总局和区局关于加强队伍建设和党风廉政建设各项工作的要求上来，要充分认识到加强干部队伍和党风廉政建设就是做好税收一切工作的保障。各地各部门首先要充分认识加强干部队伍建设的总体要求，总局领导和袁局长的讲话中都做了充分的论述。队伍现状，整体上是好的，但也存在一些问题，既有普通的问题，也有一些特殊性的问题。袁局长在报告中提出当前和今后一段时期重点要做好的 6 个方面的工作。这几项任务有的是总局将出台一些政策和规定，有的是区局要做的，还有一些任务是各地（市）要做的工作。全国会议期间，讨论的“十二五”干部队伍建设规划、县局班子建设意见、公务员分类管理办法等，待总局正式文件下发后，我们要认真贯彻落实。税务部门作为国家重要的经济管理和行政执法部门，税务干部队伍是国家公务员队伍的重要组成部分。全区税务系统要坚持以人为本，围绕服务科学发展、共建和谐税收的工作主题，按照完善人才强税、廉洁从税保障机制的要求，以激发活力、创新管理为重点，努力造就一支政治坚定、业务精湛、作风优良、勤政廉洁、团结和谐的高素质专业化税务干部队伍。我

特别强调，在干部队伍建设方面要突出抓教育培训的实效性。近五年来，我们系统干部培训力度很大，干部人均轮训5次，从区外到区内可以说全员在参加各种培训班。但质量是关键。绝不能把干部参加培训当成应付的“差事”，因此，干部教育培训重在考核。各级党组、教育主管部门、实施培训的税务学校，都要抓干部教育培训的质量。

党风廉政建设是我们税收工作的安全网、保护伞和加速器，也是税务干部队伍素质的一项重要内容，是完成各项工作任务的重要保证，要做好新时期的各项税收工作，有效地发挥好税收的职能作用，这就要求我们每位税务干部职工不仅具备较高的政治素质、业务素质和良好的道德修养，而且还要勤政廉洁。因此，一定不要把干部队伍建设工作和党风廉政建设工作割裂、造成相互脱节，而要把两者一起部署、一起安排、一起检查，把二者有机地结合起来，发挥好相互促进作用，推动我们的工作不断向前。我要特别强调，坚持和严格党风廉政建设责任制，通过构建内控机制建设这个抓手，切实促进党风廉政建设工作，这是党组一项重要工作。

三、加强调研、强化督查，持续深入地抓好各项工作的落实

加强调查研究，牢牢把握抓落实的关键点。调查研究是谋事之基、成事之道，是我们党一贯坚持的工作方法，也是我们党解放思想、实事求是根本思想路线的基本要求。尤其是地（市）和区局机关各级领导干部，要将调查研究深入了解情况放在极其重要的地位。各级税务机关贯彻落实区局各项工作部署，不能停留在口头传达、发文件、开会议，以文件落实文件，以会议贯彻会议。要加强调查研究，了解下情、掌握下情、吃透下情、宣传真情、解决实情，牢牢把握抓落实的关键点，理清工作思路，明确工作目标，寻求做好工作的结合点、突破点，把思想变为动力，切实把区局宏观工作目标转化为各单位的微观目标和具体措施，上下联动，团结一致，协同推进，凝心聚力、聚精会神抓好区局各项工作决策部署的落实。

强化督促检查，牢牢把握抓落实的控制点。督促检查是抓工作落实的重要抓手，也是抓落实的关键点、控制点。工作抓而不实，等于不抓；工作抓而不督促检查，很容易流于形式，收效甚微。各单位要发挥督促检查的作用，完善督促检查的工作程序、机制、制度和办法，确保主要工作有部署、有落实、有督查、有考核，确保政令畅通、执行坚决、落实到位、成效明显。要充分运用明察暗访、实地抽查等手段，探索和研究行之有效的工作方法，进

一步提高工作效率，增强督促检查的实效性。要进一步明确抓落实的责任，实行严格的问责制，对不负责任、敷衍塞责、工作不力的，要教育批评，对造成严重后果的，要严格纪律、追究责任。

同志们，做好今年后几月的工作，贯彻落实好本次会议及年初工作会议精神，对于实现我区“十二五”税收发展良好开局、推进税收事业科学发展具有重要意义。让我们鼓足干劲，乘势而上，圆满完成各项工作任务，努力实现“十二五”“开门红”，为推动我区经济社会科学发展作出新的更大的贡献！

在全区“服务科学发展 共建和谐税收”座谈会上的讲话

西藏自治区国家税务局纪检组长　群　培

（2011 年 9 月 15 日）

尊敬的宫蒲光副主席，各位领导，各位来宾，同志们，朋友们：

在全区上下深入学习贯彻胡锦涛总书记“七一”讲话、习近平副主席在庆祝西藏和平解放 60 周年期间一系列讲话和自治区党委七届八次、九次全委会议精神的关键时期，经自治区政府主要领导同意，我们有幸邀请到各位代表，出席今天的“服务科学发展 共建和谐税收”座谈会。此次座谈会召开的主要目的是为了深入学习贯彻胡锦涛总书记“七一”讲话和习近平副主席在庆祝西藏和平解放 60 周年一系列讲话精神，围绕中央第五次西藏工作座谈会及西藏“十二五”规划指导思想，积极推进我区经济社会又好又快发展，探讨税收在服务经济社会发展、促进和谐社会建设中的职能作用，体现我区税务部门聚财为国、执法为民的价值取向，推进税收综合治理，实现和谐社会建设目标。在此，我谨代表自治区国家税务局向各位会议代表的光临表示热烈的欢迎，对你们一直以来对税收工作的支持表示衷心的感谢！

下面，我结合西藏税收工作实际，就三个方面进行发言。

一、团结奋进，顽强拼搏，西藏税收工作取得了不菲的成绩

近年来，全区税务系统在自治区党委、政府和国家税务总局的正确领导下，在广大纳税人及社会各界的大力支持下，以科学发展观统领税收工作，充分发挥税收职能作用，坚持服从服务于西藏经济社会发展稳定大局，坚持以组织收入为中心，以优化纳税服务为抓手，以完善落实税收政策为着力点，为全区经济的快速发展、社会的平安稳定、民生的不断改善作出不懈的努力。

（一）迎难而上，积极应对，努力克服多种不利因素影响，税收收入稳步增长

“十一五”期间，受拉萨“3·14”事件、国际金融危机和结构性减税等因素的影响，全区税收收入形势十分严峻。在前所未有的困难面前，全区各级税务机关坚定信心，迎难而上，切实加强组织领导，坚持组织收入原则，充分发挥广大税务干部职工的主观能动性，努力加强税收征管，有效促进了税收与经济协调增长。“十一五”期间，全区税收收入一年一大步，年年超目标，始终保持持续稳定增长的良好态势。五年共入库税收157.2亿元，年均增收6.9亿元，年均增幅26.6%。在最为困难的几年里，2008年组织收入30.13亿元，同比增长28.54%；2009年组织收入34.67亿元，同比增长15.07%；2010年组织收入50.5亿元，同比增长45.66%，增长幅度均高于全国平均水平。2011年1~8月，全区税务部门组织各项收入64.6亿元，同比增收33.33亿元，增长1.06倍，已提前超额完成目标任务。持续增长的税收收入为经济社会发展、民生改善、社会事业建设、社会和谐稳定等提供了强有力的财力支持。

（二）立足大局，科学谋划，认真完善落实优惠政策，助推经济平稳较快发展

全区税务系统始终坚持服从服务于经济社会发展和稳定两个大局，准确把握税制改革工作任务，认真研究、不断改进、全面落实各项税收优惠政策，最大限度地发挥政策效应，较好地处理支持经济社会发展与组织收入之间的关系。近年来，全区先后开征车辆购置税、车船税、烟草批发环节消费税、城镇土地使用税、地方教育附加等税费，增加财政收入16亿元，改革了资源税和城市维护建设税，有效地调节经济健康发展。认真落实涉农、招商引资、促进下岗失业人员再就业、西部大开发、高新技术产业发展、中小企业发展、非公有制经济发展、企业所得税、个人所得税及“3·14”事件受损商户和受影响行业恢复生产等税收优惠政策。“十一五”期间，全区减免各类税收9.2亿元，办理出口退税1.08亿元，为全区经济发展不断注入活力。

（三）内外并举，以内促外，深入推进依法治税，切实维护税收环境

全区税务系统深入推行税收执法责任制，扎实开展税收执法检查，有效规范了税收执法；以每年的税收宣传月活动和“五五”普法教育为契机，大力开展税法和税收知识的宣传活动，改善了税收法治环境；以税务稽查为手段，认真开展税收专项检查和专项整治，严厉查处各种涉税违法案件，“十一五”期间共查补税款2.9亿元，进一步整顿和规范了税收秩序；以做好宣传与协调工作为抓手，争取党政领导对税收工作重视关心和有关部门的配合支持，协税护税网络和机制不断完善，形成了有利于依法治税的舆论环境和工作氛围。

（四）积极探索，务实创新，着力加强税收征管，税收管理水平不断提升

全区税务部门围绕提高征管质量和效率，持续深化税收征管改革，全面落实税收管理员制度，积极开展纳税评估，加强重点行业经济税源分析，不断探索推行税源专业化管理，大力推进税收征管信息化建设，提高发票管理的科技含量，大范围内推广使用税控收款机，初步实现以票控税，提高了税源控管水平。建立税收征管状况分析监控工作机制，开展税收风险排查，促进堵漏增收，依托综合征管软件，加强数据运行分析监控，征管理念发生质的变化，征管方式和手段发生深刻变革，“疏于管理、淡化责任”的问题得到较大程度的解决。现代管理理念初步确立，税收征管体制不断完善，初步建立起税源管理的有效机制。

（五）转变理念，完善制度，切实改进纳税服务，征纳关系日趋和谐

全区各级税务机关按照建设服务型政府的要求，大力改进优化纳税服务，促进征纳和谐融洽。树立征纳双方法律地位平等的理念，切实尊重纳税人的平等主体地位，更加注重保护纳税人的合法权益。不断创新纳税服务手段，为纳税人提供电话申报、财税库银横向联网、同城通办等多元化、个性化服务。服务措施不断完善，拓展服务内容，改进服务方式，简化办税程序，完善办税服务厅的功能，受到了纳税人普遍欢迎。进一步修改完善“两个减负”实施方案，积极推行“窗口受理、内部流转、限时办结、窗口出件”纳税服务闭环运行制度，制定实施12366纳税服务热线实施方案。目前，服务理念深入人心，办税效率和服务水平明显提高，纳税人满意度和社会评价越来越高。

（六）把握机遇，苦练内功，全面加强队伍建设，干部治税能力持续增强

近年来，全区税务系统按照政治过硬、业务熟练、作风优良、执法公正、服务规范的总要求，把加强领导班子建设、干部队伍建设和党风廉政建设放在突出位置，狠抓思想、组织、作风、制度、廉政、内控等方面建设，以提高素质、优化结构、改进作风和增强团结为重点，努力提高各级干部的领导能力和执政水平。不断提高各级领导班子和干部队伍的思想政治素质，坚持在做好税收工作、服务经济社会科学发展中展示税务部门良好形象，受到了社会各界的好评，为我区税收工作的推进和税收事业的发展提供了坚强的组织保障、人才支持和纪律保证。目前，全区税务系统大专以上学历比例达到89.5%，较2005年提高了14.8个百分点，硕士研究生以上学历达到32人。“十一五”期间，共组织培训7468人次，培训面达到100%。全区税务系统涌现出一大批先进集体和个人，有30多个集体和14名个人获得省部级以上荣誉称号。

千淘万漉虽辛苦，吹尽狂沙始到金。每一项税收工作的开展，每一项税收成绩的取得，凝聚着每一名税务干部职工奋斗的汗水，但也都离不开各级党委、政府的正确领导，离不开广大纳税人和社会各界的大力支持和配合！再一次向关心支持西藏税收工作的广大纳税人和社会各界人士表示致敬和感谢！

二、科学发展，和谐征纳，努力围绕税收工作主题开展各项工作

（一）充分认识“服务科学发展 共建和谐税收”的重要意义

党的十七大报告指出：“科学发展、社会和谐是发展中国特色社会主义的基本要求”。税收作为国家筹集财政收入的主要手段，调节经济和分配的重要杠杆，与经济社会的发展、民生的改善息息相关。和谐的税收征纳关系是社会主义和谐社会的重要组成部分，也是促进科学发展，发挥税收分配作用的重要条件。税务部门服从服务于党和国家的工作大局，就要紧紧围绕服务科学发展、共建和谐税收的主题，努力做好各项工作，促进经济社会又好又快发展。这一主题集中反映了税收在服务经济社会发展、促进和谐社会建设中的职能作用，体现了税收取之于民、用之于民的本质，表达了税务部门聚财为国、执法为民的价值取向，具有鲜明的税务特色。

目前，我国正处在建设一个社会高度文明、经济持续发展、综合实力不断增强的社会主义现代化强国的关键时期，我区全体上下正在为西藏跨越式发展和长治久安进行着不懈的努力。新的历史时期不仅赋予税收工作聚财为国、执法为民的重任，而且要求我们在坚持依法治税的前提下，调处利益矛盾，尽力消除不和谐因素，营造安定团结的发展环境，为早日实现全面小康社会和民族伟大复兴作出应有的贡献。这些贡献包括确保税收收入稳定增长，为构建和谐社会提供财力保障，也包括税收制度与税收执法在促进社会和谐

中起到积极作用，把征纳双方的意识和观念，进一步统一到社会主义核心价值体系上来，共同营造良好的税收秩序，加快建设和谐社会的进程。

（二）准确把握“服务科学发展 共建和谐税收”的内涵

“服务科学发展、共建和谐税收”的工作主题集中反映了税收服务经济社会发展、促进和谐社会建设的职能作用。在这个主题下，法治公平、规范高效、文明和谐、勤政廉洁是四个必不可少的因素。依法治税是税收工作的灵魂，是在税收领域维护社会公平正义和构建和谐社会的必然要求。要大力推进依法治税，规范税收执法，营造良好的科学发展环境和税收法治环境；积极稳妥地推进税制改革和税收政策调整，实行有利于科学发展和公平分配的税收制度，充分发挥税收调控经济、调节分配的职能作用。要积极探索和掌握税收工作规律，大力实施税收科学化、精细化、专业化管理，规范税收管理制度和业务流程，运用现代管理方法和信息化手段，不断提高税收管理的质量和效率。要加强和改进纳税服务，牢固树立征纳双方法律地位平等的理念，丰富纳税服务内容，改进纳税服务方式，进一步减轻纳税人办税负担，促进纳税人自觉依法纳税，不断提高纳税遵从度，共建和谐的税收征纳关系。要大力加强税务干部队伍建设，建立健全干部激励机制，激发广大干部职工爱岗敬业、开拓进取；大力推进党风廉政建设和政风行风建设，健全和完善税务系统惩治和预防腐败体系，加强税收执法权和行政管理权“两权”监督，加大惩处力度，自觉做到为民、务实、清廉。

（三）坚决服从服务于西藏经济社会跨越式发展和长治久安的大局

做好西藏的税收工作，要服从大局，突出重点，统筹兼顾。服从大局，要求税收工作围绕“一个中心”、抓好“两件大事”、强化“一个保障”、体现“一个落脚点”、“实现“四个确保”①，服从服务于西藏经济社会跨越式发展和长治久安的大局，围绕我区经济社会发展的主题，在发展和稳定上下工夫，抓住经济发展的主线，使税收工作服务于“一产上水平、二产抓重点、三产大发展”的经济发展战略。突出重点，就要抓住税收工作的关键环节，做好税收征管和纳税服务两大税收工作核心业务，做到财源稳定，征纳和谐，环境优良，推动税收中心工作有新的突破。统筹兼顾要求税收要兼顾到全区“十二五”规划中的各项事业发展，兼顾全面建设小康社会的各项需求，兼

① 一个中心：以经济建设为中心；两件大事：发展和稳定；一个保障：以民族团结为保障；一个落脚点：以改善民生为出发点和落脚点；四个确保：确保经济社会跨越式发展，确保国家安全和西藏长治久安，确保各族人民物质文化生活水平不断提高，确保生态环境良好，努力建设团结、民主、富裕、文明、和谐的社会主义新西藏。

顾人民群众生活中的方方面面。要做到税收为自治区的重大项目建设和重大战略决策部署服务，为社会主义新农村建设、农牧民增收和居住生活条件改善、特色产业发展、社会事业发展、生态建设和社会和谐稳定等出主意、想办法，在全区科学发展的道路上，把税收的作用发挥到更大。

雄关漫道真如铁，而今迈步从头越。服务科学发展是一个动态的长期过程，建设和谐税收是一个庞大的系统工程，全区税务系统将继续深入学习实践科学发展观，提高税收工作科学发展的能力和水平，努力为西藏经济社会跨越式发展和长治久安服务。

三、围绕主题，丰富措施，为西藏经济社会发展创造良好的税收环境

当前，全区人民正在为西藏跨越式发展和长治久安而努力，正在为加快全面建设小康社会步伐而奋斗。全区税务系统将紧紧围绕服务科学发展、共建和谐税收的主题，进一步发挥税收的职能作用，为经济发展、社会稳定、征纳和谐、民生改善、环境良好助力献策。

（一）依法组织收入，努力服务经济社会发展

要坚持依法组织收入。始终坚持“依法征税，应收尽收，坚决不收过头税，坚决防止和制止越权减免税”的组织收入原则，做到依法征收、依法缓缴、依法减免、依法退税。坚决杜绝寅吃卯粮收过头税等行为，逐步实现组织收入工作由计划管理向质量管理转变，促进组织收入良性循环。继续强化重点税源监控，建立重点税源预警分析机制，严密监控和预测重点税源行业和企业的变化态势，推进税收分析由注重现状分析向预警分析转变，高度关注税收政策调整、企业生产经营变化对税收收入的影响。主动向地方党委政府汇报经济税收情况，实事求是地分析税源情况，积极争取理解和支持，切合实际地确定各自的收入任务及奋斗目标。

（二）贯彻中央第五次西藏工作座谈会精神，进一步完善税制建设

中央第五次西藏工作座谈会上，中央继续赋予西藏“税制一致，适当变通”特殊的税收管理权限，我们要按照国家税制改革进程和我区经济社会发展新形势的需要，继续落实好中央赋予我区的税收优惠政策。坚持优化税制结构、公平税收负担、规范分配关系、完善税权配置的原则，进一步调整、补充和完善现行税制，着力建立健全有利于西藏科学发展的税收体制机制。立足于普遍征收为主与特殊调节为辅，优化货物劳务税制；立足于提升收入

比重与促进社会公平，完善所得税制；立足于改进税权配置与壮大地方财力，健全财产行为税制。加强地方税制建设，依据西藏本地特殊的经济发展状况、资源禀赋和地理位置等实际，因地制宜地开征和完善地方税种。

（三）推进依法治税，营造公平的税收环境

按照构建法治政府的要求，全面规范税收执法行为。认真落实税收规范性文件定期清理、合法性审查、备案审查等制度。加强税务行政程序建设，健全税收行政执法证据制度，规范税务行政裁量权。深入开展税收执法检查，认真落实税收执法责任制。对税务行政审批、税务决定、资格认定等重大事项，实行集体议事制度。理顺重大税务案件审理工作机制，强化税务行政复议、应诉等工作。转变税收工作理念，坚决杜绝违背税收法规、侵害纳税人利益的行为，靠涵养壮大税源，靠提高征管质量保证税收计划的完成。切实加大涉税违法犯罪打击力度，规范税收秩序，净化税收环境。

（四）认真落实各项优惠政策，为经济发展提供税收支撑

税收具有内在稳定器的功能，对经济运行产生调节作用，要继续用好、用足、用活、用实税收优惠政策，不折不扣地落实结构性减税政策，推进经济发展方式转变和经济结构转型升级。我们要继续落实好支持西部大开发、下岗再就业、残疾人就业、大学生就业等税收优惠政策，以及促进高新技术企业、节能环保、新能源、信息产业等新兴产业和中小企业、服务业、非公有制企业发展的税收政策。向纳税人全面宣传各项优惠减免政策，做到依据政策能免则免、能减则减、能返则返，尽力帮助纳税人发展，把蛋糕做大，形成经济税收的良性互动，助推全区经济持续快速发展。同时，加强税收政策执行情况的监督检查和评估分析，深入调查、全面分析税制改革和税收政策调整对经济税收的影响，提出完善税收政策的合理化建议，为科学决策提供参考。

（五）优化纳税服务，促进征纳和谐

优化纳税服务是构建服务型政府对税务部门的内在要求，也是税务部门的法定义务和基本职责，我们已把纳税服务作为税收工作的核心业务来做。充分尊重纳税人的主体地位，坚持公平服务和全员服务，以纳税人合法需求为导向，合理规划和设计纳税服务项目，使纳税服务举措真正契合纳税人的实际需求。稳步推进纳税服务工作业务标准建设、平台建设、权益维护工作，整合纳税服务资源，继续改进纳税服务方式。注重提高办税服务效率，积极探索和推进无纸化申报和无纸化审批，切实减少不必要的内部流转环节。加强与纳税人的沟通和联系，认真听取意见建议，有针对性地改进纳税服务工作。加强税法宣传和新闻宣传，突出宣传针对性和实效性，努力营造和谐的税收征纳环境。

（六）加强干部队伍建设，提升发展和服务能力

继续加强税务干部的思想政治教育、职业道德教育和勤政廉政教育。在税务干部中树立正确的人生观、价值观和坚强的政治责任感、强烈的事业心和公仆意识。树立正确的服务观，明确为纳税人服务的首要任务就是维护纳税人的各项权利，树立税收执法的过程就是为纳税人服务的过程这一依法治税新理念。加大培训力度，进行有计划、有目标、有针对性的税收业务培训，使纳税服务管理人员具备较高层次的科学知识结构，有较强的专业技能，成为本岗位的内行，本行业的专家，真正实现依法治税，提高服务质量。

各位领导，各位代表，“税赋不丰，何以兴国；国家不兴，焉能富民。”社会主义税收取之于民、用之于民，与人民的生活息息相关。让我们共同行动起来，共同关注税收，促进社会和谐。西藏的进一步繁荣富强，经济的跨越式发展，社会的长治久安，民生的日益改善，需要我们共同努力。让我们以学习贯彻胡锦涛总书记在庆祝建党 90 周年大会上的重要讲话、习近平副主席在庆祝西藏和平解放 60 周年期间一系列讲话和自治区党委七届八次全委会议精神为契机，携手前进，共谋发展，勇攀高峰，为西藏加快建设全面的小康社会作出应有的贡献！

在全区“服务科学发展 共建和谐税收”座谈会上的讲话

西藏自治区国家税务局副局长　陈文通

（2011 年 9 月 16 日）

尊敬的各位领导、各位嘉宾：

两天来，大家围绕“服务科学发展 共建和谐税收”这一主题，结合各自的实践，从不同角度充分发表了各自的见解，进行了深入的交流，充分表达了推动我区税收综合治理，实现和谐社会建设目标，促进我区经济社会又好又快发展的强烈愿望和真知灼见，达成了广泛的共识。这对于融洽税收征纳关系，促进税务机关依法治税和优化服务，增强全社会依法诚信纳税、和谐纳税意识具有重要意义。

两天来，大家做了很好的发言和讨论，纳税人代表、专家学者、政府机关的负责同志以及税务机关的代表，围绕“服务科学发展，共建和谐社会”的主题，谈了许多深刻的认识和切身的体会，对税收征纳双方依法履行自己的权利和义务，建立和谐的征纳关系，更好地发挥税收在和谐社会建设中的重要作用，寄予了良好的希望。同时，对税务部门的工作，尤其是税法宣传和纳税服务工作，提出一些很好的建议。我听了以后很受启发。

在此，我代表自治区国税局对各位的光临表示衷心的感谢！并向全区广大纳税人和社会各界对税收工作的关心和支持表示诚挚的谢意！

座谈会上宫蒲光副主席就正确把握发展形势，增强责任感和使命感，按照税收对税收工作新要求，发挥好税收的重要作用，充分认识服务科学发展依法诚信纳税对和谐社会建设的重要意义，切实提高纳税服务水平，营造全社会依法诚信纳税的良好氛围，积极发挥税收的职能和作用，促进和谐社会建设等方面，进行了系统的阐述，并就今后如何进一步推进依法治税，加强税收征管，优化纳税服务，加大税法宣传，增强全社会依法诚信纳税意识等发表了重要讲话。各位代表也从不同的角度，提出了很多好建议，具有非常重要的借鉴意义，我们将认真加以研究、吸收，并体现到各项税收工作中。

当前和今后一个时期，全区各级税务机关将继续牢记“聚财为国、为民收税”的神圣使命，深入贯彻落实科学发展观，进一步采取有效措施，从以下几方面着手，促进和谐税收建设。

第一，大力推进依法治税。依法治税是依法治国方略和依法行政要求在税收领域的具体体现，是税收工作的灵魂。依法治税是税务机关依法征税，实现和谐税收的有机统一。税务机关作为行政执法部门，在营造依法诚信纳税的社会环境中，处于主导地位，发挥着关键作用。要使纳税人依法诚信纳税，税务机关必须依法征税，严格、公正、文明执法。一是要增强法律意识。广大税务干部特别是各级领导干部要深入学习和掌握通用法律法规及各项税法，认真贯彻国务院全面推进依法行政实施纲要，不断增强依法治税、规范行政的意识，提高为国聚财、为民收税的自觉性。二是要规范税收执法。严格按照法定权限与程序执行好各项税收法律法规和政策，切实维护税法的权威性和严肃性。认真贯彻依法征税，应收尽收，坚决不收过头税，坚决防止和制止越权减免税的组织收入原则。坚持依法征税，既不能人为调节收入进度违规批准缓税，也不能寅吃卯粮收过头税。对地方政府和部门违反法律法规擅自作出的减免税决定，各级税务机关不得执行，并要向上级报告。全面实施科学化、专业化、精细化管理，努力提高税收征管的质量和效率。三是要加强税收执法监督。深入开展执法检查。抓住关键部位和重点环节，切实加强执法监察。大力推进税收执法责任制，强化对税收执法权的监督制约。积极配合审计部门的监督检查，坚决纠正各种违法违规行为，举一反三抓好整改，切实防止再发生类似问题。加强税务行政复议、应诉工作，保护纳税人合法权益，保障和监督税务机关依法行使职权。进一步健全执法过错责任追究制度，对一般违规行为，给予相应的组织处理；对严重违纪违法行为，依法给予行政处分；涉嫌犯罪的，依法移送司法机关追究刑事责任。四是要大力整顿和规范税收秩序。深入开展税收专项检查。继续与公安部门联合开展以打击制售假发票等涉税违法犯罪为主要内容的专项治理。通过严厉打击涉税违法行为，维护合法纳税人的权益，营造良好的税收秩序。

第二，不断改进和优化纳税服务。纳税服务的目的是要方便纳税人及时足额纳税。要以优化纳税环境和提高税法遵从度为目标，不断改进纳税服务工作。要建立健全包括政策咨询、申报纳税、法律救济等内容的纳税服务体系，完善包括限时服务、首问责任、全程服务以及文明礼貌准则在内的服务规范和服务质量考核评价体系，提高纳税服务水平。加强咨询辅导，帮助纳税人掌握税法知识，熟悉办税程序。进一步规范12366纳税服务热线，完善功能，利用信息化手段提高咨询辅导水平。加强税务网站建设，积极开展“网送税法”活动，及时将税收法律法规和政策告知纳税人。进一步合理简化办税环节，提高办税效率。全面推行“一站式”服务，将纳税人需要到税务机关办理的各类事项统一到办税服务厅办理。能够即时办理的事项要即时办理，不能即时办理的事项要承诺限时办理，并要改进管理方式，尽可能实行即时办理。继续清理简并各种报表资料，减轻纳税人负担。进一步落实文明办税“八公开”[①]，大力推行“阳光作业”，杜绝“暗箱操作”，增强税收执法的透明度，自觉接受社会监督。坚持礼貌待人，文明服务，努力营造和谐融洽的办税氛围。

第三，切实加强税法宣传。这是增强全社会依法诚信纳税意识，实现和谐税收，营造良好税收法治环境的重要举措。一是要突出宣传重点。要大力宣传各项税收法律法规和政策，既要使纳税人进一步明确依法纳税是应尽的义务，又要使纳税人充分了解和掌握如何正确履行纳税义务。加强税收取之与民、用之于民，为国聚财、为民收税的税务机关神圣使命的宣传，让纳税人充分了解税收为各级政府提高社会管理和公共服务能力提供财力保障，调节经济和调节分配，促进国家经济建设和社会事业发展中的重要作用，从而进一步增强依法纳税的荣誉感和积极性。还要适当开展税收工作情况的宣传，取得纳税人和社会各界对税收工作的理解和支持。二是要完善税法宣传形式。坚持日常宣传与税收宣传月宣传相结合，既要搞好税收宣传月活动，集中声势，扩大影响，又要加大日常宣传力度，常抓不懈，潜移默化，探索建立税法宣传的长效机制。坚持正反典型宣传相结合，既要广泛宣传依法诚信纳税的典型，引导纳税遵从，又要对涉税违法犯罪大案要案进行曝光，教育广大纳税人，震慑不法分子。三是要丰富宣传手段。在发挥好广播电视、报纸等新闻媒体以及办税服务厅宣传功能的同时，还要利用互联网站等现代信息手段，采取群众喜闻乐见的形式，开展新颖活泼、丰富多彩的宣传活动。要积

① 八公开：公开纳税人的权利与义务；公开税收政策法规；公开管理服务工作规范；公开稽查工作规范；公开税务违法违章处罚标准；公开税务干部廉洁自律有关规定；公开受理纳税人投诉部门和监督举报电话；公开违反规定的责任追究。

极主动地向当地党委、政府汇报税法宣传活动情况，加强与宣传、司法、新闻等部门的联系沟通，取得他们对税法宣传的支持。要注重听取专家学者和纳税人的意见和建议，及时加以研究改进，不断提高税法宣传的针对性和实效性。

同志们，服务科学发展，共建和谐税收任务光荣而艰巨。我们真诚地希望通过本次座谈会的成功举办使与会各方进一步增进友谊、增强信心、凝聚共识、加强合作。让我们携手并进，一起努力，共同创造西藏繁荣富强、社会长治久安的美好未来。

在西藏税务教育培训师资援助座谈会上的讲话

西藏自治区国家税务局副局长　格桑次仁

（2011 年 4 月 12 日）

尊敬的国家税务总局教育中心主任、各位嘉宾代表：

今天，是一个不寻常的日子，是一个值得载入西藏国税发展史册的重要日子。我们相聚在西藏的江南林芝，共商西藏税务教育培训大计，这标志着西藏国税教育培训工作从此站在了一个新的历史起点上，这是国家税务总局贯彻落实中央第五次西藏工作座谈会精神，进一步加大“智力援西”力度的重大举措，是全国兄弟省市税务部门、地方相关院校为响应号召，为智力援藏开辟的一条新的道路，这对于进一步提升西藏税务干部队伍的素质，推动西藏税收事业科学发展、跨越式发展具有十分重要的意义。此项工作得到了国家税务总局教育中心的高度重视，得到了相关院校的大力支持，在此，我谨代表西藏自治区国家税务局党组、西藏国税系统全体税务干部，感谢国家税务总局对西藏税务教育培训工作的关心支持，相关院校与会代表怀着对西藏各族人民的深厚感情，不顾高山缺氧，千里迢迢赴藏参加座谈会，对此表示由衷的敬意和衷心的感谢！

西藏地处祖国西南边陲，全区国土面积 120 多平方公里，占全国国土面积的 1/8，全区有六地一市，73 个县（市区），现有人口 293 万，其中少数民族占总人口的 92% 以上。长期以来，在中央的特殊关心和全国人民的大力支援下，全区各族人民树立和落实科学发展观，开拓进取，扎实工作，社会经济保持了跨越式发展的良好态势，全区税收工作也取得了平稳较快增长和良性发展。“十一五”期间，全区组织税收收入达到 158 亿元，年平均增长幅度达到 26. 6%，超过“十一五”税收收入规划 53 亿元。

随着西藏社会经济、税收事业的发展，全区税务干部队伍规模不断壮大、素质不断提高。特别是近年来国家税务总局对西藏干部培训工作的倾斜，“智力援西”等一系列培训项目的实施，使税务干部整体素质明显提升。目前，全区税务干部队伍1460人；干部平均年龄35岁；其中藏族和其他少数民族干部982人，占干部总人数67.26%；本科以上学历的人数达到950人，占总数65%。在西藏自治区建立税务干部学校之前，西藏税务干部的培训主要靠区外各培训机构施教，“十一五”期间参加区外各类培训学习共19期，人数总量达774人次。2010年，在国家税务总局的亲切关怀下，在西藏自治区党委、政府的大力支持下，在全国兄弟省局培训机构和各大院校的积极帮助下，西藏税务干部学校顺利建成并投入使用，从此结束了西藏税务干部培训“无机构、无师资、无场所”问题。虽然我们已培养了一批兼职教师队伍，但受各方面条件的限制，在较短时间内不能满足教育培训需求，税务干部学校师资瓶颈、培训资源少、管理经验不足等问题逐步显现。2010年8月，国家税务总局党组书记、局长肖捷同志莅临西藏税务干部学校检查工作时强调：“建设高素质的税务干部队伍是做好各项工作的重要保证，要下大力气抓好干部培训工作，特别是要充分发挥税务干部学校的重要作用”，此次座谈会正是在这一背景下筹备召开的。此次座谈会的筹办、合作协议的基本思路和构想与国家税务总局教育中心、援助各院校多次进行了汇报和磋商，合作协议立足当前，着眼长远，搭建平台，互惠互利，涉及教育培训、智力援藏、专家援藏、科研协作等诸多方面，内容丰富、充实，针对性强，符合我区税务系统的实际。

西藏的发展和稳定离不开中央的特殊关心和全国各族人民的大力支持，西藏税收事业的发展离不开国家税务总局的关怀和全国兄弟省市局、有关院校的大力支援，培养造就一支政治坚定、业务精练、作风优良、纪律严明、清正廉洁的高素质的税务干部队伍，对当前西藏税收事业发展尤为迫切需要。我们这次合作，为我区税务机关开辟了一条智力通道，搭建了一个人才培养平台，必将全面提升我区税务干部的能力和素质，更好地为西藏经济跨越式发展和社会和谐稳定服务产生积极的影响，发挥更大的作用。我们一定会珍惜难得的机遇，用好这次合作平台，让我们形成的这种机制，建立的这种友谊，开辟的这条道路，长期发挥作用，真正成为沟通雪域高原与祖国大家庭之间的一座人才桥梁。

在今后的工作中，我们要以此次座谈会为契机，牢固树立税收事业人才为本，人才事业教育为本的理念，把干部教育培训工作放在优先发展的位置，充分发挥好税务学校的作用，抓好各项工作的落实，要求区局教育主管部门和税务干部学校加强与援助方的联系和沟通，积极做好师资援助各项工作，为援助合作方提供优质服务，为实现协议签订双方的共赢作出我们积极的贡献。同时，我们也希望我们的合作能够成为税务机关与院校合作的典范，成为内地院校与西藏合作的典范。

最后，衷心祝愿我们的合作圆满成功，祝各位在藏期间身体健康、扎西德勒！

立足长远　开拓创新
深化税务干部教育培训
推进全区税收事业科学发展

——在全区税务系统干部教育培训工作座谈会上的讲话

西藏自治区国家税务局副局长　格桑次仁

（2011 年 12 月 14 日）

同志们：

今天我们在这里召开全区税务系统干部教育培训工作座谈会，主要任务是，总结交流“十一五”时期以来的干部教育培训工作，分析干部教育培训工作中存在的问题，讨论部署“十二五”时期税务干部教育培训工作和全区税务系统中长期人才队伍建设规划，这对于贯彻落实总局“十二五”时期税务干部教育培训改革发展规划、推进全区税务干部队伍建设、推动全区税收事业科学发展，具有十分重要的意义。下面，我讲三点意见。

一、“十一五”时期税务干部教育培训工作回顾

“十一五”时期，全区税务系统以科学发展观为指导，全面落实人才兴税战略，在区局党组的坚强领导和总局教育中心的亲切关怀、大力支持下，经过全区各级税务部门共同努力，西藏税务教育培训工作取得了新成就、得到了新发展。

（一）培训工作扎实开展，队伍素质显著提高

2006 年以来，我们按照“继续大规模培训干部、大幅度提高干部素质”的培训要求，坚持“重要人才重点培训、优秀人才优先培训、紧缺人才抓紧培训”的原则，采取“请进来、走出去”的培训方式，围绕领导干部、专业骨干、基层干部、兼职师资等多个层面，充分运用各方资源，深入开展税收

业务、税务稽查、税收征管、纳税服务、纳税评估、行政管理及计算机业务等多种综合业务培训，扎实开展行政执法类培训、综合知识类培训、专业技术类培训，积极开展任职培训、初任培训、更新知识培训和在岗培训，全面提高了税务干部的综合素质和工作水平。

（二）培训任务全面落实，培训规模不断扩大

“十一五”期间，全区税务系统共组织各类培训197期，培训7468人次、55179人天数。自治区国税局共组织各类培训班56期，培训2121人次、32589人天数。在内地举办各类培训班19期，培训人数774人，培训21955人天；其中，通过总局，举办“智力援西”班8期，培训380人次、10900人天。全系统组织专门业务培训143期，培训1989人次、37736人天数。参加总局组织的各培训335期，参训355人次、4760人天数。参加系统外的各类培训11期，培训12人次、365人天。2011年，区局举办各类培训班30期、培训377天次、1115人次。培训规模逐年扩大。

（三）组织机制建立健全，保障措施实施得力

区局党组高度重视干部教育培训工作，始终把干部教育培训作为战略性工程狠抓落实。研究制定《教育培训管理办法》，加大了教育经费投入力度，建立了师资援助机制。“十一五”期间，全区税务系统投入培训经费2179万元，占日常公用经费的5%。各地市国税局也高度重视教育培训工作，形成了主要领导亲自抓、分管领导协调抓、教育部门具体抓的工作格局，为教育培训工作建立了良好的组织保障机制。

（四）基础设施逐步完善，干部培训全面加强

建成西藏税务干部学校，组建相应管理机构，在硬件设施、管理人员、工作人员等方面都给予了大力支持，并在全区税务系统选拔各方面的骨干力量，建立了一支兼职师资队伍，同时着眼于教学培训需要有针对性地在无锡、南昌、林芝等地举办兼职师资培训班5期，培训160人次、3040人天，发挥了兼职教师的教学作用，提高了兼职师资的教学水平。彻底结束了过去“无机构、无场所、无师资”历史，为全面加强干部培训工作创造了条件。西藏税校从2010年10月启用以来，承办培训班28期，培训1253人次。

“十一五”时期干部教育培训工作取得了显著成绩，但我们要客观地认识到培训工作中存在的一些问题和不足，有些单位对教育培训工作的规划不够重视，培训工作的针对性和实效性有待提高，培训管理体制不够健全，培训激励约束机制尚未建立，兼职教师管理机制不够完善，培训机构办学水平有待进一步提高等。这些问题需要各地结合实际，认真研究解决。

二、把握新方向，明确新任务，扎实推进“十二五”时期教育培训工作

“十二五”时期是实现我区税收事业科学发展的关键时期，也是推进税务干部队伍建设的攻坚时期。面对新任务、新要求、新挑战，总局制定了《“十二五”时期税务干部教育培训改革发展规划》，对当前和今后一个时期的教育改革发展作出了总安排，描绘了路线图，下达了任务书。区局党组在加强干部队伍建设方面也明确提出，要坚持以人为本，以促进干部队伍全面发展为目标，以激发活力、创新管理为新起点，以转变管理方式、创新管理机制、提高管理水平为内容，着力优化培养机制、优化队伍结构、优化激励奖惩措施，全面挖掘和充分发挥好干部职工的主动性、积极性、创造性，落实好人才兴税的根本要求，建设一支富有坚定理想信念、饱含爱岗敬业热情、勇于追求真理、具有务实作风、敢于担当大任、善于团结协作、积极改革创新、争创一流业绩的高素质税务干部队伍，为税收事业科学发展提供坚强的政治思想组织保证和人才支持。我们要按照总局的统一部署和区局党组的要求，结合本地区干部队伍实际，整合教育培训资源，创新教育培训模式，突出教育培训重点，加大教育培训力度，努力探索一条走全国教育培训之路，创西藏税务教育培训新路子，全面开创干部教育培训工作新局面。

一要思想要高度统一，牢牢把握教育培训工作的发展方向。今后一个时期我区税务系统教育培训工作的指导思想是：以邓小平理论和“三个代表”重要思想为指导，深入贯彻落实科学发展观，大力实施人才强税战略，以专业化培训为主线，以提高素质能力为重点，以人才库建设为依托，以改革创新为动力，统筹各级各类培训资源，健全教育培训机制，按照“三支队伍”分类培训格局，突出高素质专业化骨干培训，加大税收急需紧缺人才培训力度，不断提高教育培训科学化水平，全面落实大规模培训干部、大幅度提高干部素质战略任务，努力造就一支政治坚定、业务精练、勤政廉政的干部队伍，为促进我区税收事业发展提供有效的人才保证和智力支持。

二要坚持“五个原则”，铺设教育培训工作的发展轨道。坚持围绕中心，服务大局，确保教育培训工作服务于税收事业的科学发展；坚持分级分类，按需施教，准确把握需求导向，增强教育培训的针对性和实效性；坚持全面发展，注重能力，提高广大税务干部的综合素质和能力水平；坚持联系实际，学以致用，实现干部教育培训规模与质量、效益的统一；坚持与时俱进、改革创新，推进干部教育培训的理论创新、制度创新和管理创新。

三要坚定“四个目标”，明确教育培训工作的发展思路。干部轮训任务全面完成，在确保培训数量的前提下、保证培训质量和效果大大提高；“三支队伍”素质明显提升，领导干部的综合素质、领导能力进一步增强，高素质专业化骨干队伍逐步形成，基层一线干部岗位能力全面提高；教育培训保障更加牢固，西藏税务学校的教学水平和管理能力逐步提升，课程设置科学合理，兼职师资队伍的教学作用充分发挥，培训资源得到有效整合利用，专业的培训管理队伍基本建成；教育培训管理更加规范，管理体制和运行机制不断健全，多层次、规范化、全方位、高效益的教育培训格局基本形成。

四要开启“三个创新”，紧跟税收事业发展需要。一是在培育理念上创新，树立先进的教育理念，有计划、有步骤、有针对性地培养人才；二是在培训内容上创新，紧紧围绕税务干部需求，拓宽综合知识面，延伸知识层次，提高知识水平；三是在培训方式上创新，在继续“走出去、请进来”的基础上，大力争取总局“智力援西”项目，拓展递进式、跟班式、巡回式、网络式、互动式等多种培训方式，扩展培训渠道。

五要建强“三支队伍”，提高干部队伍整体素质。一是要以提高执政能力为核心，深入开展领导干部培训，增强各级领导干部的领导水平、管理水平和综合协调能力；二是要以提高攻坚克难为着力点，积极开展高素质专业骨干培训，建立综合管理、行政执法、专业技术三类人才库，逐步提高专业人才的专业素质；三是要以提高岗位胜任能力为落脚点，扎实开展基层一线干部培训，培养基层复合型人才，提高基层一线干部的综合能力。

六要健全“三项机制”，保障教育培训工作顺利推进。要建立健全制度保障机制，及时制定完善教育培训方面的相关办法，不断完善干部调训制度、脱产进修制度、培训评估制度、培训档案管理制度、经费使用制度等，使教育培训工作有法可依、有章可循，保证干部教育培训工作的顺利实施。目前，要尽快完善以下三种机制：一是健全培训考核评价机制，建立干部教育培训档案，全面掌握干部的学习态度、学习过程和学习成果，健全考评机制，增强培训实效；二是完善干部培训激励约束机制，坚持培训与效果评估相结合、与年度考核相结合、与干部使用相结合，把干部教育培训作为培养、发现、考察识别干部的重要渠道；三是建立培训质量评估机制，研究建立培训班教学质量评估指标体系和培训评估办法，对培训班的办班质量进行评估，作为改进教学方法、推动教育管理的重要依据。

七要建成“三个体系”，确保干部教育培训取得实效。教育主管部门、税务干部学校、兼职师资队伍“三位一体”，不可或缺。一是要建立教育培训管理体系，切实发挥教育培训主管部门的主角作用。要建立领导责任机制，形成主要领导全面负责、分管领导具体指导、培训主管部门具体落实、培训实施机构认真实施、各部门支持配合的工作机制。教育培训主管部门要切实履行好培训调查、整体规划、宏观指导、协调服务、督促检查、制度规范的职能，切实增强干部教育培训工作的统筹性，引进现代化培训管理系统，加快教育培训信息化进程。二是要建立施教机构网络体系，充分发挥西藏税务干部学校的主阵地作用。要满足学员需求，优化基础条件，构建远程网络教育平台，早日实现远程教育管理、服务一体化。此外，要编写适用于我区税务干部的教材，更新题库，逐步形成规范、配套、有鲜明西藏税收管理特色的教材体系。三是要完善兼职师资队伍管理体系，积极发挥兼职师资的保障作用。对兼职教师推行动态管理、重点培养的办法，实行“优胜劣汰”，完善兼职教师管理机制；采取“重点培训”、“跟班学习”、“送教上门”等方式，加大兼职教师培养力度，不断提高教学水平和教学质量。

三、加强组织领导，开创大培训新局面，确保“十二五”时期干部教育培训任务落到实处

干部教育培训工作是一项事关全局、事关长远的系统工程，各地市局党组要切实担负起领导责任，做到组织领导到位、工作基础扎实、工作措施有力，努力开创大培训新局面，确保“十二五”时期各项培训工作任务取得实效。

首先，要明确职责，形成干部教育培训工作合力。各地市局党组对干部教育培训工作要搞好规划、保障投入、加强管理。要以高度的政治责任感，牢固树立人才资源是第一资源的观念，把大规模培训干部工作摆上重要位置，科学谋划，精心组织，加大投入，务求实效。区局教育主管部门要改进培训经费使用和管理方式，逐步实行培训经费“跟着项目走”与“跟着干部走”相结合的办法，运用经济手段促进培训机构提高办学质量。税务学校要转变培训思路，创新培训管理，改进培训手段，积极探索推进项目式培训管理，提高学校教学、管理人员的积极性，以管理培训为主，实现由“办培训”向“管培训”转变，由管微观向管宏观转变，由管具体事务向管方向、管政策

转变，推进培训精细化管理，降低成本，提高效益。

其次，要加强管理，提高干部教育培训工作绩效。要着力在加强对教育培训工作的考核，激发干部学习培训的内在动力，解决培训与不培训一个样、培训成效好与不好一个样的问题等方面下工夫，全面改进培训工作，提高培训质量。要以提高培训质量和效益为目标，坚持客观公正、突出重点、重在激励、务求实效的原则，稳步推进干部教育培训质量评估工作，细化对每一个培训项目、每门课程、每节课的考评标准，采取自评、互评和抽查多种方式对培训目标完成情况进行评价，以评促改、以评促建，不断提高教育培训质量和效益。要把“不培训不上岗、不培训不任职、不培训不提拔”的“三不”机制落到实处，促进干部培训和使用有机结合，激发税务干部学习培训的内在动力。要对税务干部参加培训期间的表现、学习成绩、党性锻炼等情况，评出等次，记入培训档案，作为干部使用的重要依据。

同志们，过去的五年，我们同心协力、齐抓共管，圆满完成了“十一五”教育培训规划的各项工作任务，为“十二五”教育培训的各项工作奠定了坚实基础。面临新的起点、新的机遇、新的挑战，我们一定要在总局教育中心的支持帮助下，在区局党组的正确领导下，立足长远，改革创新，推进我系统教育培训工作再上新台阶，为税收事业的科学发展作出新的更大贡献！

提高服务水平 发挥职能作用
努力做好新时期新形势下的办公室工作

西藏自治区国家税务局副局长　旺　堆

（2011 年 10 月 12 日）

同志们：

此次会议的主要内容是，贯彻落实全国税务系统信访业务培训和全国税务系统办公室主任会议精神，总结“十一五”时期全区税务系统办公室工作，研究部署当前和今后一个时期的工作任务，进行信访工作和网络舆情应对培训，努力提高办公室政务水平和服务水平，推动税收事业科学发展。下面，我讲三点意见。

一、肯定成绩，“十一五”期间全区税务系统办公室工作回顾

“十一五”期间，全区各级税务机关办公室以邓小平理论和“三个代表”重要思想为指导，深入学习实践科学发展观，认真贯彻落实中央、总局、自治区和区局党组对税收工作的部署和要求，按照新时期税收工作指导思想和税务系统办公室工作总体要求，牢固树立政治意识、大局意识、服务意识和责任意识，切实履行“参谋助手、信息反馈、督促检查、协调综合”职能，坚持服务领导、服务机关、服务基层的工作思路，进一步解放思想，开拓创新，扎实工作，成绩斐然，为西藏税收事业的发展作出了积极的贡献。

（一）充分发挥参谋助手作用

近年来，全区各级税务机关办公室围绕税收中心工作，在科学决策上献计献策，在工作部署上有效协调，在工作落实上狠抓督查，为各级领导顺利开展各项管理活动提供了坚强的保障，确保了各级税务机关协调高效运转。不断加强综合材料的撰写工作，围绕重要文稿的起草，创新思路，注重质量，使文稿形式活、内容实、针对性强，领导比较满意，基层比较认同，对实际

工作有较强指导性。对重大问题，从全局的高度、领导的角度去思考、谋划和处理。围绕税收工作重点、热点和难点，开展综合调研和专题调研，掌握第一手材料，形成有价值的报告，辅助领导决策。深入挖掘和及时报送信息，信息工作质量和水平大步提高，区地两级税务机关办公室连年被党委、政府评为政务信息工作先进单位。“十一五”期间，区局办公室起草各类综合文稿材料300篇左右，编发《西藏税讯》290余期，编发调研信息125篇，上报税收专报900余篇，被上级采用信息500多条次。

（二）税收新闻宣传工作卓有成效

全区各级税务机关办公室紧紧围绕税收宣传主题，开展了形式多样、精彩纷呈的税收宣传活动，取得了丰硕成果。一是积极与媒体合作，扩大宣传覆盖面。“十一五”期间，与西藏人民广播电台联合制作“西藏国税”栏目，在《西藏日报》及《西藏广播影视报》刊登税收专版，全面宣传各类税收政策和税务工作动态，在《中国税务报》、《西藏日报》、《西藏商报》等媒体上共发表税收宣传新闻稿件上千篇。与西藏电视台联合摄制信息化建设、西藏税收百强榜、西藏税收50年等专题片。二是走出去，积极参加总局的各类税收宣传活动。区局组织创作的税收动漫Flash宣传片《阿古顿巴的新烦恼》在第六届全国税法动漫大赛上荣获形象设计一等奖和剧情类三等奖，在全国普法办法制宣传大赛上荣获一等奖。《西藏税收50年》专题片获得全国税收好新闻三等奖。在宣传西藏、宣传西藏税收方面取得了巨大突破。三是大力开展税收宣传月、法制宣传日、平安宣传日等宣传活动。紧紧围绕主题，精心筹划，创新形式，丰富内容，开展了“税法进市场、进机关、进学校、进军营、进农村、进牧区”的宣传，建立税收宣传教育基地，举办“高原税收杯”税企篮球友谊赛、赠送图书、共建税企诚信林等活动，取得了良好效果。四是发布纳税百强排行榜，表彰诚信纳税户和纳税大户，正确引导依法诚信纳税的舆论动向。五是不断强化税务门户网站建设，定期对网站进行改版，丰富栏目，扩展内容，使门户网站成为税收宣传最重要的渠道之一。

（三）政务督查工作进一步强化

全区各级税务机关办公室紧紧围绕自治区党委、政府、税务总局以及区局的重要工作部署，加强工作落实情况的督促检查和实地督查，确保各项举措顺利实施。认真做好全国税务工作会议、全区经济工作会议、全区税务工作会议、自治区政府年度工作报告等任务的分解与督促落实工作，抓好对党委、政府的重要工作部署和其他单位协办事项以及系统内的各项工作安排的督促检查，重点对局务会、局长办公会、局长专题会等会议确定事项及局领导重要批示进行督办，进一步建立和完善督查制度。“十一五”期间，区局办公室共发督查专报、督查通知、运行通报等130余期，为落实各级领导决策和维护税收工作正常运转发挥了积极作用。

（四）公文质量和运转效率明显提高

公文处理是机关政务管理的重要内容，也是办公室工作的重要组成部分。全区各级税务机关办公室认真落实全国税务机关公文处理办法，把规范公文处理作为一项重点工作来抓，从政策依据、篇章结构、文字表述、行文规则、公文格式和运转程序等方面严格把关，及时指出并纠正公文处理中存在的问题，办文质量明显提高。不断加强公文日常管理，严格按照公文处理时限要求及时办理收发文，保证公文及时高效运转。高度重视综合文稿和上级部门约稿的撰写工作，准确领会上级和领导意图，保证质量，精益求精。“十一五”期间，区局公文处理系统共处理发文12500份，其中签发有效发文近8800份，收文近34000份，公文处理未出现重大差错，瑕疵差错率也逐年下降。

（五）事务管理工作规范有序

进一步加强机要档案管理工作，逐步实现档案管理的规范化、制度化和现代化，不断提高档案管理的质量和效率，区局档案管理顺利通过自治区档案馆的检查验收，正在着手建设“二级档案馆”。进一步加强信息安全和保密工作，区局和地市局均成立了保密工作领导小组，制定相关保密制度，编印信息安全和保密工作学习材料，举办保密知识专题讲座，开展安全保密检查工作。认真做好各类全局性大型会议及视频会议的会务工作，不断提高会议的质量和效果。认真执行各项信访规定，把做好信访工作维护社会稳定作为硬任务来抓，进一步规范信访工作程序，增强排查化解矛盾的能力，近年来的信访事件基本上都得到了妥善处理。加强政府信息公开工作，规范政务公开内容，拓宽政务公开渠道，完善西藏国税门户网站功能，重点做好政府信息公开及依申请公开工作，做好总局地方频道、西藏政府网部门栏目的维护工作。重视法治工作，顺利完成“五五”普法的工作任务。认真贯彻财务制度和财经纪律，强化预算管理和预算执行，财务管理更加规范。逐步健全各项规章制度，陆续出台了视频会议、安全保密、门户网站、督促检查、政务信息、税收宣传、信息公开、档案管理等方面的规章制度，使全区各级税务机关政务、事务工作的开展有章可循，运转更加规范、协调、高效。

（六）自身建设不断加强

一是办公室工作力量不断加强，全区税务系统成立了文秘人才库，一大批业务强、笔头硬、见识广、专心干的文秘人才充实到办公室工作。二是更加注重办公室干部综合素质的提高。近年来，全区税务系统举办或参加政务信息、新闻宣传、公文处理、行政管理、信息公开等文秘培训班10余期，培训文秘人员300余人次。区局办公室选取基层文秘人员实行跟班学习制度，加强指导与培养。同时，经常开展思想政治教育，不断强化服务、责任和奉献意识，办公室人员的业务素质和政治素质不断提高，办公室工作氛围不断改善。

同志们，办公室承担的任务繁重，成绩来之不易。这是各级领导重视和支持的结果，是各部门理解和支持的结果，是办公室同志们辛勤工作、开拓创新、甘于奉献的结果。在此，我代表区局党组向关心、支持办公室工作的领导和同志，向辛勤工作在办公室岗位上的同志致以诚挚的谢意！在肯定成绩的同时，也要看到当前办公室工作中仍然存在着一些薄弱环节和不足。一是思想观念和工作方式还不能完全适应新形势、新任务的要求，工作主动性不强，大胆创新不够。二是大局意识、服务意识和责任意识有待进一步增强，部分同志敬业乐业精神不够强，对全局工作还不能做到勤于思考、善于总结，还不能站在全局的角度和高度积极为领导建言献策，参谋助手的作用有待进一步发挥。三是综合素质有待进一步提高，一些同志的知识面还比较窄、知识结构比较单一，岗位技能欠缺，解决复杂问题的能力还不够强。这些问题，我们必须高度重视，在今后的工作中认真加以解决。

二、认清形势，牢牢把握做好办公室工作的新要求

办公室作为各级税务机关的“司令部”，处在承上启下、沟通内外、联络左右、协调八方的中枢地位，是领导决策的参谋助手，是联系群众的桥梁纽带。随着经济社会的快速发展，办公室工作必须跟上新时代，认清新形势，领会新要求，实现新作为。

（一）认清经济社会发展形势，提高办公室工作的政治意识和执政能力

当前，国际金融危机影响深远，世界经济增长速度减缓，全球需求结构出现明显变化，国际竞争更加激烈，全球性问题更加突出，特别是随着我国综合国力的上升和国际地位的提高，国际压力和摩擦同步增大，面临的可以预见和难以预见的挑战风险大大增加。国内发展不平衡、不协调、不可持续

的问题依然突出，经济增长的资源环境约束强化，投资和消费关系失衡，收入分配差距较大，产业结构不合理，城乡区域发展不协调，社会矛盾明显增多，制约科学发展的体制机制障碍依然较多。与全国相比，西藏经过“十一五”的发展，全区呈现出经济发展、社会进步、文化繁荣、民生改善、民族团结、社会稳定、人民安居乐业的可喜局面，但由于特殊的历史、自然、社会等因素，仍属于欠发达地区，与全国平均发展水平相比还有较大的差距，而且，我们在面临着人民群众日益增长的物质文化需要同落后的社会生产之间的这个主要矛盾的同时，还存在着各族人民同以达赖集团为代表的分裂势力之间的特殊矛盾。党的十七大指出，机遇前所未有，挑战也前所未有，机遇大于挑战。胡锦涛总书记“七一”讲话时要求我们必须清醒地看到世情、国情、党情发生的深刻变化，提高领导水平、执政水平和抵御风险的能力，加强执政能力建设和先进性建设。习近平同志在庆祝西藏和平解放60周年大会上讲话要求西藏各族干部群众坚持中央关于西藏工作的指导思想，抓住历史机遇，用好全国支援，加快发展，努力在科学发展的轨道上推进西藏实现跨越式发展。在前不久召开的自治区党委常委扩大会议和区党委七届九次全委（扩大）会议上，区党委书记陈全国同志先后发表重要讲话，强调了“五个要”、“六个着力”和“九个坚定不移”，以此来做好西藏的各项工作。

面对经济社会发展的新形势，各级税务机关必须进一步转变税收管理的理念、机制、手段、方式，从更高层面发挥好调控、服务经济的职能作用。全区各级税务机关办公室在工作中处于枢纽地位，办公室人员必须进一步强化政治意识，坚持正确的政治方向和政治立场，在政治上、思想上、行动上自觉同中央、党委政府、上级党组和本级党组保持高度一致。要确保中央关于西藏工作指导思想在全区税务系统全面落实，确保在税收工作中落实好上级的各项宏观调控政策措施，要解放思想、更新观念，及时发现带有苗头性的问题，根据形势和要求的变化，不断探索适应新形势的工作机制和方式方法，进一步提高工作的层次和水平。

（二）认清税收发展形势，增强办公室工作的服务意识和政务服务能力

随着经济社会日新月异的快速发展，税收事业也步入了新的发展阶段。税务总局制订了《“十二五”时期税收发展规划纲要》，提出了“十二五”时期税收发展的指导思想、基本原则、主要目标以及重点工作任务，为今后五年的税收工作指明了方向。区局制定了《“十二五”时期西藏自治区税收工作规划》，回顾了“十一五”我区税收工作成就，展望了“十二五”我区税收发展前景，明确了“十二五”期间全区税收发展的指导思想、遵循原则、总体思路、奋斗目标和发展任务。总的来看，“十二五”期间全区税收工作任务比较繁重，在大力组织收入、推进依法行政、完善税制建设、优化纳税服务、加强税收征管、规范税收秩序、推进税收信息化和加强队伍建设等许多方面都有很多工作要做。

在繁重的税收工作当中，办公室要把围绕中心、服务大局作为工作的灵魂，正确处理局部利益与整体利益、眼前利益与长远利益的关系，自觉服从服务于经济社会发展大局，服从服务于税收工作大局，时刻站在全局的高度研究解决问题，为中心工作的顺利开展创造良好的条件。要扮演好“服务员”角色，优质高效的服务是办公室工作的永恒主题，离开了服务，办公室工作就无从谈起，要认真落实“三项服务”根本任务，坚持为领导科学决策服务、为机关高效运转服务、为基层干事创业服务。用自己的热心主动、细心敬业、真心无愧和专心致志，做到让领导满意，让部门和基层满意，让群众满意。

（三）认清社会管理新形势，发挥办公室在社会管理创新中的作用

随着社会主义市场经济的发展，我国社会转型加快，经济成分、利益主体、就业方式、分配方式、组织形式日趋多样化，有力地推动了经济社会发展，同时也出现大量不协调、不健康、不稳定现象，社会纠纷、集体上访、群体性事件增多，价值取向多样化造成不同价值观念之间碰撞冲突，各种社会问题相互交织增加了社会矛盾的复杂性，使社会矛盾呈现联动特征和连锁效应，加大了社会管理难度。在税务系统，全国信访总量处于高位运行，信访积案多，解决难度大，我区税务系统信访量虽然相对较小，但闹访、缠访、上京访的事件时有发生，而且也不排除随着经济社会发展，信访量上升和出现信访积案、难案的可能。随着信息技术的迅猛发展，互联网络已成为重要的技术平台和传播平台。目前，全国拥有网民4.2亿人，其中2.3亿拥有博客，这给大家带来了极大便利的同时，也成为各种思想文化交汇、交锋的战场和社会矛盾及问题扩散性发展的重要推手，各种社会资讯、价值观念在网上集聚、放大和发酵，同情、理解和悲悯弱者，“仇官”“仇富”、怨恨机会不公，对社会管理部门的焦灼，对社会现实的不满等极易成为关注热点，引发数以万计网民的情绪，成为不和谐因素，影响社会稳定。

加强和创新社会管理，是中央适应世情、国情、党情新变化，针对当前社会管理中的突出问题提出的战略新举措。税务部门作为重要的经济管理和行政执法部门，税收涉及社会生产、分配、交换、消费的各个环节，税收如何发挥职能作用、调节收入分配、服务改善民生、促进公平正义，已成为社会公众日益关注的话题。加之税务系统点多面广，队伍庞大，自身的社会管理和参与社会管理的难度可想而知。各级税务机关办公室直接承担着牵头处理涉税信访、舆情、应急等社会管理的重要任务，我们要立足自身职能特点和优势，在促进税务机关加强和创新社会管理中履行职责，发挥作用。要把政务服务放在突出位置，在参与完善社会管理格局、做好群众工作、解决突出问题上下工夫，促进税务机关履行好社会管理的职责。要进一步做好税收宣传工作，努力营造知税法、懂税法、守税法的良好税收环境；进一步协调推进依法行政工作，在法治框架内加强和创新社会管理活动，营造良好的税收法治环境；进一步协调做好纳税服务工作，更加注重减轻纳税人负担，更加注重保护纳税人权益，更加注重发挥社会中介组织的力量；进一步协调完善税收征管模式，转变管理方法、优化工作流程、合理调整机构设置和人力资源配置，大力实施信息管税战略，加快推进税源专业化管理，着力构建税收征管工作新格局，努力促进和提高社会管理水平。

三、统筹兼顾，全面做好办公室各项工作

面对税收发展的新形势、新任务、新要求，当前和今后一个时期全区税务系统办公室工作的总体要求是：以邓小平理论和“三个代表”重要思想为指导，深入贯彻落实科学发展观，牢记为国聚财、为民收税的神圣使命，坚持服务科学发展、共建和谐税收的工作主题，围绕税收中心工作，提升综合业务素质，进一步发挥参谋助手、综合协调、审核把关、运转保障、督查督办的职能作用，努力做好“三个服务”，全面提高政务服务水平，为推进“十二五”时期税收事业科学发展和西藏经济社会跨越式发展及长治久安作出新的更大贡献。

下一步，各级税务机关办公室要围绕总体要求，进一步解放思想，勇于实践，创新工作思路和工作方法，强化规范管理，狠抓落实到位，全面提高办公室工作水平。

（一）当好高参，充分发挥好参谋助手、辅助政务的职能作用

辅助领导决策是办公室工作的一大要务。各级办公室要围绕中心工作，紧贴领导思路，优化决策服务，通过开展政务调研、起草综合材料等方式，超前思考，主动服务，为领导集中精力抓大事、谋全局当好参谋助手，实现

“上情”与“下情”、上级要求与本地实际的有机结合。

第一，积极开展政务调研工作。调查研究既是工作方法，也是领导方法，是办公室的基本功，是参与政务的主要形式，也是政务服务的首要任务。要围绕党组中心工作，加强学习，认真钻研，在政务调研、文字综合等方面下工夫，经常深入实际，研究新情况，解决新问题，总结新经验，写出有分析、有情况、有建议、有对策的调研报告，为领导决策提供可供参考的第一手资料。一些单位存在着办公室人员紧张的问题，没时间搞调研，领导到基层检查调研时，也不带办公室人员，这些问题必须克服，不然久而久之办公室的人员不掌握情况，不了解工作，没有信息量，也就提不出好建议，写不出好文章。

第二，要继续重视和加强政务信息工作。要围绕税收中心工作，注重从基层税收工作中发现重点信息，从对中心工作的调查研究中挖掘深度信息，从领导关注的问题中筛选建议信息，从税收政策贯彻落实情况中反馈问题信息，进一步提高信息服务水平。要进一步完善信息工作机制，拓宽信息内容，增加信息深度，提高信息报送和采编质量，为领导掌握情况、进行决策和指导工作服务。

第三，进一步提高参谋意识和助手水平。要有主动意识，学会超前思考问题，在领导部署前谋事，在领导决策前划策，不仅想领导之所想，而且要想领导所未想，争取工作的主动权，不能因为“害羞”而怕“出风头”，这不仅是办公室的职能要求，也是税收工作的需要。要紧扣税收全局的中心工作，抓准领导意图和决策思路，把握好工作中的热点、难点问题，有针对性地提出思路建议，努力参到点子上、谋到要害处。

（二）积极主动，着力推进税务部门参与社会管理

税务机关参与加强和创新社会管理是和谐社会建设对税务部门的要求，也是税务部门自身工作主题和履行职能的体现。办公室要认真对待和研究加强和创新社会管理，高度重视抓好信访、舆情、应急、宣传等工作，尽力维护社会群众、纳税人和税务干部职工的合法利益，尽力确保社会和谐稳定。

第一，进一步完善我区税务系统信访工作的思路和措施。要用群众工作统揽信访工作，要向前延伸加强源头预防，又要向后拓展推动事情解决。要在控制信访源头上下工夫，出台政策要从群众利益出发，得不到群众支持、与民争利的政策不出台，做好程序审查和风险评估工作；执行政策时公道正派、不偏不倚；做好政务公开工作，保证群众和干部职工的知情权、参与权、表达权和监督权。要在解决初信初访上下工夫，坚持抓小抓早，把矛盾化解在基层，化解在萌芽状态。要推动事要解决，把解决问题作为衡量信访工作质量的重要标准，落实工作责任，明确工作要求。要加强构建信访工作的大格局，加强与当地党委政府及信访部门的联系，齐抓共管，努力形成信访工作合力。《全国税务系统信访工作规定（试行）》等5个文件的征求意见稿已经下发，待总局正式印发后，我区税务系统也将根据规定和要求，出台符合我们实际的具体措施。

第二，强化涉税舆情的监测、引导与应对。涉税舆情对税收工作产生越来越重要的影响，要高度重视涉税舆情的管理工作。要建立涉税舆情管理队伍，完善快速反应机制；要加强涉税舆情尤其是网络舆情的监测分析，密切关注其发展状态；要及时回应关切，有效控制舆情的影响；要积极引导舆论，引导社会公众理性认知。要加强正面宣传，把握税收舆论宣传导向；要加强技能培训，提升涉税舆情的应对能力；要加强队伍建设，强化涉税舆情管理和引导；要加强工作协调，形成多方联动的工作机制。

第三，增强应对突发事件的能力。积极稳妥地应对、处置突发事件是加强和创新社会管理的重点工作，也是新形势下执政能力水平的直接体现。要进一步完善突发事件应对处置机制，进一步增强处置突发事件的能力，形成统一指挥、结构合理、反应灵敏、保障有力、运转高效的突发事件应急体系。要做好日常安全隐患和矛盾纠纷排查工作，认真整改隐患，做到边查边改。加强信息报告制度和预警，严格执行应急、维稳24小时值班制度，畅通信息报送渠道。加强突发事件的先期处理和协助处理，确保在突发事件发生时，有条不紊，积极应对，最大限度地减少突发事件造成的人身财产损失，最大限度地降低突发事件造成的负面影响。

第四，加大税收宣传和信息公开力度。要继续加强与各类媒体的合作，采取多种形式扩大税收宣传影响。要严格按照政府信息公开规定，丰富公开内容，完善公开形式，规范公开程序，健全公开机制，增强公开实效，提高税务部门的公信力、执行力和行政效能。

（三）找准定位，进一步做好注重提高执行力的督查工作

再正确的决策如果不能贯彻执行，也只是一纸空文，毫无意义。督查工作是办公室协助领导抓落实的重要手段，其出发点和落脚点都是为了推动各项工作部署不折不扣地落实。要紧扣上级领导的重大决策部署，做好督查工作，提高全区税务系统的执行力。要建立刚性落实体系，增强督查执行的约束力，拓展工作广度和深度，加大工作力度，强化过程控制。要适应形势发展要求，增强督查执行的创新力，在思路观念上、方式方法上、制度机制上进行不断创新。要心系基层和税收核心业务，增强督查的亲和力、准确性。要构建督查工作的大格局，实现多方联动，增强督查工作的协调力。要不断改进工作作风，树立督查工作的良好形象，增强督查执行的影响力。

（四）精益求精，大力加强办公室自身建设

办公室工作，关键在人，关键在队伍。大家一定要加强学习，努力实践，优化作风，提高素质，这样才能全面做好办公室工作，为税收事业的科学发展提供保障。

第一，要勤于学习。学习，是时代赋予我们的第一位的任务。要加强政治学习，不断提高政治理论修养和政策水平，坚持以科学发展观统领办公室工作，时刻站在全局的高度研究解决问题；要加强文化学习，广泛学习现代经济、科技、法律、历史、文学等方面的知识，开阔眼界，增长学识，陶冶情操，提高修养；要提高专业技能，通过广泛的学习不断提高自身工作能力，努力成为通晓办公室各项工作的“全才”。要继续重视办公室的学习和培训工作，不断提高办公室人员的思想政治水平、调查研究能力、组织协调能力、依法行政能力、联系群众能力和文字综合能力。

第二，要乐于奉献。办公室工作的性质和特点，决定了我们办公室的同志要牢固树立甘于奉献和吃苦耐劳精神，办公室工作辛苦、清苦、艰苦，有人说办公室工作“加班没完没了，材料没多没少，下班没晚没早，吃饭没饥没饱”，常常是为他人“做嫁衣”，我认为说得很形象，也很贴切，需要大家耐得住寂寞，守得住清贫，淡泊名利，甘作幕后英雄。同志们要安下身来，静下心来，勤勤恳恳地做好每一项工作，不朝三暮四，不马虎了事，不争功诿过，要坚信，大家的艰苦、劳累和清贫，领导是看得见的，群众是看得见的。

第三，要善于工作。办公室工作任务日益繁重，要讲究工作方法，形成效率高、节奏快、成效优的工作特点。要优化办公室工作流程，按照精简程序、清理环节、分清责任、科学管理的要求，加强各项业务的衔接，形成环环相扣的管理链条。要加强办公室薄弱环节工作，按照“既分工、又合作”的方法，合理分工，明确责任，使每个人都有岗位、有任务、有压力、有动力；同时，坚持精诚团结、分工不分家，互相支持、互相配合。要深入推进内控机制建设，深入排查工作风险和漏洞，有针对性地进行防范和加强，提升办公室整体工作效能。

第四，要树立形象。办公室工作人员对外代表单位、代表税务系统，一定要在社会上和系统内部树立好良好形象。要严格遵守纪律。遵守政治纪律，任何时候、任何情况下都要头脑清醒，立场坚定，旗帜鲜明，始终与党中央、区党委保持高度一致；遵守工作纪律，严守各项制度，明确各个岗位的职责和权限，按规定办事，按程序运作；遵守生活纪律，切实增强廉洁自律意识，时刻做到自重、自省、自警、自励；遵守保密纪律，履行好保密职责，杜绝失泄密事件的发生。要勤政，注重工作时效性，主动加班加点，保质保量按时完成工作任务；要务实，大力弘扬求真务实精神、大兴求真务实之风，把关好单位的文风、会风，坚持重实际，说实话，办实事，求实效；要创新，多学习、多积累、多思考、多分析，善于从工作中发现问题，掌握规律，提出有参考价值的意见建议。

（五）加强领导，为办公室工作创造良好环境

办公室的工作很辛苦，各位领导要经常关心办公室干部职工的工作和生活，把办公室干部职工的积极性、创造性发挥好、引导好、保护好，为他们干事创业营造良好的环境。“留人要留心，用人要用心”，“用事业留人、用感情留人、用环境留人”，为办公室干部的成长进步创造良好的工作环境和条件。要注重加强办公室的工作力量，根据办公室岗位的政治素质、业务知识和工作技能等要求，发挥文秘知识人才库的作用，有目的、有重点、有计划地增添新力量。要关心办公室干部在政治上的成长进步，办公室年轻干部居多，对他们要坚持早压担子、早成才的思想，多教方法，多压重担，使办公室成为展示才华、释放潜能、发挥特长的平台，成为高进高出、高进快出、高进多出的一池活水。要满腔热情地关心办公室干部职工的工作和生活，使大家心情舒畅，全身心地投入到工作中去。

同志们，做好新时期新形势下的办公室工作任重道远，责任重大，艰巨而又光荣。希望大家进一步解放思想，增强责任感和使命感，继续发扬好作风、好传统，认清形势，积极探索，努力实践，扎实工作，以崭新的精神面貌、务实的工作作风、一流的工作业绩，全面开创我区税务系统办公室工作的新局面。

更新理念 务实创新
全面开创纳税服务与征管工作新局面

西藏自治区国家税务局副局长　杨承碧

（2011 年 5 月 25 日）

同志们：

全区税务系统纳税服务和征管工作会议今天召开。这次会议是在“十二五”开局之年召开的一次十分重要的会议。会议的主要任务是，传达全国税务系统纳税服务工作会议精神，总结近两年来我区纳税服务工作，部署当前和今后一个时期纳税服务工作的主要任务，认真研究解决当前我区税收征管存在的突出问题，对推进税收征管工作进一步部署。区局党组对此次会议非常重视，党组书记、局长袁庆杰同志明天还将就相关工作作重点强调。下面，受区局党组委托，我讲几点意见。

一、扎实推进，我区纳税服务工作取得了一定成效

2009 年以来，在区局党组的正确领导下，全区各级税务机关以邓小平理论和“三个代表”重要思想为指导，深入贯彻落实科学发展观，坚持为国聚财、为民收税，以法律法规为依据，以纳税人正当需求为导向，以信息化为依托，按照国家税务总局纳税服务工作的总体部署，积极建立健全始于纳税人需求，基于纳税人满意、终于纳税人遵从的纳税服务新格局，不断丰富服务内容、创新服务方式，狠抓落实，扎实推进，纳税服务工作取得明显进步。

（一）抓住基础点，纳税服务理念进一步强化

全区各级税务机关牢固树立征纳双方法律地位平等的理念，切实尊重纳税人的平等主体地位，在依法向纳税人行使征税权力的同时，更加注重保护纳税人的合法权益。坚持纳税服务与税收征管是税务部门核心业务的工作定位，突出纳税服务对税收征管的先导性、基础性作用。在各项工作中，广大

税务干部主动转变观念，从法定义务、法定责任的高度，落实和优化纳税服务工作，在满足纳税人多层次共性需求的同时，努力创造条件满足不同类型纳税人的个性化需求。提升服务层次，由过去浅层次的态度化、环境化服务转变为深层次、具体化的政策服务、信息服务、效率服务和权益服务。

（二）突出难点，纳税服务基础进一步夯实

切实加强纳税服务工作的组织、协调和领导。按照机构改革部署，全区地（市）级税务机关均设立了纳税服务专门机构。积极推进纳税服务体系建设，初步形成了以制度安排、业务规范、平台建设、组织保障为主要内容的纳税服务体系基本框架。全面贯彻落实全国税务系统2010~2012年纳税服务工作规划，出台西藏自治区国家税务局纳税服务工作规范、办税服务厅工作规程、办税服务厅岗位职责及工作标准、办税服务厅责任追究、税服务规范管理标准以及办税服务厅服务承诺制度等规章制度。组织开展了对包括办税服务厅人员、12366纳税服务热线咨询人员等在内的服务人员在岗培训和专业化培训。建立纳税服务信息收集机制，及时获取纳税人需求。印发纳税服务经费管理办法，加强纳税服务经费保障，规范和完善纳税服务经费管理。

（三）立足根本点，税法宣传工作进一步加强

全区各级税务机关高度重视税法宣传工作，把税法宣传工作作为推动依法治税工作的重要任务，建立了主要负责同志亲自主抓，责任部门主力抓，相关部门配合抓的工作责任机制。一是每年根据不同的税收形势，针对出台的重大税收法律、法规、政策等，深入开展各项宣传工作。同时全区各级税务机关积极向当地党委、政府汇报，争取当地党委、政府的重视和支持。二是拓宽宣传渠道。各级税务机关主动与新闻媒体取得联系，大力开展社会宣传，努力营造良好的社会舆论。在门户网站上设立专栏，及时报道全区各级税务机关税法宣传活动的开展情况；积极与中国电信、中国移动、中国联通公司联手，利用手机短信平台向用户发送税法宣传口号；在报刊上开设税务专版，及时宣传各项税收政策法规和动态新闻，取得了很好的宣传效果。三是突出宣传重点。每年紧扣总局确定的宣传主题，采取张贴税收宣传画，悬挂税收宣传横幅，开展税法进社区、校园、企业等形式进行重点宣传。四是创新宣传方式。举办征文、摄影比赛等社会各界广泛参与的主题活动，建立税法宣传基地，建设“税企诚信林”，不断推进税法宣传工作。五是编印了全区统一的税法宣传资料，包含税种简介、办税指南、表证单书填写样册等共计26个小项。六是积极推进全国统一的12366纳税服务热线系统建设工作。

（四）狠抓重点，办税服务质量和效率进一步提高

办税服务厅规范化建设全面推进。推行“一站式”服务，将纳税人涉税事项统一归并到办税服务厅办理。规范窗口设置及服务功能，积极推行综合服务窗口，加强办税服务厅咨询辅导功能，建立导税台引导纳税人快捷办税。规范办税服务厅内外部标识，建设统一、美观、易识的标识引导体系。大力推行“两个减负”，精简纳税人办理涉税事项的资料报送。按照“窗口受理、内部流转、限时办结、窗口出件”的要求，进一步优化办税业务流程，简化办税流程，规范涉税文书，统筹安排对纳税人的税收调查和日常检查等工作，避免多头重复安排内容相同的调查和检查事项。大力实施阳光作业、办税公开，对纳税人普遍关心的税收政策法规、纳税人办税程序及服务时限、纳税人的权利和义务、违章处罚的规定及处罚结果、税收行政收费事项及收费方法、“双定户”营业额的核定情况、税务机关各部门工作人员的工作职责及工作纪律等问题进行了公开。通过预约服务、延时服务、部分审批处罚权限前移等措施，有效解决办税服务厅排长队的现象。信息化办税方式不断拓展，在上门申报的基础上，努力扩大电话申报的规模，推行财税库银横向联网系统为依托的电子缴税工作，积极拓展多元化的办税方式。服务方式不断创新。全区各级税务机关创造条件建设排队叫号系统，开通纳税服务 QQ 群，不断为纳税人提供办税便利。实施办税服务厅业务“同城通办”的试点工作。

（五）抓住亮点，社会协税工作取得初步成效

积极加强与社会组织合作，在满足纳税人多层次共性需求的基础上，通过多种方式，为纳税人提供个性化服务。修订和完善注册税务师行业的收费管理办法，促进注册税务师行业健康发展，完善制度建设，规范执业行为，大力扶持注册税务师行业从事涉税鉴证业务工作，积极拓展业务空间。加强中介行业管理，促进行业的有序发展。建立税务师事务所及注册税务师的电子档案，建立涉税鉴证报告的备案制度，认真开展注册税务师和税务师事务所的年检工作，促进行业自律管理。联合税务中介机构组织开展宣传辅导等工作。税务中介代理行业的发展规范了纳税人财务核算、降低了税务机关的执法风险和税收成本。

两年来的纳税服务工作取得了显著成效。纳税服务有力促进了税收收入增长。2010 年全区税收收入实现 59.67 亿元，同比增长 46.2%，增收 16.01 亿元。反映出除经济发展因素带来税收增长外，纳税人自觉遵从税法、主动纳税意识和能力有所增强。纳税人满意度进一步提高。2010 年全区首次开展了委托第三方机构进行纳税人满意度调查工作，调查结果显示纳税人满意度的综合得分为 76.67 分，总体评价是令纳税人基本满意的。税务机关政风行风建设积极推进，各级办税服务厅创建青年文明号工作成效显著。

在充分肯定成绩的同时，我们也要清醒地看到，我区的纳税服务工作离总局的目标与要求、与兄弟单位相比仍有一定差距，存在一些不容忽视的问题。在服务意识方面，一些单位和人员还没有牢固树立征纳双方法律地位平等的理念，对纳税服务与税收征管是税务部门核心业务的认识不足，全员服务、全过程服务的意识需要进一步加强。在服务体制机制方面，纳税服务部门职责尚未完全理顺，纳税服务全员参与、协作配合、齐抓共管的工作机制没有完全建立。损害纳税人合法权益的现象仍有发生，纳税人权益保护机制尚未形成。纳税服务绩效评估与考核监督有待加强。在服务内容方面，税法宣传、纳税咨询的及时性、准确性、针对性、重点性仍需进一步增强。业务流程不够优化，办税程序不够简便、快捷，报表和资料重复报送等纳税人持续关注的问题仍未得到有效解决。办税服务的质量与效率有待提高。税务中介代理服务行业发展仍显滞后。对于这些问题，我们必须高度重视，认真研究加以解决。

二、更新理念，全面领会纳税服务工作新要求

“十二五”时期是全面建设小康社会的关键时期，是加快转变经济发展方式的攻坚时期，我区也正处于经济社会跨越式发展的重要战略机遇期，我区税务系统要主动适应形势发展需要，深刻认识当前进一步推进纳税服务工作的重大意义。

根据形势发展的要求，当前和今后一个时期我区税务系统纳税服务工作要以邓小平理论和“三个代表”重要思想为指导，以贯彻落实中央第五次西藏工作座谈会精神为契机，深入贯彻落实科学发展观，紧紧围绕服务科学发展、共建和谐税收的工作主题，牢固树立征纳双方法律地位平等的服务理念，按照“十二五”时期纳税服务工作发展规划的总体部署，以推进纳税服务体系建设为主线，以解决制约纳税服务发展的突出问题为重点，大力加强纳税服务标准化、专业化、信息化、集约化建设，不断推进纳税服务工作迈向新阶段。

贯彻这一总体要求，必须加强统筹，突出重点，整体推进。要大力加强

纳税服务理念体系建设，为纳税服务工作科学发展提供支持；大力加强纳税服务制度体系建设，以标准化模式下的服务细分策略推进纳税服务工作规范运行；要大力加强纳税服务业务体系建设，以满足纳税人需求为导向的纳税服务措施实现服务效能的全面提升；要大力加强纳税服务平台体系建设，以整合服务资源、丰富服务内容、拓展服务渠道、提高服务质效为标准构建多元化的综合服务平台，充分响应纳税人的合理需求；要大力加强纳税服务保障体系建设，以强有力的组织领导、科学化的组织机构、常态化的经费保障和专业化的人才队伍，为纳税服务工作全面开展提供有力保障；要大力加强纳税服务绩效评价体系建设，以提高纳税人满意度和税法遵从度为目标，促进纳税服务工作良性循环发展。在纳税服务工作实践中，要着重把握好以下四个方面：

（一）树立平等的服务理念

树立好以纳税人为中心，一切为纳税服务的管理理念，把尊重纳税人、贴近纳税人、方便纳税人、提高纳税人税法遵从度作为服务工作的出发点和落脚点。征纳双方法律地位平等是税收法律关系的基本准则，也是构建和谐征纳关系的必然要求。要切实尊重纳税人的平等主体地位，在依法向纳税人行使征税权力的同时，也要为纳税人提供优质服务。坚持公开、公平、公正执法，最大限度地保护纳税人的权益和依法纳税的积极性，做到在执法中服务，在服务中执法，让优化服务体现在依法治税之中。

（二）满足合理需求

更好地帮助纳税人实现纳税义务和维护纳税人权利，认真倾听纳税人呼声，准确把握纳税人合理需求；更多地从纳税人角度考虑工作思路和措施，及时解决纳税人最关心的问题。

（三）坚持统筹协调

综合考虑全区纳税服务工作的内外环境、基础条件和发展现状等因素，理顺纳税服务与税收执法、纳税服务与组织收入的关系，统筹长远与当前、整体与局部、创新与稳定、成本与效益等关系，做到科学筹划，合理布局，协调发展。要做到全员过程的服务，全区各级税务机关、各部门要充分认识到纳税服务工作的重要性，不能片面地理解纳税服务就是纳税服务机构或办税服务厅的工作，要将服务措施及服务标准落实到管理的各个环节，体现在各个岗位，包括税前、税中、税后服务三个阶段。

（四）实现经济效能

充分运用现代管理和信息技术手段，优化服务流程，降低征纳成本，提高服务效益，为纳税人提供操作简便、成本节省、程序简化的纳税服务。

三、真抓实干，切实落实推进纳税服务工作新任务

当前和今后一个时期，全区税务系统要认真贯彻税务总局“十二五”发展纲要、《全国税务系统 2010～2012 年纳税服务工作规划》和区局“十二五”规划，大力推进纳税服务理论体系、制度安排、业务规范、平台建设、组织保障、绩效考评等工作。2011 年，尤其要以解决制约纳税服务工作发展的突出问题作为突破口，重点抓好以下工作。

（一）继续推进纳税服务标准化建设

纳税服务标准化是推进纳税服务工作的重要内容。区局将根据总局的统一规定，制定办税服务厅绩效考核办法，出台 12366 纳税服务热线咨询工作规范，完善纳税信用评定指标体系和等级标准，建立健全纳税服务绩效评估指标体系，完善纳税人满意度调查指标体系等。各级税务机关要结合本地纳税服务资源和纳税人需求状况，围绕税法宣传、纳税咨询、办税服务、权益保护、信息管理和协会协作等，针对不同类型的纳税人需求特点，分别制定具体的服务产品、服务内容、服务标准，规范工作流程，努力提高纳税服务工作的科学性和有效性。要充分听取纳税人和基层税务机关的意见，对不适应纳税人需求的服务制度和服务标准，及时进行修订和完善。

（二）稳步推进 12366 纳税服务热线系统建设

12366 纳税服务热线是改进和优化纳税服务的重要渠道。今年，区局成立了建设 12366 纳税服务热线系统领导小组。各相关组成单位（部门）要统一思想、顾全大局、各负其责、加强协作，确保热线系统在我区顺利上线。各地（市）要做好相关善后工作，停用原有的 12366 纳税服务专线。今后区内范围的纳税人拨打 12366 纳税服务热线，将集中接入到区局呼叫中心受理。区局有关部门要根据总局的统一部署，建立全区集中的全国统一的 12366 纳税服务热线系统和使用 12366 税收业务知识库，同时建立好我区的税收业务知识分库。要严格实现，以功能完善、多渠道响应、接口开放、资源共享的全新的热线平台，整体提升热线的覆盖面和业务处理能力；以规范统一的税收业务知识库统一税法宣传、纳税咨询辅导口径，给纳税人以权威明确的涉税指引；以对纳税人咨询数据分析为基础，实现个性化的税法宣传推送，进

而实现税法宣传、纳税咨询和纳税辅导的良性互动。

（三）深入推进“两个减负”

切实减轻纳税人和基层税务机关的负担是改进和优化纳税服务的重要抓手。针对2010年区局委托第三方开展的全区纳税人满意度调查以及纳税人诉求反映出的问题，纳税服务和征管部门要根据搜集到的情况，充分考虑到我区的实际，按照“减负提效”的原则，依法简并、修改和完善，制定标准统一、便捷高效的办税流程。要按照行政审批制度改革的要求，对于能够下放的审批权限尽量下放，能够前移的审批事项一律向窗口前移。各地要按照总局要求，进一步简并规范纳税人填报涉税文书，方便纳税人履行纳税义务。要以效能为前提，因地制宜继续整合办税服务厅窗口的职能和数量，大力推行综合服务窗口。

各级税务机关、区局各部门要切实加强对各项税收管理事项的统筹安排，将相同或相近的工作任务科学整合、统一下达，尽量减少基层税务人员的重复工作量，努力避免对纳税人的正常生产经营造成影响。充分利用税收综合征管系统，及时获取所需的涉税信息，对于所需信息能从征管系统获取的，一律不得要求基层税务机关重复报送。

（四）深化纳税人权益保护工作

保护纳税人合法权益是税务机关的法定义务。做好2011年纳税人权益保护工作：一是要牢固树立征纳双方法律地位平等的理念，完善纳税人权益保护的制度建设。二是在税收规范性文件制定过程中，探索建立纳税人权益保护审查机制，从源头上防范制度性侵权问题的发生。三是建立健全纳税人诉求的征集、分析和响应机制，完善全区纳税服务定点联系企业的服务和管理制度，定期收集、分析纳税人的涉税需求，为改进税收管理和优化纳税服务提供参考。四是严格落实总局印发的《纳税人服务投诉管理办法》，建立纳税人投诉的快速处理机制，要做到及时受理、调查和处理纳税服务投诉，依法运用调解手段化解税收争议。

（五）推进纳税信用体系建设

纳税信用体系建设是实现税收科学管理、促进纳税遵从的重要载体。各级税务机关要大力加强纳税信用评定管理工作，完善公正有效的纳税信用评价规则，健全评定指标体系，优化评定等级标准。要加强动态管理，根据纳税信用评定结果，及时调整纳税人信用等级级别。要强化纳税信用评定结果应用，积极兑现激励措施，健全对失信行为的惩戒机制。加大对A级纳税人的宣传力度及时曝光涉税违法案件，促进诚信纳税良好氛围的形成。总局今年将对原《纳税信息等级评定管理办法》进行修订，待下发后，各级税务机关要结合工作部署，认真贯彻执行，并安排好评定工作进程。

（六）强化纳税服务绩效考核

纳税服务绩效考核是改进和优化纳税服务的重要保障。各级税务机关要按照内外结合的原则，以提高服务质量和效率为目的，以量化考核为主要方式，建立和完善纳税服务绩效考核指标体系。要加强面向为纳税人提供服务环节的过程考核。围绕办税公开、税法宣传、纳税咨询、办税服务、办税环境等内容，科学设定考核指标。要加强考核结果应用研究。建立考核通报机制。积极建立奖惩机制，真正发挥纳税服务绩效考核的激励和驱动作用。积极参与地方政府组织的行风、政风和行政效能民主评议活动，并将评议结果作为纳税服务绩效考核的重要指标。

（七）完善纳税服务机制保障

各级税务机关要进一步健全和完善纳税服务工作机制，为纳税服务工作科学发展提供有力保障。一要加强组织领导。各级税务机关要进一步加强纳税服务工作组织领导，健全体制机制。要成立以单位负责人为组长的纳税服务工作领导小组，统筹协调和抓好纳税服务各项工作。要制定解决制约本地区纳税服务工作发展主要矛盾的具体工作方案，明确和落实各部门纳税服务的责任和要求，分解纳税服务工作任务，明确办结时限，加强监督检查，狠抓工作落实，切实提高执行力。二要强化经费保障。区局今年转发了总局印发的《纳税服务经费管理办法》，并从2011年开始向各地（市）划拨了纳税服务经费，各级税务机关要根据总局经费管理办法的要求，进一步加强纳税服务经费管理，确保专款专用，提高经费使用效率。在保障提供普遍性基本服务、推进纳税服务均等化的基础上，合理满足分类服务和个性服务的需求。今后，区局将跟踪各地纳税服务经费的支出情况，定期开展经费使用情况的评估与检查，并进行情况通报。三要加强队伍建设。各级税务机关要将政治素质高、业务技能熟、作风纪律好、服务意识强的税务干部充实到办税服务厅、12366纳税服务热线等一线服务岗位，加强纳税服务人力资源管理。要加强税收业务知识、操作技能和管理能力培训，提高纳税服务人员的服务意识、综合素质和工作能力。要加大对纳税服务人员的关心和培养力度，充分调动他们的工作积极性、主动性和创造性。在全区纳税服务人才库建立的基础上，大力培养一批拥有先进服务理论，在纳税咨询、办税服务和权益保护等领域具有较高技能的专业人才，为持续推进纳税服务提供人才保障。

四、扎实做好税控收款机推广应用工作，大力推进税源专业化管理，努力开创税收征管新局面

实施信息管税，大力推进税源专业化管理，是当前和今后一段时期税务系统抓好纳税服务和税收征管的核心业务。推广税控收款机是推进依法治税、强化税源监控、堵塞征管漏洞的重要手段，总局在2004年下发了税控收款机推广应用实施意见，对全国的税控收款机推行工作进行了部署，要求从2005年1月开始就在全国全面推广。去年总局在全国范围内开展普通发票改革，使得税控收款机的推行有了良好的基础，全国开始大范围地开展税控收款机推广应用工作。目前，全国除广东以外的其他各省都进行了税控收款机的推广工作，其中北京、上海、黑龙江等省市的推广力度最大。以北京为例，去年北京地税共推行了15万户、国税推行了12万户。全国税控收款机推行比例国税系统去年达到正常纳税人的16.77%。

（一）我区推广应用税控收款机基本情况

推广应用税控收款机工作，是全区税务系统落实信息管税、推进税源专业化管理要求的一项基础性工作。2005年我区开始对推广应用税控收款机进行准备，考虑到我区经济发展现状，纳税人规模及社会稳定等问题，没有按照总局时限要求开展这项工作。去年，我区对普通发票进行了首次范围广、力度大、技术含量高的全面改革，将普通发票简并为手工票、定额票和机打票三种。目前我区除手工票与定额票以外，机打票全部使用税控器具开具，实现了对纳税人开票明细数据的准确采集，为税控收款机的顺利推行奠定了基础，为建立我区的发票数据库创造了条件。借机，我区加快了税控收款机推广步伐。经自治区人民政府同意，下发了《西藏自治区税控收款机推广应用实施方案》，成立了以自治区政府副秘书长为组长，税务、财政、工业和信息化、质量技术监督等四部门负责人为副组长的税控收款机推广应用工作领导小组，先后完成税控机具的招标选型、税控收款机管理系统税务端的操作培训等基础工作。

在各地（市）局高度重视下，全区税务系统克服人员少、推广难度大、涉及面广等难题，制定科学合理的推行方案，认真筹划，周密部署，在去年11月成功推行首批6户试点纳税人的基础上，今年逐步在全区推广，截至今年5月11日，全区已有2870户纳税人开始使用税控收款机。目前，税控收

款机的推广应用在税源监控、促进征管方面的作用已初步显现。1～4月，全区税务部门累计完成各项收入37.77亿元，同比增长1.9倍，增收24.63亿元，完成区局年度计划的66%。

（二）我区税控收款机推广存在的主要问题

在前段推广应用过程中发现了一些问题，需要引起大家高度重视。主要表现在：一是对税控收款机的推行认识不够，缺乏思路。部分征管单位和干部对税控收款机推行的意义、目的认识模糊，对如何有效地将发票改革与推行税控收款机有机结合，从而推动工作开展缺乏思考，对税控机的开票数据与纳税人领购发票之间有何逻辑关系未曾深入思考。其实推了多少台税控机不是我们工作的目的，真正的目的是推行了税控后，对纳税人的经营状况得以更全面准确掌握，从而采取相应措施加以管控才是我们推行的初衷，在这方面需要大家进一步思考。二是地区间的推广工作开展进度不均衡，工作力度有待加强。目前，相对较偏远的昌都、那曲等地的进度要明显快于山南、日喀则地区。推行税控收款机工作势在必行，希望各地重视并积极行动起来。三是部门间的配合还不够紧密，征、管、查的联动力度还有待进一步加强。税控收款机的推行不是某一个部门能够独立完成的事，必须由各个部门紧密配合，协作完成。征收部门要严格审核基础数据的录入，确保进入我们征管系统的数据真实、准确，如果基础数据错误，那么一切分析将毫无意义，也失去了数据利用的价值；管理部门要对采集到的数据信息进行分析比对，充分利用所掌握的数据对税源进行监控管理；稽查部门要加大对涉税举报的检查力度，强化社会协税护税机制。同时要加强对假发票的查处，净化用票环境，使税控发票充分发挥以票控税作用。四是对纳税人的抵触有畏难思想，影响工作开展。纳税人对税控收款机的推行存在不同程度的抵触，在经营过程中不开发票或开具内容不真实发票的情况时有发生。推行税控收款机，一方面会增加纳税人的购机成本，另一方面由于税控器具的使用，使纳税人的经营信息变得透明，纳税人自然会产生抵触情绪。关于税控收款机的推行，《税收征管法》已有明确规定，属于强制执行范畴，这是我们开展工作的依据，同时也是我们工作职责所在。一方面要坚定地推行税控收款机，另一方面要耐心地做好宣传解释工作，取得纳税人的理解和配合。

（三）扎实做好税控收款机推广工作，努力开创税征管新局面

推广应用税控收款机对加强我区税收征管已经发挥着积极重要的作用，全区税务系统应将此作为改进工作、推动创新的一个重要手段认真对待。一要统一思想，提高认识。税收征管的核心是税源管理。目前税源管理存在不少薄弱环节，要求我们必须创新思路，强化措施，全面推进税源专业化、精细化管理。要在创新思路上狠下工夫，就必须找到改进工作的切入点，这个切入点就是加大税控收款机和税控发票的推广使用力度，结合我们的普通发票改革，对纳税人的涉税信息进行采集、分析、应用，从而提高信息管税水平，真正达到信息管税的目的。全区税务系统要统一思想，提高认识，高度重视税控收款机的推广应用工作，通过加大税控收款机的推广力度，全方位地采集纳税人的涉税信息，找出我们工作中的薄弱环节，进而加以弥补强化，以达到强化管理的目的。二要加大对核心业务的工作力度，夯实征管工作基础。税收征管是税收工作的核心业务，全区税务系统要把工作重点转移到这个核心业务上来，突出工作重点，夯实征管基础。要充分利用推行税控收款机这个抓手，通过采集纳税人的开票数据，与其申报数据进行比对，找出其中可能存在的问题，并采取相应措施，切实堵塞征管工作上的漏洞。要加大对纳税人推行建账建制工作的力度，对符合建账条件的纳税人就要督促其建账建制，以规范其纳税行为，减少人为操控的空间。三要进一步加强部门之间的工作协作与配合。推广使用税控收款机是我区税务部门今年的重点工作，大家要围绕这个工作重点进一步加强部门之间的协作与配合，形成征、管、查的良性互动，共同将此项工作圆满完成。各级税务机关要将税源管理职责在不同层次、部门和岗位间进行科学分解、合理分工，加强对征管力量的调配，要把精干的力量充实到征管工作岗位上，优化税收征管资源配置，特别是征管一线的力量要得到切实加强。四要大力压缩手工票的使用。手工票的存在，一方面使得发票“大头小尾”现象屡禁不止，另一方面使得对纳税人开票明细数据的采集不完整，以票控税功能大打折扣。按照总局普通发票改革“积极推广、扩大机打发票使用范围。限制和压缩手工发票的使用范围，条件成熟时取消手工票”的原则，要限制手工票的使用，包括：对使用税控收款机开票的纳税人不得提供手工票；对我区普通发票改革方案中确定的不得使用手工发票的行业不得发售手工发票；对确定使用税控收款机的纳税人持有的手工发票要进行清缴，使采集的发票数据尽可能地与其经营状况相吻合；在条件成熟时要在征管系统里做限定，对符合条件的纳税人不得发售手工发票。五要加大宣传力度，巩固社会协税护税机制。要进一步加大对推广税控收款机的宣传力度，让全社会都知晓我们的普通发票分别在什么范围内使用，哪些行业不用使用手工发票，使用什么样的发票可以中奖，争取在全社会营造一种消费者索要发票的良好氛围，巩固社会协税护税机制，为全方位采集纳税人的涉税信息奠定基础。

同志们，做好纳税服务工作意义重大，任务艰巨；推广使用税控收款机是“信息管税”的集中体现，是实现税源管理专业化、精细化的重要途径，全区税务系统必须牢固树立大局意识、创新意识、服务意识、责任意识，增强做好工作的事业心和使命感，齐心协力，扎实工作，积极推进我区纳税服务和征管工作科学发展，以优异的成绩迎接中国共产党建党90周年和西藏和平解放60周年！

齐心协力 着眼未来
确保圆满完成金税三期工程
广域网项目建设任务

——在全区税务系统金税三期工程广域网项目建设启动视频会议上的讲话

西藏自治区国家税务局总会计师　穷　达

（2011 年 10 月 27 日）

同志们：

今天我们召开全区税务系统视频会议，主要任务是全面部署启动我区金税三期工程广域网项目建设工作。

目前，金税三期工程已经进入项目的实施阶段。金税三期工程广域网项目是第一批启动项目之一，它将成为支撑金税三期工程税收业务应用和网络应用的重要基础设施。

金税三期工程广域网项目的建设目标是在税务系统现有网络的基础上，通过设备更新、带宽提升、结构优化、安全防护，建设一个覆盖税务总局、省局、地（市）局、区县（分）局和税务所等五级节点的综合性内部通信网络平台，主要承载各类税收业务和行政办公信息系统，以及相关网络增值应用和灾难备份等辅助系统的运行。

按照总局统一规划，我区金税三期工程广域网项目建设内容包括：建设区局连接税务总局的骨干网络；建设区局连接南海灾备中心的骨干网络；建设区局、地（市）局、区县（分）局和税务所的区内连接的广域网络，即省网部分；建设覆盖金税三期工程广域网络的安全防护体系，包括防火墙、入侵检测系统。

国家税务总局于今年 10 月 13 日专门召开了全国税务系统信息化日常管

理暨金税三期工程广域网项目实施工作视频会议，部署启动了全国金税三期工程广域网项目建设工作。为了确保圆满完成我区金税三期工程广域网项目建设任务，我讲五点意见。

一、要统一思想，充分认识金税三期工程广域网项目的重要意义

广域网项目是金税三期工程“一个平台”的关键组成部分，工程建设意义十分重大。

一是要认识到广域网项目是实现金税三期工程建设目标的重要基础。在总局统筹的框架下，实现全区统一税收执法，实时监控征管数据，强化税收征管，优化纳税服务，推行网络发票应用，强化两权监督和提高行政办公效率等业务系统，离不开广域网的支撑；实现全国税收征管数据应用大集中，实现涉税数据“一次采集、系统共享”，实现信息系统应用级容灾备份等金税三期工程技术目标，也离不开广域网的支撑。广域网项目能否建设好、管理好、确保安全、高速通畅，与金税三期工程建设目标的实现息息相关。

二是要认识到全国税务一张网，必须统筹建设、各负其责。要注意克服两种思想倾向，其一“事不关己”的思想，认为本单位网络已经建设到位，网络无需改造；其二“等、靠、要”的思想，认为广域网建设由上级负责，各地无用武之地。这两种思想倾向都会阻碍网络建设的质量和进度。金税三期网络是基于全国和省级“两级集中处理”统一设计规划的，与金税二期网络相比有质的飞跃，在网络结构和网络高性能、高可靠方面有了更高的要求，各单位必须各负其责，对骨干网和省网全面提升。

税务系统各级领导要充分认识金税三期网络建设的重大意义，高度重视网络项目的实施，确保项目实施成功，为今后金税三期项目全面实施打下坚实的基础。

二、要高度重视，加强组织领导

金税三期工程广域网项目建设是一项艰巨复杂的系统工程，范围广，时间紧，任务重，要求高。能不能圆满完成各项建设任务，是对各级组织领导能力的一次检验。各级要把三期建设摆上重要议事日程，加强统一领导和统筹协调。要完善领导机制，形成“一把手”亲自抓，主管领导分工负责，全体干部共同参与的工作格局。“一把手”和分管领导要对一些重大问题和疑难问题亲自过问、亲自研究、亲自协调、亲自解决，并确保各网络节点负责

人在项目实施期间一直在岗。要带头加强信息化知识的学习，把握信息化建设的规律，进一步改进领导方式，集思广益，科学决策。要按照区局实施方案的要求，制定具体的实施方案和工作计划，哪一天干什么、按什么步骤进行、由谁负责落实，都要列在详细的日程表上，并加强对建设情况的督促检查，确保金税三期工程广域网项目建设有条不紊地向前推进。要广泛深入地宣传动员，使干部职工充分认识搞好金税三期工程广域网项目建设的重要性和必要性，顾大局，识大体，发扬无私奉献、顽强拼搏的精神，保持不怕疲劳、连续作战的作风，扎扎实实地做好各项工作。

三、要统筹安排，精心组织实施

各单位要在区局统一指挥下，精心组织，理顺各种关系，创造条件保证施工进度，确保项目质量，按时完成实施工作。一是配合线路运营商做好MSTP线路建设工作。今年9月，区局通过政府采购方式确定了中国电信西藏分公司为备份线路中标单位，计划在30个工作日内，为我区税务系统建设与当前SDH网络不同路由的备份线路。各地（市）局要按广域网电信线路资源技术需求，积极配合各地电信运营商，落实好线路到位工作。二是做好机房环境准备工作。要按区局下发的机房环境要求，梳理各级网络节点机房环境和现有网络设备情况，认真做好各级税务机房环境的相关准备工作，避免因机房环境影响项目实施的进度和质量。三是规范管理，强化沟通，确保工程有序开展。区局8月下发了《西藏自治区国家税务局关于金税三期工程广域网项目（省网）实施工作安排的通知》，明确了我区省网项目建设目标、建设内容、实施原则、工作安排及要求。各地要按照质量优先、时间服从质量的原则，严格遵守统一规范要求，做到施工前有方案、施工过程有记录、变更情况有说明、施工验收有报告。要加强问题与风险管理，重大问题与变更必须及时报告。广域网项目涉及税务系统5级单位，合作单位包括集成商、设备厂商、线路运营商和监理单位，沟通协调非常重要，要积极做好内部沟通、内外沟通、上下沟通，组织好项目实施的各项工作，圆满完成我区金税三期工程省网建设任务。四是做好后勤保障工作。各单位要高度重视，在项目建设过程中，解决好项目工作人员的交通食宿等问题。

四、要注意保密，网络平稳过渡

各地（市）局要严格按照总局和区局安全管理有关规定和要求，配置网络策略，落实各项保密制度，做好技术资料文档的保管和保密工作，结合当地实际制订应急预案。确保网络平滑对接，平稳过渡，安全可控运行，项目实施期间做到“网络不断、系统不瘫、数据不丢、安全不松”，确保现有系统正常运行。

五、要全面培训，提升技能，确保项目高质量建设与网络运维

按照我区省网建设实施计划，采取集中培训和分散培训方式。集中培训计划在今年 11 月中旬举办，培训对象为区局和各地市局技术人员；分散培训在地市局实施期间进行，培训对象为县分局项目负责人。

各单位要按照项目管理以我为主、内外资源结合，项目实施与技术能力提升统筹进行的工作原则，积极组织本系统内的技术力量和集成商一起参与项目实施。各单位要高度重视，以项目建设为契机，全面培训技术人员，掌握关键技术。在项目实施过程中，全面参与项目建设，项目实施完成后，税务系统要有一批技术水平高、沟通能力强的网络技术骨干脱颖而出，为今后广域网稳定运行、安全维护打下坚实基础。

同志们，当前我区税收信息化事业正处于跨越式发展的关键时期，金税三期广域网项目建设意义重大、影响深远。能否保质保量地完成好此项工作，对我们这支队伍的工作能力提出了巨大挑战，也给我们展示才华提供了广阔舞台。希望大家认真贯彻落实好这次会议的精神，进一步理清思路，坚定信心，迎接挑战，抢抓机遇，以崭新的精神面貌、务实的工作作风、一流的工作业绩，圆满完成各项工作任务，为我区税收事业的科学发展作出新的更大贡献。

在全区税务系统办公室工作会议结束时的讲话

西藏自治区国家税务局副巡视员　成永安

（2011 年 10 月 14 日）

同志们：

这次全区税务系统办公室工作会议，是贯彻落实全国税务系统信访业务培训和全国税务系统办公室主任会议精神，总结“十一五”时期全区税务系统办公室工作，进行信访和网络舆情应对培训，研究部署当前和今后一个时期办公室工作任务的一次重要会议。会议开得很好，很成功。

这次会上，旺堆副局长围绕办公室工作实际作了重要讲话，总结了“十一五”时期全区税务系统办公室工作取得的成绩，提出了当前和今后一个时期全区税务系统办公室工作的总体要求和任务，充分体现了区局党组和区局领导对办公室工作的关心与重视。会议期间，与会同志围绕旺堆副局长的讲话进行了热烈的讨论，结合各地市的工作实际交流了这次培训收获，并就如何贯彻好落实好这次会议精神，以及对今后加强和改进办公室工作提出了许多很好的意见和建议。前天下午、昨天上午和今天上午，我们还听取了窦含章老师、郭顺成副局长和张桂海处长的网络舆情应对和信访讲座培训。大家认为，这次会议时间短，但收获很大，会议在分析当前和今后一个时期新形势的基础上，明确提出了要把全面提高政务服务水平作为办公室工作的主题和“三个认清”工作任务，符合我区税务系统办公室工作的实际，抓住了要害，为办公室工作指明了方向。大家感到，这次会议工作部署重点突出、措施得力，可操作性强；大家表示，回去后一定按照会议的部署和要求，锐意进取，扎实工作，努力提高办公室政务服务水平。总的来看，这次会议，进一步明确了任务、增强了信心、鼓舞了士气、凝聚了力量，将对全区税务系统办公室工作起到重要的推动作用。

下面，我就贯彻落实好这次会议精神再讲三点意见。

一、进一步提高对办公室工作重要性的认识

对于办公室工作的重要性，旺堆副局长在报告中已讲了很多、很深。办公室工作是税收工作的重要组成部分。办公室是机关的综合部门“司令部”，是领导决策的“外脑”和“抓手”、机关运转的中枢、对外形象的窗口、沟通联系的桥梁，在推进全区各项税收工作发展的过程中肩负着重要任务。面对新的形势和任务，各级办公室要正确把握职能定位，坚持围绕中心、服务大局，开拓进取、扎实工作，要把辅助领导决策作为办公室的崇高使命，把促进工作落实作为办公室的永恒主题，把保障机关运转作为办公室的常态任务，坚持讲政治、顾大局，讲服务、提质量，讲协调、增效率，讲程序、守纪律，讲团结、重和谐，精心细致处理日常工作，优质高效完成临时任务，做好琐事，抓好难事，办好要事，努力做好“三项服务”，创造新的业绩。

二、认真抓好这次会议精神的贯彻落实

关于进一步做好办公室工作的任务已经明确，关键要靠落实。各级税务机关办公室要按照会议的部署，抓好各项工作的落实。

首先要把思想统一到全国税务系统办公室主任工作会议和这次会议的精神上来，统一到总局和区局各项工作部署上来，办公室全体同志要树立“有为才有位”、“政务事务密不可分”、“领导抓手”等理念和进一步做好办公室工作的紧迫感、责任感和使命感，结合各自实际找准着力点、选准突破口，不断提高办公室工作水平。

其次，这次会议对办公室各项工作提出了更高更具体的要求，大家回去后要及时向党组汇报会议情况，取得党组的理解和支持；同时，各地市局要结合实际，对会议作出的各项部署逐一进行梳理，制定具体贯彻落实的意见、措施，逐项分解，明确责任，逐项落实，推动办公室工作迈上新的台阶。

第三，我们要紧密结合各地的实际创新办公室工作思路，力求各项工作取得新的更大突破，当前特别是要积极适应如涉税舆情引导、信访等办公室工作的新形势、新任务，探索工作的新思路、新方法，努力实现办公室工作的与时俱进。办公室要从思想上高度重视，从营造良好税收环境、树立良好西藏税务形象的高度，充分认识涉税舆情和信访工作的极端重要性和紧迫性，应当加以思考，引以为戒。

三、关于大家讨论中两个问题的答复

在昨天下午的讨论中，对于大家反映比较集中的信访和办公室人员两个方面的问题，我们提出如下建议，供同志们参考：

一是关于信访工作。首先各地市要继续高度重视，切不可掉以轻心，要进一步提高信访工作针对性和实效性，要加强对干部的教育和管理，促使干部自觉做到规范执法、规范自身行为。待总局下发《税务系统信访工作规定》后，请各地严格执行。

二是关于办公室人员问题。对于大家提出的办公室人员少及提高办公室人员综合素质的问题，这需要区局和地市局共同努力来解决。其一，会后，我们一定会把这次会议的情况及大家反映的问题向区局党组做一个专题汇报，提出我们的意见和建议，从而引起党组对办公室工作的进一步重视；其二，要充分发挥各地市局的主观能动性，采取一些有效措施和办法，从现有人员中培养和挖掘一批热爱办公室工作的年轻干部，充实到办公室干部队伍中来；其三，关于逐步提高办公室干部素质，除办公室人员自身努力外，区局将积极采取各种措施和通过各种渠道加强办公室人员的业务培训。

同志们，做好新形势下办公室工作任重道远，责任重大。希望大家认真贯彻落实好这次会议的精神，进一步理清思路，坚定信心，迎接挑战，抢抓机遇，以崭新的精神面貌、务实的工作作风、一流的工作业绩，不断提升办公室的政务服务水平，全面开创我区税务系统办公室工作的新局面。

第二篇 全区税收工作概述

全区税收工作综述

【概述】 2011年，西藏自治区国税系统深入学习实践科学发展观，坚持服务经济社会发展大局，以高度的责任感和使命感，围绕服务科学发展、共建和谐税收的工作主题，按照“一个中心”、“两件大事”、“四个确保”的要求，依法组织税收收入，全面落实税收政策，深入推进依法治税，优化改进纳税服务，创新完善税收征管，切实加强队伍建设，税收工作实现两大历史性突破。一是提供财力保障实现历史性突破。组织税收收入96.63亿元，完成自治区人民政府安排年度计划的170%，比2010年增收45.96亿元，增幅91%，增幅居全国第一，是2006年的5.2倍，为全区财政收入稳定增长发挥了重要作用。二是服务经济社会实现历史性突破。加大落实结构性减税和其他各项税收优惠政策力度，为纳税人减负4.7亿元；依法办理出口退税3023万元，比2010年增长14.9%，有力地促进了经济社会发展。对2011年西藏税收工作所取得的成绩，自治区党委书记陈全国，自治区主席白玛赤林、副主席宫蒲光等给予了充分肯定。

【政府关注】 2011年1月4日，西藏自治区人民政府下发《关于表彰全区税务系统的决定》，对西藏税务系统多年来的税收工作给予充分肯定，并号召全区各地（市）、各行业、各部门要以全区税务系统为榜样，立足本职，开拓创新，扎实工作，为西藏跨越式发展和长治久安作出新的更大贡献。2011年1月24日，自治区副主席宫蒲光听取自治区国税局的税收工作汇报，并深入拉萨市国家税务局、拉萨市国家税务局东城分局、拉萨市区三级办税服务厅、自治区国家税务局信息中心机房和直属税务分局等税务机关和基层单位进行工作调研，并看望慰问广大税务干部职工。2011年6月24日，西藏自治区党委书记张庆黎在《西藏自治区国家税务局关于2011年5月份全区税收收入执行情况的通报》上指示：前五个月税收工作做得好，税收收入增幅大。2011年9月15日至16日，西藏自治区人民政府召开“服务科学发展共建和谐税收”座谈会，西藏自治区人民政府副主席宫蒲光出席会议并作重要讲话。2011 年 9 月 30 日，西藏自治区政府副主席宫蒲光在《自治区国税局关于“服务科学发展 共建和谐税收”座谈会情况的报告》上批示：请白主席、吴英杰常务副主席阅示。这次座谈会反映出的意见，对我们加强和改进税务工作、完善税收政策很有价值，请区税务局要认真研究，属政策完善类的意见，要在深入调研、认真探索的基础上，提出建议，属工作服务类的，要切实改进工作，提高服务水平。总之要以此次为契机，促进我区税务工作在现有良好的基础上再上新的台阶。2011 年 11 月 26 日，西藏自治区党委书记陈全国在《西藏自治区国家税务局 2011 年 10 月全区税收收入组织通报》上，对税收工作作出批示：“组织得很好。”

【税收收入】 2011 年，西藏共组织各项收入 97.20 亿元，同比增长 90.2%，增收 46.09 亿元，其中税务部门组织收入 96.63 亿元，同比增长 90.7%，增收 45.96 亿元，增幅在全国 36 个省市区（含计划单列市）中排列第一位。税收收入 94.60 亿元，同比增长 90.3%，增收 44.90 亿元，完成国家税务总局下达计划的 184%。其中：国内增值税 20.71 亿元，同比增长 48%，增收 6.71 亿元；国内消费税 1.01 亿元，同比增长 19.7%，增收 1663 万元；营业税 16.01 亿元，同比增长 33.8%，增收 4.04 亿元；内资企业所得税 26.91 亿元，同比增长 1.4 倍，增收 15.71 亿元；外商投资企业和外国企业所得税 1.38 亿元，同比增长 40.9%，增收 4006 万元；个人所得税 20.24 亿元，同期增长 3.1 倍，增收 15.29 亿元；车辆购置税 3.32 亿元，同比增长 29%，增收 7472 万元；车船税 2971 万元，同比增长 28.6%，增收 661 万元；城镇土地使用税 5590 万元，同比增收 5590 万元；城市维护建设税 2.59 亿元，同比增长 38.6%，增收 7207 万元；资源税 8140 万元，同比增长 22.9%，增收 1516 万元；印花税 4031 万元，同比增长 30.2%，增收 936 万元；土地增值税 3649 万元，同比增长 1.8 倍，增收 2348 万元。其他收入 2.03 亿元，同比增长 1.1 倍，增收 1.05 亿元。其中：教育费附加 1.11 亿元，同比增长 50%，增收 3698 万元；耕地占用税 2843 万元，同比增长 1.5 倍，增收 1696 万元；税务部门其他罚没收入 484 万元，同比增长 34.8%，增收 125 万元；税务行政性收费收入 948 万元，同比增长 14.5%，增收 120 万元；地方教育附加 4906 万元，增收 4906 万元。出口退（免、抵）税 3023 万元，同比增长 14.9%。

【税收收入特点】　一是税收收入实现高速增长，宏观税负大幅度提高。2011 年税收收入 96.60 亿元，增幅 90.3%，税收收入占生产总值的比重（宏观税负）为 15.97%，比 2010 年提高 5.97 个百分点；税收弹性系数为 4.7，比 2010 年提高 1.6 个百分点。二是中央级收入占比略高于地方级，地（市）级收入增速显著。中央级收入 49.30 亿元，同比增长 99.3%，增收 24.57 亿元；地方级收入 47.33 亿元，同比增长 82.4%，增收 21.39 亿元。三是各产业围绕西藏产业建设发展要求，税收收入持续增收。第三产业税收总量和增速持续高于第二产业，第三产业同比增收 39.32 亿元，增收贡献率达 85.6%。四是非公有制税收继续领跑，税收增收贡献率最高。非公有制经济完成税收 76.17 亿元，同比增长 1.1 倍，增收 40.29 亿元。五是重点行业税收快速增长，支柱作用彰显。租赁商务服务业、批发和零售业、建筑业、金融业、采矿业、制造业、房地产业、信息传输计算机服务业、交通运输仓储邮政业和住宿餐饮业十大行业税收规模均超亿元，共计完成各项税收 89.46 亿元，占整体收入的 92.6%。

【税收收入分析】　一是经济持续健康快速发展为税收增长夯实了税源基础。2011 年西藏 GDP 突破 600 亿元大关，同比增长 12.7%，坚实的经济基础为税收收入快速增长提供了有力保障。二是重点项目落实促进税收增长。为支持西藏四个基础体系建设，国务院第 161 次常务会议审议批准了《“十二五”支持西藏经济社会发展建设项目规划方案》，着力构建交通、能源、通信、水利四大体系，2011 年新开工项目 80 个，复工项目 137 个，全社会固定资产投资增长较快，拉动建筑业各项税收 11.79 亿元，同比增长 40.2%，增收 3.38 亿元。三是旅游业保持强劲的发展势头。旅游业的发展拉动交通运输业、住宿和餐饮业、文化体育娱乐业、居民服务和其他服务业税收增速较快。四是市场购销旺盛促进税收增长。城乡市场持续繁荣，商品供应充足，市场价格运行平稳，批发和零售业完成各项税收 23.23 亿元，同比增长 48.8%，增收 7.62 亿元。五是政策调整带来收入有增有减。1.6 升及以下排量的车辆购置税由 7.5% 恢复到 10%，税率提高带来政策性增收 1700 万元，同时由于税率提高，带动汽车消费结构的调整，1.6 升以上排量汽车消费数量同比增加 3460 辆，税额增收 5924 万元。新开征的城镇土地使用税和地方教育附加分别入库 5590 万元和 4906 万元，净增收入 1.05 亿元；从 2010 年 7 月起对部分畜产品实施营业税免税政策以及从 2011 年 11 月 1 日起停征虫草、松茸采购环节营业税，减少营业税900万元，2008年10月9日起储蓄利息个人所得税暂停征收，翘尾减收111万元，贯彻落实修改后的个人所得税法，减少个人所得税1300万元，增值税和营业税起征点提高后，减收1000万元。五是一次性增收因素，成为收入快速增长的助推器。2011年西藏一次性因素增加税收30.71亿元，占增收总额的66.8%。

【税收法治】 进一步加强税收规范性文件管理，组织学习《税收规范性文件管理办法》和《西藏自治区规范性文件制定和备案规定》，全面清理税收规范性文件，及时向社会公布自治区现行有效和失效废止的税收规范性文件目录。积极开展税收资金安全检查，防止和纠正违反组织收入原则的行为。开展税收执法检查和监察，依法实施内部审计，对发现的税收执法问题、财务管理问题及时整改落实，自觉接受和配合自治区、税务总局等部门的监督检查，提高税收执法和财务管理水平。

【税种管理】 认真贯彻落实国家结构性减税和各项税收优惠政策，深入开展税收经济调研，加强跟踪问效和督促检查，使税收政策落实到位。为增值税一般纳税人办理固定资产进项税额抵扣，充分发挥增值税转型改革政策效应，全年抵扣进项税款2亿多元，为加快经济发展方式转变、促进经济转型升级提供了税收政策支持和服务保障；积极贯彻落实修改后的个人所得税法，个人所得税政策调整后全区近10万人不再缴纳个人所得税，减收个人所得税1.2亿元；经自治区人民政府批准，先后停征了虫草、松茸等在采购环节的营业税，降低了小规模纳税人和娱乐业的征收率，合计减免税收1100余万元；推进地方税制建设，先后开征了城镇土地使用税、地方教育附加，并开展了资源税改革前期调研工作。为支持小型微利企业和推进非公有制经济发展，经自治区人民政府决定，将增值税、营业税起征点提高至月销售额或营业额2万元，使全区4.8万户个体工商户享受到了1.2亿元免税优惠。非公有制经济在土地使用、融资、税收优惠等方面的大力扶持下，发展进入快速轨道，全年实现税收76.2亿元，比2010年增收40.3亿元。同时，按照自治区党委政府的指示要求，积极做好支持和促进就业有关税收政策的贯彻和落实工作，明确了自治区农牧民参与拉日铁路建设的税收政策，出台支持“9·18”地震灾区税收扶持政策配套办法，全力配合抗震救灾和灾后恢复重建工作。

【纳税服务】 坚持以纳税人需求为导向，着力提高纳税人满意度，不断改进纳税服务。稳步推进纳税服务标准化建设，规范纳税服务内容、优化业务流程。深入开展税收法制教育和“六五”普法工作，不断加强和改进税法宣传工作，深入开展税收宣传月活动。按照“窗口受理、内部流转、限时办结、窗口出件”的要求，合理调整办税服务厅窗口职能、整合审批事项。在拉萨市区推行“同城通办”等纳税服务举措，初步解决纳税人多头跑、多次跑的问题，减轻纳税人办税负担。完成12366纳税服务热线建设和试运行工作。财税库银横向联网系统推广工作力度加大。成功承办全区“服务科学发展　共建和谐税收”座谈会，虚心听取、吸纳纳税人及相关职能部门意见和建议，分层次、分步骤加以改进和落实，得到自治区副主席宫蒲光的肯定。

【税收征管】　认真贯彻落实“两个减负”，通过积极与自治区物价、公安等部门协调及实地调研，将发票专用章刻制费用由每枚298元下调至每枚80元以下，为全区纳税人节约刻制费用1300多万元；加强税收征管数据采集、分析、利用，通过综合税收征管系统和税控收款机管理系统对纳税人的发票开具数据进行准确采集，在进行数据筛选、分析后，与纳税申报数据进行比对，将开票数大于申报数的数据作为征管风险点下发至各征收单位，有针对性地加强税收管理。规范对已安装税控机具纳税人的发票管理，严格控制其使用手工发票，规范发票使用管理。及时掌握各地征管工作开展情况，对征管工作考评办法进行修订，并从后台对各地征管工作数据进行抽取、分析、比较，征管状况监控分析工作得到了进一步提升。推行车购税电子申报及档案系统。金税三期工程广域网项目建成并投入运行，网络可靠性更高。

【大企业税收管理】　建立定点联系大企业制度，落实企业风险管理，提供风险管理服务，安排税收自查和重点检查，督促企业落实《大企业税收风险管理指引》，切实提高数据分析能力。进一步完善定点联系企业的范围，确认195户定点联系企业（含税务总局定点联系企业44户）。借助综合征管系统的导入接口，并依托信息中心后台数据库提供的申报信息，加大数据分析和利用工作，引导大企业提高防范税收风险的水平。

【国际税收管理】　对66户外资企业（总机构）2011年度红利分配情况进行重点监控，以及对来藏提供劳务的非居民企业进行监管，全年实现非居民税收3380万元。做好对外自发情报的搜集和提供。积极开展为走出去企业服务工作，落实促进企业“走出去”各项税收政策。以税收协定为依托，及时办理“中国居民身份证明”，为境外投资企业提供税收服务，保证各项优惠政策落到实处。为进一步规范自治区非居民企业所得税的核定征收工作，制定《非居民企业所得税核定征收管理实施办法》。做好税收协定执行工作，加强协定待遇的审批及备案的后续管理，开展对协定待遇落实情况的汇总及评估，分析并防范执行中的潜在风险。

【税务稽查】 组织实施税收专项检查、专项整治和区域治理工作，整顿和规范税收秩序。通过多种形式，提高稽查人员业务技能和查账技巧。运用税收综合征管系统数据平台及日常征管资料，开展日常稽查，并查处一批涉税案件。重点开展广告业、办理电子及服装类产品出口退（免）税企业、房地产及建筑安装业、高收入者个人所得税、资本交易项目、矿产品采矿选矿等行业的专项检查，检查纳税人 141 户，查处有问题纳税人 128 户，稽查选案准确率 91%，结案率 99%，查补各项收入 3692 万元，入库 3960 万元。继续打击发票违法犯罪等活动，查处 191 户纳税人，违规使用发票 462 份，查补税款 250.3 万元。

【信息化建设】 做好运维和技术支持工作，确保综合征管系统、财务管理系统、车购税管理系统、人事管理系统、防伪税控、稽核系统、协查系统、货运发票系统和税控收款系统、出口退税系统等正常稳定运行。定期检查机房等重要场所，查找计算机类设备问题和漏洞，发现潜在的风险，及时制定策略、采取措施，将风险降低到最低程度。积极做好金税三期工程广域网项目建设工作。有序开展实施省级网络与信息安全三期建设。

【机构人员】 截至 2011 年底，西藏自治区国家税务局下辖 7 个地（市）国家税务局、1 个国家级开发区国家税务局和 73 个县级国家税务局，在职干部职工 1539 名，离退休干部职工 198 人。自治区局机关设有 15 个行政处室、5 个事业单位、2 个直属机构，共有干部职工 245 名。自治区局领导班子成员 10 人（局长 1 人、纪检组长 1 人、副局长 5 人、总经济师 1 人、总会计师 1 人、总审计师 1 人），副巡视员 2 人。

【人事管理】 对 2011 年全国公招人员按规定和程序进行了面试、体检、政审和分配工作，对 3 名 2010 年冬季退役士兵进行接收并安置工作。完成年度干部考核。按照干部管理权限，对涉及干部按程序予以任免，并办理相关手续。加强各级税务机关领导班子建设，认真开展自治区局机关和地市局处级干部选拔任用工作，50 名处级干部和一批科级干部走上新的领导岗位。选派了第三批干部赴内地六省挂职锻炼。

【教育培训】 制定 2011 年干部教育培训工作计划和《干部教育培训管理办法（暂行）》，利用税务干部学校，举办初任、任职、更新知识、税收业务等培训班25期，参训学员963人次。及时选派处级干部41人次参加全国税务系统处级领导干部业务培训班学习；选派处级以下干部80人次参加全国税务系统各类业务培训班学习。共选派98人参加税务总局组织的两期“智力援西”培训班学习。

【纪检监察】　坚持以人为本，积极推进干部队伍的思想、组织、作风、制度和反腐倡廉建设。召开全区税务系统队伍建设和党风廉政建设工作会议，研究明确当前和今后一个时期队伍建设和党风廉政建设的总体思路和工作措施。认真学习贯彻《廉政准则》，大力推进反腐倡廉建设，继续推进机关内控机制建设，努力构建大预防工作格局。深入开展政风行风评议工作。深化党建和思想政治工作。建设税务系统廉政教育基地。

【政务服务】　履行“参谋助手、信息反馈、督促检查、协调综合”职能，坚持服务领导、服务机关、服务基层，充分发挥参谋助手作用，围绕税收工作重点、热点和难点，开展综合调研和专题调研，深入挖掘和及时报送信息，信息工作质量和水平大步提高。开展“税法进市场、进机关、进学校、进军营、进农村、进牧区”宣传，建立税收宣传教育基地，举办“高原税收杯”税企篮球友谊赛、赠送图书、共建税企诚信林等活动。加强工作落实情况的督促检查和实地督查，确保各项举措顺利实施。逐步实现档案管理规范化、制度化和现代化。加强信息安全和保密工作，制定相关保密制度，编印信息安全和保密工作学习材料，举办保密知识专题讲座，开展安全保密检查工作。执行各项信访规定，进一步规范信访工作程序。加强政府信息公开工作，规范政务公开内容，拓宽政务公开渠道，完善西藏国税门户网站功能。

【财务管理】　强化预算管理，严肃预算执行刚性，加强“三公”经费预算执行管理，落实中央关于厉行节约的有关规定，严格控制公用经费等一般性支出，确保年度出国（境）经费、车辆购置及运行费、公务接待费、会议费等支出实现“零增长”，坚持分配与管理并重、投入与绩效并重的理念，加强预算执行情况分析，及时掌握分析预算执行情况。严格落实最低保障线制度，确障基层国税工作正常运转。做好国库集中收付工作。稳步推行网络版财务管理软件，完善银行账户管理。加强基本建设、固定资产管理和服装配备管理。

【内部审计】　整合资源，部署对税收执法和财务管理的重点环节开展检查和审计，运用实地核查、调阅、询问等方式，对系统内7名领导干部在税收管理权和财务管理权方面的履职情况进行离任经济责任审计工作。制定下发2011年“小金库”专项治理工作实施方案，深入开展“小金库”专项治理。税收执法管理信息系统通过测试、试运行工作，年底正式上线运行。共组织12个执法督察项目，查出税收执法方面的问题76个，提出整改建议及要求46条。严格税收执法过错责任追究，处理各类税收执法过错总数55次，责任追究100人次，对出现执法过错的税务人员处以经济惩戒16950元、经济惩戒47人次、开展批评教育43人次、责令书面检查9人次、通报批评1人次。组织47个内部审计项目，审计查出主要问题67个，查出问题涉及金额251.7万元，提出审计建议69条，被采纳的审计建议66条，被审计单位制定整改措施25件。

【政府采购】 规范政府采购行为，强化采购执行力度，采购质量和效率明显提高，全年共对42个项目进行集中采购，节约资金918万元。

【后勤管理】 围绕“管理科学化、保障法制化、服务社会化”目标，加强机关后勤服务工作，营造良好税收工作环境。建设“科学、有效、和谐”的机关后勤保障体系。

【税收科研】 更加注重以科学精神指引税收实践，在各项工作中努力培养创新精神、奉献精神、止于至善精神、平等精神和协作精神，推动税收科研和税收工作向科学化、理性化发展。积极参与国家税务总局、中国税务学会、国际税收研究会等单位2011年重点课题的组织科研工作。提高内部刊物《西藏税务》质量，完善税收科研成果交流平台。

【税务文化】 深入开展“创先争优”、学习型党组织、基层建设年活动和创先争优强基础惠民生活动；以纪念中国共产党成立90周年和西藏和平解放60周年为契机，广泛开展群众性文化建设活动，宣传西藏税收发展60年取得的成绩，展示西藏税务的辉煌成就，弘扬西藏税务精神。

【维护社会稳定】 牢固树立稳定压倒一切的思想，同心协力、攻坚克难，加强和创新社会管理工作，统筹全局打好“三大战役”，积极开展税务干部职工维护稳定意识强化教育活动，深入开展反分裂斗争，采取多种形式深刻揭批达赖集团的“三性”反动本质。充实维护社会稳定工作机构，健全维稳工作机制，加大维稳经费投入，加强重点场所和重点部位的安全防范，进一步融洽征纳关系，各级税务机关主要负责同志坚持对维护稳定工作负总责、亲自抓，把稳定工作作为硬任务和第一责任，圆满完成了维稳“三大战役”各个阶段的维稳任务，实现了大中小事不出的目标，切实维护了社会和谐稳定。

【强基惠民工作】 2011年10月，中共西藏自治区委员会决定在全区深入开展为期三年的创先争优强基础惠民生活动。西藏各级税务机关坚决贯彻“坚强基层组织、维护社会稳定、寻找致富门路、进行感恩教育、办实事解难事”五项工作要求，按照当地党委、政府的要求开展强基础惠民生活动。全区各级税务机关选派184人，与驻村村民每个月不少于20天的“同吃、同住、同劳动”。

【“9·18”地震】 “9·18”地震灾害发生后，自治区、地区、县三级税务机关快速反应，夺取了抗震救灾的阶段性胜利，得到各级组织的充分肯定。开展灾情评估，积极参与灾后重建各项扶持政策的制定和落实。日喀则地区亚东县国家税务局、江孜县国家税务局等受灾严重的办公设施重建项目正式立项。

（杨建龙）

收入规划核算

【概述】 2011年，全区税务系统收入规划核算部门深入贯彻落实党的十七届五中全会、自治区第七届七次全委会及自治区经济工作会议、全区税务工作会议和全区税务系统纳税服务和征管工作会议精神，紧紧围绕组织收入工作中心，牢牢把握经济税收运行态势，早动手、早安排，早落实各项收入任务和制定具体措施，把握工作重点，狠抓工作落实，推动规划核算事业不断发展。

【税收收入】 2011年，全区共组织各项收入972020万元，比上年增长90.2%，剔除海关代征5707万元，由区国税部门组织的税收收入为966313万元，比上年增收459564万元，增长90.7%，完成自治区人民政府下达给区国税系统年度计划的170%，超全年收入计划398313万元。

【税收经济分析】 一是2011年西藏自治区经济持续健康快速发展，税收收入与之吻合，呈现增长态势。在中央亲切关怀和全国人民的大力支援下，在自治区党委政府的坚强领导下，坚持走有中国特色、西藏特点的发展路子，大力实施“一产上水平、二产抓重点、三产大发展”的经济发展战略，开拓进取，扎实工作，经济持续增长。二是项目落实促进税收增长。为支持西藏四个基础体系建设，国务院第161次常务会议审议批准了《“十二五”支持西藏经济社会发展建设项目规划方案》，着力构建交通、能源、通信、水利四大体系，全年新开工项目80个、复工项目137个，全社会固定资产投资比上年增长16.6%，拉动建筑业完成各项税收117871万元，比上年增长40.2%，增收33784万元。三是旅游业保持强劲的发展势头。2011年接待游客850万人次，比上年增长22.1%，实现旅游总收入95亿元，比上年增长33%。旅游业发展拉动交通运输业完成各项税收15476万元，比上年增收4161万元；住宿和餐饮业完成各项税收14999万元，比上年增收4610万元；文化体育娱乐业完成各项税收5441万元，比上年增收2589万元；居民服务和其他服务业完成各项税收9255万元，比上年增收2480万元。四是市场购销旺盛促进税收增长。2011年全区城乡市场持续繁荣，商品供应充足，市场价格运行平稳，全年社会消费品零售总额比上年增长17.6%，居民消费价格指数为105%。拉动批发和零售业完成各项税收232337万元，比上年增长48.8%，增收76184万元。五是一次性增收因素成为收入快速增长的助推器。一次性因素增加税收307053万元，占增收总额的66.8%。其中：入库股权转让所得企业所得税174306万元；入库利息、股息、红利所得个人所得税127663万元。

【税收特点】 一是月度间收入总量与增幅受一次性因素影响波动明显。税收收入总体运行良好，月均收入为80526万元，月均增速为107%。纵观全年月度间收入，差异较大，1月、3月、10月收入总量和增幅均高于其他月份，其原因：1月入库林芝新豪时投资发展有限公司和林芝景傲实业发展有限公司股权转让所得税收9.05亿元，入库西藏同信证券有限责任公司代扣代缴转让限售股所得税收0.54亿元；3月入库林芝新豪时投资发展有限公司和林芝景傲实业发展有限公司股权转让所得税收8.72亿元；10月入库林芝新豪时投资发展有限公司和林芝景傲实业发展有限公司股权转让所得税收1.74亿元，入库西藏同信证券有限责任公司代扣代缴转让限售股所得税收0.07亿元，入库西藏益康投资有限公司税收0.51亿元。二是中央级收入占比略高于地方级，地（市）级收入增速显著。税务部门组织中央级收入492993万元，比上年增长99.3%，增收245669万元，占税务部门组织收入的51%；地方级收入473320万元，比上年增长

82.4%，增收213895万元，占税务部门组织收入的49%（其中：自治区级收入33518万元，比上年增长16.9%，增收4838万元，占税务部门组织收入的3.5%；地（市）级收入222129万元，比上年增长1.3倍，增收124098万元，占税务部门组织收入的23%；县级收入217673万元，比上年增长64%，增收84959万元，占税务部门组织收入的22.5%）。三是各产业围绕自治区产业建设发展要求，税收收入持续增收。自治区三次产业的税收规模在自治区“一产上水平、二产抓重点、三产大发展”的经济发展战略目标下协调发展，第三产业税收总量和增速持续高于第二产业。从收入总量及增收贡献率看：一、二、三次产业分别完成税收315万元、250061万元和715937万元；分别比上年增长18.9%、36.1%和121.8%；第三产业贡献率最高，比上年增收393193万元，增收贡献率达85.6%。从占税务部门组织收入的比重来看：一、二、三次产业分别占整体税收的比重为0.03%、25.88%和74.09%，第三产业所占比重比上年增加10.4个百分点。四是非公有制税收继续领跑，税收增收贡献率最高。2011年9月，区党委召开扶持非公有制经济发展会议，决定在土地使用、融资、税收政策等方面为非公有制经济发展创造良好条件，使自治区非公有制经济进入快速发展轨道。非公有制经济完成税收761716万元，比上年增长1.1倍，增收402858万元。其中：股份公司完成税收622295万元，比上年增长1.4倍，占税收总额比重为64.4%，比2010年增加12.6个百分点；外商投资、外国企业和港澳台投资企业完成税收40214万元，比上年增长55.8%；私营企业完成税收4876万元，比上年增长92.3%。五是重点行业税收快速增长，支柱作用彰显。从收入规模来看：租赁商务服务业、批发和零售业、建筑业、金融业、采矿业、制造业、房地产业、信息传输计算机服务业、交通运输仓储邮政业和住宿餐饮业十大行业税收规模较大，2011年十大行业税收均超亿元，共计完成各项税收894614万元，占整体收入的92.6%。其中：租赁商务服务业实现税收286842万元，占总收入的比重为29.7%；批发和零售业实现税收232337万元，占总收入的比重为24%；建筑业完成117871万元，占总收入的比重为12.2%。从增收贡献率来看：租赁商务服务业比上年增收254532万元，增收贡献率为55.4%；批发和零售业比上年增收76184万元，增收贡献率为16.6%；金融业比上年增收35708万元，增收贡献率为7.8%。六是充分发挥税收调节作用，税收优惠额超过上年水平。2011年各级国税部门牢固树立“一定要落实好各项税收优惠政策”的执法理念，积极将各项税收优惠政策落到实处。全年共落实各项税收优惠1.44亿元，其中增值税2488万元、营业税2537万元、企业所得税7581万元、车辆购置税1023万元；办理各种退税5715万元，其中出口退税2999万元；为鼓励企业在机器设备方面加大投资、促进中小企业发展，2011年全区实际抵扣固定资产进项税额16507万元；税收服务宏观经济调控、扶持企业发展的职能作用充分发挥，有力地支持了经济社会发展，促进了经济结构调整、技术进步和产业升级。

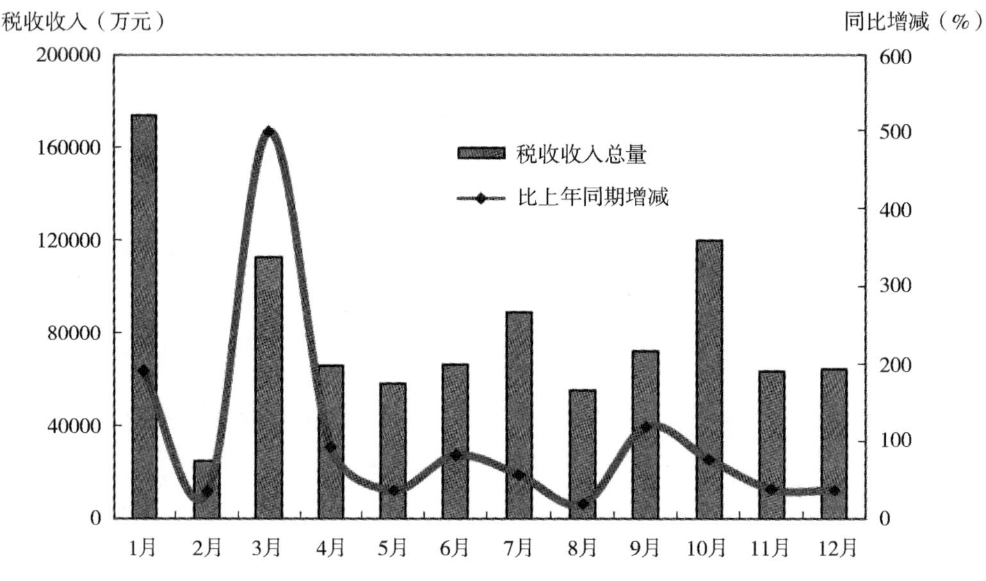

2011年月度税收收入情况

【税负分析】 按国家税务总局统一发布口径，2011年，全区税务部门完成税收收入（含海关代征）95.17亿元，占全国收入的比重为0.1%，比2010年提高了0.02个百分点；增长幅度为89.8%，高于全国平均增幅66.1个百分点，在全国36个省市区（含计划单列市）中排列第一位。2011年，全区生产总值605亿元，按可比价计算增长12.6%，按现价计算增长19.2%。2011年全区税务部门组织收入占地区生产总值的比重（宏观税负）为15.97%，比2010年提高5.97个百分点；税收弹性系数为4.7，比2010年提高1.6个百分点。

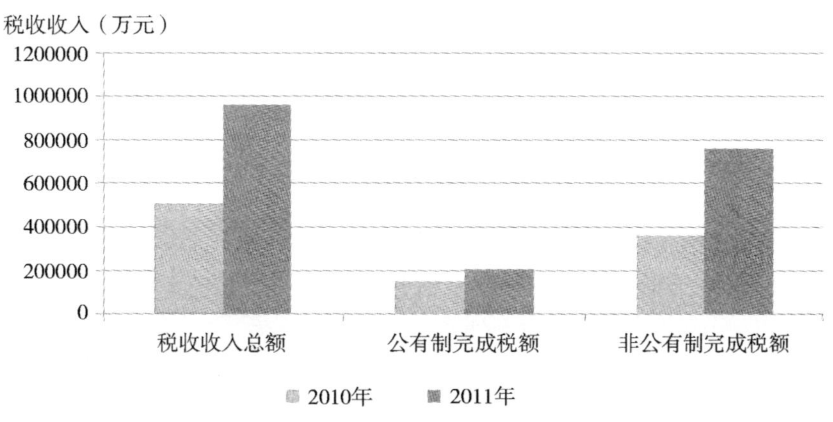

2010 年、2011 年公有制、非公有制税收收入总量

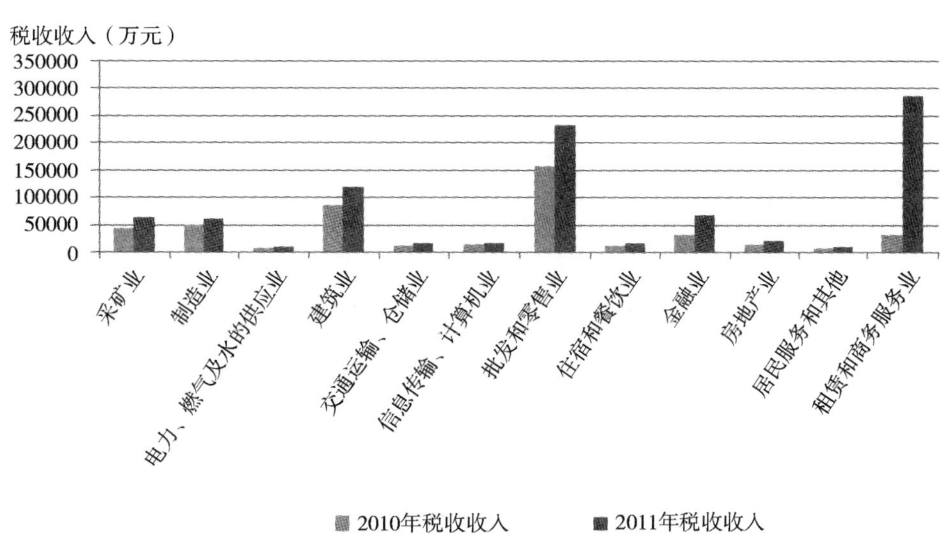

2010 年、2011 年税收行业结构

【重点税源监控】 2011 年，纳入国家税务总局监控的重点税源企业标准为缴纳增值税 500 万元以上的增值税纳税户，缴纳消费税 100 万元以上的消费税纳税户，缴纳营业税 100 万元以上的营业税纳税户，缴纳企业所得税 500 万元以上的各类纳税户。2011 年实际上报总局监控户数 175 户，比上年增加 36 户，增长 25.9%。根据自治区工作实际，在符合总局监控范围的 175 户企业的基础上，将上年缴纳税收收入 50 万元以上的企业类纳税人（正常纳税户）纳入自治区国税局监控范围，全区监控的户数为 408 户。2011 年，全区 408 户重点税源企业上缴税收 205751.02 万元，已缴税收占扣除海关代征进口税收和免抵调增值税后税收收入的21.29%，比上年提高0.41个百分点。其中：上缴增值税109487.55万元，占当年不含免抵调增值税收入的51.44%，比上年提高0.39个百分点；上缴消费税5940.71元，占当年缴消费税收入的58.64%，比上年提高0.22个百分点；上缴营业税18234.09元，占当年营业税收入的11.39%，比上年提高0.21个百分点；上缴企业所得税49517.07元，占当年企业所得税收入的17.5%，比上年提高0.55个百分点。

【税收会计及统计】 一是制定2011年全区税收计划。根据国家税务总局下达自治区的税收计划和全区税务工作会议精神，结合经济发展趋势、税源变化和税收政策调整等因素，确定2011年全区税务部门组织收入计划为56.8亿元，同比增长12%。二是下发2010年企业类纳税人增值税、营业税税负及预警标准。为全面、客观、准确地反映全区2010年增值税、营业税税负情况，充分利用综合征管系统（西藏版）中有关增值税、营业税的数据，对2010年度企业类纳税人增值税税负、营业税税负及预警标准进行了测算并下发了企业类纳税人税负低于或高于行业预警标准的企业名单。全区2163户企业类增值税纳税人应缴增值税平均税负为6.25%，比2009年提高0.95个百分点；全区2778户企业类营业税纳税人应缴营业税平均税负为3.92%，比2009年提高0.5个百分点。三是完成2011年税收资料调查工作。2011年税收调查分为企业调查和企业集团调查两项任务，全区共调查1670户企业。其中，抽样调查企业85户；重点调查1580户；集团企业5户，并将2011年税收资料调查数据及时准确上报总局。四是完成2008～2010年减免税调查工作。调查法人企业为6638户，2008～2010年3年间法人企业享受减免税7695户次，减免各项税收197295万元；对全区个体工商户进行了减免税测算，减免税20173万元，并完成数据及分析上报工作。五是发布2010年度全区百强纳税排行榜。从2011年1月开始对全区纳税人2010年度纳税情况进行整理、排序、核实，并按纳税总额、重点行业及企业注册类型对2010年纳税情况进行排行，并完成了全区2010年纳税排行情况的解析。4月28日，召开2010年度纳税百强排行榜新闻发布会。六是认真完成全区税收年终各类报表决算和税收会计统计年报会审工作。主要包括税收电月报、税收会计统计年报、税收票证年报和重点税源监控年报表，以及县（市）收入报表101套加工、审核数据上报。2010年税收会计统计年报表被总局评为“优秀”。七是定期召开季度税收分析会议。4月、7月召集局里相关业务部门召开一季度和上半年税收收入分析会议，及时了解和掌握各业务处税收工作和政策执行情况，全面把握税收经济形势。八是制定下发2011年收入规划核算工作要点。根据全区税务工作会议精神和总局收入规划司工作要点，科学计划、合理有效安排年度工作任务，并下发全区收入规划工作要点，明确2011年度全区收入规划核算工作目标和任务。九是明确退库制度，规范退库程序。根据总局严格执行税款退库办理制度的要求，确保自治区税款的安全，要求各单位建立岗责体系，明确退库职责，严格退库手续审核，规范档案管理，并在全区范围内开展2008～2010年各征收单位的退库情况检查。十是安排布置税收会计核算重点检查工作。按照总局有关文件精神，分层次、分阶段，全面布置2010年度全区税收资金安全工作检查工作，在7月中旬至8月初对拉萨、开发区、区局纳税服务处及区局直属局2010年度的税收票证管理、使用情况、现金税款管理等情况进行重点检查，将各单位的检查情况进行全区性的通报，同时，将自治区的检查情况上报总局。十一是加强税收票证管理工作。对票证库房进行整理和盘点，做到账实相符，确保了税收票证管理安全；为适应税收信息化、网络化的发展，改革和完善现行的税收票证管理制度，在全区范围内进行调研并将情况及时上报总局，服务于金税三期税收票证管理制度的改革；为保证税收票证的安全，便于日常管理，在保证两年用量的基础上，要求各地根据实际情况将基本不用的手工版税收票证进行了清理和销毁。十二是加强规划核算人才队伍培养。在林芝税校成功举办第2期税收经济分析班，邀请总局领导和区内外专家为培训人员授课，进一步转变了参训人员的工作理念，拓展了税收分析思路，圆满完成了各项培训任务。

（刘　群）

税收法治建设

【概述】 2011年，全区各级税务机关认真贯彻落实党的十七大精神，中央第五次西藏工作座谈会精神，以科学发展观为统领，按照“税制一致、适当变通”要求，不断强化依法治税，大力推进依法行政。全面推行税收执法责任制，深入贯彻《中华人民共和国行政强制法》，大力开展“六五”普法工作。按照国家税务总局统一部署，对1994年至2010年间制定的税收规范性文件进行了清理；坚持重大案件集体审理制度；以提高税收执法的质量和效率为目标，统筹协调，科学安排，全面加强税收执法，强化执法监督，探索完善和建立税收执法管理体制和制度，增强执行力和落实力。

【依法行政和依法治税】 一是坚持把依法治税作为税收工作的灵魂贯穿始终，深入贯彻落实国务院《全面推进依法行政实施纲要》和国家税务总局《关于税务系统贯彻落实〈全面推进依法行政实施纲要〉的意见》，规范税务行政行为，进一步转变职能，改进行政管理方式，提高行政管理水平，推进依法行政进程，做到公平、公正、文明执法，把依法治税工作落实到税收征管工作中，保证组织税收收入工作原则进一步得到贯彻落实，有效保证组织收入中心任务的完成。依法行政重在治“权”、重在治“官”的思想在税收管理中得到深化，有效维护了纳税人的合法权利。二是结合西藏国税工作实际，深入贯彻“依法治国，建设社会主义法治国家”的基本方略，认真落实“切实加大依法治藏力度，着力提高依法执政水平”的要求，努力践行“为国聚财、为民收税”的税收工作宗旨。认真贯彻全区税务工作会议精神，加强组织机构建设、大力推行税收执法责任制及执法过错追究，深入开展法制宣传教育、加强税收执法队伍的培训教育。推进税收立法和制度建设，维护税法体系的统一和完整。提高科学民主依法决策水平，建立健全重大决策跟踪反馈制度和责任追究制度。规范税收行政行为，全面提高税务机关的执行力。依法化解涉税矛盾纠纷，规范税收执法，从源头上预防信访和舆情问题的发生。加强税收执法监督。增强依法行政能力，不断提高税务部门依法行政水平。

【六五普法】 印发《全区税务系统开展法制宣传教育第六个五年规划（2011～2015年）》。《规划》明确全区税务系统2011～2015年法制宣传教育工作的指导思想、工作原则、总体目标、工作措施和具体要求。确定“六五”普法的主要目标，即：通过深入扎实的法制宣传教育，广泛普及税收法律知识，切实增强公民的税收法治意识，提高社会公众对税收工作的认知度；牢固树立依法诚信纳税观念，提高广大纳税人的税法遵从度；不断提升税务机关依法行政水平，构建规范执法、诚信服务的和谐税收征纳关系；进一步优化税收法治环境，推动形成学法、遵法、守法的良好氛围。根据《规划》部署和安排，“六五”普法期间，全区税务部门将按照“围绕中心，服务大局；依法治税，维护稳定；以人为本，服务群众；区别对象，注重实效；学用结合，普治并举”的原则，重点结合反对分裂、维护稳定、维护法治的需要，深入开展税收法治宣传教育，积极做到服务民族团结，服务社会管理，服务社会和谐稳定，服务长治久安；通过深入开展“税法宣传进机关、进乡村、进社区、进学校、进企业、进单位、进寺庙”等主题活动，重点加强对领导干部、公务员、青少年、企业经营管理人员和个体工商业户等“五类”人员的税收法制宣传教育。《规划》还要求，在充分运用传统宣传方式的基础上，进一步拓展宣传渠道，创新宣传形式和手段，进一步完善税收政策宣传的“三同步”机制，牢牢把握税收宣传的主动权；充分发挥“12366”纳税服务热线、税务门户网站、税务报刊等渠道的作用，重视利用手机报、手机短信、博客、微博、论坛、动漫等新兴载体，贴近实际、贴近生活、贴近群众，开展丰富多样的税收法制宣传教育。

【重大税务案件审理】 提高重大税务案件审理质量，强化内部执法监督机制。2011年，区局重大案件审理委员会审理了由区局稽查局移交的达到重大案件审理标准的西藏金泰地质矿业开发有限公司、拉萨诚信实业有限公司、四川省冶金地质勘查院、民航西藏自治区管理局等7件案件。在案件审理过程中，认真贯彻《西藏自治区重大税务案件审理办法》，本着实事求是的态度，重事实、讲证据，重点关注案件的法律适用和证据，召开重大税务案件审理委员会会议，如期完成案件审理工作。全年全区共审理重大税务案件7件，占稽查立案件数的25%。其中：维持初审意见的5件、发回复查1件、改变调查部门意见1件。在切实维护纳税人合法权益的同时，案件审理质量及效率得到稳步提高。

【税收规范性文件清理】 为贯彻国务院《全面推进依法行政实施纲要》、国家税务总局的有关规定，规范税务机关抽象行政行为，提高制度建设质量，明确执法依据，强化依法行政行为，不断完善税收法律法规体系，对1994年至2010年间制定的税收规范性文件进行了清理。一是成立清理工作领导小组，将规范性文件清理工作摆上重要议事日程。区局成立清理规范性文件领导小组及其办公室，由分管局长担任领导小组组长，9个业务处室处长为成员，从各业务处室抽调人员组成清理班子，负责对规范性文件的清理工作。二是确定清理范围。确定清理时间界限为1994年到2011年，内容范围为区局制定发布或与其他部门联合发布的对征纳双方具有普遍约束力的全部税收规范性文件，以及自治区人民政府、区人大及其相关部门发布的涉税文件。三是确定以文件有效性、简洁性、规范性为清理标准。有效性包括文件是否“执行时间过期”、“管理对象灭失”、“被后文废止”，简洁性包括文件是否“全部内容重复”、“部分内容重复”，规范性包括是否“与上位法相抵触”、“文件规定不合理”、“文件规定之间不协调”，经清理后分别做出处理。四是明确采取自下而上逐级清理的清理方法，在上级税务机关公布的清理结果的基础上，先理顺本级机关制定的税收规范性文之间的关系，对照清理原则查找问题，严格按规定进行清理。五是分解工作任务，按照清理原则分税种，分业务类别，将清理任务职责分解到各处室，清理工作落实到人。六是及时研究和处理清理问题，按阶段召开由各相关部门人员参加的税收规范性文件清理工作会议，总结工作经验，分析研究存在的问题，理清工作思路。七是确定清理时间和步骤，整个清理工作分为5个工作阶段进行：部署准备阶段、提出清理意见阶段、分析评估阶段、审议确认阶段、发布上报阶段。八是对外公布，根据《国家税务总局关于开展全国税务系统税收规范性文件清理工作有关问题的通知》要求，下发了对废止和部分失效的规范性文件以及现行有效的规范性文件一一列出文件目录和文号，在西藏国税网上公告，并上报国家税务总局。于8月结束规范性文件清理，区局制发的、在全区范围内对征纳双方具有普遍约束力的税收规范性文件627件，其中现行有效的规范性文件334件、部分失效的税收规范性文件52件，全文失效或废止的税收规范性文件241件。清理结果以公告形式向社会公布。

【行政审批清理】 按照西藏自治区行政审批制度改革领导小组的要

求和部署，进一步开展清理行政审批项目工作，将现有税务行政许可和行政审批项目与《国务院关于第三批取消和调整行政审批项目的决定》和有关法律、法规进行认真比对，共清理现行的行政许可和非行政许可项目共38项，保留38项，其中行政许可审批项目4项、非行政许可审批项目34项。

【政策执行情况反馈】 为认真落实《全面推进依法行政实施纲要》，深入推进依法治税，进一步提高税收政策制定、执行质量与效率，及时掌握税收政策执行情况，根据总局有关要求，全区税务机关政策法规部门作为税收执法和税收管理的综合部门，牵头负责反馈报告工作的组织实施，并会同有关业务处室，依靠专业部门优势，发挥专业部门积极性，收集整理各类税收政策问题，及时进行反馈。

【执法资格考试】 组织2010年未能参加初任培训及未通过执法资格考试的人员以及2011年招考录用的公务员及事业单位工作人员，培训20天。其措施：一是由人事处牵头，西藏税务干部学校、政策法规处、监察室为成员单位负责组织执法资格考试考务工作考试的组织、协调工作。二是认真开展参考人员报名统计和资格审查工作，及时发放考试用书，组织应考。三是做好试卷安全保密工作，考试用卷的抽取、印制、送达、保管、考前开封及考后封卷均实行双人负责制，由考试工作小组成员和监察人员共同进行。试卷交接使用每一环节移交均进行移交时间、交接人员登记，明确责任。四是统一考场设施准考证式样标准，全区七地市统一设置考场，配发准考证及《考试须知》。五是聘请西藏大学农牧学院10名教师担任监考工作，从区局机关和各地市抽调监考组，负责全区考场的考卷送达，考场巡查以及考后试卷的封装送返工作。考前召开了考务工作会，明确巡考组工作职责，巡考工作纪律，应试考场纪律、试卷封发等注意事项，明确了考试全过程的有效组织和监督。此次参加执法资格考试人员110人。其中，60分以上的（含60分）共104人，占参加考试人数的94.5%；60分以下的共6人，占参加考试人数的5.5%。考试成绩最高92分、最低39分。

（国　杰　格桑普尺）

纳税服务

【概述】 2011年，西藏国税纳税服务部门积极推动建立以纳税人正常需求为导向，以持续提高纳税人满意度和税法遵从度为目标，以办税服务厅、税务网站和纳税服务热线为平台，以健全组织、完善制度、优化平台、提高能力、强化预算、细化考评为保障，着力全区税法宣传、纳税咨询、办税服务、权益保护、信用管理、社会协作工作，不断改进和优化纳税服务，开启纳税服务工作新局面。

【工作会议】 2011年5月，在西藏林芝地区召开全区纳税服务工作会议。局党组书记、局长袁庆杰主持会议并强调："在新的形势下，当前税收工作的核心就是要抓好纳税服务和税源管理这两项工作。为进一步优化纳税服务，提高纳税人税法遵从度奠定了坚实的思想基础和工作基础。"

【办税服务厅网点延伸】 2011年7月，为转变政府职能，深化行政审批制度改革，拉萨市委、市政府筹建了拉萨市市民服务中心，西藏国税派人员进驻市民服务中心窗口。纳税人可以自主选择在拉萨市区三级办税服务厅、市民服务中心办税网点办理税务登记、申报纳税、税款缴纳、发票领购、涉税文书管理以及税务咨询等有关事宜。市民服务中心办税网点2011年共受理纳税申报5200余户，发售发票600余次，涉税文书1100余户，有效缓解了拉萨市区三级办税服务厅的工作压力，实现了全市办税业务的"同城通办"。

【12366呼叫中心】 2011年4月1日，西藏国税12366呼叫中心正式组建。6月25日完成12366热线系统软、硬件设备的安装调试工作。通过对全体热线工作人员服务礼仪、语言服务技巧运用和系统操作等培训后，2011年7月1日正式开始试运行、9月12日正式运行，标志着西藏国税12366纳税服务热线实现纳税咨询、办税指南、涉税举报、投诉监督等服务功能。

财税库银横向联网。进一步加大自治区财税库银横向联网系统推广力度，联合财税库银横向联网系统参与单位，先后完成日喀则地区、山南地区财税库银横向联网系统推广工作。截至2011年底，实行电子缴税的纳税人1260户（林芝地区50户、日喀则地区3户、山南地区3户），共发生电子缴款业务2万余笔，入库税款12亿多元。

办税服务厅标准化建设。积极推进办税服务厅标准化建设，落实服务制度、规范服务行为、创新服务方式，为纳税人提供便捷、高效、热情、规范的窗口服务。完善办税服务厅硬件设施。2011年办税服务厅原有的税务登记、文书受理、发票发售、发票缴销、各分局派驻审核、纳税申报等6类职能窗口整合为申报纳税、发票管理、综合服务3类职能窗口。按总局办税服务厅标准化建设的要求，针对全区各级办税服务厅的硬件设施参差不齐的现象，统一制发了落地资料架、排队隔离围栏；根据《中华人民共和国民族区域自治区法》，编译了藏汉两种文字的窗口标识牌。改造拉萨市区办税服务厅功能区，更换桌、椅，在办税服务厅划分了办税服务区、取表填单区、资料取阅区、纳税咨询区、等候休息区。配置排队叫号机、配备陈列表单书架及其填写式样；提供了笔、墨、纸张、印台、雨伞等便民设施；设置了咨询台、公告栏、宣传栏，公开办税流程和办税指南，提供宣传资料，引导纳税人便捷办理涉税事宜；设置了纳税服务监督牌及投诉箱、公开投诉举报电话，广泛接受社会监督，创造良好办税环境。

业务技能培训。组织人员学习全国先进经验，结合全区税收工作情况，提前做好教学计划，科学设置教学课程，于2011年8月在林芝税校首次举办全区纳税服务培训班，明确纳税服务工作的重要性，更新税务人员的纳税服务知识，提升纳税服务质量和水平。

【12366纳税服务热线】　西藏国税12366呼叫中心共有人员8名，其中党员7名、团员1名；研究生1名、本科6名、大专1名；平均年龄32岁。内设主管领导1名、工作岗位4个（行政管理岗1名、知识库管理岗1名、服务监控岗1名、服务受理岗4名）。12366纳税服务热线上线运行后，主要为纳税人提供涉税咨询、信息查询、投诉举报和纳税申报等服务；实现了自动语音、业务受理、业务处理、业务管理、专项调查、质量监控、管理监控、排班管理、短信管理、消息管理、小助手、统计分析、系统管理和网上业务等；还有内容丰富、权威规范的12366知识库功能。2011年，12366纳税服务热线受理服务总量1575人次。其中，按照语音类别统计，语音服务量1556人次，非语音服务量19人次；按业务类别统计，咨询类647人次，占人

工服务总量的88.03%；查询类75人次，占人工服务总量的10.20%；投诉类5人次，占人工服务总量的0.68%；涉税举报类3人次，占人工服务总量的0.41%；意见和建议类4人次，占人工服务总量的0.54%；服务转出类1人次，占人工服务总量的0.14%。

【税法宣传】 紧紧围绕税收宣传“税收·发展·民生”主题，强化税收理念宣传，深入宣传“税收促进发展、发展改善民生”理念，增加社会各界对税收工作的理解和支持，共同营造良好的税收环境。发挥办税服务厅的平台优势，设立税法通告栏、税收资料免费阅读书架，利用电子显示屏和触摸屏等载体适时传递、更新税收法律、法规、规章和涉税事宜。2011年根据上年纳税人满意度调查的情况，印制涉及纳税指南、税种介绍、表证单书填写样本等内容的宣传资料22万余册；税法公告4期，共4万册，无偿提供给纳税人。通过12366纳税服务热线短信平台子系统，2011年发送各类税收政策、法规宣传及征期顺延提醒等服务信息19万余条。

【纳税咨询】 积极推动12366纳税服务热线、网上咨询、面对面咨询等纳税咨询，不断提高纳税咨询服务的专业化和规范化水平；在尊重和满足不同群体咨询需求的基础上，合理引导纳税人接受和使用成本更低的咨询渠道，提高咨询效率，降低税收成本。引导符合条件的纳税人办理电子扣税、电话申报等业务，减少纳税人往返税务机关的纳税成本，提高纳税人的税收遵从度。

【办税服务】 不折不扣地落实办税服务制度。在合理设置窗口、完善工作职责的基础上，实行AB岗制度，积极推行全程服务、预约服务、提醒服务、延时服务、首问责任制等办税服务制度。不断优化办税业务流程。纳税人向税务机关申请办理的各类涉税事项，除法律法规另有规定的以外，统一归并到办税服务厅实行“一站式”服务，对纳税人办理涉税事项，实行“一次性”告知；对资料齐全的涉税事项，予以“一次性”办结；对能够即时办结的涉税事项，予以即时办结；对不能够即时办结的涉税事项，实行全程服务并限时办结。严格按照“窗口受理、内部流转、限时办结、窗口出件”的要求办理各项涉税事宜。有效解决纳税人办税“多头找、多次跑”和税务机关“重复找纳税人”的问题。推行税收业务同城通办，纳税人可以不受所属税务机关限制，根据其自身需要和方便，到就近的办税大厅办理有关申报、认证和普通发票领购缴销，提升了纳税服务水平。利用信息技术拓宽纳税服务方式，推行了财税库银横向联网系统。

【权益保护】　将保护纳税人合法权益作为纳税服务工作的核心内容，大力推进依法行政，积极响应和满足纳税人的合理需求，切实保障纳税人的税前、税中、税后权益，努力营造公平、公正的纳税环境。尊重纳税人的财会设置权、建议权，畅通纳税人通过合法渠道，以纳税主体的身份，对现行税制规定、征管执行方式、税收服务体系等涉及征纳双方的税务事宜，向有关职能部门提出合理化建议。尊重纳税人的知情权，使纳税人在税务人员的帮助和指导下，及时、准确了解到与自身生产经营范围、性质有关的税法规定、税种、税率等，为正确纳税做好必要的准备。尊重纳税人的延期申报或缴款的权利，当纳税人因特殊困难不能按照税法规定办理纳税申报或按期缴纳税款，需要延期时，在资料齐全的情况下及时受理、审批纳税人的提出申请尊重纳税人申请减免的权利，对资料齐全符合条件的纳税人在法律、行政法规规定的范围内，予以及时受理审批，使纳税人切切实实享受优惠政策。在法律许可的范围内，保护纳税人的申辩权，维护纳税人合法、正当的权益。维护纳税人保密权及纳税人在整个税收活动过程中的投诉权利。当税务机关在执法过程中若因自身原因造成纳税人不应有的直接经济或精神损失时，纳税人有权向有关部门申请索求赔偿。监督税务职能部门依法治税行为，检举揭发贪污受贿的不法分子，以保证取之于民的税收真正用之于民。

【信用管理】　为加强税收信用体系建设，促进纳税人依法纳税，依据税收法律、行政法规的规定，以纳税人遵守税收法律、行政法规、接受日常税务管理的情况为主要依据，做好全区纳税人情况调研，为下一步通过评估确定纳税人的纳税人信用等级实施分类管理打好基础。

【社会协作】　加强与财政、工商、银行合作，利用社会组织，加强信息沟通，协作办理涉税事项，动员和支持社会广泛参与为纳税人服务。扩大了由财政、税务、银行联合推行的财税库银横向联网系统的覆盖面，减轻了纳税人的办税负担，实现电子缴税业务。通过涉税中介机构，有效发挥注册税务师行业涉税鉴证和涉税服务职能，扩大企业所得税汇算清缴、企业财产损失所得税前扣除、弥补亏损等涉税鉴证业务，保障税收权益，缓解基层税务征管压力，提高征管质效，降低征纳双方税收成本和风险，培养纳税人的税收法制意识，全力维护纳税人合法权益，实现税务、纳税人、涉税服务机构的三方共赢。

（卢　晶　陈俊梅）

税收征收管理

【概述】 2011年，自治区税收征管部门坚持以科学发展观统领税收工作，全面贯彻落实中央第五次西藏工作座谈会和全区税务工作会议精神，按照国家税务总局关于征管科技工作的总体部署，结合西藏实际，以加强税收征管基础工作、加强普通发票管理工作、全面推进税源专业化管理和深入开展信息化建设工作等重点工作为抓手，不断提高全区税收征管工作的质量和效率。

【两个减负】 自2011年2月1日起，依照国家税务总局在全国范围内使用统一规格的发票专用章的要求，通过积极与自治区物价、公安等部门协调及实地调研，将发票专用章刻制费用由每枚298元降低到每枚最高不超过80元，为全区纳税人节约费用1344万余元；根据《国家税务总局转发〈财政部、国家发展改革委关于取消部分涉企行政事业性收费的通知〉的通知》（国税函〔2011〕97号）要求，自2011年2月1日起，对新办税务登记证的纳税人取消收取工本费，每年有30余万元税务登记证工本费被减免；对西藏综合征管系统模块进行修改，实现“同城通办”业务，使拉萨市便民服务中心办税窗口如期开展办税业务，减轻了三级大厅办税压力，方便了纳税人就近办理涉税业务。

【推行税控收款机】 2011年，全区7075户纳税人安装使用税控收款机7373台。加强数据采集、分析、利用，税源监控作用有效发挥。通过综合税收征管系统和税控收款机管理系统对纳税人的发票开具数据进行准确采集，再进行数据筛选、分析后，与纳税申报数据进行比对，筛选出异常数据10689条，将开票数大于申报数的数据作为征管风险点下发至各征收单位，有针对性地进行税收管理。2011年个体税收比上年增长26%，迈出了信息管税的重要一步。

【专业化管理准备工作】 根据国家税务总局在安徽召开的全国征管和科技工作会议要求，区局组织在林芝地区召开贯彻学习全国征管和科技工作会议精神会议，将会议主要精神传达到各地市国税局，要求各级税务部门做到税前监控、税中征收、税后稽查，为下一步在全区范围内开税源专业化管理工作奠定了思想基础。

【税收征管】　一是加强举报查办工作力度。针对普通发票改革后征管工作出现的新问题，制定出台普通发票举报奖励办法，向社会公开举报电话。一年来，接到违法行为举报30余起，通过及时反馈给管理机关，均得到及时查处；发票真伪查询560余次，有奖发票兑付查询400余次。二是对各地反映的达到起征点的定期定额纳税人办理停业、定期定额纳税人注销时税款应如何征收等问题，及时发布《西藏自治区国家税务局关于定期定额纳税人停业及注销时税款征收问题的公告》（2011年第7号），便于各地操作执行。三是根据新形势下税收征管工作要求，针对征管工作中出现的问题，于9月在林芝税校举办一期全区税收征管业务培训，各地市分管征管工作的局领导及相关业务骨干参加了此次培训，达到了预期目的。四是积极推进建立发票数据库。着力推行机打发票，及时采集发票开具信息，初步构建了汇集发票印制、发售、开具、代开、验销等相关信息的发票数据库。自2011年2月起从该数据库后台抽取纳税人开具发票的相关数据，通过比对分析，监控异常发票数据，并每月就发现的异常数据向各主管税务机关通报，及时堵塞征管漏洞。

【普通发票管理】　为进一步规范和加强普通发票管理，强化税源监控，提升纳税服务水平，适应税收管理信息化发展的要求，建立发票管理的长效机制，根据国家税务总局要求，自治区国家税务局制定并印发了《西藏自治区国家税务局普通发票简并票种统一式样工作实施方案》（藏国税发〔2010〕65号），对普通发票进行了全面改革。全区不分地区、不分行业使用统一的西藏自治区国家税务局通用机打发票、通用手工发票和通用定额发票3种，于2011年1月1日起正式启用，同时停止使用旧版发票。一是认真做好旧版发票缴销工作。为做好旧版发票缴销工作，采取多项措施进行监管：及时通知纳税人到税务机关进行旧版发票缴销，并领用新版发票，对继续使用旧版发票的纳税人按规定进行处罚；对纳税人未使用完的企业衔头发票由纳税人登记造册，经过主管税务机关审核无误后监督销毁；通过综合征管系统后台，对手中还持有旧版发票的纳税人数量进行清理统计，将名单下发给各地市主管税务机关，逐户督促缴销，确保旧版发票缴销不留死角；对全区发票库存量实行动态管理，掌握各地发票库存量，结合实际进行合理调剂，防止发票积压过多，造成不必要损失，将发票换版损失降到最低。截至6

月，圆满完成旧票清缴工作。全区共销毁旧版发票 19015167 份，工本费价值为 811045.60 元，是历次普通发票换版报废发票数量最少、损失发票工本费价值最低的一次。二是成功推行有奖发票。自 2011 年 1 月 1 日起，在全区成功推行有奖发票。全区有 699830 人次索取发票中奖，兑付奖金总额为 7734730 元。自有奖发票推行以来，发票用量急剧增加。2011 年全区普通发票印制总数为 47796500 份，较 2010 年普通发票印制总数 44595000 份同比增长 7.18%。多次与财政厅沟通、协商，取得财政厅对有奖发票推行工作的支持，落实了有奖发票奖励资金。财政厅将发票兑奖资金、抽奖发票公证费、宣传费等纳入财政预算，实现据实支付，保证了有奖发票推行工作长期运行。三是成功开发应用普通发票兑奖平台。2011 年 6 月 27 日，西藏自治区国家税务局发票兑奖平台上线运行，标志着自治区有奖发票话费充值兑奖业务覆盖全区所有手机用户。该平台利用专线分别与移动、联通、电信三家的信息系统相连接，实现网络互通，进行数据交换，将所有兑奖信息采集到税务端，实现中奖金额在 200 元以下的所有西藏手机用户均可通过话费充值方式进行兑奖。该平台的建成，实现了利用信息化手段实时监控、分析全区发票兑奖信息，使自治区信息化建设迈出了重要一步。该平台自上线运行以来，全区共有 438230 人次通过该系统实现手机话费充值兑奖，占中奖人次的 98.49%；通过系统兑付金额为 4204660 元，占系统推行以来的 88.34%。四是税务机关代开发票实现机打开具。在西藏综合征管系统中增加了税务机关代开发票模块，实现代开发票机打开具。制定《西藏自治区国家税务局税务机关代开发票管理办法》，明确代开发票流程、范围、审核办法等，使自治区代开发票工作纳入西藏综合征管系统进行规范化管理。2011 年，各级税务机关为纳税人代开发票 25151 份（不含公路内河货运发票），开票金额 2.289382713.06 元，征收税款 1.58 亿元。

【信息化建设】 西藏自治区税收征管信息化建设始于 20 世纪末，在借鉴内地经验的基础上，结合西藏实际，不等不靠，主动出击，开发运用税收综合征管系统（西藏版），实现征管数据全区集中。自 20 世纪末到 2009 年 4 月，税收征管信息技术一直是由自治区局信息管理部门负责实施。2009 年 5 月，西藏自治区国家税务局进行了机构改革，设置了征管和科技发展处，将全区征管信息化建设规划等工作明确由征管和科技发展处负责。为此，围绕职责的变化在信息化建设方面，主要做了以下工作：一是对综合征管系统近 200 个模块进行检查、修改、完善，满足了新增业务需求，同时实现“同城通办”业务，为方便纳税人就近办理涉税事务提供了技术支撑。二是根据区人民政府关于印发《西藏自治区城镇土地使用税实施办法的通知》（藏政发〔2010〕74号），编写业务开发文档并在征管系统中新增了城镇土地使用税登记、申报模块。三是根据《西藏自治区人民政府关于开征地方教育附加的通知》（藏政发〔2011〕41号），编写了相关业务需求并在系统中新开发地方教育附加用例。同时为确保地方教育附加能如期征收，针对操作中易出现的问题，还编写了相应的指导说明，供各单位使用。四是牵头组织完成车辆购置税申报系统和档案管理系统采购、培训、上线工作。五是根据《西藏自治区国家税务局关于贯彻实施修改后的个人所得税法的通知》（藏国税发〔2011〕107号），认真编写了相关调整内容的用例，同时为确保修改后的个人所得税法的顺利实施，针对操作中的注意事项，编写了相应的指导说明，供各单位使用。六是成功开发普通发票兑奖应用平台。七是完成税务机关代开普通发票功能模块的开发。八是积极开展财税库银横向联网工作。根据系统运行两年多来出现的一些问题，在集中分析、充分论证的基础上对批扣业务、实扣、下载入库流水等业务功能进行了优化；根据三部委下发的《关于办理电子退库、电子更正、电子免抵调等业务有关事宜的通知》要求，做了前期的业务需求工作，在论证过程中由于区国库系统的版本问题导致该业务暂时无法实现；银行端查询缴税业务（POS刷卡缴税）前期已经人行、多家商业银行进行了业务交换的前期论证工作，做好了调整综合征管系统中的相关报文、完善相关功能模块等前期准备工作。九是完成换开电子转账专用完税证明的业务用例的开发。十是根据《西藏自治区人民政府关于抗震抢险救灾和支持灾区恢复重建若干政策的通知》（藏政发〔2011〕83号），通过需求提交、测试等方面的工作，完成了相关税收优惠政策在系统中的实现。十一是关于促进非公有制经济发展的税收优惠政策发布后，及时完成提高个体工商户增值税、营业税起征点等政策在综合征管系统中的相关业务修改工作，保证了政策的全面准确落实到位。

（杨建生）

货物和劳务税管理

【概述】 2011 年，全区税务系统货物劳务税管理部门坚持以邓小平理论和“三个代表”重要思想为指导，深入贯彻落实科学发展观，进一步完善税收政策，深化税制改革，坚持依法治税，强化税收管理，转变作风，狠抓落实，积极探索货物和劳务税管理工作新路子，在税种管理、政策调研、完善税收政策和加强进出口税收管理等方面都取得了较好成绩。

【税收收入】 2011 年，全区货物和劳务税“四税”税收完成 410498 万元，占全区税收收入的 42.23%，比 2010 年增长 51.72%。全区累计办理出口货物退（免）税 3024 万元，比上年增长 14.89%，为自治区外贸经济发展发挥了积极作用。

【结构性减税】 一是落实营业税减免政策。为扩大内需，实施促进房地产业发展的个人住房转让营业税优惠政策。为改善民生，落实就业和再就业营业税减免政策。为支持文化体制改革和发展，落实相关营业税优惠政策。二是落实增值税减免政策。为深入贯彻节约资源和保护环境基本国策，大力发展循环经济，加快资源节约型、环境友好型社会建设，落实相关资源综合利用产品及劳务适用增值税优惠政策。四是继续落实卷烟批发环节征收消费税政策，为实现零售环节课征消费税提供了宝贵经验。五是全面实施增值税转型。实实在在减轻企业负担，拉动企业投资，为保持经济平稳较快发展起到了不可替代的作用。六是落实其他税收政策。为鼓励科学研究和技术开发，促进自主创新，推动产业升级，发布研发机构进口设备税收政策，规范对外修理、修配飞机免、抵、退税政策。

【税收政策调整】 为了切实做到政治上放心、思想上放开、政策上放宽、发展上放胆、工作上放手，落实好“两提高”的要求，在新的起征点上推动自治区非公有制经济跨越式发展，进行了部分政策的调整。一是为了进一步扶持个体私营经济的发展，减轻通货膨胀、行业激烈竞争和利润率下降等因素对个体私营经济的影响，鼓励个体私营经济创造更多就业岗位、吸纳更多人员就业、维护社会稳定，调整了个体工商户的起征点：将按月纳税的个体工商户增值税销售货物的起征点由月销售额5000元提高到月销售额20000元；提供加工、修理修配应税劳务的起征点由月销售额3000元提高到月销售额20000元；按日（次）纳税的起征点由日（次）销售额200元提高到每日（次）销售额500元。将按月纳税的个体工商户（含个人房屋租赁）营业税的起征点由月营业额5000元提高到月营业额20000元；按日（次）纳税的起征点由每次（日）营业额100元提高到每日（次）500元。全区约48600户个体工商户享受到免税优惠照顾，占全区个体工商户登记户的92%，全年减收增值税6948万元、营业税5208万元。二是为了减轻部分纳税人的税收负担，避免现行政策规定中强制性的一般纳税人资格认定管理对自治区经济发展带来的不利影响，全区提高了增值税一般纳税人的认定标准，放宽了管理要求：将增值税一般纳税人的认定标准由年应征增值税销售额50万元、80万元提高到120万元。同时，对年应征增值税销售额在120万元以下的纳税人申请认定增值税一般人的相关规定进行认定、管理，纳税人未申请认定一般纳税人的，按照小规模纳税人进行管理。三是针对农产品交易中采购者通过压低价格，使得农牧民群众成为税负的实际负担者，增加他们实际负担的现象，为加快农牧区经济发展，增加农牧区群众的现金收入，切实改善农牧民群众生活，维护社会稳定，促进自治区经济发展，停征了虫草、松茸采购环节营业税。四是随着自治区经济的不断发展，人民生活水平的不断提高，娱乐业逐步进入大众化消费领域，10%的高税率在一定程度上制约了该行业的发展。为积极落实中央和自治区关于推动文化大发展大繁荣的有关精神，公平娱乐业与其他行业间的税收负担，为纳税人营造公平税负、公平竞争的税收环境，降低纳税人的实际税收负担，促进娱乐业纳税人依法纳税、守法经营，把娱乐业营业税的税率由10%调整为5%。

【税收管理】　一是加强增值税管理。认真落实取消废旧物资发票的抵扣功能，从制度上有效遏制虚开废旧物资发票行为。二是加强消费税管理。继续加强卷烟批发环节征收消费税的税收政策管理，2011年卷烟批发环节实现消费税8431万元，比2010年增长20%。三是加强营业税管理。充分利用信息化手段，积极落实不动产、建筑业营业税项目管理及发票使用管理办法，加强建筑业、房地产业营业税征收管理。充分发挥货运发票税控系统的作用，强化货运业营业税“票表比对”全面监控营业收入，防范虚开、代开货运发票行为。四是加强出口退税管理。在严格审核审批出口单证的基础上，提高出口退税审批效率。2011年，全区累计办理出口货物退（免）税3024万元，同比增长14.89%，其中免抵调库24万元。加大函调协查工作力度，根据总局加强出口退税函调工作力度要求，通过发函调查，进一步加强征退税工作的衔接，扩大审核业务范围。2011年共发函37份，涉及发票张数315张，涉及退税额465.56万元。复函36份，涉及发票张数312张，复函率97.3%，有效地提高了税务机关对骗取出口退税违法行为的防范能力。根据2011年8月六部委下发的《关于扩大跨境贸易人民币结算地区的通知》，西藏自治区被列为跨境贸易人民币结算试点地区，全区税务机关进一步向出口企业宣传相关政策，同时结合人民银行试点企业评选工作着手准备税务部门出口企业跨境贸易人民币结算试点企业的评审工作。

（洛桑卓嘎）

所得税管理

【概述】 2011年，全区税务系统所得税管理部门以邓小平理论和“三个代表”重要思想为指导，深入贯彻落实科学发展观，按照2010年全国所得税管理工作会议和财产行为税工作会议的要求，扎实开展新税种开征以及税法各项政策调整的贯彻落实和政策执行的跟踪问效工作，通过信息化平台建设、重点税种收入预测分析等手段和措施，深入推进所得税信息化、专业化、精细化管理，进一步提高所得税管理质量和效率，更好地发挥所得税组织收入、调控经济、调节收入分配的职能作用。通过建立基层联系点、开办业务培训班等方式，大力加强税收政策的宣传辅导工作，创建新型业务咨询平台、畅通业务咨询渠道。通过下放税收管理权限、简化纳税审批程序、取消税收申报文书等方式，进一步落实“双减负”工作要求，切实减轻基层税务机关、纳税人负担。

【所得税收入】 坚持“依法征税，应收尽收，坚决不收过头税，坚决防止和制止越权减免税”的组织收入原则，在总局所得税管理“二十四字方针”指导下，利用全区经济发展持续向好的有利形势和各地招商引资工作有效推进的时机，加大组织收入力度，全区所得税收入出现大幅增长。2011 年，全区企业所得税、个人所得税收入总额 485297 万元。其中，企业所得税 282919 万元，同比增长 132%；个人所得税 202378 万元，同比增长 309%。企业和个人所得税收入，占全部税收收入比重为 49.9%，比上年增长 16 个百分点；两税增收额为 314022 万元，占全部税收收入总增收额的 68%。

【企业所得税政策】 一是贯彻完善新企业所得税配套优惠政策。与财政部门联合转发《财政部、国家税务总局关于支持和促进就业有关税收政策的通知》（藏财税〔2011〕15 号）；研究制定《西藏自治区国家税务局关于认真贯彻落实支持和促进就业有关税收政策的通知》（藏国税发〔2011〕68 号），与财政等部门联合转发《财政部、国家税务总局、民政部关于生产和装配伤残人员专门用品企业免征企业所得税的通知》（藏财税〔2011〕48 号）、《财政部、国家税务总局关于企业所得税优惠的农产品初加工有关范围补充规定的通知》（藏财税〔2011〕24 号）、《财政部、国家税务总局关于公共基础设施项目和环境保护、节能节水项目企业所得税优惠政策问题的通知》（藏财税〔2012〕11 号），有效促进了自治区基础产业科学发展。二是贯彻制定适应经济社会发展的所得税政策。为深入实施西部大开发战略，扶持中小企业和非公有制经济发展，推动文化产业发展繁荣，支持灾后重建等，与财政部门联合转发《财政部、海关总署、国家税务总局关于深入实施西部大开发战略有关税收政策问题的通知》（藏财税〔2011〕37 号）、《财政部、国家税务总局关于继续实施小型微利企业有关企业所得税政策的通知》（藏财税〔2011〕12 号）和《财政部、国家税务总局关于小型微利企业所得税优惠政策有关问题的通知》（藏财税〔2011〕58 号）；制定出台《关于贯彻落实推动文化大发展大繁荣有关税收优惠政策的通知》（藏国税发〔2011〕12 号）；会同财政部门制定《关于“9·18”地震灾后恢复重建有关税收优惠政策的通知》（藏财税〔2011〕42 号）。

【企业所得税管理】 一是以收入分析带动税收管理工作。针对近年来自治区企业所得税收入快速增长的现状，为进一步加强对企业所得税税收数据的分析与应用，在全区推广企业所得税重点税源分析方案。利用对企业所得税收入总额、分布地区、税源结构的分析，为税收收入预测和变化趋势判断，积累丰富数据、资料，夯实税收管理基础。二是建立税收执法检查和后续督查制度。通过对2010年度企业所得税执法检查整改情况督察和组织开展2011年度企业所得税执法检查，促进各单位进一步加强法制学习，完善执法程序，细化管理措施，提高执法水平。同时，为使广大税务干部学好用好企业所得税法，出版了《企业所得税法规汇编》，汇集了自2008年以来国家和自治区出台的各项企业所得税法律、法规和配套政策。三是加强企业所得税减免税管理。研究制定《西藏自治区国家税务局关于企业所得税减免受理期限有关问题的通知》（藏国税函〔2011〕14号），细化减免税审批、备案事项管理。四是做好汇算清缴工作和外商投资年检。及时下发开展汇算清缴及外商投资年检任务文件。会同技术部门做好汇算清缴和外商投资年检软件的升级、维护。按时完成汇算清缴及外商投资年检相关数据采集、分析和上报工作。

【个人所得税税制改革】 根据国家实施个人所得税制改革的各项决议，积极推动自治区个税改革各项贯彻落实工作。对自治区个税各类收入项目的费用扣除标准进行科学测算、详细论证。结合西藏实际，及时出台包括“工资、薪金”、“劳务报酬”、“个体工商户生活费用”等个税费用扣除金额标准。迅速组织各地开展个税制度改革，认真完成综合征管系统修改和个人所得税管理系统修改工作。密切追踪各地个人所得税法修订的贯彻落实情况，保证个人所得税改革工作顺利实施。

【个人所得税政策】 根据《西藏自治区人民政府关于调整个人所得税费用扣除标准的通知》（藏政发〔2011〕70号），及时出台《关于贯彻实施修改后的个人所得税法的通知》（藏国税发〔2011〕107号），确保各地准确执行个人所得税法及自治区调整个人所得税费用扣除标准的各项具体政策。

【个人所得税管理】 一是加强个人所得税自行申报管理。以《个人所得税自行纳税申报办法》等相关文件和规定为基础，安排部署自行纳税申报工作的具体实施方案、相关工作规程和保密制度，做到有的放矢。认真做好全员全额管理的基础工作，狠抓落实，完善和扩大了个人收入建档管理的覆盖面。对纳税人的个人收入情况进行严格保密，做到不外传、不外露，切实保障纳税人的合法权益，确保年度年所得12万元以上个人所得税自行纳税申报工作稳步有序进行。二是加强个人所得税全员全额申报制度管理。针对自治区个人所得税征管现状，在个人所得税管理系统试运行的基础上，于2011年1月1日起对年扣缴个人所得税税额达到10万元的单位全面推行个人所得税管理系统，进一步提高了自治区个人所得税管理信息化水平，同时也便于税务机关及时、准确掌握纳税人收入明细信息、有效监控高收入人群纳税情况。三是积极推动个人所得税完税凭证开具工作。按照“明确目标、全力推进、多措并举、逐步到位”的基本原则，以强化全员全额扣缴明细申报为契机，创造条件，采取多种方式，坚定不移地推进完税凭证的开具工作。制作《中华人民共和国个人所得税完税证明》（西藏版）等完税凭证式样，跟踪监督各征收单位完税凭证开具情况，切实保护纳税人的知情权，正确履行税务机关的告知义务。

【所得税业务培训】　在林芝税校举办一期企业所得税政策培训班。培训聘请了区内外所得税方面的专家、教授对新企业所得税法、个人所得税法及其相关配套政策等实体法，以及与之相关的程序法内容进行了详解和分析。为检验学习效果，培训期间，组织参训人员进行全国企业所得税业务考试，取得了较好的成绩。

（次　央　达瓦次仁）

财产和行为税管理

【概述】　2011 年财产和行为税工作在国家税务总局和西藏自治区国家税务局党组的领导下，构建起“七税两费”的税制体系，即车船税、城镇土地使用税、资源税、印花税、土地增值税、城市维护建设税、耕地占用税、教育费附加和地方教育附加；形成了符合西藏实情，具有西藏特点的财产行为税体制，其中车船税、城镇土地使用税、资源税、印花税和耕地占用税在“体制衔接、框架一致、适当变通”的原则下，充分体现了西藏特点；发挥了税收调控经济和产业导向作用，实现了税收制度的良性发展。

【财产行为税收入】　2011 年，财产和行为税收入总体保持平稳增长，全年共入库车船税、城镇土地使用税、资源税、印花税、土地增值税、城市维护建设税、耕地占用税、教育费附加和地方教育附加 69086 万元，比上年增长 71%，增收 28558 万元。车船税共入库 2971 万元，比上年增收 661 万元，增长 29%；新开征城镇土地使用税共入库5590万元；城市建设维护税共入库25863万元，比上年增收7207万元，增长39%；资源税共入库8140万元，比上年增收1516万元，增长23%；印花税共入库4031万元，比上年增收936万元，增长30%；土地增值税共入库3649万元，比上年增收2348万元，增长180%；耕地占用税共入库2843万元，比上年增收1696万元，增长148%；教育费附加入库11093万元，比上年增收3698万元，增长50%；新开征地方教育附加共入库4906万元。

【完善税制】 一是开征城镇土地使用税。从2011年1月1日起，自治区开征城镇土地使用税。制定《西藏自治区城镇土地使用税征收管理暂行办法》，强化城镇土地使用税的征收管理，确保税款及时足额入库；《西藏自治区国家税务局印发〈关于城镇土地使用税具体问题的规定〉的通知》（藏国税发〔2011〕4号），明确城镇土地使用税纳税人、征收范围、纳税时间以及减免税等相关规定43条，便于征收单位和纳税人掌握政策；下发《西藏自治区国家税务局关于开征城镇土地使用税具体问题的通知》，要求各地统一思想，提高认识，确保城镇土地使用税各项政策的顺利实施，并对各地税额标准、税源管理、纳税服务等问题提出了要求；下发《西藏自治区国家税务局关于城镇土地使用税征管范围问题的公告》，根据城镇土地使用税就地缴纳原则，同时兼顾有利于税收征管和方便纳税人缴税的宗旨，明确了城镇土地使用税征管范围；做好征管软件的开发协调工作和印制发放纳税申报表及减免税申报表等辅助工作；及时进行政策执行情况的跟踪问效，对各地土地等级划分、税额标准制定、税收政策宣传等工作进展情况，进行跟踪问效，确保了土地使用税征收工作顺利实施；二是开征地方教育附加。根据国家有关规定，从2011年5月1日起，自治区开征地方教育附加。为确保地方教育附加开征顺利实施，充分发挥国税网站、纳税服务热线、税务书刊作用，开展地方教育附加政策宣传、做好征管系统模块增加和调试工作等一系列工作，保证了地方教育附加开征工作有序进行。

【税收管理】 一是加强征管制度建设。制定各税种管理制度，形成较为完整的财产行为税征管制度。制定《关于加强土地增值税征管工作的通知》，要求各地加强领导，强化征管，摸清本地区土地增值税税源状况；加强土地增值税预征工作；做好土地增值税清算工作。制定《关于耕地占用税征收管理有关问题的通知》，明确纳税人的认定、计税面积的核定、涉税信息的取得和利用、减免税管理等问题。制定《西藏自治区车船税管理办法》，明确纳税人、减免税、纳税期限、代扣代缴等事项。制定《西藏自治区城镇土地使用税征收管理暂行办法》，明确城镇土地使用税的纳税人、计税依据、纳税义务发生时间、资料报送、纳税检查和违法处理等问题。二是强化政策宣传。利用全国税收宣传月、全国法制宣传日等大型宣传活动，定期做好送法、座谈、授课等活动；各地（市）采取多种措施，加强财产行为税的宣传工作，如林芝地区，通过手机短信、纳税服务 QQ 群、LED 显示屏等形式，常态化告之纳税人权利和义务；一些地（市）利用提前催缴催报的方式，督促纳税人按照申报纳税。三是强化部门沟通。为不断提高车船税、城镇土地使用税、耕地占用税等税种的征管水平，堵塞税收漏洞，保证从源头上控税，全区充分与保监局联系、与保险公司沟通，为做好车船税的代收代缴工作奠定良好基础；同时加强与国土、建设等部门的沟通协作，提高信息共享和利用能力。一些地（市）如林芝地区建立纳税服务 QQ 群，将当地的 3 家保险公司财务人员纳入 QQ 服务群，及时传达新的税收政策。一些地（市）加强与保险公司的联系，重点了解车船税法在落实时遇到的困难，一旦出现纳税争议，确保能及时、有效地进行处置。四是强化征收管理。在一系列财产行为税征管制度的保障下，各地（市）充分将程序落实到位，确保政策执行不走样。一些地（市）利用纳税人申报的时机，切实开展申报表的审核工作，及时发现附加税（费）是否漏报。一些地（市）在报送工程合同的过程中核实纳税人是否缴纳了印花税，按照合同造价一次征收到位，避免了漏征情况的发生；重点核实资源税课税数量、城镇土地使用税面积、耕地占用税面积等资料，核实税额，堵塞税收漏洞。五是强化后续管理。对城镇土地使用税、耕地占用税、印花税、资源税等税种，每年都安排一定时间进行调研和检查，检查内容主要有申报资料、登记台账以及管理中遇到的困难和存在的问题，对检查的结果及时沟通，并进行通报，督促各单位及时纠正，充分发挥后续监管等机制的作用。

【信息化建设】 搭建财行税税源平台。财行税税源监控平台旨在通过采集第三方信息和各税种的登记、申报、入库信息，挖掘数据间的逻辑关系，开展信息比对和数据监控，掌握准确的税源信息，建立起动态的财产行为税税源监控数据库，并进行税收分析预测。通过前期调研，提出业务需求以后，于 7 月升级了监控平台程序和数据库，并运行了车船税和土地增值税两个模块，导入各地市保险公司2008年至2011年8月代征车船税数据；建立了车船减免税台账。同时建立8个信息模型，即：保险公司车船税信息查询、车购税信息查询、车船税减免税信息查询、年度车船税入库信息比对、车船税入库信息任意两个时间段信息比对、车船税与车购税信息比对、车船税与车购税征收率分析、土地增值税预征情况监控、销售不动产营业税与土地增值税比对。

【纳税服务】 一是建立基层业务联系点。为更好地推动所得税、财行税的专业化管理工作，进一步畅通与基层的信息交流渠道，简化信息交换流程，将区局的政策精神尽快传达到基层，确保政策准确及时贯彻落实，切实减轻基层税务机关负担，把拉萨市国家税务局直属税务分局和堆龙德庆县国家税务局、山南地区的桑日县国家税务局和日喀则国家税务局直属税务分局确立为基层业务联系点。二是落实双减负工作。针对车船税管理中的有关问题，本着落实“两个减负”、进一步优化服务的理念，专门组织“双减负”调研小组深入到拉萨市、日喀则和山南国税局调研，全面细致地了解纳税人和基层税务机关的负担，并针对车船税征管中的问题，提出了解决措施：下放车船税减免程序，为了方便农牧民纳税，减轻纳税人负担，将车船税减免由三级审批变为一级审批，并对减免税的后续管理工作提出了要求；取消车船税完税证明，针对车船税完税证明印制及管理中的问题，取消了车船税完税证明，并就加强管理提出了意见。同时，下放二手房个人所得税减免程序，切实减轻了纳税人办税负担。

【政策改革研究】 研究制定资源税制改革方案，目标是将自治区部分矿产品计征方式从“从量定额”改为“从价定率”。资源税制改革初步方案根据财政部门和国土等相关部门意见。修改完善，提交局领导研究，并择机上报区政府。为了确保资源税制改革方案顺利推出，前期深入拉萨、日喀则、山南等地，开展大量细致的调查研究和分析整理工作，包括听取重点资源所在地主管机关汇报掌握资源税管理现状、下矿山实地走访调查了解矿山企业的生产情况和矿产品的生产经营流程，与企业人员座谈倾听他们对资源税制改革的意见和建议，收集整理分析涉税数据资料等。

（唐晓芬）

大企业和国际税务管理

【概述】 2011年，紧紧围绕组织收入工作中心，把握工作重点，狠抓工作落实，推动大企业和国际税收管理各项工作。在国际税收方面：对预提所得税源泉扣缴情况进行监督，共征收非居民企业所得税税款3391.92万元，较2010年实现大幅增长；不断加强对非居民企业的管理，通过培训培养非居民管理专业人才；按照走出去企业自身需求，开展税收辅导，提供政策支持；严格执行税收协定优惠政策，2011年共计减免税款271.75万元。在大企业管理方面：不断完善定点联系企业的范围，明确各地（市）大企业税收管理职能部门的职责，加大对大企业数据采集的分析、应用工作，切实提高风险防范水平；为定点联系企业提供上门服务，对企业提出的疑问予以快速答复；走访大企业，了解企业的生产经营、财务核算、内控制度建设等情况，倾听纳税人意见，改进服务方式。2011年全区大企业定点联系企业入库税款共计19.85亿元，较2010年增收3.92亿元，增长19.72%。

【国际税收管理业务】 一是强化外资企业监控。经过筛选分析，对66户外资企业（总机构）年度红利分配情况进行重点监控，对来藏提供劳务的非居民企业进行了监管。由于措施得当、监控到位，2011年全区共征收非居民企业所得税税款3391.92万元，同比增收3160.76万元，增长1367%。二是加强非居民企业管理。全区非居民企业管理工作严格执行《中华人民共和国企业所得税法》及其实施条例、《中华人民共和国税收征收管理法》及其实施细则、我国政府与外国政府（地区）签订的税收协定（安排）等。三是优化走出去企业服务与管理。全区共有3家“走出去”企业，为掌握企业的动态信息，联合主管税务机关开展情况调研，走访商务厅对外投资和经济合作处及“走出去”企业，掌握其境外投资的基本情况，了解投资过程中的具体税收问题，建立境外投资企业户籍管理档案，将企业发生的境外投资行为进行登记。四是强化税收协定执行工作。根据总局相关文件精神，下发《非居民享受税收协定待遇管理办法（试行）》，用以指导和规范全区税收协定的执行。2011年全区非居民享受协定待遇审批件1件，属于股息红利范围，减免税款271.75万元。五是制定《非居民企业所得税核定征收管理实施办法》。按照国家税务总局相关文件要求，制定并下发《非居民企业所得税核定征收管理实施办法》。

【大企业税收业务】 建立定点联系企业制度、落实企业风险管理。按照全国大企业税收管理工作会议及全区税收工作会议精神，及时下达《2011年大企业税收管理工作要点》，进一步强调各地（市）建立定点联系企业，提供风险管理服务、安排税收自查和重点检查、督促企业落实《大企业税收风险管理指引》、切实提高数据分析能力等方面的内容。进一步完善定点联系企业的范围。经信息核对和条件筛选，确定2011年度区局定点联系企业195户（含总局定点联系企业44户）。为明确各地（市）大企业税收管理职能部门的职责，充分调动各级税务机关的能动性，依据属地化原则，将选定的定点联系企业层层分解到所属各地（市）税务机关。要求建立地（市）级定点联系企业制度，各级税务机关在所辖范围内将具有集团性质的总部和成员单位及对税收收入有较大贡献的企业纳入本级大企业定点联系企业范围中，做到上下联动、统筹协调、快速响应的工作机制。加大数据分析和利用工作，切实提高企业防范税收风险的水平。为提高数据采集的准确性，借助综合征管系统的导入接口，并依托信息中心后台数据库提供的申报信息，确保总局定点联系企业征管数据采集真实。2011年全区大企业定点联系企业入库税款共计19.85亿元，较2010年增收3.92亿元，增长19.72%。

【大企业涉税风险防控】 按照国家税务总局发布的《大企业税务风险管理指引（试行）》的要求，引导大企业合理控制税务风险，防范税务违法行为，依法履行纳税义务，避免因没有遵循税法可能遭受的法律制裁、财务损失或声誉损害。制定下发《西藏自治区国家税务局关于大企业税务风险监控管理办法（试行）》，为全区大企业涉税风险防控工作的开展提供政策支持。

【走访与联席会议】 一是通过上门提供税收服务、电话答复税收咨询等途径，积极回复企业涉税诉求。二是对部分定点联系企业开展走访活动，进一步了解企业的生产经营、财务核算、内控制度建设、有无重大涉税事项等情况。三是积极准备银行保险业行业定点联系企业联席会议。2011年共收到8条意见、建议，并依据相关职责，在征询其他业务部门的政策反馈后，及时向纳税人进行了回复。

（赵　丽）

税务稽查

【概述】　2011年，西藏国税局稽查部门紧紧围绕税收中心任务，深入整顿规范税收秩序，以查处税收违法案件和开展税收专项检查为重点，加大稽查工作力度，规范执法行为，创新稽查工作思路，明确执法权限、理清执法程序、强化执法责任，加强稽查队伍建设，提高稽查工作整体水平，各项工作顺利，并取得成绩。全区稽查部门充分发挥稽查职能，制定检查计划，将日常检查与专案检查、专项检查相结合，加大对重大案件的查处力度，以查处大要案件为突破口，积极拓展案源渠道，提高案件查处的质量和效率，采取有效措施，集中力量对征管基础薄弱和案件多发的行业及重点地区开展税收检查，有效堵塞税收漏洞。

【稽查查补收入】　2011年，全区稽查部门共检查纳税户141户，查出有问题纳税户128户，稽查选案准确率91%，结案127件，结案率99%；稽查机构组织企业自查50户。全区稽查部门实现收入总额3692万元。其中：稽查机构查补税款2427万元，罚款434万元，加收滞纳328万元，查补收入合计3189万元；稽查机构组织企业自查收入503万元。稽查机构查补罚款占查补税款的比例为17.88%；实现入库3960万元，入库率为108%（包括上年未入库税款）。其中：区国税局稽查局共检查纳税户28户，查出有问题的纳税户25户，结案24件，查补收入总额1868万元。

【税收专项检查】　根据《国家税务总局关于开展2011年税收专项检查工作的通知》精神，自治区国税局对全区税收专项检查工作进行统一安排和部署，重点对广告业、办理电子及服装类产品出口退（免）税企业、房地产及建筑安装业、高收入者个人所得税、资本交易项目、矿产品采矿选矿等行业进行税收专项检查。一是加强组织领导，精心安排部署。区局及各地市根据工作实际，分别成立以主管领导任组长，稽查、征管、纳税服务、政策法规等相关单位为成员的税收专项检查领导小组，制定检查方法和步骤，注重调查分析，明确检查工作重点。二是采取多种形式举办查前干部培训，加大工作力度，提高专项检查工作效率和质量。三是分行业组织企业开展自查，加大辅导力度。在认真做好总局部署的企业自查工作的同时，对房地产业、建筑安装业、石油石化行业、邮电通信业、高收入者、烟草行业及餐饮娱乐业开展自查工作，共组织34户企业开展自查，自查有问题26户，自查收入总额836.95万元。四是稽查执法与税法宣传、规范行业税收秩序相结合，积极主动地对纳税人讲解税收法律知识，帮助纳税人建立规范的账簿及财务制度，做到文明执法，优质服务。五是狠抓落实，加强对专项检查的督导和指导工作。区局稽查局进一步加大对各地的督导力度，定期听取各地工作开展情况汇报，随时掌握工作进度，促使各地专项检查工作落实到位。全区各地税务部门共检查纳税户187户，查处有问题113户，查补税款、罚款及加收滞纳金共计2340.07万元。其中：广告业检查22户，有问题14户，查补收入97.23万元；办理电子、服装类产品出口退（免）税企业检查3户，有问题3户，查补收入8.9万元；房地产及建筑安装行业检查24户，有问题9户，查补收入589.08万元；高收入者个人所得税检查21户，有问题4户，查补收入2.47万元；资本交易项目检查8户，有问题4户，查补收入206.1万元。各地对从事交通运输、金融保险、邮政通信等企业进行检查，共检查纳税户101户，有问题72户，查补收入总额1436.29万元。

【重点税源企业检查】 2011年，区局稽查局继续按照“统一组织、统一指挥、统一行动、统一处理”的工作原则，成立领导小组指挥督促检查工作的开展，并从全区抽调25名业务骨干，组成6个矿产品专项检查小组，分别对拉萨、林芝、昌都、阿里等地区的探矿、采矿、选矿和销售矿产品的企业或个体经营者全面开展调研式税收专项检查工作。共检查矿产品企业28户，查出有问题22户，查补税款522万元，加收滞纳金45万元，处以罚款62万元，查补合计629万元；组织矿产品企业开展自查6户，自查收入137万元，全额入库。为了切实达到以查促管、以查促改的目标，检查组注重方式方法，积极加强与各地管理部门的沟通与协作，对发现的问题及时提出稽查建议。

【举报案源管理】 2011年，全区各级税务稽查部门不断加强举报管理工作，严格执行工作流程及相关制度，认真负责地受理各类涉税举报案件。截至2011年底，全区累计受理各类涉税举报案件53件。其中：电话举报42件，来人举报4件，信函举报6件，重复举报1件；实名举报3件、匿名举报50件；查处案件50件，查处率94.34%；结案数61件，结案率为122%。累计查补举报案件金额101.28万元。其中：税款76.54万元，罚款10.20万元，加收滞纳金14.54万元。举报涉及的企业所有制情况：有限责任公司19件、个体经营户26件、股份有限公司1件、私营企业1件、其他企业6件，分别占受理案件总数的36%、49%、2%、2%、11%。

【打击发票违法犯罪活动】 根据国家税务总局关于开展打击发票违法犯罪活动有关通知精神及工作部署，区局高度重视，由分管领导亲自抓，组织稽查、征管等相关部门研究具体实施措施，制定专项行动工作目标及实施方案，明确工作重点和打击对象，统一安排部署打击发票违法犯罪活动专项整治工作。一是根据总局要求，对石油、人寿保险、联通、建行等4家重点企业开展纳税自查，设计《纳税人发票使用情况自查说明》和《纳税人发票使用自查要求》等文书，通过明确自查目标、时限及要求，走访企业，解释政策，提高纳税人办税自觉性和自查工作质量。在此基础上，还开展了石油、联通企业的检查工作，加大处罚力度，督促企业规范用票行为。二是按照“打击与建设相结合、治标与治本相结合”原则，根据《关于对〈西藏自治区社会治安综合治理目标责任考评办法〉进行修订的通知》要求，向区社会综治办报送《2011年全区打击假发票专项整治行动考核评比标准》。三是结合税收专项检查、区域税收专项整治、重点税源企业轮查和税收违法案件检查，加大对建筑业、金融、保险、通信、石油及房地产等重点企业发票使用情况的检查，认真开展虚假发票“买方市场”整治工作，做到“查账必查票”、“查案必查票”、“查税必查票”。同时，积极配合相关部门做好假发票“卖方市场”的打击整治工作，严厉打击印制、贩卖假发票犯罪团伙。2011年，全区共查处发票违法企业191户，涉及非法代开或虚开发票、非法取得发票462份，查补税款125.4万元，加收滞纳金41.9万元，罚款83万元，查补收入总额250.3万元，曝光发票案例12件。

（德　吉）

直属税务分局

【概述】 2011年，西藏自治区国税局直属税务分局以邓小平理论和“三个代表”重要思想为指导，深入贯彻落实科学发展观，牢牢抓住改革、创新、发展主题，立足实际，积极探索、开拓创新，以开展“创先争优”活动为契机，大力组织税收收入，夯实税收征管基础，提高依法治税和纳税服务水平，加快信息化进程，探索创新税收管理模式，打造德才兼备的干部队伍，以求真务实的作风、开拓进取的精神，圆满完成各项工作任务。

【税收收入】 2011年，坚持把组织收入作为中心工作，采取多项措施，进一步加大征管力度，挖掘增收潜力，各项收入再创新高。2011年，全局实现税收收入15.96亿元，增收5.52亿元，同比增长52.87%，首次突破15亿元大关，创下增收、增幅历史新高。一是收入任务落实到位。2011年初，在深入调查摸底的基础上，按照“同比增长、适当调节、总量下达、自行分解”的原则，将收入计划层层分解落实到各税源管理科，做到“千斤重担人人挑，人人肩上有指标”，形成税收征收合力，确保收入抓早抓紧抓实。二是加强重点税源管理。完善重点企业台账和经济指标采集，做好重点税源数据采集工作，为税源监控提供依据。对重点税源企业一方面积极跟踪其每月税源的变动情况，及时发现并解决组织收入过程中的问题；另一方面对处于改革阶段的重点税源企业，做好跟踪工作，并利用信息化手段，运用数据应用系统的功能拓宽税收分析、税源监控的深度和广度。2011年分局辖区重点税源87户，占总户数的33.98%，其中总局监控39户、区局监控48户，全年缴纳各项税金12.07亿元，同比增收4.60亿元，增长61.64%，占分局总收入的75.63%。三是全面细致做好汇算清缴工作。按照总局和区局安排，积极、稳妥地开展“涉税通”企业所得税汇算清缴系统和汇总纳税企业所得税管理系统的推行工作，并及时为企业提供纳税辅导，充分利用好汇算清缴软件的审核功能，确保汇算清缴工作质量的提升。同时，加大日常检查力度，2011 年完成对 100 余户企业的日常检查工作。四是做好年所得 12 万元以上个人所得税自行申报工作。及时开展扣缴义务人扣税情况测算，掌握人员基数，并结合当年经济状况，找准工作重心，落实层层负责制，确保各部门、各环节工作目标明确、责任清晰。2011 年所辖年所得 12 万元以上个人自行纳税申报人数为 2622 人，同比增加 611 人、增长 30.38%；应纳税额 9299.34 万元，缴税额 9291.62 万元，补缴税额 7.72 万元。

【税收征管】　2011 年，分局积极探索以风险防范和纳税服务为着力点，对纳税户实施风险管理、信息管理、差别管理，有效地提高了纳税人的税法遵从度，征管质效得到全面提升。一是完善职责提高效益，贯彻落实税收管理员制度。明确税收管理员的具体工作内容和工作目标，按照科学分类、便于管理的原则划分税源管理科室，按照不同行业类型、规模分户到人。要求税收管理员对所辖企业进行日常管理的同时，及时掌握新开业户、停歇业户、注销户、非正常户、外出经营户等变化情况，确保所辖范围内无漏征漏管户，截至 2011 年底，注册登记纳税户 256 户。细化工作流程。按照《税收管理员操作规程》，完善税务登记、纳税辅导、纳税评估、日常检查和发票管理等工作流程，形成完整的税源管理工作流程。建立税收管理员数据分析制度。对税收管理员涉税管理、日常检查、纳税评估、纳税服务等执法行为进行监督，建立“执法有记录、过程能监控、结果易核查、绩效可考核”机制。二是强化纳税户的动态管理。开展分类管理。分局对辖区内的销售大户、开票大户、纳税大户、盈亏大户、特殊政策户和容易出问题的行业加大了监控力度，对不同类型的企业有针对性地落实不同的管理措施，初步建立分局局长、科长、管理员三级监控体系。加强户籍管理。每年按时完成税收征管资料的归档和全年征管档案的收集整理工作，“统一领导、分级管理、专人负责”的原则和“一户式”的管理要求，以及“规范化、制度化、科学化”，以及达到具备存查价值等目标基本实现。三是加强纳税申报管理。对未按规定期限申报的企业，严格执行处罚和滞纳金加收制度。在申报期内，对未及时履行申报义务的纳税人提供催报催缴纳税服务。同时，准确登记减免税、弥补亏损、企业资产损失税前扣除等各类台账，确保了税收征管质量的大幅度提高。

【依法治税】　针对税收执法中出现的新情况、新问题，着力于提高依法治税的水平，积极推进税收法制化建设，创造公平、公开的税收执法环境。一是认真贯彻落实各项税收优惠政策。积极做好税收优惠政策的宣传工作，严格减免税管理程序，落实主管科室初审、政策法规科复审、分局办公会议集体研究审批的逐级审核制度；加强后续管理，不定期进行检查，强化日常监督。建立企业所得税、增值税等分户分类减免税台账，按月进行登记，及时掌握各项优惠政策的落实情况，加强落实效果跟踪分析。2011 年依法为纳税人办理税收减免 876 万元。二是执法过程明晰化。对所有执法项目的内容，进行分类梳理，根据各岗位的职责，重新明确了“登记认定、发票管理、防伪税控”大类项目操作流程，使各个岗位干部都能明确为什么要这样做，应该如何做，怎样做才能做得更好，执法时更加注重政策、注重程序、注重权限，执法能力和水平得到全面提高。三是加强税收制度建设。建立健全各项内部管理制度。制定和完善科学的岗责体系，明确各部门的工作范围和职责，做到岗位设置合理规范，定岗定责，职责分明。将政务公开与廉政建设、文明办税相融相合，将《廉政准则》、税务系统贯彻落实《中国共产党党员领导干部廉洁从政若干准则》的实施意见、国家税务总局关于纳税人权利与义务的公告、岗位公示栏、工作职责等上墙公布，并设立科室标示牌和举报箱，通过政务公开、阳光办税等措施，完善各项工作制度。四是注重税收执法程序。深刻认识执法程序的重要，明确把握细节流程的关键，以规范的程序、严谨的流程、科学的操作，切实做好依法治税。强化法治意识，在深化依法治税中规避风险；强化服务意识，在优化纳税服务中降低风险；强化责任意识，在严谨涉税工作中化解风险；强化学习意识，在规范操作程序中防范风险。

【纳税服务】 进一步贴近纳税人需求，在服务理念上有破有立，在工作定位上变以“我”为中心，转向以纳税人为中心，在工作方式上实现从“执法 + 管理”的强势角色向“执法 + 服务”的平等角色转变，受到纳税人的一致好评。一是提升纳税服务层次。要求税收管理员不但提高自身业务素质，还应提高个人修养、社交礼仪等在内的多方面素质，保证税收管理员在工作中能够做到严格准确的执法和热情周到的服务。改善办税环境，优化业务流程，进一步提高纳税服务质量和效率，作为面向纳税人的“窗口”单位，始终树立“服务”的理念，以“公仆”的身份开展税收工作，在组织收入同时，向纳税人展现当代西藏国税人的精神风貌，杜绝“门难进、脸难看、话难听、事难办”现象。二是优化纳税服务标准。充分尊重纳税人的主体地位，坚持公平服务和全员服务，以纳税人合法需求为导向，分清服务事项的轻重缓急，合理规划和设计纳税服务项目，使纳税服务举措契合纳税人的实际需求，提高征纳双方的理解度和信任度。以减轻纳税人的办税负担为重点，不断优化纳税服务。认真落实“两个减负”要求，努力优化纳税服务，坚持“一事不二报”原则，尽量避免纳税人多头多次报送。三是搞好新开征税费宣传。为确保土地使用税、地方教育附加等区新开征各类税费的顺利征收，开展多种形式的宣传和纳税辅导，结合管理员平时掌握的户管情况，有针对性地对部分企业进行面对面的辅导，从计税依据到税款计算、缴纳期限等方面均给予了耐心和细致的辅导，有力地保障了各类新开征税费税款的顺利征解入库。2011年分局入库城镇土地使用税1226.63万元、地方教育附加755.50万元。认真开展新个人所得税法的各项工作。及时认真开展宣传辅导工作，使纳税人正确掌握个人所得税法修改内容，便于纳税人和扣缴义务人正确履行自行纳税申报和代扣代缴义务。开通“税企直通”在线交流QQ群，与纳税人进行在线交流，提供税法宣传、通知公告、办税提醒及咨询解答等服务，满足了纳税人通过互联网得到即时服务的需求，使QQ成为税收小助手，得到纳税人的好评。

【信息管税】　面对新形势新任务新要求，进一步更新信息管税的工作理念，创新工作思路，不断提高信息管税工作的质效。强化信息技术的运用。充分利用综合征管系统，做好数据采集工作。充分掌握综合征管系统的应用，依托综合征管系统的平台，做好户籍信息、申报纳税、发票核定、文书审批等各项数据的采集工作，严格纳税人报送报表的数据勾稽关系审核，提高信息采集的效率和质量，防止异常数据进入系统，严把数据入口关。强化信息分析应用，积极开展经济税收分析、税收政策效应分析、行业税负分析、专题分析，为征管决策和日常税源管理提供依据。周密部署，精心安排，扎实、稳妥地做好税控收款机推广工作。截至2011年底，所辖116户企业成功推广应用税控收款机。开展个税系统的推广应用和企业所得税汇算清缴软件的覆盖面。大力开展个税系统的推行及辅导工作，及时向纳税人提供升级补丁，采取互联网发布和实地辅导相结合的办法，确保补丁升级的时效性和便利性；认真开展企业所得税汇算清缴“涉税通”系统的推广工作，按照相关工作要求，拓展“涉税通”软件的使用范围，同时及时做好补丁发布与相关纳税辅导工作。

【人才建设】　在日常工作中，始终把加强队伍建设作为工作的重要部分，努力建设一支高素质干部队伍。主要在提高能力上下工夫，引导干部树立终身学习的理念，要求坚持学习、努力学习、踏实学习，把个人学习和建设“学习型”组织相结合起来。2011 年分局新班子成立以来，高度重视干部培训，虽然面临人员少、任务重、工学矛盾突出的问题，但始终把干部培训作为一项重要工作，常抓不懈，分局全体干部完成轮训和每人每年培训天数不少于 30 天的目标。通过强化思想政治、业务知识、法律知识教育，全局干部队伍的依法治税水平显著提高，工作作风实现了根本性的转变，精神面貌焕然一新，为全面推进依法治税打下坚实的基础。

（扎西罗布）

税收信息化建设

【概述】 2011 年，全区税收信息化工作坚持以科学发展观为统领，全面贯彻党的十七大、中央第五次西藏工作座谈会和全区税务工作会议精神，按照国家税务总局“内部挖潜、提升能力、服务基层、服务机关”的税收信息化日常管理工作理念和区局党组“扎实推进信息化建设，全力服务信息管税”工作部署，通过制度、管理和技术手段，积极构建信息化日常管理体系框架，不断提高内部管理水平，加强信息化应用支撑，优化运行维护管理流程，保障信息系统稳定安全运行，积极为税收工作提供有力保障。

【运维和技术支持】 一是做好日常维护与技术支持工作。根据总局要求，完成综合征管系统、财务管理系统、车购税管理系统、人事管理系统、防伪税控、稽核系统、协查系统、货运发票系统和税控收款系统、出口退税系统、电子传输平台、MQ 传输、企业所得税汇总纳税、稽查案件管理、检查证管理等业务系统的升级工作；按照总局的规定，定期对网络、主机、数据库和中间件进行健康检查，每月按时上报各监控平台、信息安全系统、货运系统、四小票系统的报表或监控数据；调试、测试税收执法管理系统，完成税收执法信息管理系统与综合征管系统接口的测试、完善及试运行工作，实现与征管系统数据共享和传递；对财税库银系统提供全程技术支持和维护，保障系统正常运行；通过与总局电子税务管理中心协调，顺利完成新版综合办公系统在自治区的环境搭建工作；搭建发票兑奖系统的相关平台，确保同城通办业务等各系统的平稳运行；与中软现场人员密切协作，对综合征管系统运行过程中的问题进行分析、处理并及时反馈给各征收单位，确保该系统的正常有效运行；做好各县局防伪税控系统的技术支持工作；做好信息化基础平台的建设、升级、扩容和整合工作；完成区局办公楼现用电话线路的“光进铜退”工作，减少了原有的故障率和信号干扰度。二是加强风险排查与防范工作。定期检查机房等重要场所计算机类设备的问题和漏洞，发现潜在的风险，及时制定策略、采取措施，将风险降低到最低程度；整合资源、消除单点故障；严格执行相关工作规定，明确各岗人员的职责分工，对主机设备、网络设备、安全系统和应用系统进行日常运行监控，并对监控报告进行分类分析和警示，减缓和降低运维风险；认真制订应急预案，定期运行演练。

【金税三期工程广域网项目】 按照总局金税三期工程建设的目标，结合自治区 2011 年信息化建设重点，及时论证并提交落实 2011 年信息化建设项目。区局及时开展金税三期工程广域网建设项目省网建设的各项前期准备工作。一是严格按照总局下发的《国税系统省内广域网电信线路资源技术需求书》及“需求书”补充说明、《金税三期工程广域网项目省以下节点网络设备配备原则》，与对应中标集成商和线路运营商进行深入交流研究，确定区广域网建设技术模式、网络带宽、主备线路的冗余模式。综合考虑总局配发设备和区现有可利旧设备后，核实网络节点设备缺口，填报了“金税三期工程广域网项目设备缺口调查表”，制定和细化了《西藏国税金税三期工程广域网项目实施方案》，并将方案上报总局审批并实施。二是认真对区局本级、下属地（市）、区县及税务分局（所）的机构、办公地点等事项进行全面调查，并填写上报了“金税三期工程广域网项目节点情况调查表”。三是参加总局项目实施方案座谈会，详细汇报了区网络现状、全区网络节点数量分布情况、存在的困难和工作建议等事项。四是按照总局关于项目实施工作安排的通知要求，成立项目实施领导小组，明确各方的工作内容和职责。五是下发《西藏自治区国家税务局关于金税三期工程广域网项目（省网）实施工作安排的通知》，明确了项目建设目标、建设内容、实施原则、工作安排及要求等，梳理了区金税三期工程广域网项目设备数量与配置、区广域网项目环境需求、网络拓扑及节点分布情况，以及区内广域网电信线路资源技术需求等。六是按照总局有关线路技术要求，配合线路中标商做好线路的建设工作。截至2011年底，除那曲地区外，其他6个地（市）局共66个节点的项目建设工作全部完成。

【省级网络与信息安全三期建设】 按照总局下发的《税务系统网络与信息安全三期防护体系建设项目西藏国家税务局实施方案》，在税务系统安全风险评估工作基础上，根据税务系统信息安全体系建设的总体目标，充分考虑税务系统网络的安全需求，结合国家等级保护策略，开展了工作：一是开展网络准入系统的测试和扩大应用范围，根据总局整体要求进度情况，对安全系统策略和安全制度进行细化和完善等工作；二是通过部署安全基线管理系统，对信息系统的安全配置进行合规性检查，有针对性地提出安全配置的改进措施，增强系统的安全性；三是根据总局整体要求进度情况，对安全系统策略和安全制度进行细化和完善等工作，实现了网络准入、上网实名和总局集中管理等全局安全策略，同时安装并后期升级了数据库审计系统；四是成功举办全区网络和信息安全知识培训班；五是建设加密视频会议系统，实现电子政务网上开通加密视频系统和加密电话。

【预算及固定资产管理】 一是严把预算执行关，重视项目建档。依照政府IT类设备采购标准和规定程序，加强项目规范管理。根据2011年预算及工作需要，按照区局有关采购程序，开展2011年全区信息化建设预算工作，完成各项目实施进度；同时加强项目管理工作，对400多份文件及项目原始资料进行梳理、归类和建档。二是加强信息化固定资产管理。严格资产管理职责及使用调拨程序。对信息化固定资产增加、清理、调拨、领用、分类、计价、处置、管理及职责等进行详细规定；严格固定资产管理职责。按照“谁使用，谁负责”使用原则，利用固定资产责任卡将资产管理权限及责任细化，具体落实到各个资产使用部门，签订资产使用管理责任状，确定资产专管员，明确资产使用责任。三是完善制度。先后制定《综合征管系统技术维护流程》、《应用系统数据备份与恢复管理规范》、《数据备份实施细则》、《数据备份方案》、《外出培训管理》等管理制度；同时，对信息工作各种规范性文件进行了梳理。

（普布宗吉）

政务服务

【概述】 2011 年，全区各级税务机关办公室以邓小平理论和“三个代表”重要思想为指导，深入学习实践科学发展观，按照新时期税收工作指导思想和税务系统办公室工作总体要求，牢固树立政治意识、大局意识、服务意识和责任意识，切实履行“参谋助手、信息反馈、督促检查、协调综合”职能，坚持服务领导、服务机关、服务基层的工作思路，进一步解放思想，开拓创新，扎实工作，成绩斐然，为西藏税收事业科学发展作出了积极的贡献。

【充分发挥参谋助手作用】 全区各级税务机关办公室围绕税收中心工作，在科学决策上献计献策，在工作部署上有效协调，在工作落实上狠抓督查，为各级领导顺利开展各项管理活动提供了坚强的保障，确保了各级税务机关协调高效运转。不断加强综合材料的撰写工作，围绕重要文稿的起草，创新思路，注重质量，使文稿形式活、内容实、针对性强，领导比较满意，基层比较认同，对实际工作有较强指导性。对重大问题，从全局的高度、领导的角度去思考、谋划和处理。围绕税收工作重点、热点和难点，开展综合调研和专题调研，掌握第一手材料，形成有价值的报告，辅助领导决策。深入挖掘和及时报送信息，信息工作质量和水平大步提高，区、地两级税务机关办公室连年被党委、政府评为政务信息工作先进单位。

【税收新闻宣传】 紧紧围绕税收宣传主题，开展形式多样、精彩纷呈的税收宣传活动，取得丰硕成果。一是积极与媒体合作，扩大宣传覆盖面。与西藏人民广播电台联合制作“西藏国税”栏目，在《西藏日报》刊登税收专版，全面宣传各类税收政策和税务工作动态，在《中国税务报》、《西藏日报》、《西藏商报》等媒体上共发表税收宣传新闻稿件数百篇。与西藏电视台联合制作西藏税收百强榜、西藏税收 50 年专题片。二是走出去，积极参加总局的各类税收宣传活动。区局组织创作的税收动漫 Flash 宣传片《阿古顿巴的新烦恼》在第六届全国税法动漫大赛上荣获形象设计一等奖和剧情类三等奖，在全国普法办法制宣传动漫大赛上荣获一等奖；《西藏税收50年》专题片获得全国税收好新闻三等奖，在宣传西藏、宣传西藏税收方面取得了巨大突破。三是大力开展税收宣传月、法制宣传日、平安宣传日等宣传活动。紧紧围绕主题，精心筹划，创新形式，丰富内容，开展“税法进市场、进机关、进学校、进军营、进农村、进牧区”宣传，建立税收宣传教育基地，举办“高原税收杯”税企篮球友谊赛、赠送图书、共建税企诚信林等活动，取得良好效果。四是发布纳税百强排行榜，表彰诚信纳税户和纳税大户，正确引导依法诚信纳税的舆论动向。五是不断强化税务门户网站建设，定期对网站进行改版，丰富栏目，扩展内容，使门户网站成为税收宣传最重要的渠道之一。

【政务督查】 紧紧围绕自治区党委、政府、税务总局以及区局的重要工作部署，加强工作落实情况的督促检查和实地督查，确保各项举措顺利实施。认真做好全国税务工作会议、全区经济工作会议、全区税务工作会议、自治区政府年度工作报告等任务的分解与督促落实工作，抓好对党委、政府的重要工作部署和其他单位协办事项，以及系统内的各项工作安排的督促检查，重点对局务会、局长办公会、局长专题会等确定事项及局领导重要批示进行督办，进一步建立和完善督查制度。

【公文运转】 认真落实全国税务机关公文处理办法，把规范公文处理作为一项重点工作来抓，从政策依据、篇章结构、文字表述、行文规则、公文格式和运转程序等方面严格把关，及时指出并纠正公文处理中的问题，办文质量明显提高。不断加强公文日常管理，严格按照公文处理时限要求及时办理收发文，保证公文及时高效运转。高度重视综合文稿和上级部门约稿的撰写工作，准确领会上级和领导意图，保证质量，精益求精。

【事务管理】 进一步加强机要档案管理工作，逐步实现档案管理规范化、制度化和现代化，不断提高档案管理的质量和效率，区局档案管理顺利通过自治区档案馆的检查验收。进一步加强信息安全和保密工作，区局和地市局均成立了保密工作领导小组，制定相关保密制度，编印信息安全和保密工作学习材料，举办保密知识专题讲座，开展安全保密检查工作。认真做好各类全局性大型会议及视频会议的会务工作，不断提高会议的质量和效果。认真执行各项信访规定，把做好信访工作维护社会稳定作为硬任务来抓，进一步规范信访工作程序，增强排查化解矛盾的能力，信访件基本得到妥善处理。加强政府信息公开工作，规范政务公开内容，拓宽政务公开渠道，完善西藏国税门户网站功能，重点做好政府信息公开及依申请公开工作，做好总局地方频道、西藏政府网部门栏目的维护工作。重视法治工作，顺利完成“五五”普法工作任务。认真贯彻财务制度和财经纪律，强化预算管理和预算执行，财务管理更加规范。逐步健全各项规章制度，陆续出台视频会议、安全保密、门户网站、督促检查、政务信息、税收宣传、信息公开、档案管理等方面的规章制度，使全区各级税务机关政务、事务工作的开展有章可循，运转更加规范、协调、高效。

【自身建设】　一是政务工作力量不断加强，全区税务系统成立了文秘人才库，一大批业务强、笔头硬、见识广、专心干的文秘人才充实到办公室工作。二是更加注重政务人员综合素质的提高，注重政务办公类培训，区局办公室选取基层文秘人员实行跟班学习制度，加强指导与培养。同时，经常开展思想政治教育，不断强化服务、责任和奉献意识，政务人员的业务素质和政治素质不断提高，政务工作氛围不断改善。

（朱文波）

政务公开

【概述】　2011年，根据国家税务总局和自治区党委、政府的要求，区局不断丰富公开载体，积极创新公开方式，健全公开机制，推进政务公开工作的深入落实，取得明显成效。

【组织领导】　区局高度重视对政务公开工作的组织领导，根据局领导班子调整情况，及时调整充实了政务公开工作领导小组，推动政务公开工作有序开展。同时，强化政务公开工作办公室的工作职能，加大指导、协调、监督，推进工作力度，继续加强政务公开工作标准化和规范化建设，形成政务公开工作长效机制。

【突出公开重点】　区局主动把政务公开工作置于全区经济社会发展的大环境下，积极发挥税收职能作用，注重“三突出”措施，确保政务公开内容及时主动全面。一是突出公开税收法律法规。广泛宣传税收工作的方针政策和决策部署；大力宣传国家结构性减税和各项税收优惠政策，帮助企业熟悉和运用政策。二是突出公开税收优惠政策。主动及时公开自治区政府关于停征虫草、松茸等在采购环节的营业税，降低小规模纳税人和娱乐业征收率政策，以及自治区政府关于提高增值税、营业税起征点等政策。三是突出纳税服务。进一步加强区办税服务厅体系化建设，实现纳税服务工作的科学化、规范化、精细化管理，切实提高纳税服务水平和质量，对纳税服务相关文件进行全面梳理规范，编印《纳税服务文件汇编及规范手册》，为全区纳税服务工作的有序开展提供标准规范保障。

【丰富公开形式】 一是加大政府信息公开力度。按照“以公开为原则，不公开为例外”的要求，完善健全电视报刊媒体、西藏国税门户网站等政务公开平台建设，规范政府信息公开的各项工作制度和程序，加强政府信息公开保密审查工作，有效地保障了政府信息公开的信息更新的质量和效率。2011 年，局通过西藏国税门户网站、报刊、电视等平台公开各类信息 681 条。二是开展 12366 纳税服务热线建设。根据国家税务总局要求，开展 12366 纳税服务热线建设，并于 2011 年 8 月投入试运行；同时通过完善纳税服务咨询答复承诺制度，咨询热点问题定期收集和报送制度，规范采集、审核、更新等功能，2011 年共受理各类热线电话 1575 次，对纳税人的咨询和投诉均做到及时受理、及时记录、及时答复，受理办结率 100%，当场答复率 98%，让纳税人真正享受到“听得见的服务”。三是加强税收宣传力度。局通过举办全区纳税百强排行榜新闻发布会，制作播放《阿古顿巴与税收》动漫宣传片、《税之印——西藏税收事业 60 年》专题片，以及与拉萨市城关区贡德林街道办事处联合建设税收宣传 LED 电子显示屏等措施，从深度效果上下工夫，加大税收宣传力度。四是加强办税服务厅建设。在办税服务厅按照“窗口受理、内部流转、限时办结、窗口出件”的要求，合理调配窗口职能、减少审批事项，拉萨市区推行了“同城通办”等服务举措，初步解决纳税人多头跑、多次跑的问题，减轻了纳税人办税负担；优化各办税服务厅的功能区职能设置，按业务需求合理划分为排队取号区、办税服务区、填制表单区、等候休息区、资料取阅区。同时，安装排队叫号系统，规范纳税人业务办理流程，方便纳税人办税。

（王　江）

政府信息公开

【概述】 2011年，在自治区党委、政府和国家税务总局的正确领导下，自治区国税局认真贯彻落实“信息公开条例”，通过完善各项制度、丰富公开形式、深化公开内容、加强考核督查，进一步提高了政府信息公开的质量和水平，有力地推动了西藏税收事业的健康发展。

【健全工作机制】 一是高度重视政府信息公开工作，区各级税务部门把贯彻落实《条例》作为一项重要工作来抓，通过加强政府信息公开工作机构、队伍建设，积极推动政府信息公开工作有序开展。二是按照“谁主管、谁负责”原则，把政府信息公开的各项任务分解落实到有关职能部门，做到政府信息公开工作有人主抓、有人监管、有人办理。三是进一步强化政府信息公开工作办公室的工作职能，加大指导、协调、监督、推进工作力度，继续加强政府信息公开工作标准化和规范化建设，规范政府信息公开工作规程，建立健全政府信息公开发布、审核、更新及其相关配套工作制度，形成政府信息公开工作长效机制。四是加强政府信息公开工作培训。2011年10月，在西藏自治区税务干部学校举办全区税务系统文秘人才库、政府信息公开培训班，并邀请自治区政府相关政府信息公开专业人员授课。通过培训提高了全区各级税务机关工作人员依法公开政府信息的意识和能力。

【完善载体建设】 一是按照“以公开为原则，不公开为例外”要求，加大主动公开力度，加强西藏国税门户网站政府信息公开主阵地建设，不断完善政府信息公开的各项工作制度和程序，有效地保障了政府信息公开的信息更新的质量和速度。二是规范政府信息公开发布程序的保密审查工作，防止在政府信息公开过程中泄露国家秘密和公开不应该公开的信息。三是积极做好依申请公开，完善依申请处理程序，加强工作沟通协调。四是进一步加强与国家税务总局网、西藏党委网、西藏政府网及《中国税务报》、《西藏日报》等新闻媒体合作沟通力度，大力拓宽政府信息公开渠道。

【工作创新】 一是与税收宣传工作结合。2011 年，区局通过举办全区纳税百强排行榜新闻发布会，制作播放《阿古顿巴与税收》动漫宣传片、《税之印——西藏税收事业 60 年》专题片，以及与城关区贡德林街道办事处联合建设税收宣传 LED 电子显示屏等措施，在加强税收宣传力度的同时加强了政府信息公开力度。二是与 12366 工作相配合。根据区局成立的 12366 呼叫中心工作职能，建立网站纳税咨询共同维护机制，提升网站互动栏目工作效率，促进了政府信息公开工作向前发展。

2011 年，通过西藏国税门户网站、西藏政府网、西藏党委网及新闻报刊共发布各类政府公开信息 681 条，其中西藏国税门户网站发布 545 条。

【存在问题】 一是政府信息公开队伍建设还需加强；二是个别部门对政府信息公开的重要性认识不到位，在推进政府信息公开工作上相对滞后；三是公开内容需要深化，公开形式需要优化，信息公开的有效性、便民性需要进一步提高。

（王　江）

信访工作情况

【概述】 2011 年，区国税局围绕中心工作，服务大局，始终把维护稳定暨信访工作作为硬任务，摆上重要议事日程，加强领导，增强责任感、使命感和紧迫感，认真研究问题，努力化解矛盾，把维护稳定暨信访工作落到实处。区国税局受理来信 12 件 12 人次，均属单信个体访件，重复信 1 件 1 人次，无联名信，比 2010 年下降 55%；个体访 5 批 5 人次、重复访 2 批 2 人次，无集体访。从来信来访总量来看，信访总量急剧下降；从反映内容来看，检举揭发类占 66%。检举揭发类主要反映了两方面的问题：一是检举揭发偷逃税等涉税案件共来信 4 件，全部受理，并结案。二是检举税务干部作风问题，违规违纪行为，此类访件主要以匿名来信的形式向局监察部门检举税务干部在执法过程中存在不当行为或纳税人不理解的有关执法行为，共受理来信 4 件。局对所反映问题进行了认真调查处理，并将处理结果进行相应回复。其他来信的主要内容是批评建议类，全部回复办结。

【主要工作】　一是高度重视信访工作，严格落实信访工作责任制。建立健全和严格落实维护稳定暨信访工作问责制，主要领导负总责，分管领导负直接责任，各相关部门分工负责，形成一级抓一级、层层抓落实的维护稳定暨信访工作责任制。对因责任不落实、工作不到位、机制不健全，致使发生重大不稳定问题，或者处置不当、激化矛盾，引发大规模群体性事件的，严格按照有关规定问责、处理。建立科学的维护稳定暨信访工作考核评价机制，各级税务机关将维稳及信访工作情况纳入本机关督办事项，纳入机关目标管理考核评价指标，纳入相关领导干部的年度考核内容。明确规定，对于维稳及信访工作不力，造成严重社会影响的，单位不得评先，个人不得评优。二是确保重要及敏感时期的安全防范工作，狠抓矛盾纠纷排查工作不放松。紧紧围绕“服务科学发展，共建和谐税收”主题，在国家税务总局和自治区党委、政府的坚强领导下，确保了全区税务系统没有发生危害国家安全和社会稳定的重大政治事件，没有发生暴力恐怖事件和重大治安事件，没有发生大规模群体性事件，没有发生网络安全及机关安全等安全事件，为西藏安全稳定作出了应有贡献。三是严格贯彻落实《信访条例》，规范信访工作程序，加强信访问题的督导检查，做到“事要解决”、“案结事了”。认真解决群众来信来访问题。努力化解重复来访，高度重视初信初访，及时就地解决好群众的合理诉求，防止初访变重访、重访变积案。四是切实加强信访和涉税舆情工作，提高应对突发事件的能力。在全区税务系统办公室会议上，专门邀请国家税务总局、中国传媒大学、西藏自治区信访局专家就网络舆情、信访和突发事件及媒体应对等专业知识进行专题培训，并利用视频技术将培训面扩大到地市及县，提高了税务干部对网络舆情、信访和突发事件及媒体应对知识的认识和掌握程度。及时制定措施，强化涉税舆情的监测、引导与应对，加强涉税舆情尤其是网络舆情的监测分析，把握税收舆论宣传导向，形成多方联动的工作机制。努力增强税务系统应对突发事件及媒体应对的能力，进一步完善突发事件应对处置机制，增强处置突发事件的能力，形成统一指挥、结构合理、反应灵敏、保障有力、运转高效的突发事件应急体系。

【重点工作】　严格贯彻落实国家税务局总局和自治区党委、政府的有关要求，确保了全国、自治区“两会”，中国共产党成立 90 周年，西藏和平解放 60 周年庆典活动，十七届六中全会，自治区第八次党代会和敏感日期间的安全和社会稳定。切实加强活动节日期间的安全防范。加强对税务部门重点场所和重点部位的安全防范，特别是人群较为密集的机关办公区、办税服务厅等重点部位的监管。继续加大矛盾纠纷排查化解工作力度，切实做好和解决上访事件的防范和处理工作。全区税务系统认真贯彻落实自治区矛盾纠纷排查化解工作精神，深入开展矛盾纠纷排查化解工作。进一步提高纳税服务水平，及时梳理和解决税收征管中可能引发矛盾的问题和隐患，依法、合理解决税收争议，在日常征收管理工作中注重税务信息的收集，及时了解社会各方面对税收工作的意见和建议，建立和谐的征纳关系。办好门户网站局长电子信箱，12366 纳税服务热线；实施“阳光税务”工程，建立以办税服务厅等固定公开形式为主，网络公开和新闻媒体公开为辅的全方位立体式公开体系。设置政务公开栏，并做到定期更新数据，适时更新印发宣传材料，利用税务门户网站和社会传媒，开辟税务公告专栏，将税收政策、办税程序、服务标准等内容向纳税人和社会公开，提高执法透明度，拓展纳税人知情权，主动接受社会监督，促进作风改变，强化文明优质服务，更好地树立税务部门形象。关心税务干部职工的工作、生活，认真做好税务干部职工的思想政治工作，注意听取干部职工诉求，依据政策解决好干部职工在工作和生活中遇到的实际问题，特别是涉及税务干部职工切身利益的问题。及时掌握不稳定因素线索，努力把问题解决在当地、把矛盾化解在萌芽状态。

【保证信息畅通】 始终将安全稳定当成头等大事来抓，始终严格做好值班备勤工作，严格落实岗位责任制，确保领导干部在岗在位，遇到情况及时处理。严格落实外来人员进出工作场所、生活区域登记制度；特别是加强对办税服务厅的安全管理工作，专门在办税服务厅安排值班人员，对可疑人员进行重点盯防。严格落实值班巡查制度，不定期进行安全检查，保证工作、生活场所的安全。严格落实重大事件和信息随时报告制度，防止出现瞒报、漏报、错报和迟报等问题，确保联络畅通。

（尼　珍）

财务管理

【概述】　2011年，西藏自治区国税系统财务管理工作认真贯彻落实全国国税系统财务工作会议和全区税务工作会议精神，继续深化财务管理体制改革，进一步完善财务管理制度，健全监督管理机制，为全区税收事业的发展提供坚实、有力的财力保障。

【经费保障】　一是切实贯彻“三个倾斜”的经费分配原则，加大向征管、基层和困难地区的倾斜力度。严格落实经费最低保障线制度，稳步提高基层单位经费保障水平。2011年，西藏自治区国税局继续将基本支出经费最低保障线随部门预算同时批复，保证基层单位基本支出经费达到或超过总局批复的水平，尤其是纳入总局定员定额改革范围后，最低保障线水平均有一定幅度的提高，上下级之间的中央财政拨款经费差距进一步缩小，基层国税机关正常工作运转和税务人员基本生活待遇得到切实保障。二是进一步完善中央财政拨款经费保障体制。2011年，随着部门预算改革的不断深入，国税系统以中央财政为主、地方财政补助为辅的“双轨制”经费体制问题逐渐暴露。对此，总局逐步完善基本支出定员定额改革试点，使国税系统人员经费和公用经费由中财拨款全额核定到位。根据总局要求，西藏自治区国税局完成大量的测算工作，积极上报有关情况，在年内追加了中财拨款住房公积金、离退休经费、增人增资经费，以上经费同时进入中财拨款基数，确保了西藏自治区各级税务机关正常运行经费支出，有力地保证了税收工作的正常开展。三是维稳和救灾经费向基层倾斜。2011年，总局在西藏自治区国税系统基本支出经费体制的基础上，加大中财维稳和救灾经费的投入。区局根据实际情况，向维稳工作重点地区和日喀则亚东县等地震灾区倾斜，保证灾区的正常工作和生活，确保西藏维稳任务和救灾工作的正常完成。

【预算管理】　一是强化预算约束，严格预算调整。严格按照总局批复的预算将全区国税系统2011年部门预算批复至各地（市）国税局，要求各地严格按照区局批复的预算执行，不得随意调整预算。对特殊情况确需调整预算的项目，按照《国家税务总局关于进一步做好部门预算执行工作的意见》（国税函〔2010〕211号）中的预算调整时限及相关规定执行，同时，完成年度部门预算调整的申报及批复工作。二是加强预算执行，严格支出管理。为增强预算的约束力和执行力，提高财政资金使用效益，要求各地（市）重点从职责、监控、检查三方面进行管理，制定下发《西藏自治区国家税务局财务管理处关于进一步做好预算执行和基本建设管理有关工作的通知》（财便函〔2011〕4号），牢固树立分配与管理并重、投入与绩效并重的理念，进一步加强预算执行情况的分析，及时掌握所辖单位预算执行情况，为加强年度预算执行的监督和编报下年度部门预算提供可靠依据。同时，认真贯彻落实中央关于厉行节约的有关规定，进一步加强"三公"经费预算执行管理，严格控制公用经费等一般性支出，确保年度出国（境）经费、车辆购置及运行费、公务接待费、会议费等支出实现"零增长"。三是加强结转和结余资金管理，科学准确编制部门预算。完成2010年财政拨款结转和结余资金的确认和批复，加强了结转和结余资金的管理工作，并严格按要求编制2012年预算，提高部门预算编制的科学性和准确性。

【支出管理】 一是进一步做好国库集中支付工作。完成国库集中支付软件中的预算指标的确认和拆分工作，并布置、汇总、审核、上报和项目经费的用款计划。二是完成国有资产收入收缴工作。完成2011年全区国有资产处置及出租出借收入的收缴工作，包括缴款审核、打印缴款书、申领和发放专用收据等具体事宜。三是完善银行账户管理。完成2010年全区银行账户年检和2011年银行账户的开立、变更及撤户备案工作。

【资产管理】 一是加强资产管理。按照《国家税务总局关于国家税务局系统固定资产配置、处置有关问题的通知》（国税函〔2008〕796号），依据各地（市）局相关处置请示，按资产审批权限，做到及时上报申请和下发有关批复。二是开展固定资产清查工作。根据《西藏自治区国家税务局关于开展全区国税系统固定资产清查工作的通知》（藏国税函〔2011〕87号），赴阿里地区局及其部分县区实地检查资产清查工作情况，掌握了此次资产清查工作开展情况的第一手资料。在全区范围内下发《西藏自治区国家税务局关于全区国税系统固定资产清查工作的通报》（藏国税函〔2011〕264号），针对资产清查工作中的问题，及时向各地

（市）局提出整改要求。三是开展全区职工周转房统计工作。根据《西藏自治区人民政府办公厅关于开展公有房屋调查统计工作的通知》（藏政办发〔2011〕5号）、《关于开展公有房屋调查统计工作检查的通知》（藏建公房管函〔2011〕82号），统计、汇总、审核上报西藏自治区国税系统现有职工周转房情况，查清了全区国税系统周转房的存量，向地方政府提供真实、可靠数据。

【基建管理】　一是贯彻落实基本建设管理相关规定。认真贯彻落实《西藏自治区人民政府办公厅转发发展改革委、财政厅、监察厅关于解决我区当前政府投资工程建设中带有普遍性问题意见的通知》（藏政办发〔2011〕18号）。针对基本建设管理的薄弱环节，下发《西藏自治区国家税务局财务管理处关于进一步做好预算执行和基本建设管理有关工作的通知》（财便函〔2011〕4号），对进一步做好项目前期论证、项目立项和开工前期准备和申报及项目资金拨付工作提出了明确要求，并按月上报《基本建设项目工程进度付款情况表》，进一步加强了基建项目过程管理。二是进一步完善基本建设“十二五”规划。按照总局要求及统筹规划、合理安排、突出重点、分步实施的原则，在上一年调研工作确定的2010年至2014年的基本建设规划基础上，进一步确定并上报了2015年的基本建设规划，完善了西藏自治区国税系统“十二五”期间的基本建设总体规划。全区国税系统2015年拟立项项目16个，其中综合业务办公用房8个、职工周转房6个、附属用房2个。三是完成基本建设项目评审、审核及审批工作。2011年，委托中介机构对全区49个项目进行了立项、开工评审、调整估算评审及竣工决算审核，其中立项评审项目18个、开工评审项目15个、调整估算评审项目3个、竣工决算审核项目13个。根据各地申报情况结合评审、审核报告，完成对19个项目的立项审批、17个项目的开工审批、3个项目的调整投资估算及2个项目调整投资概算批复、28个项目的竣工财务决算审批工作。四是完成项目库新增项目的入库及延续项目的调整工作。2011年，全区上报新增入库项目13个、调整项目11个，并按要求完成对项目库项目的实时维护工作。

【财务监督】　一是开展财务监督检查，确保各项制度的落实。2011年，西藏自治区国税局对部分地（市）局开展了财务监督检查。针对个别单位存在的非税收入收缴程序不符合规定问题，责成要求及时进行整改。二是积极配合总局对西藏自治区国税局的巡视和审计工作。积极提供会计凭证、账簿、基建项目档案和资产配置、处置情况等各类财务资料，填写相关表格。对总局巡视和审计工作组提出的问题，提出切实可行的整改意见，积极实施整改。

（李　昆）

政府集中采购

【概述】 2011年，西藏国税系统政府采购工作坚持以邓小平理论和“三个代表”重要思想为指导，深入贯彻落实科学发展观，坚持围绕税收中心的工作宗旨，以“服务税收科学发展、构建和谐政府采购”为中心任务，强化集中采购目录和实施计划的执行，不断提高政府采购的质量和效率，积极推进科学化、精细化管理，完成了各项工作任务：完成拉萨市国家税务局、山南地区国家税务局物业管理项目，信息中心信息化建设、综合征管系统运维、互联网现场技术服务、IT类设备、金税三期广域网络备份线路项目，LED设备项目，区局机关印刷项目，办公家具项目等共计30项，完成采购资金1816万元，节约采购资金167万元。

【规范采购管理】 一是进一步完善组织体系建设，为开展政府采购工作提供强有力的保障。二是全区国税系统依法采购意识显著增强。各级采购部门按照政府采购工作要求，坚持依法、依目录采购，规范政府采购工作程序，严格执行集中采购目录和限额标准，做到应采尽采，采购规模和效益不断提高。三是强化采购计划执行和严格考核。按照总局要求，2011年各单位采购项目实行分季度上报计划及执行情况，区局要求各单位准确科学编制季度计划并认真组织实施完成计划内的采购项目，不得无计划采购，也不得有计划不采购，不得擅自增减年初计划，坚持做到无预算、无计划不实施采购。此项工作纳入2011年政府采购考核范围。四是坚持“三位一体”工作运行机制，强化政府采购监督制约。严格按照集中采购部门（牵头负责）—政府采购工作组（集体审议）—政府领导小组（集体审定）“三位一体”的工作运行机制开展各项采购工作，有效的监督制约体系得以充分体现，为规范政府采购行为发挥了积极作用。按照档案规范管理要求，完成2010年从采购项目立项到资金支付全过程的资料收集、整理、编制目录、归档成册的档案管理工作。

【专项检查和自查】　2011年4月，开展政府采购专项检查的自查工作，通过认真开展自查自纠工作，使各单位对政府采购工作的重要性有了更深的认识，依法行政、依法采购意识增强。针对自查工作中暴露出的问题进行纠正和整改，为建立和完善科学的政府采购管理体制和运行机制奠定了基础。

【政府采购廉政建设】　在工作中，按照中纪委六次全会和全国税务系统党风廉政建设工作会议精神，加强干部职工职业道德教育和廉政教育，筑牢反腐思想防线，提高拒腐防变能力，坚持以公开招标为主的采购方式，强化社会监督，加强和完善内控机制建设，深入查找廉政风险点，积极协助做好政府采购投诉处理工作，提高政府采购风险化解和应对能力。

（章崇云）

督察内审

【概述】　2011年，西藏国税系统督察内审工作深入贯彻全区税务工作会议精神，积极落实“十二五”时期税务系统督察内审规划，紧紧围绕税收中心工作，突出监督重点，整合人才资源，部署对税收执法和财务管理的重点环节开展检查和审计，大力推行税收执法责任制，突出督察内审人才建设，有效地发挥了督察内审部门规范执法、促进管理、防范风险、服务大局的作用。

【财务审计和经济责任审计】

按照《2011年督察内审工作要点》，将税收执法督察、内部财务审计与领导干部经济责任审计相结合统筹安排督察审计项目，成立领导干部经济责任审计领导小组，抽调各地（市）业务骨干共计25人组成3个审计工作组，对退休的原那曲地区国税局局长嘎白才及调整工作岗位的原拉萨市国税局局长米玛罗布、日喀则地区国税局局长其美、山南地区国税局局长珠加、林芝地区国税局局长孙清明、昌都地区国税局局长成永安等地（市）

国税局局长及原区国税局直属税务分局局长蒋辉和原拉萨经济技术开发区副局长焦政（主持工作）开展了离任经济责任审计工作。通过近4个月时间，工作组运用实地核查、调阅、询问等方式对被审计单位（人）2009年至2011年5月在税收管理权和财务管理权方面的履职情况进行了一次较为全面的督察审计；同时，对以上单位2009年和2010年的税收执法情况和财务管理情况进行了督察。此外，根据局领导安排赴西藏税务干部学校开展财务制度执行情况检查。2011年度，全区督察、审计检查面达到90%，对符合经济责任审计条件的领导干部，做到应审尽审。

【督察审计发现问题】 2011年税收执法督察发现的主要问题：一是从事医疗行业的营业税减免政策落实不到位。二是个人出租住房税收管理不到位。三是个别减免税审批文书中所批准的优惠政策跟企业实际享受的减免税政策不一、减免税企业审批时限不符合有关规定，以及减免税审批资料不齐全，缺少纳税人申请书、调查报告；减免税审批文书中其审批的年限不符合规定；减免税审批时间超过规定的审批期限；减免税金未纳入综合征管系统管理进行管理；未按规定程序办理减免税手续；减免税审批超过税法规定的审批时限。四是个别增值税一般纳税人管理不到位致使多缴或少缴税款。五是增值税一般纳税人认定程序上存在未做“税务约谈笔录”、“认定调查报告”调查人员未签字。六是新认定的增值税一般纳税人应按正式增值税一般纳税人管理的纳税户，按其辅导期增值税一般纳税人管理。七是个别稽查涉税案件处理不得当。八是重大税务案件审理委员会审理的案件以稽查局审理科名义制作审理报告。九是未按规定征收个人所得税。十是未按规定加收滞纳金及错用税率，少征税款。十一是代开发票未征收税款或误征税款、个人所得税计算不规范；增值税纳税人代开发票时未把含税收入换算成不含税收入计算征收增值税。十二是企业向税务机关报送资产损失税前扣除申请时，未按《企业资产损失税前扣除管理办法》提供具有法定资质的中介机构的经济鉴定证明的等具有法律效力的外部证据等。

2011年财务审计发现的主要问题：一是预算管理不符合规定，预算编制、审批程序没有严格按照预算管理相关规定程序开展，部分会议费、培训费、招待费、交通费等超预算列支。二是取得房租收入记入工会账其他收入并未缴纳税款。三是购置、调拨资产未及时增加固定资产，处置资产出现账实不符。四是职工住房公积金结算不符合规定，将以往年度提取并缴存住房基金管理中心的职工住房公积金，从住房基金管理中心账户转回到税务局实有资金账户。五是银行账户管理不符合规定，将本单位零余额账户额度资金划转至本单位实有资金账户。六是超范围列支办案经费，从办案费中支出车辆购置税、区外考察费用等。七是超起付点支付大额现金。八是基本建设管理不规范，如：达到立项标准未按规定纳入基本建设项目进行审批管理；维修款支付给非合同签订的乙方施工单位；基建项目合同的签订不为法定代表人，也无相关授权委托书；竣工项目超开工批复规模建设。九是政府采购管理不规范，如：政府采购档案资料不完整、政府采购合同签订不规范、采购方式审定依据不符、越级采购、采购程序不规范等。

【“小金库”专项治理】　按照《国家税务总局关于印发〈国家税务局系统2011年“小金库”专项治理工作实施方案〉的通知》（国税发〔2011〕49号），制定下发《西藏自治区国家税务局系统2011年“小金库”专项治理工作实施方案》，明确治理范围、时限、内容和要求，全区各级国税局按照方案认真开展全面复查、督导抽查、全面整改落实、建立健全长效机制等阶段工作。通过深入开展“小金库”专项治理工作，增强了各级税务部门的法制意识，强化了财务管理。

【税收执法责任制】　2011年，全区各级税务机关围绕税收中心工作，严格贯彻执法责任制，落实税收执法过错责任追究制度，各级税务机关依据《西藏自治区税收执法过错责任追究试行办法》规定，共处理各类税收执法过错55次，责任追究135人次，其中对出现执法过错的税务干部处以经济惩戒19100元，开展批评教育23人次。

【督察内审信息化建设】　2011年，全区继续推进税收执法管理信息系统上线工作。至5月底，在总局督察内审司和自治区相关部门的大力配合下，税收执法管理信息系统与区征管系统的接口开发工作基本完成；5月26日至6月30日，督察内审处会同总局督察内审司进藏工作组一行对该系统开展实地测试工作，取得阶段性成效。7月18日至8月18日，督察内审处派出税收执法管理信息系统上线工作组在山南地区开展系统试运行工作，工作组在山南地区局的支持配合下，系统试运行工作进展顺利，取得预期成果。

【审计成果运用】　一是下发《西藏自治区国家税务局系统关于2010年西藏自治区国家税务局系统税收执法督察情况的通报》（藏国税函〔2011〕97号），2010年全区共组织完成12个执法督察项目，其中区局组织完成3个、地（市）国税局及区局直属部门组织完成9个。全区共查出税收执法方面的问题76个，均为实体和程序不规范问题，提出整改建议及要求46条。二是下发《西藏自治区国家税务局关于2010年度税收执法责任制落实情况的通报》：2010年全区各级税务机关依据《西藏自治区税收执法过错责任追究试行办法》规定，共计处理各类税收执法过错总数55次、责任追究100人次，其中对出现执法过错的税务干部处以经济惩戒16950元、经济惩戒47人次、开展批评教育43人次、责令书面检查9人次、通报批评1人次。三是下发《西藏自治区国家税务局关于2010年西藏自治区国家税务局系统内部审计情况的通报》（藏国税函〔2011〕92号）：2010年全区共组织完成47个内部审计项目。其中：自治区局组织完成2个项目，地（市）国税局组织完成45个项目；财务审计24个项目，经济责任审计23个项目，审计查出主要问题67个，查出问题涉及金额251.7万元，均为管理不规范问题。全区审计提出建议共69条，被采纳的审计建议66条，被审计单位制定整改措施25件。

【督察内审人才建设】 自治区国税局于2011年11月9日至11日举办督察内审人才业务培训班，聘请国家税务总局督察内审司、河南税校、青岛国税局、四川省国税局专家赴藏授课，培训主要内容为税收执法督察方法、理念，所得税、流转税的执法检查技巧，税企常见争议问题评析及经济责任审计等。通过培训，全体参训人员加深了对督察内审工作的认识，调动了大家进一步做好各项督察审计工作的积极性。

【外部协调配合工作】 一是根据国家税务总局督察内审司关于开展审计的通知要求，按照区局党组的工作部署，积极协调局内各相关部门及时提供审计所需文件资料，并认真做好协调工作，使审计工作如期顺利完成。二是根据自治区审计厅《关于对西藏自治区国税局税收征管及其他财政收支情况进行审计的通知》（藏审财通〔2011〕10号），区审计厅审计组于6月14日进驻区局对2010年度税收征管及财政收支情况开展审计工作，认真做好审计工作协调配合工作。三是积极参与政府采购相关事项。参与区局集中采购中心组织的物业、家具、服务器、网络设备、防火墙、印刷、LED显示屏、车辆购置税申报系统项目及税校校园网项目等采购项目的全程监督工作。

（糜亚男　次仁顿珠）

人事教育

【概述】　2011年，西藏国税系统人事教育工作坚持以科学发展观为指导，深入贯彻落实全国税务系统人事、教育工作会议和全区税务工作会议精神，强化“人才为本、服务税收”理念，坚定不移地推进人事制度改革，进一步加强领导班子建设和干部队伍建设，创新人才培养机制，不断优化人力资源配置，狠抓落实干部教育培训工作，为做好西藏各项税收工作提供坚强的组织保证和人才支持。

【机构人员情况】　截至2011年12月31日，西藏自治区国家税务局内设15个行政机构、2个直属机构、5个事业单位，下辖7个地（市）局、1个开发区局，71个县（市）局，4个税务分局、19个税务所。全区税务系统编制总数为1544人，其中行政编制数1259名、事业编制数285名。截至2011年12月31日，全区税务系统在职干部职工1539人，其中公务员1230人、事业干部204人、工人105人。退休人员198人。在职干部职工中，女性712人，占46.3%；少数民族1031人，占67.0%；中共党员1010人；硕士研究生30人、在职研究生12人、大学本科1004人、大学专科350人、大学专科以下学历143人，大学专科及以上学历人数占90.71%。30岁以下的476人，31～35岁的297人、36～40岁的360人、41～45岁的161人、45岁及以下的共计1294人，占总人数的84.1%；46～50岁的164人、51～54岁的62人、55～59岁的19人、46岁及以上的共计245人，占总人数的15.9%。机关人员825人，直属机构、派出单位、事业单位共计714人。行政管理人员501人，其中公务员300人、事业人员201人；税收业务人员1038人，其中公务员930人、事业人员108人。人员岗位分布向税收业务岗位倾斜，进一步加大了征管一线的力量。

【领导班子建设】　2011年，全区税务系统深入贯彻落实党的十七大和十七届五中、六中全会精神，全面推进领导班子建设，切实增强各级领导班子的创造力、凝聚力和战斗力，充分发挥领导班子的核心作用和领导干部的带头作用，出色地完成各项税收工作任务，促进了税收事业科学发展。一是调整充实领导班子，领导班子结构趋于合理化。2011 年 5 月，全区税务系统共调整处级干部 29 人次，其中调整“一把手”14 人次，一批年富力强的机关处级干部调整到地（市）局担任“一把手”。2011 年 12 月，根据区局党组印发的《西藏自治区国家税务局选拔任用处级领导职务工作实施方案》和《西藏自治区国家税务局系统晋升处级非领导职务工作实施意见》，通过民主推荐、组织考察等干部选拔任用工作程序，选拔任用 52 名处级干部，其中正处级领导干部 7 名、副处级领导干部 35 名、调研员 3 名、副调研员 7 名。一批文化水平高、工作能力强、群众信得过的干部走上处级领导岗位，不仅使全区税务系统处级领导干部数量得到补充，同时从知识、年龄等方面改善了处级干部队伍结构，特别是地（市）局领导班子结构得到了改善，有力地提升了地（市）局领导班子的领导力和执行力。二是以深入基层、密切联系群众为着力点，加强班子思想和组织建设。以党组民主生活会和中心理论组学习为契机，抓好领导班子的思想组织建设。按照总局和自治区党委组织部部署，区局党组召开“坚持以人为本、执政为民理念，发扬密切联系群众优良作风”为主题的区局党组民主生活会；各地（市）局党组也召开了高质量的年度民主生活会。生活会使班子成员进一步统一思想，明确努力方向，达成共识。坚持党的群众路线，以实际行动和突出成效真正做到思想上尊重群众，感情上贴近群众，工作上依靠群众，全心全意为群众谋福利。三是根据中共国家税务总局党组《国家税务局系统领导干部报告个人有关事项实施办法》和总局人事司的具体要求，组织学习宣传“两项法规”，指定专人负责全区税务系统领导干部个人事项报告工作，并严格按要求保管报告相关材料。共发放和收集 151 名县处级以上干部的“个人有关事项报告表”。四是根据《西藏自治区国家税务局关于干部到外省挂职锻炼工作管理办法》，2011 年选派 12 名副处级后备干部到江苏、浙江、山东、河南、湖北、陕西等 6 个省国家税务局挂职锻炼。为进一步加强区税务系统基层领导班子建设，拓宽人才培养和锻炼渠道，不断提高干部的政治素质、业务水平、领导艺术及工作方法，更多地培养年富力强、综合素质较高的中青年领导干部，向总局请求自 2012 年起继续选派西藏税务干部到部分内地省（市）国家税务局挂职锻炼。为推进全区税务系统干部交流工作，着力培养复合型人才，锻炼年轻干部，提高税务干部的素质和能力，促进税收事业持续健康发展，印发《西藏自治区国家税务局机关干部挂职锻炼工作的实施意见（暂行）》，区局选派6名干部到开发区国家税务局、那曲地区国家税务局挂职锻炼；接收4名地（市）局干部到区局机关相关业务部门学习锻炼。

【公务员考录及退役士兵安置】　2011年，根据国家税务总局要求，按照“凡进必考”和“公开、平等、竞争、择优”的原则，认真做好2011年公务员及事业单位工作人员考录工作，经各项考录工作程序，录用公务员28名、事业单位工作人员66名，对充实基层税务机关征管力量，改善人员结构，推进基层税收各项工作起到积极作用。根据《西藏自治区人民政府关于认真做好2010年冬季退役士兵接收安置工作的通知》（藏政发〔2011〕55号），接收安置3名退役士兵。

【人事基础工作】　2011年，全区税务系统各级人事部门围绕“基层建设年”工作主题，广大人事干部带头讲党性、重品行、作表率，努力塑造公道正派的人事部门及人事干部形象，夯实人事基础工作，提高人事工作水平，不断提高人事工作满意度。一是完成区局机关处级干部绩效考核及公务员年度考核。根据《西藏自治区国家税务局机关处级领导干部考评管理办法（暂行）》和《西藏自治区国税系统年度公务员考核实施办法》，对区局机关副处级以上干部进行考评，对区局机关全体干部职工及地（市）局副处级以上干部进行年度考核，评定15名处级干部为“优秀”等次，其中1人记三等功1次、14人记嘉奖1次；评定37名区局机关处级以下干部为“优秀”等次，其中2人记三等功1次、35人记嘉奖1次。二是干部管理及任免程序更加规范和完善。2011年，同意各地市局13名科级干部的任免备案，办理系统内借调手续11人，办理区局机关及系统副处级以上干部退休手续7人。办理全区税务系统跨地（市）调动手续121人次，区局机关内部调整2人次。批复9人次兼任社会团体职务。三是及时完成工资晋档晋级等工作。2011年，完成9人次的因职务变动工资晋档晋级工作，完成其他正常及退休人员等77人次的工资晋档晋级工作。办理5人次一次性抚恤金及遗属生活困难补助发放工作。四是根据2011年全国税务系统人事统计工作培训会议精神，结合全区国税系统人事统计工作现状，及时组织各地市国税局全面开展人事统计工作，完成了全区税务系统“2011年公务员统计报表”、“2011年事业单位管理人才、专业技术人才资源情况统计表”、“机关、事业单位工作人员工资统计报表”、“2011年劳动综合统计报表”、“2011年国税系统人事统计报表”等5套报表和电子文档的上报工作。五是进一步完善人事基础信息，提升人事管理工作水平。2011 年，针对人事管理系统 1.0 版的不足，国家税务总局推行了人事管理系统 2.0 版。7 月 26 日至 7 月 31 日，区局在拉萨举办人事管理系统 2.0 版软件培训班，为进一步做好基础数据录入工作创造了良好条件，为推进人事管理工作奠定坚实基础。人事管理系统基础数据准确率提高，人事管理系统在日常人事工作中的使用率提高，同时各级人事部门对管理系统数据的更新和维护进入常态化。六是坚持严格管理，全体干部严格遵守各项规章制度，促进了工作作风的转变。七是按照自治区加强基层建设年活动领导小组的统一部署，自治区国税局驻村工作组自年初进驻海拔 4747 米的联系点——那曲地区班戈县青龙乡八村以来，克服高寒缺氧、路途遥远、气候恶劣、身体不适等困难，迅速投入紧张有序的工作。工作组走村入户了解社情民意，广泛开展村情调研和走访慰问活动，出实招、办实事，带着深厚的感情切实帮助群众解决实际困难，从长远着想认真制定帮扶计划、帮助村两委理清发展思路，建立村民经济实体，努力创造自身造血条件和能力。西藏自治区国家税务局先后共投入资金 100 余万元，帮助青龙乡八村群众解决一系列难点、热点问题，把党的温暖送到百姓心坎上。八是根据自治区党委、政府的统一安排部署，制定详细的创先争优强基础惠民生活动实施方案，驻村工作队计划并开始实施在当地开展为期 3 年的驻村工作，与当地各族群众同吃、同住、同学习、同劳动，帮助各村加强党的基层组织建设，把基层党政组织建强，把基层党员队伍建优，把基层干部队伍建好，充分发挥战斗堡垒作用和先锋模范作用；维护社会稳定，加强社会管理，促进民族团结；寻找致富门路，理清发展思路，找准发展路子，完善发展规划，加快脱贫致富奔小康步伐；进行感恩教育，开展新旧西藏对比教育、反分裂斗争教育、普法教育、科普教育，宣讲党的民族宗教政策和富民惠民政策，让群众明白惠在何处、惠从何来；办实事解难事，着力解决影响群众生产生活的就业、就医、就学、社会保障、医保、通路、通水、通电、通信、通邮、通广播电视以及农牧民安居工程等问题。2011 年，共派出 20 名干部组成 5 个驻村工作队，入驻西藏错那县觉拉乡 5 个村庄开展创先争优强基础惠民生活动。九是以“团结、创新、奋进、和谐”的税务精神为核心，组织开展篮球、足球比赛等文体活动，成立文学、登山、摄影等兴趣活动小组，以“建党 90 周年”、“西藏和平解放 60 周年”，以及“三八”、“五一”、“十一”等重大节假日活动为契机，扎实举办“文艺联欢会、歌唱比赛”，丰富干部的业余文化生活。同时，大力发扬税务干部无私奉献的精神，持续深入开展对口扶贫工作，积极组织全区税务干部为亚东“9·18”地震灾区捐款捐物。

【教育培训】　一是明确发展规划。2010年12月14日，全区税务系统干部教育培训工作座谈会在拉萨召开。会议全面总结了“十一五”时期干部教育培训工作，交流分析干部教育培训工作中的突出问题，讨论并部署了“十二五”时期税务干部教育培训工作，以及全区税务系统中长期人才队伍建设规划。税务干部学校，各地（市）局分管人事、教育工作的局领导，区局部分处室和兼职教师代表就干部教育培训工作和《西藏自治区国税系统中长期人才队伍建设规划（2011～2020）（征求意见稿）》、《全区税务系统“十二五”时期税务干部队伍教育培训改革发展规划（征求意见稿）》进行了交流发言，提出一些具有建设性的意见和建议。二是完善管理机制。在认真总结2010年干部教育培训工作的基础上，制定2011年干部教育培训工作计划，出台《西藏国税系统干部教育培训管理办法》，促进了教育培训规范化管理。三是加大培训力度。2011年，坚持“重要人才重点培训、优秀人才优先培训、紧缺人才抓紧培训”的原则，采取“请进来、走出去”的培训方式，围绕领导干部、专业骨干、基层干部、兼职师资等多个层面，统筹厅局级干部、县处级干部、科级及科级以下干部多个层次，深入开展税收征管、税务稽查、纳税服务、纳税评估、行政管理及计算机业务等综合业务培训，扎实开展行政执法类培训、综合知识类培训、专业技术类培训，积极开展任职培训、初任培训、更新知识培训和在岗培训，全面提高了税务干部的综合素质和工作水平。区局共组织培训班30期，培训377天次、1115人次，其中“智力援西”培训班2期，培训98人次、60天、2940人天数。选派50人次参加总局举办的处级领导干部培训班，选派科级及科级以下干部90人次参加总局举办的各类业务培训。

（普　穷）

巡视工作

【概述】 2011年，西藏自治区国家税务局巡视工作围绕国家税务总局和全区税务工作会议部署，按照区局党组工作安排，把全面提升巡视工作质量和水平作为开展工作的落脚点和主要目标，强化组织机制和干部队伍建设，为进一步规范巡视工作打下良好基础。

【工作开展】 2011年，主要加强对《巡视工作条例》及各项巡视规章制度的学习，并与人事处联合对人事、监察、巡视及党务干部进行1期专题培训，提升干部对巡视工作的认识。在配合抓好全区税务系统正处级后备干部集中推荐考察工作和各地市局局领导离任经济责任审计工作的基础上，重点配合国家税务总局开展巡视工作，从材料搜集、巡视预告张贴、测评表印制、意见箱设置、会场安排、后勤保障等方面精心做好准备，确保总局圆满完成对西藏区局的巡视任务，以及对拉萨、山南、日喀则地市局的延伸巡视。根据全国税务系统巡视工作会议精神，成立由分管局领导任组长，巡视办负责人为副组长，人事、监察、督察内审部门负责人为成员的巡视工作领导小组，加强对巡视工作的组织领导。

（沈　祺）

税务干部培训

【西藏自治区税务干部学校概况】 学校建址于西藏林芝地区八一镇新区福州大道东段62号。2008年9月17日开工建设，2009年12月31日竣工，2010年1月28日举行揭牌仪式，2010年10月11日正式启用，2011

年12月16日增挂“西藏国税系统廉政教育基地”的牌子。学校占地面积64379.93平方米，拥有办公和教学综合楼、学员宿舍楼、学员楼、教员楼、学员餐厅、塑胶操场等设施，设有床位147个，办公和教学综合楼设有多功能教室、多媒体语音教室、计算机教室、报告厅、研讨室等教学设施、设备。主要承担本系统教育培训的实施工作，兼有高海拔地区税务干部疗养功能。学校设办公室、教学部、学员管理部、服务部4个内设机构（正科级）。学校事业编制为25名，处级领导职数4名（正处级1名、副处级3名）。经自治区国税局党组研究，2009年5月任命舒启荣为西藏自治区税务干部学校校长；2010年10月，王向前调任西藏自治区税务干部学校副校长。截至2011年底，在编人员15名。学校的成功建成并投入使用，掀开了西藏税务系统干部教育培训事业新的一页。学校的建设得到国家税务总局和西藏自治区党委、政府的亲切关怀和大力支持。国家税务总局党组书记、局长肖捷2010年8月23日视察学校时强调，“建设高素质的税务干部队伍是做好各项税收工作的重要保证，要下大力气抓好干部培训工作，特别是要充分发挥税务干部学校重要作用。”

【强化学校功能】　在学校的建设发展与使用上，“坚持走全国税务系统教育培训之路，创西藏税务教育培训特色”，深入推进基础设施、工作制度、干部队伍、师资队伍、廉政基地五项建设，强化学校功能。一是在学校建成后，以数字化、生态园林化校园建设为远景，深化基础建设。2011年完成学校多媒体语音教室、云终端校园网建设；坚持深化校园绿化维护工作，美化校园环境，为学员创造优美的学习环境。二是深入开展建章立制工作，向区外兄弟院校引进各项工作制度和规范，形成符合西藏干部教育培训实际的一整套工作规章制度和规范，明确了各部门主要职能，明确了学校的工作规则，使学校各项工作有章可循。三是加强干部队伍建设。通过“走出去”方式，在学校未办理培训班期间，由校领导带队，组织干部到区外施教机构，实地观摩求教学习，获取干部教育培训的知识经验。加强对新进人员的培养管理。一方面加强管理与引导，要求各部门领导要像师傅带徒弟一样，正确引导，严格要求，做到使用与培养锻炼相结合；另一方面根据培训教学与管理工作的需要，选派新分配人员到区外实教机构跟班学习，使其得到系统、规范的指导，学习掌握先进的培训管理理念及实用的操作方法。四是加强师资培养，通过多种渠道，努力解决师资问题。积极筹办师资援助座谈会，建立师资援助机制。4月12日在学校成功组织举办西藏税务教育培训师资援助座谈会，邀请区内外重点院校和税务系统重点培训机构的专家、教授就如何解决西藏税务干部培训成本高、培训师资短缺等问题进行了座谈，并与参会的各重点院校签订了师资合作协议，为较好地解决培训师资问题奠定了基础。2011 年下半年学校成功启用了师资援助机制。在缓解培训师资紧张的同时，与相关院校建立初步的师资合伙关系。2011 年，通过总局教育中心智力援项西教学组项目，分别为学校稽查业务培训班、征管和税收大企业业务培训班选派师资 8 人次，取得较好效果。加强系统内兼职师资的培养和应用，2010～2011 年系统内兼职教师 48 人。在学校培训中，学校应用外聘师资、系统内兼职教师、远程视频课件比例为 3∶3∶3。五是配合做好廉政教育基地的建设工作。经自治区国税局研究决定，确立西藏自治区税务干部学校为全区税务系统廉政教育基地建设单位。2011 年 12 月 16 日，在学校举办“西藏自治区国税系统廉政教育基地”命名揭牌仪式，自治区国税局党组书记、局长袁庆杰参加仪式，并与林芝地委委员、行署常务副专员刘来兴共同为“西藏自治区国税系统廉政教育基地”揭牌。学校确立将继续把握好廉政工作的思想性、艺术性、创新性、特色性、时代性等特性，充分运用“读书思廉”、“文化倡廉”等载体，拓展廉政教育的内涵，扩大廉政教育的影响，进一步明确学校廉政教育的定位、目标，营造守廉、尊廉、尚廉、倡廉的浓厚氛围。

【教育培训工作】 学校树立“管理是第一要务”、“在管理中服务、在服务中管理、管理与服务相结合”的观念，采取切实可行的措施，加强管理，努力提升各项管理服务水平，认真实施干部教育培训工作职能，充分发挥好税校教育培训工作的主阵地作用。一是以培训教学工作为中心，抓好培训计划的落实。学校牢牢把握“要充分发挥税务干部学校在干部教育培训中的职能作用”原则，围绕全区税务系统干部培训的中心工作，按照区局下达的 2011 年干部教育培训计划，与区局人事处、培训需求部门积极沟通协作，扎实开展各项培训工作，精心设计培训课程，安排既有理论功底又有实践经验的专家教授为培训班授课，注重培训的质量和实际效果。2010 年 10 月学校启用至 2010 年底，学校成功举办 6 期培训班，培训人员 310 人次；2011 年，学校成功举办 22 期培训班，培训干部 947 人次，培训量 13719 人天，取得较好的培训效果，达到了预期的目的。二是加强管理，努力提高服务水平。加强学校人员管理，加强队伍建设，内强素质、外塑形象，增强人员凝聚力，战斗力。进一步规范财务收支的报销、审批、监督程序，使财务管理工作逐步走向程序化、规范化、制度化轨道。加强对物业公司和食堂的管理，始终以“服务学员，服务教师”为中心工作，指导物业人员和食堂人员做好学校的住宿、餐饮等各项后勤服务保障工作。加强对各项资产设备的管理，严格按《国家税务局系统固定资产管理办法》、《西藏自治区国家税务局系统固定资产管理办法实施细则》有关规定，切实加强税校各类资产的登记、监督、管理等各项工作，保障学校资产的安全完整。加强校园的安全管理，进一步加强安全责任意识，建立健全各种安全制度，加强对学校食品卫生、交通、设备操作、人员出入以及“网络与信息”等安全教育、管理工作，保证学校的安全工作有组织、有领导、有制度、有落实，为学员创造了一个良好、和谐、安全、舒适的学习环境。

【教育培训成效】　一是在规范权力运行机制方面取得较好的成效。2011 年初，为进一步推动学校经济生活管理制度化、规范化，全面提升学校管理、服务的水平与效率，成立了由副校长任主任、各部门负责人和有关人员为成员的学校经济生活管理委员会，制定《西藏自治区税务干部学校经济生活管理委员会工作办法》，明确了工作职责及工作规程，完善了学校内控管理机制，建立并完善学校经济生活民主决策、全体干部共同参与管理的模式。通过 1 年来的运行，有效地规范了权力运行机制，既降低了学校各项经济生活管理工作中的风险，又增加了经济活动和行政决策的透明度，提高了工作效率。二是初步形成了干部培训管理的模式。经过 1 年来的培训管理实践，逐步树立起了税务干部培训管理的理念“服务西藏税收事业发展，在管理中服务，在服务中管理”，基本形成了税务干部培训管理的一套完整的工作流程，也从中感受到了税务干部培训与普通职业教育的差异，形成了西藏税务干部培训自身的特点；在学员的管理工作中，注重从细节着手，尽量多地搜集掌握学员的信息，做到了有的放矢。

（高玉儒）

党风廉政建设

【概述】 2011年，全区税务系统按照全国税务系统党风廉政建设工作会议的部署和要求，以科学发展观为统领，大力加强效能建设，扎实推进税务系统惩防体系建设。

【部署和落实工作任务】 为进一步贯彻全国税务系统党风廉政建设工作会议精神，确保全年反腐倡廉建设各项工作任务落到实处，召开全区税务系统党风廉政建设工作会议，研究部署全年反腐倡廉工作任务。一是认真学习贯彻十七届中央纪委六次全会、国务院第四次廉政工作会议、全国税务系统党风廉政建设工作会议精神。二是完善惩防体系建设，切实落实党风廉政建设责任制。三是严明政治纪律、坚定税务人员的政治立场。在大是大非问题上，绝不能有丝毫马虎。四是加强监督检查，确保重大决策部署贯彻落实，促进领导干部廉洁从政。认真贯彻《廉政准则》，强化对领导干部履职履责的监督检查，强化对重大决策机构、重要干部任免、重大项目安排等事项的监督检查。五是全面推进内控机制建设。在进一步完善规章制度的同时，将风险控制工作向基层重点县局推进。六是强化“两权”监督制约。强化对重点人员、重点岗位、重点职能、重要事项的过程监督，增强监督的权威性和有效性。七是以建立全区税务系统廉政文化教育基地为重点，切实加强反腐倡廉教育，开展深入持久，经常化，通俗化，寓教于乐的廉政文化活动。

【落实党风廉政建设责任制】 2011年是全面落实《建立健全惩治和预防腐败体系2008～2012年工作规划》的关键一年，为此，各地（市）国税局党组、各部门高度重视，针对惩防体系建设工作责任制落实不到位、相关制度不健全等问题，在前期开展自查的基础上，找出各单位薄弱环节、查漏补遗，完善配套措施。加强领导，切实落实党风廉政建设责任制。各单位负责人从讲政治、讲大局的高度认识党风廉政建设工作，自觉承担推进反腐倡廉建设的政治责任和领导责任。年初，修订“党风廉政建设责任书”，并由局党组书记、局长与各地（市）国税局“一把手”、分管局领导与分管单位签订新一轮“党风廉政建设责任书”。

【干部廉政教育】　进一步完善反腐倡廉宣传教育工作机制，加强和改进教育培训工作，把反腐倡廉教育工作抓深抓实。一是逐步落实“一把手”讲廉政党课、纪检组长作反腐倡廉形势报告制度。二是加强预防职务犯罪教育，开展多种形式的警示教育活动，增强干部职工的敬畏意识和勤政廉政意识，把理想信念教育、廉洁从政教育、案例警示教育作为经常性教育内容来抓，做到警钟长鸣。三是深入开展廉政文化活动，用喜闻乐见、具体生动的形式启迪、教育干部职工树立正确的世界观、人生观，筑牢拒腐防变的思想防线。四是着力建设廉政教育基地，按照建设标准，积极推进西藏税务干部学校廉政教育基地建设工作，在所有培训班中设立廉政课程。面向全区税务系统征集廉政文化作品作为展品供长期展览使用，共征集各类廉政文化作品200件，入选作品62件。并要求各地（市）国税局结合各自实际，建立廉政教育、展览场所，有条件的单位可以按照廉政教育基地建设标准有针对性地建设廉政教育基地。五是开展贯彻执行《廉政准则》专项检查活动。成立由局党组书记、局长为组长、相关部门组成的专项检查工作领导小组，将学习宣传贯彻执行《廉政准则》、专项治理、内控机制建设、领导干部廉洁自律等情况作为检查重点内容。对全区税务系统副科级以上干部开展专项检查；抽查3个地（市）国家税务局，对6个区局机关进行涉及财务、税收执法、政策法规、纳税服务、监督管理等方面的重点督导检查。六是组织编印《纪检监察工作文件选编》，将廉政规定、相关工作规定整理成册，方便全区税务干部职工学习、执行。

【“两权”监督】　切实加强对领导班子、特别是对领导干部的监督，凡属重大事项决策，必须经集体讨论决定。开展对行政执法权的监督，创新税收执法检查日常工作新机制，将部门内控机制引入税收执法全过程。注重强化各部门协调配合，整合人力资源，扎实开展监督检查，切实加强对税收执法权、税务行政管理权重点环节的监督。配合人事部门完成正处级后备干部考察工作，监督检查政府采购各项工作，并及时做好对财务、基建等工作的监督。

【内控机制建设】　为确保内控机制建设工作顺利推进，在区局机关、各地（市）国税局全面开展内控机制建设工作的基础上，针对查找到的廉政风险点进一步细化防范措施、完善相应的管理制度和追究机制。并按照总局要求，决定内控机制建设工作推行到分局、重点县局，要求在向分局、重点县局推进内控机制建设工作中，将防范执法风险、规范税务人员执法行为作为重点，制定完善制度、规范流程，切实做到有针对性。

【廉洁从政】 以贯彻落实《关于实行党风廉政建设责任制的规定》、《廉政准则》和总局《税务系统贯彻落实〈中国共产党员领导干部廉洁从政若干准则〉的实施意见》、《税务系统领导干部廉洁从政“八不准”》、《全国税务系统领导班子和领导干部监督管理办法》3 个配套文件为重点，规范干部特别是领导干部廉洁从政行为。一是将学习贯彻活动同党组理论中心组学习、各党支部学习相结合，进一步加强思想作风、学风、工作作风、生活作风建设，树立正确的政绩观、利益观，促进作风转变。二是加强领导干部廉洁自律监督。对新任、调整的 27 名县处级领导干部进行集体廉政谈话，并做好电子廉政档案的补充更新工作。

【信访举报和案件管理】 2011 年，接到群众信访举报 8 件。接到举报后，及时配合当地纪检监察部门开展协查工作。针对举报案件、协查案件反映的问题，查找在执行制度、内部管理、教育监督等方面存在的问题和不足，对进一步改进工作、加强源头预防提出意见和建议。在办理信访事项的同时，充分认识查办案件在反腐倡廉工作中的地位和作用，认真学习贯彻“纪检监察案件查办意见”，强化信访案件管理工作。

【纪检监察队伍建设】 进一步加强纪检监察队伍自身建设，不断提高思想政治素质，在加强党性修养、树立和弘扬优良作风方面发挥模范带头作用。一是要求全区税务系统纪检监察部门切实履行好党组赋予的职责，纪检组长“在其位、谋其政”，积极主动地协调争取支持，讲究工作方式方法，利用好各种有利时机，从抓好党风廉政建设工作的需要出发负责任地提出建议，主动争取党组和有关部门的理解和支持，注重从党组角度分析、解决问题。纪检监察干部不断提高自身服务大局的能力、有效监督的能力、依纪依法查办案件的能力、组织协调的能力。二是深入开展调查研究，了解新形势、掌握新情况、探索新途径，提高工作水平。组织人员参加综合管理培训班，进一步了解反腐形势，强化专业技能。三是开展纪检组长集中述职述廉工作。全面掌握基层党组履行“一岗双责”、发挥职能作用情况。

（刁云秀）

机关党组织建设

【概述】　2011年，西藏国税系统机关党建工作按照总体安排部署，紧紧围绕中心工作，认真组织全体干部职工学习十七届五中全会和中央第五次西藏工作座谈会精神，巩固建设学习型党组织成果；加强党组织建设，进行了区机关党委委员和部分党支部委员的补选工作，同时指导机关团支部改选工作；深入开展机关效能建设年、创先争优活动等多项主题活动，采取多种形式，加强教育引导，努力发挥广大党员的先锋模范作用，充分调动广大干部职工的工作积极性，切实抓好局机关党的思想、组织、作风和制度建设，取得了一定的成效。

【政治学习】　采取理论学习和主题活动相结合的方法，深入学习、宣传、贯彻党的十七届五中全会精神及区党委七届七次、八次全委会精神。一方面为广大党员干部采购分发相关学习资料，另一方面开展形式多样的主题活动，掀起学习贯彻会议精神热潮，以会议精神指导全区税收工作。深入学习、宣传、贯彻胡锦涛总书记“七一”讲话精神和习近平同志在庆祝西藏和平解放60周年期间系列重要讲话精神。为全面准确地学习领会讲话精神，为广大党员干部采购分发相关学习资料，在局机关掀起学习贯彻会议精神热潮，切实以讲话精神指导全区税收工作。组织全体干部职工学习、领会中央第五次西藏工作座谈会精神。把学习好、领会好、贯彻好、落实好中央第五次西藏工作座谈会和自治区党委工作会议精神作为首要政治任务，结合开展效能建设年和创先争优等活动，多次组织干部职工深入学习讨论，邀请自治区党校有关专家进行专题讲座，组织多次党组中心组专题学习，并在学习讨论的基础上形成《关于深入贯彻落实自治区党委工作会议精神进一步推进全区税收工作的意见》。

【机关效能建设年活动】　根据《中共西藏自治区委员会关于印发〈全区效能建设年活动实施方案〉的通知》和《西藏自治区国家税务局效能建设年活动实施方案》的要求，以邓小平理论和“三个代表”重要思想为指导，深入贯彻落实科学发展观，认真贯彻党的十七届四中全会、十七届中央纪委第五次全会和区党委七届六次全委会精神，以深化领导干部作风建设年活动为载体，以贯彻落实中央第五次西藏工作座谈会精神为核心，以解决突出问题为抓手，以正确履行职责为重点，以人民满意为标准，着力解决影响机关效能的突出问题，着力构建教育、制度、监督、激励四位一体的长效机制，着力建一流队伍、育一流作风、强一流效能、创一流业绩，使行政效能明显增强，干部素质明显提高，社会各界对税务部门的满意度明显提升。通过开展效能建设年活动，使全体党员干部受到很好的理想信念教育、党性党风党纪教育和廉洁从政、高效高质履职教育。认真解决少数党员干部党的观念淡薄、党员意识不强的问题，少数党员干部事业心和责任感不强、工作效率低下的问题，少数党员干部宗旨意识和群众观念不强的问题，从而进一步增强贯彻中央和区党委决策部署的自觉性。建立权责明晰、行为规范、运转协调的运作机制，努力实现工作作风明显改进，服务能力明显增强，办事效率明显提高，发展基础明显优化，努力构建行为规范、运转协调、公正透明、廉洁高效的西藏税收管理体制和运行机制，为西藏税收事业的健康快速发展创造良好的环境和坚实的基础。区局的工作受到自治区高度肯定，被评为全区效能建设年活动先进单位。

【“创先争优”活动】 根据自治区及国家税务总局有关文件精神，确立推动科学发展、促进社会和谐、服务人民群众、加强基层组织的活动目标，要求各级党组织把团结各族群众推动发展、促进和谐、反对分裂、维护稳定贯穿创先争优活动始终。同时，按照区党委、区直工委的安排部署，认真开展学习型党组织建设活动和党员联系群众工作，积极参与拉萨市“六城同创”活动。通过局机关各党支部和全体党员及干部职工的共同努力，取得了初步成效。对此区党委创先争优活动领导小组检查组给予高度评价。

【开展活动】 扎实开展内容丰富、形式多样的庆祝建党90周年和西藏和平解放60周年主题活动，努力营造浓厚的节日气氛。一是区市两级党办、局妇委会共同组织举办庆祝建党90周年及西藏和平解放60周年两级税务机关“女税官联谊会”，区市城关区三级妇联领导、区直工委领导和部分新闻媒体等应邀参加活动，产生很大反响。二是组织区局干部职工积极参加由区直工委和西藏日报社联合举办的“庆祝建党90周年及西藏和平解放60周年知识竞赛”活动。三是为重温党的光辉历程，坚定走有中国特色、西藏特点发展路子的信念，邀请区党校专家就建党90周年及西藏和平解放60周年，为全体干部职工举办报告会。四是以庆祝建党90周年及西藏和平解放60周年为主题，举办演讲比赛。五是表彰区局机关“优秀共产党员”、“优秀常务工作者”及“先进基层党支部”，举办“颂党恩”活动。六是开展丰富多彩的庆“七·一”主题活动，进一步增强广大党员干部职工的党性观念和组织观念和党组织的凝聚力、战斗力，发挥了党员的模范带头作用，为完成全年税收工作任务提供了强大的精神动力，为全区税收事业实现新的发展提供了强有力的组织政治保障。

【群众性文体活动】　从广大干部的兴趣爱好出发，以群众喜闻乐见的形式，有组织、有计划地广泛开展各种文化娱乐活动，使广大税务人员在丰富的业余生活中，各展其能，各扬其趣，各抒其志，在参与中陶冶情操，锻炼意志，激发潜能，净化心智，强身健体，增强群体意识和团队意识。

【加强群众团体组织工作】　进一步加强对工会、共青团、妇委会工作的指导，充分发挥群众团体组织的桥梁纽带作用，采取不同形式和方法开展工作，形成合力，齐抓共管，做到“春风化雨润人心，点点滴滴见真情”。结合税法宣传，组织第四届“税企杯”篮球赛。

（白玛旦增）

党组理论学习

【概述】　2011年，西藏自治区国家税务局党组以邓小平理论和“三个代表”重要思想为指导，牢固树立科学发展观，坚持用党的十七届四中、五中、六中全会精神和自治区第八次党代会精神武装头脑，注重培养和提高中心组成员运用科学发展观服务全局、开展工作的能力，为做好国税工作提供了强有力的思想和组织保证。

【完善学习制度】　坚持以党组中心组学习带动全局理论学习，把中心组学习的制度建设，作为加强和改进理论学习的重要前提，持之以恒，常抓不懈。一是用制度规范理论学习。在理论学习活动中，做到合理布置，统筹安排，始终坚持有计划、有安排、有学习内容和学习专题，定期检查、定期总结的工作制度。结合国税工作实际，根据当前理论学习的重点和干部职工的关注点，把深入学习实践科学发展观、加强干部作风建设，与落实党的十七届四中、五中、六中全会，以及中央第五次西藏工作座谈会和自治区第八次党代会精神结合起来，与税收工作结合起来，与推进依法治税结合起来，制定年度学习计划，对学习时间、学习内容、学习地点都作了明确规定。二是坚持理论学习领导责任制。落实党组书记对理论中心组学习负总责的制度，把理论学习情况纳入各级领导班子目标管理责任进行考核。制定《西藏自治区国家税务局党组理论学习中心组学习制度》，对中心组学习提出了更为严格的要求，对学习方式、考勤制度、学习内容和时间等方面进行了规范。全年中心组集中学习10次。

【创新学习形式】 从增强理论中心组学习的吸引力、努力提高学习质量出发，在良好的学习风气和长期的理论学习实践中，进行新的探索和尝试，取得较好的学习效果。一是利用各种途径，多渠道开展学习交流。进一步加强中心组成员与基层单位的联系，实行中心组成员联系点制度，深入基层单位开展调查研究，了解基层政治学习工作，指导和帮助基层提高政治理论水平、解决实际问题。在学习实践科学发展观和干部作风建设年活动中，中心组成员每人确定1~2个基层联系点。开辟理论学习交流和宣传阵地。以网络、内部刊物、简报、宣传橱窗为阵地，分别把中心组成员理论学习的成果和党员干部通过加强学习撰写的论文刊登出来，进行相互交流，相互学习。二是改进学习方法，努力提高理论学习效果。在理论中心组学习坚持集中与分散相结合、专题辅导与集体讨论相结合等形式的基础上，改进理论中心组的学习方法，采取“读、听、看、谈、写”等学习方式，落实中心组成员自学制度。三是运用各种载体，着力打造理论学习品牌。根据党中央和区党委的安排部署，先后组织开展了基层建设年、创先争优、为民服务，创先争优、创先争优，强基惠民等活动，通过开展丰富多彩的主题实践活动和不同层次的学习座谈会，使党的大政方针深入人心。在学习中，根据国税工作需要和形势发展，局党组突出重点，举办理论学习报告会和专题讲座，先后邀请领导、专家、基层干部讲学或作辅导报告。机关干部按照“应知应会”的要求，开展公务处理、公文写作、计算机操作、实地调研等综合技能的培训和实践，着力培养各级公务员在“学、写、讲、干、调”等方面能力。按照处级干部“行家里手”的要求，围绕“学、听、看、测、讲、做”六方面，采取周五下午学习、中心组学习交流、领导干部论坛、实地警示教育、基层讲课、民主生活会、案例分析讨论等形式，开展税收政策、业务技能、法律法规等知识、技能培训。

【监督落实】　一是加强检查督促。中心组组长亲自抓好理论学习，督促建立健全学习制度，及时了解掌握中心组成员完成学习任务进展情况，督促中心组成员按时保质完成年度学习任务和调研任务。结合年终工作总结，中心组对领导干部理论学习情况进行认真全面检查。二是严格监督落实。做到“三看”：一看学习态度。重点考核干部理论学习的自觉性，看其能否真正把理论学习摆上重要位置，能否遵守党组理论中心组学习制度，做理论学习的表率。二看基本理论和基本知识。重点考核干部对党中央路线方针政策的理解和掌握程度，同时考核履行职责所应具备的理论知识，开展能力测查。三看运用理论指导改造主客观世界的情况。重点考核干部能否用马克思主义理论武装头脑，加强党性锻炼，牢固树立正确的世界观、人生观、价值观，增强拒腐防变和抵御风险的能力；能否运用马克思主义的立场、观点、方法去观察、分析、解决工作中的重点和难点问题，创造性地开展工作。通过考核监督，促进了各级领导和广大党员干部思想作风和工作作风的转变。

（侯　斌）

定点扶贫

【概述】　2011 年，西藏自治区国税局定点扶贫工作以党的十七届四中、五中全会和区党委七届五次、六次全委会议精神为指导，总结以往定点扶贫工作经验，继续加强与县、乡党委、政府的联系、沟通，派出扶贫工作组深入扶贫点——错那县觉拉乡，开展一系列扶贫帮困工作。

【加强组织领导】　区国税局党组历来高度重视扶贫工作，将扶贫工作列入重要议事日程。局专门成立了局主要领导为组长，分管副局长为副组长的扶贫工作领导小组。2006 年，自治区党委、政府确定山南地区错那县觉拉乡为局里的扶贫点，每年由局领导带队组成扶贫工作组驻点 3～4 次开展扶贫工作，狠抓工作落实，取得了显著成效。2011 年 10 月，根据《中共西藏自治区委员会关于深入开展创先争优，强基础、惠民生活动的意见》和《全区深入开展创先争优强基础惠民生活动实施方案》，自治区党委、政府再次确定山南地区错那县觉拉乡所辖的觉拉、罗堆、年扎、德吉、扎洞等 5 个行政村为局的帮扶点。自治区国家税局为贯彻落实“坚强基层组织、维护社会稳定、寻找致富门路、进行感恩教育、办实事解难事”等五项工作要求，切实开展好强基础惠民生活动，专门抽调精兵强将，组成 20 人的驻村工作队，分成 5 队分别入驻帮扶点。2011 年，按照自治区加强基层建设年活动领导小组确定那曲地区班戈县青龙乡八村作为自治区国税局驻村工作联系点。自治国税局党组高度重视基层建设工作，加强组织领导，专门指定一名局党组成员分管此项工作并由一名副厅级领导担任工作组组长，选派得力干部组成驻村工作组，及时制定出台《实施方案》和《工作计划》，广泛开展村情调研和走访慰问活动，出实招、办实事，切实帮助群众解决实际困难，把党的温暖送到百姓心坎上，工作组从长远着想认真制定帮扶计划、帮助村两委理清发展思路，建立村民经济实体，努力创造自身造血条件和能力，圆满地完成了自治区党委、政府下达的各项工作任务。2011 年，局领导先后 8 次带领扶贫工作组到 2 个扶贫联系点，加强与县、乡党委、政府的联系、沟通，深入基层和田间地头，进行实地调查研究，详细了解扶贫联系点的农田水利灌溉、牲畜养殖、农村剩余劳动力外出打工、夏季防山洪灾害、组建业余文艺宣传队等情况，同时看望慰问派出干部，及时解决派出干部工作生活上的困难。在取得第一手资料和详细了解情况的前提下，召开专题会议，研究分析扶贫工作，根据乡情和村情确定扶贫项目和资金，保证真正为扶贫点群众办实事、办好事。

【加大资金投入】 2011 年，区国税局投入 210.5 万元专门用于对山南错那县觉拉乡及那曲班戈县青龙乡八村定点扶贫，与上年相比扶贫资金投入增长 328%。其中：投入 102.5 万元专门用于对山南地区错那县觉拉乡定点扶贫工作及强基础惠民生活动；投入资金 108 万元专门用于加强基层建设年活动联系点——那曲地区班戈县青龙乡八村的帮扶工作。

【捐款捐物情况】 一是为山南

地区错那县觉拉乡捐赠价值13.7万元的办公桌、椅、文件柜、沙发等办公设备，为其更好地开展工作提供了硬件支持。开展创先争优“强基础 惠民生”活动，局驻村工作队捐款10000余元资助困难群众。同时，局依托税务系统募集到7600余件衣物，发放给觉拉乡村民。二是为那曲地区班戈县青龙乡八村捐赠价值7万多元的办公桌、椅、文件柜、沙发等办公设备，为村“两委”更好地开展工作提供了硬件支持。我局全体干部职工为那曲地区班戈县青龙乡八村捐款3万余元、捐衣物80余件，用于解决青龙乡八村群众的生产生活困难。

【基层组织建设】　一是加强村级班子建设。经常性集中组织村“两委”和党员干部加强政治学习，拓展视野，更新观念，努力建设讲政治、有本事、促和谐、守纪律、起表率的村“两委”班子，致力于把村“两委”建设为当地农牧民群众脱贫致富的主心骨和领路人。二是做好维稳工作。保持清醒头脑，增强政治意识、大局意识和责任意识，扎实做好维稳工作，努力确保“大事不出、中事不出、小事也不出”，进一步完善维稳措施和制度，出台《维护社会稳定工作方案》，进一步加强领导、细化措施，明确责任，确保了全乡的安全与稳定。三是努力加强自身建设。工作队成立临时党支部，正常开展组织生活，建立健全各项工作制度，为工作的高水平开展提供了组织保障。四是加强制度建设。对各村规民约、村务公开、党务公开、村“两委”班子成员基本职责、“三会一课”、党风廉政建设、民主监督机制等规章制度的建立和执行情况进行了了解和对照审查，结合新农村的发展和要求，重新制定了更为全面、实用的村规民约，努力推动各村和谐、规范发展。五是大力支持基层组织活动。根据那曲地区班戈县青龙乡八村“两委”基本无活动经费的情况，驻村工作组拿出部分经费，用于村“两委”开展党团活动。六是加大乡村干部培训力度。按照“走出去、引进来”的办法，组织山南错那县觉拉乡及那曲班戈县青龙乡八村的部分乡村干部、致富能手、青年团员、退休老干部等到拉萨开展学习考察活动。

【思想文化建设】　一是组建村民文艺队。为进一步加强觉拉乡的精神文明建设，丰富觉拉乡农牧民群众的业余生活，局里投入8万元用于组建村民文艺队。二是注重思想文化宣传。局驻村工作队注重做好教育和宣传工作，通过制作宣传栏、发放“致村民朋友的一封信”等方式，广泛宣传强基惠民活动和党的方针政策。走村入户时，工作队员带上国旗、伟人像进行发放，大力宣传“团结稳定是福，分裂动乱是祸”的道理，教育村民爱党爱国。三是开展新旧社会对比活动。各驻村工作队建立了新旧社会对比展室，组织村民进行参观学习，开展“忆苦思甜，感党恩”主题教育活动，坚定群众感党恩、跟党走和珍惜现在、憧憬明天的信心和决心。四是加大村民教育力度。驻村工作队开办了文化夜校，向村民群众宣传党的富民、惠民政策，宣传党的方针路线，组织人民群众学习党的十七届六中全会、自治区八次党代会、全区经济工作会议、全国“两会”等会议精神。投资1万余元资金，购买各种书籍和书柜，建立了那曲地区班戈县青龙乡八村村委会“牧民书屋”，解决了八村无地方看书和无书可看的局面。五是开展感党恩教育活动。深入群众开展座谈、谈心活动，宣传党的十七大和十七届三中、四中、五中全会，十七届中央纪委第六次全会、中央第五次西藏工作座谈会精神，大力宣传区党委工作会议、区党委七届七次全委会、全区经济工作会议和自治区“两会”精神，让群众真正明白惠在何处、惠从何来，不断增强党的感召力、祖国的向心力和中华民族的凝聚力；大力宣传党的民族宗教政策和区党委关于反对分裂、维护稳定的决策部署，教育引导干部群众认清达赖政治上的反动性、宗教上的虚伪性和手法上的欺骗性，筑牢干部群众反对分裂、维护稳定的坚固思想防线。向当地牧民群众发放200面五星红旗，发放各类宣传册材料240份，开展集中宣讲6次，家访谈心150次；受教人数800人次，群众参学率98%以上。六是开展丰富多彩的文化活动。藏历新年期间，工作队员与群众共度佳节，与当地干部群众一起喝“古突”，到牧民家中拜年，共度佳节，并筹措资资金，组织当地群众举办赛马活动，与群众同欢同乐，积极营造节日气氛，丰富村民的文化生活。七是开展树新风、除陋习教育。受旧的陈规陋习影响，部分农牧区妇女地位相对较低，尤其在婚姻、家庭方面存在突出问题，妇女权益得不到很好保障，工作组邀请妇联、计生办，医院和民政等部门的同志，为妇女进行法律知识和健康卫生知识讲座。

【整体推进情况】 一是坚持点到面的渐进方式强化扶贫成效，实施“抓点帮扶、整村推进”项目。在对山南地区错那县觉拉乡5个行政村进行帮扶过程中实施抓点帮扶、整村推进的帮扶策略，按照“统筹兼顾、资金整合、项目集中”原则，整合有限的扶贫资金，集中投入，配套使用，加大对重点村项目投入力度，重点解决好农田、水利、电力、教育等与人民生产生活密切相关的问题，带动周边村庄的经济社会发展和发展思路的更新，把重点村首先扶持成脱贫致富的“领头羊”，从而带动更多的人发展致富。二是驻那曲地区班戈县青龙乡八村工作组注重定点扶贫与受帮乡镇整乡推进相结合，自觉接受当地党委、政府和基层办的领导，加强与当地党委、政府和基层办的联系、沟通与协调，深入调研，研究制定切实可行的帮扶项目，完成好各项工作任务。

【发挥自身优势】　各级税务机关充分认识税收优惠政策对促进各类经济发展的重大意义，采取积极有效的措施，确保各项税收优惠政策不缩水、不打折、不拖延地执行到位，对凡是符合国家和自治区扶贫开发政策规定的税收优惠政策都认真落实到位。一是依据《西藏自治区人民政府关于印发〈西藏自治区企业所得税税收优惠政策实施办法〉的通知》，以及《关于贯彻西藏自治区企业所得税优惠政策实施办法具体问题的通知》规定，在农牧区兴办扶贫企业或项目，自认定之日起，暂免征企业所得税。二是根据《关于进一步明确支持个体私营等非公有制经济发展税收政策的通知》规定，在农牧区从事个体工商业、私营企业生产经营活动（除建筑业、农林牧产品采购业）取得的收入，可免征营业税、企业所得税和个人所得税。三是根据《西藏自治区人民政府关于调整我区推进非公有制经济跨越式发展有关税收政策的通知》要求，停征农林牧产品采购环节的营业税。四是注重扶贫税收优惠政策的宣传工作。充分利用门户网站、报纸、电视、手机短信、电子显示屏等途径广泛宣传，同时全区各级税务机关努力优化纳税服务，减少办税成本，有效地改善了纳税服务环境。

（黄黎宏）

离退休干部管理

【概述】　2011年，在国家税务总局、区局党组和自治区老干部局的正确领导下，各级离退休干部工作部门认真贯彻落实国家税务总局《关于进一步加强新形势下国家税务局系统离退休干部工作的意见》的精神，进一步增强做好离退休干部工作的政治责任感和使命感。坚持以人为本，求真务实，围绕政策，扎实工作，加强离退休干部党支部建设，加强思想政治工作，认真落实老干部的政治待遇和生活待遇，建立和完善各项工作制度，使老干部工作逐步走向制度化、规范化。

【离退休人员情况】 截至2011年12月31日，全区税务系统离退休人员197人，全部为退休人员。其中：干部158人，占总数的80.2%；享受厅级5人，处级38人；科级以下115人，工人39人；中共党员116人，占总数的58.8%；60岁以上的55人，70岁以上的5人；80岁以上的2人；平均年龄57岁。2011年新增退休人员15人，因故去世3人。已故离退休人员配偶健在而无固定收入的12人，内地安置退休人员62人，其中成都及附近49人。

【落实两项待遇】 一是加强政治理论学习。按照一月一次学习制度的要求，2011年多次组织离退休干部进行政治理论学习，学习的主要内容：党的十七届四中、五中全会，自治区七届八、九次会议，胡锦涛总书记在建党90周年大会上的讲话和习近平副主席在西藏和平解放60周年大会上的讲话，中央第五次西藏工作座谈会精神。同时，积极参加局机关党委办公室组织安排的各类讲座、报告等。通过学习，不仅帮助他们用党的最新理论成果武装头脑，而且使他们始终做到政治坚定、思想常新、理想永存，在大是大非问题上做到了立场坚定，旗帜鲜明，维护祖国统一和民族团结，把思想和行动统一到党中央和自治区党委、政府的部署上来。二是举办养生培训班。8月12～20日，组织安置在内地的48名离退休干部在林芝税校举办第二期老干部养生培训班。在培训期间除通过邀请专家、听讲课件等形式进行传授大量养生知识外，还传达学习了中央、自治区及局党组的有关维稳方面的重要文件及领导讲话精神，邀请林芝党校老师进行国际国内形势教育讲座，通报上半年全区税收工作情况和人事任免调整情况。通过培训，使老干部们既了解了全区的政治经济形势和社会发展情况，了解了全区上半年税收工作情况和系统内的人事调整情况，还学到了不少养生保健知识，提高了保健意识。三是开展走访慰问活动。坚持做到“三个必访”。“元旦、春节、藏历年”三大节日前“必访”，老干部生病住院“必访”，老干部家中有大事特事“必访”。2011年全区国税系统离退休干部工作部门开展各类走访慰问共50多人次，发放慰问金和购买礼品共支出20多万元，使老干部内心感受到党和政府的温暖。四是认真落实“两费”发放工作。各级国税机关每月按规定及时发放退休费，及时报销医药费，不存在拖欠现象。五是组织离退休干部职工进行年度体检活动。同时，区局机关和拉萨市局还邀请了拉萨市保健中心专家为离退休干部职工进行健康知识讲座，提高了老干部的保健意识。

【开展活动】　一是按照局机关文化建设年活动和庆祝建党90周年和西藏和平解放60周年纪念活动的统一要求，老干部支部先后两次参加局妇委会和机关党办举办的文艺活动，受到局领导和广大干部的好评。二是为了更好地发挥离退休干部、职工的作用，2011年4月组织老干部职工在中国税务林开展植树造林活动，参加人员共20余人，共植树造林50多棵。三是组织离退休干部职工参观考察。2011年全区国税系统安排离退休干部到区内外参观考察142人次，占系统离退休干部总数的72%。参观线路覆盖到海南、上海、浙江、安徽、广西、云南等地。四是在庆祝建党90周年、西藏和平解放60周年之际，组织老干部参观拉萨经济技术开发区，青稞酒有限公司和天麦力有限公司，使老同志开阔了眼界，感受到现代气息。按照中组部和自治区老干局通知精神，走访慰问了60岁以上的老党员、老干部和老工人，并发放了慰问金，对“59328”干部按规定发放一次性2000元慰问金。五是开展健康向上的文体活动。组织离退休干部、职工开展逛林卡、跳锅庄舞等活动。在拉萨市区由拉萨市老干支部和区局老干支部联合举办一次规模较大的老干部文体活动，4天进行了台球、克郎球、乒乓球、麻将、投篮球等10个项目的比赛，参加人数46人，占安置在拉萨市税务系统退休干部的70%。成都税务办事处离退支部和部分地区国税局也组织老干部跳锅庄舞、跳时尚舞、学练太极拳、春游、秋游等丰富多彩的活动。

【党支部建设】　截至2011年底，全区国税系统离退休干部中共有党员116人，占总数的58.8%。一是进一步加强离退休干部党员的政治理论学习。按照总局离退办和全区税收工作要点，坚持一月一次学习制度，采取支部组织集体学习和党员个人自学相结合的办法，学习计划内的内容和临时增加的内容。二是合理设置党支部，并配备年纪比较轻、身体较好、有一定工作经验的老同志或由老干工作部门的在职干部担任支部书记和支委成员，有效地推动了老干部党支部的各项工作。2011年底共有离退休干部单独党支部4个。三是“七一”前夕，邀请拉萨市党校的教授为离退休党员进行党史讲座，使老干部重温了党的历史，更加坚定了理想信念，许多老干部表示要在有生之年继续为全区税收工作和地方经济建设发挥余热。四是进一步加强离退休干部政治思想工作。坚持离退休干部思想政治工作丝毫不松懈的原则，在了解老干部思想特点的基础上，老干处、离退休干部党支部开展多形式、多渠道的思想政治工作，及时组织老干传达学习党的路线、方针、政策和自治区党委、政府有关维稳方面的文件精神，经常与老干部交心谈心，帮助他们学习了解西藏新形势，不断跟上时代前进步伐，树立新时期老干部党员的良好形象。

【老干部工作队伍建设】 一是加强老干部工作人员的业务学习，熟悉和掌握老干部工作方针、政策，切实提高老干部工作人员的政治思想水平和业务能力。二是健全完善各项规章制度，保证老干部工作制度化、规范化。三是要求工作人员树立“离退休干部工作不是中心，但影响中心；不是大局，但牵动大局”和“我们都要老”的思想，教育干部牢记“他们的今天是我们的明天”，做到爱老、敬老、尊老，想老干部所想，急老干部所急，做老干部的贴心人。

（高兴义）

机关后勤服务

【概述】 2011 年，全区税务系统各级机关服务中心以邓小平理论和“三个代表”重要思想为指导，深入贯彻落实科学发展观，本着“为机关服务、为领导服务、为基层服务、为中心工作服务”，发扬艰苦奋斗作风，同心协力，真抓实干，较好地完成了各项工作任务。

【维护社会稳定】 2011 年恰逢中国共产党建党 90 周年及西藏自治区和平解放 60 周年，维稳工作任务艰巨。全区税务系统各级领导亲自督促检查、布置工作，为维稳工作的顺利开展打下坚实基础。针对综治工作特殊情况，按照总局、自治区党委政府、综合治理委员会等相关要求，自 1 月份起安排干部职工进行全天 24 小时值班制度。要求所有值班人员包括物业工作人员进一步提高认识、统一思想、加强防范意识，在坚持做好原有工作安排的基础上，重点做好以下工作：一是对进出大门的非本单位人员及车辆严格进行询问登记制度。二是晚 11：00 后对停放在办公大楼前的车辆进行清理排查，并对停放车辆进行相关登记。三是加强巡逻，特别是夜间巡逻。物业公司工作人员须坚持每天下班后从楼顶巡逻至地下车库，锁好门、关好窗，杜绝一切安全隐患。四是加强办税大厅闲杂人员，尤其是外来人员排查力度。由于办税大厅是局对外办公的主要场所，前来办事人员较多，存在一定安全隐患。因此，物业公司工作人员重点加强了对办税大厅的关注度，发现问题及时报告和处理。

【日常管理】　一是加强车辆管理。监督用车过程，保证公务用车，杜绝公车私用。安排驾驶人员学习相关交通法规及规章，督促其爱护车辆、定期检查维护车辆、安全驾驶、禁止酒后驾车，排除一切交通安全隐患，安全行驶。全年未发生重大交通事故。二是加强固定资产管理。做好日常新增固定资产入账工作，配合搞好固定资产清查工作，切实做到账物相符，防止公共资产流失。处置固定资产总额 90 余万元。追缴珠峰公司历年所欠房租收入 134.75 万元；配合对所有公有出租房屋进行承租费用催缴工作，并安排好上年度出租出借收入列支工作。严格资产出、入库制度，严格管理局低值易耗品及食堂库存物资，按时核对资产，做到账物相符；同时要求食堂员工在使用各种物资时做到勤俭节约。三是规范接待管理。规范接待工作流程，按局接待工作相关规定做好外来人员接待管理工作。全年接待区内外来客 126 批 641 人次。四是改善食堂管理。加强饮食卫生，做好食堂卫生，为全体干部职工提供干净、整洁的用餐环境；同时，广泛征求干部职工意见，改善机关食堂饭菜质量及口味。

【维修改造工程】　严格按照预算及工作安排，完成了三级征税大楼亮化、珠峰公司街景改造、生活区伙食改车库、生活区路灯改造及变压器改造等工程。及时整理修剪 3 个生活区的绿化带，并在北郊生活区补种侧柏 1728 棵、各种果树及开花树 58 棵，为干部职工创建了一个健康、文明、舒适的生活和工作环境。

【周转房分配】　由于人员调整，新进人员较多、周转房套数严重不足，供需矛盾突出。了解掌握现有住房情况并做好周转房分配，同时做好对未分到房屋人员的解释工作。

【节能减排】　对局所有能源使用情况进行全面清理检查。将所有电灯换为节能灯泡，就浪费能源现象提出改正意见，对办公大楼电梯进行大修与改造，切实做好机关节能减排工作。

（边巴扎西）

税收科研

税收科学研究所

【概述】 2011年，全区税收科研部门更加注重以科学精神指引税收实践，努力培养创新精神、奉献精神、止于至善精神、平等精神和协作精神，推动税收科研和税收工作向科学化、理性化发展。全区税收科研工作紧紧围绕中心，突出重点，注重实效，不断提高税收科研水平，取得较好的成效。

【有效开展税收科研工作】 以“创新思路、开阔眼界、优势互补、虚心学习”为思想定位，积极参与国家税务总局、中国税务学会、国际税收研究会等2011年重点课题组织科研工作。总局重点课题《关于新一轮西部大开发的财税政策研究——西藏自治区分报告》完成并获得通过；完成了中国税务学会学术委员课题《加快转变经济发展方式，促进经济结构战略调整的税收政策研究》和中国税务学会调研课题《优化纳税服务和机构队伍建设研究》；完成了中国国际税收研究会课题《税收鼓励战略性新兴产业发展的国际借鉴研究》的组织科研工作。

【注重规范化管理】 一是顺利完成西藏自治区税务学会2011年年度检查工作。按照自治区民政厅《关于对全区性社会团体、基金会、民办非企业单位开展2011年年度检查有关事项通知》的要求，及时组织相关人员，严格按照《社会团体登记管理条例》和《西藏自治区税务学会章程》、《西藏自治区国际税收研究会章程》的相关规定，对区税务“双会”在遵守法律法规和国家政策情况、开展自律与诚信建设情况、财务管理情况等方面逐一进行认真总结，仔细填写年度检查报告书，按时上报相关部门，税务“双会”年检一次性顺利通过并评定为年检合格。二是完成年度重点课题招标组织工作。为创新税收科学研究工作模式，进一步调动广大税务干部和基层单位参与科研工作的积极性，西藏自治区税务学会、西藏自治区国际税收研究联合完成了2011年重点课题招标立项和结题工作。拉萨市局、日喀则局、山南局、区局办公室、区局收入规划核算处、区局科研所等15家研究能力较强的单位参加了投标。组织国家税务总局税收科研所4位税收理论专家对招标课题进行综合评审并按照专家组的立项意见和打分情况确定中标单位。各项课题顺利结题，各中标单位提交的课题研究报告经专家组严格评审，全部合格，顺利通过了验收。三是完成西藏自治区税务学会换届改选和西藏自治区国际税收研究会第一届理事会第二次会议的各项工作。会议通过了税务双会工作报告和财务报告，产生了自治区税务学会第二届理事会、常务理事会、会长、副会长和秘书长，增补改选了自治区国际税收研究会第一届理事会部分理事、常务理事和副秘书长。四是为全区广大税务干部创造更好的税收科研环境和学习平台，进一步加强税收科研，购买中国知网（www. cnki. net）“经济与管理”文献数据库查询服务，下发使用。

【《西藏税务》编辑出版工作】　《西藏税务》围绕依法治税、税收改革、科学管理、队伍建设等主题进行重点专题宣传，围绕加强税源管理进行宣传，记录和反映区基层税务机关建设和改革进程。为增强宣传效果，适当扩大内部刊物影响力，赠阅范围增至全区税务系统所有县级税务机关，交流范围扩大到国家税务总局、中国税务学会、中国国际税收研究会等业务主管部门，以及全国各省、市、自治区税务学会、国际税收研究会及自治区党委办公厅、自治区政府办公厅、自治区社会科学院等13个区内地方党委政府部门。2011年编辑出版6期（其中一期以建党90周年暨西藏和平解放60周年为主题），共采用80多篇理论水平较高、对税收实践工作具有指导性的文章。

【《西藏自治区志·税务志》续写工作】　按照自治区方志办的通知要求，结合区税务志编写的实际情况，在与自治区方志办沟通协调的基础上，积极组织编写税务志续写工作初步方案，并经过局长专题会议讨论通过。篇章设计初稿完成，各单位资料集整任务完成初步分配，续修组织工作加强。

【学术交流】　积极参加国家税务总局、中国税务学会、中国国际税收研究会等单位组织的全国性课题研究学术交流活动，着力培养科研骨干人才，不断提高科研水平。以课题为主线，积极组织区税收科研学术交流活动。2011年在林芝、拉萨分别举办学术交流会，增进了交流和了解，扩大了成果影响。

税务学会

【概述】 2011年，西藏自治区税务学会认真贯彻落实全区税收工作会议和中国税务学会会长会议精神，始终坚持科研为税收中心工作服务的指导思想和正确的办会宗旨，积极探索，勇于创新，以课题为主线深入开展税收科研工作。

【树立课题主线】 积极参与中国税务学会2011年重点课题组织科研工作。完成中国税务学会学术委员课题《加快转变经济发展方式，促进经济结构战略调整的税收政策研究》和中国税务学会调研课题《优化纳税服务和机构队伍建设研究》的组织科研工作。联合自治区国际税收研究会完成2011年重点课题招标立项和结题评审工作。拉萨市局、日喀则局、山南局、区局办公室、区局收入规划核算处、区局科研所等15家研究能力较强的单位参加了投标。组织国家税务总局税收科研所、区社科院等单位共4位税收专家对招标课题进行综合评审，按照专家组的立项意见和打分情况来确定了中标单位。各项课题顺利结题，各中标单位提交的课题研究报告经专家组严格评审，均全部合格，顺利通过验收。

【自身建设】 一是顺利完成西藏自治区税务学会2011年年度检查工作。按照区民政厅《关于对全区性社会团体、基金会、民办非企业单位开展2011年年度检查有关事项通知》的要求，及时组织相关人员，严格按照《社会团体登记管理条例》和《西藏自治区税务学会章程》的相关规定，对学会在遵守法律、法规和国家政策情况，开展自律与诚信建设情况，财务管理情况等方面逐一进行认真总结，仔细填写年度检查报告书，按时上报相关部门，学会年检一次性顺利通过并评定为年检合格。二是完成西藏自治区税务学会换届改选的各项工作。换届会议通过了税务学会工作报告和财务报告，产生了自治区税务学会第二届理事会、常务理事会、会长、副会长和秘书长，聘任了副秘书长。三是为区广大税务干部创造更好的税收科研环境和学习平台，购买中国知网（www. cnki. net）“经济与管理”文献数据库查询服务，下发全区税务人员使用。

国际税收研究会

【概况】 2011年，自治区国际税收研究会认真贯彻落实全区税收工作会议和中国国际税收研究会会长会议精神，始终坚持科研为税收中心工作服务的指导思想和正确的办会宗旨，积极探索，勇于创新，以课题为主线深入开展税收科研工作，取得较好成绩。

【强化国际税收研究】　积极参与中国国际税收研究会2011年重点课题组织科研工作。完成中国国际税收研究会课题《鼓励战略性新兴产业发展的税收政策研究》的组织科研工作，课题报告顺利结题。联合自治区税务学会完成2011年重点课题招标立项和结题评审工作。拉萨市局、日喀则局、山南局、区局办公室、区局收入规划核算处、区局科研所等15家研究能力较强的单位参加了投标。组织国家税务总局税收科研所、区社科院等单位共4位税收专家对招标课题进行综合评审，按照专家组的立项意见和打分情况确定中标单位。各项课题顺利结题，各中标单位提交的课题研究报告经专家组严格评审，均全部合格，通过验收。

【自身建设】　一是完成西藏自治区国际税收研究会2011年年度检查工作。按照区民政厅《关于对全区性社会团体、基金会、民办非企业单位开展2011年年度检查有关事项通知》的要求，及时组织相关人员，严格按照《社会团体登记管理条例》和《西藏自治区国际税收研究会章程》的相关规定，对国际税收研究会在遵守法律、法规和国家政策情况，开展自律与诚信建设情况，财务管理情况等方面逐一进行认真总结，仔细填写年度检查报告书，按时上报相关部门，国际税收研究会年检一次性通过并评定为年检合格。二是召开自治区国际税收研究会第一届理事会第二次会议，会议通过了工作报告和财务报告，增补改选了部分理事、常务理事和副秘书长。三是为区广大税务干部创造更好的税收科研环境和学习平台，购买中国知网（www. cnki. net）“经济与管理”文献数据库查询服务，下发全区税务人员使用。

（仁增旺久）

注册税务师行业管理

【概述】　为了实现与全国同步发展，加强对注税行业的规范管理，西藏自治区国税局于2011年9月成立西藏自治区注册税务师协会，从此西藏税务代理业拥有了自己的行业自律组织，这对于推动西藏注税行业的规范健康发展，提高纳税人纳税遵从度具有重要的现实意义和深远的历史意义。2011 年，全区依法取得执业资格的税务师事务所 15 家，从业人员 183 人，其中执业注册税务师 89 人。作为具有涉税鉴证与涉税服务双重职能的社会中介组织，已经成为促进纳税人依法诚信纳税、推动西藏税收事业发展的一支重要力量。2011 年度西藏注税行业经营收入首次突破 1000 万元，达到 1090. 72 万元，同比增加 353. 52 万元，增长 45. 97%。

【主要工作】 为了推动西藏注册税务师行业持续、健康、科学发展，主要开展五方面的工作。首先，加强行业执业环境建设。一方面建立行业自律服务公约，避免不公平竞争现象发生；另一方面采取行业整体宣传方法，让社会各界、纳税人、税务机关充分认识到税务中介机构的作用，提高社会认知度。其次，鼓励税务师事务所拓展业务开展的地域范围，适时在条件成熟的地区设立分所，积极发展地区的税务中介代理事务，力争实现税务代理服务网点及服务半径在区内全覆盖。再次，积极引导西藏区注册税务师行业发展业务的多样化，加大对涉税代理业务的开展力度，助推行业均衡发展。第四，加强对税务代理（鉴证）业务的检查指导，提高出具各类鉴证报告的质量；注重注册税务师业务素质的提高，与有关业务部门开展培训工作。第五，建立健全沟通机制，定期召开会议，互通情况，查找问题，总结经验，明确思路。同时，积极为西藏注册税务师行业提供税收政策支撑，通过税务网站、报刊杂志等平台，及时将新的税收政策告知中介机构，为其执业提供有价值的信息，创造更加便利的条件。

（卢　晶）

第三篇　各地税收工作概述

བོད་ལྗོངས་ཁྲལ་དོན་ལོ་རིམ་མེ་ལོང་

西藏税务年鉴

拉萨市国家税务局

经济概况

2011 年，拉萨市全年实现地区生产总值 222.09 亿元，比上年增长 14.60%；全社会固定资产投资 222.21 亿元，增长 26.90%；社会消费品零售总额 103.59 亿元，增长 18.9%；地方财政一般预算收入 23.42 亿元，增长 56.03%；城镇居民家庭人均可支配收入 17654 元，增长 6.6%，实现了“十二五”良好开局。

税收概况

【概述】 坚持管理与服务并举，逐步推进税源专业化管理，不断优化纳税服务，规范税收执法行为，深入推进税务干部队伍建设，进一步提升内部管理效能。在税源管理上，注重加强税收收入形势分析，扩大重点税源监控范围，强化以票控税，加快信息管税步伐；在纳税服务上，着力开展同城通办业务，简化办税流程，减轻纳税人负担，全年审批减免税 4068 万元；在干部队伍管理上，着力于加强领导班子建设，深化学习型机关建设，推进党风廉政建设和精神文明创建工作。2011 年度，全市国税系统税收收入首次突破 19 亿大关，市局获得拉萨市社会综合治理先进集体、政风行风评议群众满意单位等多项荣誉。

【政府关注】 区党委常委、市委书记齐扎拉一行专程看望拉萨市国税局驻当雄县工作队，并对驻村工作进行检查指导。市委副书记、市长多吉次珠在关于全市税收与财政收入情况汇报材料上作出批示，对税收工作给予肯定。在全市税收征纳先进表彰大会上，市委副书记、常务副市长曹边疆出席并讲话；隆重表彰了 2010 年度全市纳税大户、诚信纳税户及拉萨市国税局优质服务先进个人，同时对全市国税系统进行了通报表彰。

【税收收入情况】 2011 年，拉萨市国税系统累计组织各项收入 19.92 亿元，同比增收 8.69 亿元，增长 77.44%，完成全年奋斗目标的 158.03%，增收额超过 2009 年完成数。其中：税收收入完成 19.39 亿元，同比增收 8.38 亿元，增长 76.11%；其他收入完成 5254.29 万元，同比增收 3123.89 万元，增长 146.63%。

【税收收入特点】 一是增值税、营业税、企业所得税、个人所得税、车辆购置税“五税”总量占全市税收总额的 89.47%，增收额合计 76588.23 万元，占全市增收总额的 88.10%。二是批发和零售业、租赁和商务服务业、建筑业及采矿业 4 个行业所占比重 71.27%，成为拉动税收增长的主要行业。三是非公有制税收（不含车购税及车船税）实现 16.47 亿元，同比增长 92.81%，占全年税收总额的 91.14%，主导作用持续彰显。四是市区税源是全市税收主体，直属、东、西、北及车购分局税收占全市税收总额的 65.90%，各县贡献率在逐步提升。五是中央级税收收入 91131.61 万元，同比增长 82.21%，占全市税收的比重为 45.75%；县级税收收入 84003.98 万元，同比增长 91.38%，占全市税收的比重为 42.18%。

【税收收入分析】 一是拉萨经济的稳健快速发展为税收收入增长奠定了坚实基础，经济持续发展的良好势头为税收的持续发展提供了强有力的支撑。二是依法加强征管是税收收入增长的重要保障，全年查补入库各项收入 6252 万元，汇缴入库企业所得税 8922 万元，因财产转让、股息利息红利所得、股权转让等实现一次性收入 3.81 亿元。三是政策影响成为促进税收增长的主要因素之一。其中，车辆购置税政策调整对车辆购置税拉动效应明显；自 2010 年 12 月 1 日起对外资企业征收教育费附加、2011 年起开征城镇土地使用税、地方教育附加均成为拉动税收增长的因素。四是重点税源企业贡献突出，成为税收增长的助推力，2011 年拉萨市缴税 100 万元以上的企业 134 户，同比增加 48 户，全年缴税（不含个人所得税、代扣个人所得税及其他各税）86156 万元，占全市税收总额 43.26%。

业务工作

【税收法治】 加大税收宣传力度，以全市国税系统税收收入突破 10 亿元为契机，开展媒体专题报道，推出《致纳税人的一封信》、全市税收征纳表彰、电视公益广告片、税法与报同行进千家万户等活动；开展新发票管理办法及实施细则、纳税服务投诉管理办法、促进非公有制经济发展调整政策等内容宣传。认真开展 2008～2010 年企业减免税统计调查，加强减免户管理，按规定落实减免税政策。开展双定户管理情况调研，研究改进双定户管理工作意见。认真开展执法检查与监察工作，纠正执法过程中的不规范问题。按照现行税收法律、法规及政策规定，认真做好政府相关规范性文件审核把关工作。

【税种管理】　在货物劳务税管理方面，主要对一般纳税人申请防伪税控最高开票限额严格把关，做好增值税抵扣凭证审核检查软件运行工作，开展增值税与营业税税负异常企业调查，实行水泥生产行业增值税纳税评估，强化二手房流通营业税管理，完成全市电力产品、农产品投入产出率和军品增值税政策执行情况调研工作。在所得税管理方面，按月分行业、分项目分析所得税收入增减变化因素，加强所得税收入弹性分析，及时发现和堵塞征管漏洞，做好企业所得税汇算清缴工作；加强个人所得税管理系统推广应用工作，做好个人所得税年所得12万元以上个人自行纳税申报工作。在其他税种的管理上，主要是认真开展城镇土地使用税调研及税额测算工作，实行信息交换，加强部门联系，建立征收台账，实行委托代征代扣，按照土地等级及税额标准依法征收城镇土地使用税；正确把握政策规定，加强学习与宣传，做好地方教育附加开征工作。

【纳税服务】　2011年7月，税务办税窗口进驻拉萨市市民服务中心，实现全市范围内办税业务“同城通办”，受理各类涉税业务8442项。利用“12366”纳税服务热线，在规定时间内及时解答纳税咨询，全年共受理工单18项，问题受理率100%。在各征收单位发放税法宣传需求调查问卷3300份，积极开展税法宣传需求调查。在各服务窗口设置纳税服务投诉事项台账，广泛接受社会监督。利用“企信通”手机短信平台向10户定点联系企业发送短信1100条。深入落实“双减负”工作，在968户纳税中推行财税库银横向联网电子缴税业务，在办税大厅实行征收期办税引导和人员分流，适当增加办税窗口，规范二手房交易业务流程，规范资料报送工作，开展专项调研，为纳税人提供办税方便。

【税收征管】　认真做好税收征管基础工作，加强纳税人登记和户籍管理，完善纳税人“一户式”税收档案资料电子化管理。推广应用税控收款机和税控发票，制定《拉萨市税控收款机推广应用实施方案》，推行税控收款机用户4852户，严把数据入口关，强化信息采集，加强数据分析利用和比对，查找征管工作薄弱环节，积极堵塞税收漏洞。组织开展“园区企业”税收专项调研，调研了部分商业零售、美容美发、酒店用品、服装电玩、网吧、典当、房屋租赁和建材销售纳税人申报核定情况，对木材加工交易市场进行了全面清理检查。各征收单位结合各自税源特点，采取人机结合的方式，加大税款清缴力度和漏征漏管户清查力度，促进税款及时足额入库。

【大企业税收管理】 对11家定点联系企业加强了税收管理和监控，重点检查了西藏华泰龙矿业开发有限公司、西藏中凯矿业股份有限公司。2011年度，定点联系企业年累计税收收入实现17598万元。

【国际税收管理】 通过加强非居民税收源泉扣缴、股权转让及股息红利非居民企业所得税管理、非居民承包工程提供劳务税收管理、对外支付税务证明管理4项措施，做好非居民企业税收管理工作，全年共开具对外支付证明22份，折合人民币累计征收税款6485万元，同比增收5978万元，增幅92%。

【税务稽查】 优化税务稽查程序，建立稽查案源信息档案资料库，强化完善审理机制，坚持重大税收违法案件集体审议（讨论）制度，严格审核证据和适用法律条文，做好个案分析和行业分析，以适当方式公告重大涉税案件，严格稽查案件执行。深入实施税收专项检查，认真办理协查案件、专项检查及举报等案件，严厉打击发票违法犯罪活动，对企业发票领、用、存等情况进行检查，加强联络协作，配合公安部门开展“亮剑”专项整治行动，有效遏制发票违法犯罪活动。2011年稽查局共实施检查81户，入库查补收入886万元。

【信息化建设】 从基础管理入手，实行计算机类固定资产设备清理，规范责任管理机制。认真做好系统日常维护工作，确保金税工程各系统、西藏综合征管系统、车购税管理软件、税务端防伪税控系统、税控收款机的推广、视频会议系统正常运行。实行日常技术服务外包，及时提供日常维护。完成金税三期广域网建设，升级改造包括达孜县、尼木县、当雄县国税局在内的拉萨市国税系统首期视频会议系统，由原视频会议软终端提升为视频硬终端。加强内部网络安全防护能力建设，利用桌面安全管理系统，实现对内部风险的管理和控制，完善安全域边界防护，做到安全风险可预测、安全事件可追查。

内部管理

【机构人员】 截至2011年12月底，全市国税系统共有在职干部职工391人。其中：县处级13人（正县级2人、副县级7人、调研员1人、副调研员3人），正科级25人，副科级32人，主任科员35人，副主任科员63人，科员及以下200人，工人23人；退休干部44人。

【机构调整】　2011 年，拉萨市国税局机关内设办公室、政策法规科、货物和劳务税科、所得税科、收入核算科、纳税服务科、征收管理科、财务管理科、人事教育科、监察室、机关党委办公室、离退休干部科 12 个部门；3 个直属机构：稽查局、车辆购置税征收管理分局、直属税务分局；3 个派出机构税务分局：东城税务分局、西城税务分局、北城税务分局；7 个县局：堆龙德庆县、达孜县、墨竹工卡县、林周县、曲水县、尼木县、当雄县国家税务局；事业单位 2 个：信息中心和机关服务中心。随着拉萨经济发展和城区建设需要，成立筹备领导小组，做好柳梧新区税务分局成立前各项工作。

【人事管理】　加强领导班子思想、组织、作风建设，完善领导班子议事规则，落实基层联系点制度，开展“假如我是市局局长”换位思考建言谋策主题活动。在选拔任用领导干部工作中，认真贯彻党的干部路线、方针和政策，不折不扣地执行《党政领导干部选拔任用条例》。加大干部交流力度，对从各地市调整至市局的 41 人和根据工作需要及干部家庭困难需要调整交流的 39 人，合理安排工作岗位。结合班子变动情况，及时调整常设领导机构。在工资调资工作中，在全市系统内进行公示，让干部职工监督。修订完善公务员年度考核工作意见等办法，进一步激发了干部活力。

【教育培训】　从完善学习制度入手，制定理论与业务学习计划，出台《基层干部“科学主题培训计划”实施方案》、《建设“学习型”干部队伍实施方案》，进一步明确培训目标，细化培训任务。在政治学习方面，分层次组织学习；在业务学习上，结合不同岗位特点和实际工作需要，请进来与走出去相结合，成功举办多期业务培训班，邀请内地专家实地培训，同时在内地举办三期专题培训班。全年累计 30 人次参加总局培训，111 人次参加区局培训，900 人次参加市局培训。推出“推荐读《不抱怨的世界》一书”、编辑《税收业务季度手册》、实行每季一测等新颖的学习形式。

【纪检监察】　从廉政警示教育入手，深入开展廉政文化进机关活动，组织副科级以上领导干部参观廉政警示教育基地，举办预防职务犯罪专题讲座，开展“一把手”讲党课和纪检组长作廉政形势报告活动，开设廉政教育宣传栏，开展廉政文化作品征集活动，走进拉萨市广播电台直播间回答纳税人热线咨询。签订并严格执行《2011 ~ 2012 年党风廉政建设责任书》，加强廉政监督，完善内控工作，促进规范执法和用权。开展行风测评，发放测评表 10000 份，收回

9996份。对干部上下班打卡、考勤登记、“外出登记”制度落实情况进行监督检查；开展信访举报工作，严肃组织纪律。

【政务管理】 改进文风、会风，认真落实会议审批制度，实行两月一次局务例会制度。规范公文管理，做好文件收发、签报运转和审核把关工作，全年处理公文3806份，其中收文2490份、发文1316份。加强信息采编工作，不定期下发信息工作要点，编发税收专报496期，不断提高信息质量和采用率。加强督查督办工作，做到日常工作定期督办，重点工作全程督办。落实安全保密各项规定，加强计算机网络保密管理，增加密码安全设备，专设档案室，安装防盗装置，实行人档分离。

【财务管理】 科学准确编制经费、基建决算和预算，依照预算合理编制用款计划，做好集中支付工作，严格基本、项目经费支出，加强预算执行监控，强化预算执行动态分析。开展“小金库”专项治理工作，严格“三公经费”支出。加强基建管理，有效控制基建规模，完善基本程序，严格落实《基本建设管理责任状》，2011年上报2个项目立项报告、3个项目竣工决算审批报告，编制上报2015年基本建设规划调研报告，上报4个项目申报进入国税系统基建项目库。

【内部审计】 成立内部审计检查小组，对各核算单位进行抽查审计，抽查面为30%。认真对经费收支、预算、基建、固定资产、政府采购等项目进行审计，注重对审计结果进行综合分析，提高审计结果运用质量。

【政府采购】 完成货物类采购项目17项，采购金额182.58万元。其中：集中采购金额174.62万元，部门集中采购7.96万元；完成服务类采购即物业管理，采购金额233.83万元；完成工程类采购3项（堆龙德庆县局职工周转房新建项目实际采购支出284.81万元，当雄县局职工周转房及附属工程新建项目实际采购支出99.99万元、当雄县局综合业务办公用房及附属工程新建项目实际采购支出108.10万元）。

【后勤管理】 毫不松懈地做好单位内部安全防范工作，修建值班简易房，成立护院队，严格落实维稳制度。探索试行食堂技术外包，安装净化水装置，方便干部生活。修订接待管理办法，全年接待来藏考察人员261批次1578人。加强车辆管理，加强机关食堂管理，提高服务保障水平。加强沟通衔接，推行后勤物业管理。

【税收科研】 召开拉萨市税务学会第一届第二次常务理事会议和第一届理事会第二次会议，对会长、秘书长进行改选并增补副会长。积极参加自治区税务学会和国际税收研究会重点税收科研招标工作，完成中标课题《优化我区税务系统人力资源配置研究》。公开招标并组织完成拉萨市税务学会《税收争议的救济制度研究——拉萨市实证分析》、《浅析当前我市信息管税存在的问题及对策》、《拉萨市矿产业税收征管现状分析》、《完善我市税收管理员制度研究》、《拉萨市定期定额户优化管理研究》、《构建学习型税务机关的探讨》6个重点课题撰写任务。

【党建文化】　研究制定机关党建和基层党组织建设工作实施意见，认真开展“基层建设年”活动；落实城乡结对共建工程项目，签订“双向”承诺书，派出2个驻村工作组深入纳木错乡纳木村和达布村开展强基惠民驻村帮扶工作；深入开展各类创先争优活动，先后为日喀则山南地震区、对口扶贫点等捐赠款物36万余元。加强离退休干部管理，切实关心老干部的文化生活。

日喀则地区国家税务局

经济概况

2011年，日喀则地区实现地区生产总值101.35亿元，同比增长14%；地方财政一般预算收入4.34亿元，同比增长29.55%；农牧民人均纯收入4367元，同比增长16.4%。以农牧业为主的第一产业，实现总产值30.59亿元，同比增长3.5%；以新能源为主的第二产业，实现总产值8.11亿元，同比增长26%；以旅游业和边境贸易为主的第三产业，实现总收入分别为11亿元、8000万美元，同比增长24%、45.5%。

税收概况

【概述】　日喀则地区国家税务局深入贯彻上级决策部署，按照“125”工作思路（围绕“服务科学发展，共建和谐税收”的主题；“提升纳税服务水平和税收征管水平”；“加强干部队伍建设、党风廉政建设、信息化建设、机关效能建设、税务文化建设”），开拓创新、锐意进取，稳步推进各项税务工作，较好地完成了各项税收任务。2011 年，日喀则地区共组织各项税收收入 5.47 亿元，首次突破5亿大关。

【政府关注】 日喀则地区行署副专员刘永颇在 2011 年地区税务工作会议上要求日喀则地区税务系统，一要坚持不懈组织税收收入；二要坚持不懈发挥税收职能，创造和谐高效的发展环境；三要坚持不懈抓好依法治税，营造公平公正的纳税氛围；四要坚持不懈抓好队伍建设，保障税务事业持续健康发展。

【税收收入情况】 2011 年，日喀则地区国税局共组织各项收入 5.47 亿元，占年计划指标的 130.14%，比上年增长 46.82%，增收 1.74 亿元。其中：税收收入 5.31 亿元，比上年增长 46.9%，增收 1.70 亿元；其他收入 1607 万元，同比增长 44.13%，增收 492 万元。

【税收收入特点】 一是税收收入规模、增收绝对额实现历史性突破。2011 年，日喀则国税局共组织各项收入 5.47 亿元，同比增收 1.74 亿元，增长 46.82%。税收收入的快速增长，加速了税收收入规模的迅速扩大，2011 年全地区税收收入总量比 2007 年翻了近三番，增长幅度从 2007 年的 17% 提高到 2011 年的 46.82%，增收额是 2010 年增收额的近三倍，是历年来实现收入最多、增幅最高的一年，创历史最高最好水平。二是主体行业贡献凸显，带动整体收入高幅增长。2011 年采矿行业实现税收 1.73 亿元，比上年增长 85.48%，增收 7963 万元，占总收入的 31.61%，增收贡献率为 45.68%。2011 年日喀则地区全社会固定资产投资 71 亿元，同比增长 29.2%。建筑业实现税收 1.42 亿元，同比增收 3392 万元，增长 31.29%，占总收入的 26.04%，增收贡献率为 19.46%。三是非公经济税收增长迅猛，股份公司税收近占七成。2011 年，非公经济实现收入 5.06 亿元，同比增收 1.86 亿元，增长 58.22%，占整个收入的 92.59%，其中股份公司完成 3.62 亿元，占全部税收的 66.19%，比上年增长 84.95%，增收 1.66 亿元，贡献率为 95.34%。股份公司税收从 2007 年占收入总量的 31% 提高到 2011 年占收入总量的 66%，5 年内增幅净提高 35 个百分点，增长比例和增收绝对额在各企业类型中居首位。四是重点纳税大户支柱作用尤为明显。2011 年，全地区入库 100 万元以上的纳税户有 26 户，入库税收 2.47 亿元，占税收总量的 45.16%，其中有 4 户企业纳税额在 1000 万元以上，入库税收 1.61 亿元，占税收总量的 29.47%。

【税收收入分析】 一是经济发展带来税收收入增长。2011 年全社会固定资产投资同比增长29.2%；与之关联度较高的建筑业税收实现1.42亿元，同比增长31.29%，增收3392万元。社会商品零售总额同比增长16.8%；与之关联度较高的批发零售业税收实现7662万元，同比增长38.03%，增收2111万元。规模以上工业产值同比增长29%；与之关联度较高的有色金属矿采选业税收完成1.20亿元，同比增长1.8倍，增收7768万元。非金属矿采选业完成2043万元，同比增长50.9%，增收689万元。电力、热力的生产和供应业完成617万元，同比增长66.31%，增收246万元。旅游业发展强劲，带动住宿餐饮业收入明显增强。全年接待国内外旅客134万人次，实现总收入11亿元，同比分别增长21%和28%。住宿餐饮业实现税收849万元，同比增长24.85%，增收169万元。二是新政策落实，收入增减并存。车辆购置税优惠政策的到期，带来车购税增收76万元。新政策的出台，助推整体税收收入的增长。2011年，入库城镇土地使用税644万元，入库地方教育附加收入433万元，两项税种增收绝对额为1077万元。落实“9·18”地震灾后重建相关政策，减收各项税收27万元。落实推进非公有制经济跨越式发展有关税收优惠政策而减收100余万元。增值税转型政策落实，固定资产抵扣333万元。

业务工作

【税收法治】　对日喀则地区税务系统1994～2010年期间制定的税收规范性文件进行清理。其中，部分条款废止的25件，全文失效或废止的43件，为规范执法依据奠定了基础。共为10753户（次）纳税人减免各税4885.90万元。其中，享受起征点免税政策的纳税人8636户，减免税收2050万元；享受参与拉日铁路建设税收优惠的农牧民774户，减免税收155.74万元；享受“9·18”地震灾后恢复重建税收优惠政策223户，减免税收26.70万元；享受个人出售住房税收政策164户，减免税收78.46万元；享受其他各类税收优惠政策的纳税人956户，减免税收2575万元。在日喀则地区税务系统全面推行税收执法责任制，认真落实岗位工作职责，实施严格的税收执法督察，提高行政效率。对稽查局提请的1家企业涉税案件进行审理，并对经审议决定要求企业补缴47万元的各项税款入库情况进行跟踪问效。联合制定并签署《日喀则检察分院和日喀则地区国家税务局工作联系制度》，正式建立税检工作联席制度。

【纳税服务】　投入资金40余万元，改善纳税服务大厅硬件设施，启用排队叫号机，改造办税服务厅地板、网络、电源、LED 屏等设施；办税窗口由半封闭型改成开放式窗口，做到办税“零距离”；充分发挥12366 纳税服务热线桥梁纽带作用，实时了解纳税人需求、给予纳税人及时服务、及时回复12366 呼叫中心转办的各种涉税事项；积极发挥“税收宣传月”宣传阵地作用。4 月 1 日，日喀则地区行署副专员刘永颇在《日喀则报》发表题为《积极营造良好税收环境　促进经济发展方式转变》的署名文章，动员社会各界了解、支持、理解税收工作；大力推出税收宣传专题片，通过对局领导和税务干部进行访谈和对纳税人和消费者进行采访，聚焦税收工作和社会反响，并面向社会各界重点宣传税收的作用、新版普通发票、税控收款机等内容；大力宣传“十一五”时期日喀则税收工作成绩；召开税企座谈会，通过面对面细致讲解税控收款机推行、新版发票、电话申报、POS 机刷卡等相关内容及新政策的出台背景和详细内容，广泛征求纳税人的意见和建议，成为增强征纳交流沟通的重要方式；发挥“答疑解惑”咨询角色作用，通过多种形式扩大税法宣传的途径和覆盖面。

【税收征管】　截至 2011 年年底，日喀则地区税务系统税务登记户数 11916 户，较 2010 年增加 2163 户，同比增长 22.18%。其中，内资企业 2494 户，较 2010 年增加 1345 户，同比增长 117.06%；个体工商户 9226 户，较 2010 年增加 629 户，同比增长 7.32%。全面贯彻落实新修订的《发票管理办法》及其实施细则，把握发票管理在税收征管中的基础性作用，进一步完善各项内部管理制度，加强发票领用存各环节管理；做好有奖发票推行及奖金兑付工作，提升消费者索取发票的积极性。通过办税服务厅为 3194 人次中奖者兑付奖金 12.58 万元。严格代开发票资格审核和程序控制，规范代开普通发票行为，防范执法风险；加强发票检查，坚决查处发票违法行为，加大处罚力度，实现以查促管；推广税控收款机应用，共推行税控收款机 678 户；优化税收征管业务流程。制定《日喀则地区国家税务局办理涉税事项工作规程》，对涉税业务流程进行重组，取消涉税事项派工环节，撤销已取消审批和禁止等涉税事项 20 项，将 16 项流转审批事项改为大厅窗口即办事项，将 26 项涉税业务进行合并，将 6 项由地区局相关科室审批的事项改为由主管税务机关审批，新增涉税事项 12 项。在减少审核审批环节的同时，对附送资料进行简化，明确文书受理岗、审核审批岗的具体审核要求和每个事项的后续管理措施，提升管理服务效能。

【大企业税收管理】　建立健全

大企业定点联系制度，将9户企业确定为地区级定点联系企业，加强对企业基本信息的采集，增加大企业管理数据积累，密切关注企业经营动态和服务需求，积极开展管理服务工作。完成对2户水泥生产企业的税源监控分析、预测和纳税评估工作，评估增值税税款634.46万元，同比增加25.21万元，增长4.14%。

【税务稽查】 共查补入库各项税收收入180.26万元，其中税款122.82万元，滞纳金16.76万元，罚款40.68万元，处罚率33.12%；对79户纳税人实施了税收专项检查，发现有问题户37户，查补各项收入264.04万元，入库率为100%，处罚率为11.60%。全年共组织企业自查11户，自查收入合计536.25万元；共受理举报案件6件，结案7件，共查补入库各项税收收入86.76万元，其中税款60.78万元、滞纳金12.82万元、罚款13.16万元；查处某增值税一般纳税人非法取得增值税专用发票26份，查补入库各项税收收入62.31万元，其中税款46.90万元、滞纳金9.73万元、罚款5.68万元。发出纸质协查函2份。受托办理协查函2起，回复率100%。

【信息化建设】 完成对仲巴、昂仁县国家税务局推广增值税防伪税控系统，完成“财税库银横向联网——TIPS”系统在日喀则地区的首次推广应用，对11户纳税人安装增值税发票自开系统，对4户纳税人推广应用机动车发票开票管理系统，首次推广应用二手车开票系统；完成金税三期广域网项目的实施工作；开展网络信息安全检查，加强系统安全管理。

内部管理

【机构人员】 日喀则地区国税系统职工总数为236人，其中在职200人、退休36人。在职中女性81人，占41%；少数民族152人，占76%。在职文化结构为研究生3人，本科132人，大专34人，中专及以下21人（只占10%）。在职年龄结构为30岁以下63人，30岁以上137人，全系统平均年龄为35.8岁。在职政治面貌为党员138人，占72%；团员36人，群众26人。在职职务结构为正处级1人，副处级9人，正科级24人，主任科员11人，副科级27人，副主任科员22人，科员92人。

【机构调整】 设置34个部门，其中局机关内设行政机构11个、直属机构3个、事业单位2个、县（市）局18个。

【人事管理】 录用17名新工作人员，其中公务员4名、事业干部13人；下发《日喀则地区国家税务局关于做好2011年度国家公务员年度考核工作的通知》。

【教育培训】 共培训504人次，培训面251%。其中，参加区局组织的培训35期，培训160人次；自行组织培训3期，参加培训人数344人；7月15日开设“国税课堂”，截至2012年12月31日，开课18期；下发《日喀则地区国家税务局关于进一步鼓励干部职工报考“三师”的通知》，对干部职工参加学历教育、专业职称考试等，依学习成绩在学习费用上给予一定的支持，加大奖励力度，有力地促进了税务干部队伍学历层次的提升。

【纪检监察】 制定《日喀则地区国家税务局党风廉政建设责任制考核办法》、《日喀则地区国税系统依法行政投诉处理办法》等制度。编印《日喀则地区国家税务局机关内部风险控制工作规程》单行本200册，为各部门完善制度建设、防范廉政风险提供必要的参考依据；2011年10月，白朗县国家税务局被日喀则地区国家税务局党组命名为“日喀则地区国家税务局廉政教育基地”。11月23日，西藏自治区国家税务局党组书记、局长袁庆杰为“日喀则地区国家税务局廉政教育基地”展览厅揭牌；通过举办预防职务犯罪辅导讲座，参观警示教育基地——地区检察院，召开“正人品、正风气、正形象”座谈会，把反腐倡廉教育纳入日常政治教育和干部教育培训工作之中；扎实开展民主评议政风行风工作，研究方案，部署工作，圆满完成各阶段工作任务。

【政务管理】 全局共有3个党支部，党员90人，占在职干部职工的78.95%；建立健全党组中心组学习制度，开展个人学、集中研讨、座谈讨论、专家辅导、撰写心得等多种形式的学习；2011年上半年，派驻4人工作组进驻定日县严当乡严曲村开展基层建设年驻村活动；下半年，派驻20名干部进驻白朗县曲奴乡团结新村、思布、麦措、萨嘎、桑林村。按照区党委提出的“建强基层组织、加强维护稳定、寻找致富门路、进行感恩教育、办实事解难事”五项工作任务，深入开展“创先争优强基础惠民生”活动，投入30万元资金为群众办实事、解难事，开展形式各异活动，增强群众勤劳致富意识和爱国爱党热情，为村级经济建设争取项目和拉动投资近350万元，得到上级部门和各级领导的一致肯定。狠抓制度建设。及时完善组织收入工作、税收征收管理、政策法规、内部管理等方面的制度；规范“公文处理系统”管理，明确工作职责、规范工作流程、提高工作效率。强化督促检查工作。制定《督促检查工作实施办法》，突出抓好重点工作和重要事项，落实通报制度和反馈制度，督促检查工作成效显著。

【财务管理】　制定《日喀则地区国税系统固定资产管理办法》、《日喀则地区国税系统预防小金库管理办法》等制度，深化“收支两条线”改革，规范非税收入管理。深化国库集中支付改革，提前开展四级预算单位的推行公务卡各项准备工作。2011年，全地区国税系统接待费、会议费、培训费和差旅费的公务卡结算率达到10.5%。加强财务收支管理，努力提高资金使用效益。厉行节约，严格支出管理；加强日常监督检查，提高预算执行质量。2011年，根据地区实际，成立会计核算中心，进一步规范全地区国税系统财务管理工作。

【内部审计】　2011年，对6个单位进行内部审计、对2位同志进行任中经济责任审计、对1位同志进行离任审计，审计面分别为133%、100%和100%。

【政府采购】　树立大局意识、服务意识、风险意识和效率意识，以抓源头、练内功、求创新为目标，努力提高政府采购工作效率；规范基础档案管理，抓好计划编报，强化执行刚性。加强监督考核，把政府采购工作纳入税收工作总体考核之中，作为领导班子、领导干部政绩考核的重要内容。

【后勤管理】　制定传达室、值班室等重点部位管理措施。做好车辆保障工作，始终把交通安全放在首位，加大车辆保养检修力度，防止安全事故发生。制定严格机制，规范管理，做好餐饮服务工作，从源头上严把食品安全关。定期开展消防、地震等常识培训，做好设备保障工作。

【税务文化】　制定《税务文化建设实施方案》；召开座谈会，重温“入党誓词”；举办摄影、征文比赛等活动；庆祝建党90周年和西藏和平解放60周年；举行文体活动、文艺表演等，丰富文化生活。

山南地区国家税务局

经济概况

2011年，山南地区实现国民生产总值63.37亿元，比2010年增长13.6%。三次产业结构为6.9∶46.3∶46.8，第一、二、三产业对GDP增长的贡献率分别是4%、45.4%和50.6%。全社会固定资产投资65.14亿元，同比增长18.39%。实现社会消费品零售总额21.8亿元，同比增长19.4%。城镇居民人均可支配收入15185元，同比增长7.1%。实现地方财政收入4.95亿元，同比增长23.6%；地方财政支出37.95亿元，同比增长33%。

税收概况

【概述】 2011年，山南地区国家税务局以强化征管为基础，以优化服务为重点，以队伍建设为保障，围绕工作总体目标，统筹兼顾，巩固完善，突出重点，狠抓落实，各项工作取得新成效。山南地区国税局2011年度获得山南地区综合考评先进奖、山南地区效能建设年活动先进集体荣誉。

【政府关注】 山南行署副专员薛长学一行代表地委、行署看望山南国税干部职工，充分肯定了山南税务系统2011年取得的成绩。

【税收收入情况】 2011年，共组织各项收入7.24亿元，比2010年增收8305万元，增长13%。其中：国内增值税完成2.71亿元，比2010年增收5003万元，增长23%；国内消费税完成1119万元，比2010年增收138万元，增长14%；营业税完成1.38亿元，比2010年增收3604万元，增长35%；企业所得税完成1.82亿元，比2010年增收5803万元，增长47%；个人所得税完成2216万元，比2010年减少8892万元，下降80%；车辆购置税完成2432万元，比2010年增收423万元，增长21%；车船税完成221万元，比2010年增收26万元，增长13%；城市维护建设税完成2935万元，比2010年增收606万元，增长26%；

资源税完成1476万元，比2010年减收46万元，下降3%；印花税完成321万元，比2010年增收98万元，增长44%；土地增值税完成277万元（2010年无此项收入）。

【税收收入特点】　一是地方级税收收入增幅高于中央级。完成中央级收入36169万元，比2010年增收1862万元，增长5%，占税收收入的比重为50%，比2010年下降4个百分点；地方级收入完成3.63亿元，比2010年增收6443万元，增长22%，占税收收入的比重为50%，与2010年同比增长4个百分点。二是月度间及征收单位间增收不均衡。月度之间税收收入增速差异较大，单月税收6000万以上有3个月，1月、7月和12月分别完成税收1.07亿元、7798万元和1.31亿元，月平均收入6035万元。所有征收单位中，隆子县国税局税收增长迅速，完成各项收入6768万元，比2010年增收4791万元，增长2.4倍；其次是洛扎县及桑日县国税局，分别增长1.3倍和1.2倍；而部分县局出现下降情况。三是各税种除个人所得税和资源税外均保持增长。增值税、企业所得税和营业税，分别完成2.71亿元、1.82亿元和1.38亿元，占税务部门组织收入的比重为37%、25%和19%，共同拉动税收增长22个百分点。四是三大产业中第二产业税收收入贡献突出。2011年第一产业完成25万元，比2010年减收19万元，下降43%；第二产业完成3.89亿元，比2010年增收9566万元，增长33%，占整体收入比重为54%，提升8个百分点；第三产业入库3.35亿元，比2010年减收1242万元，下降4%，占整体收入比重为46%，比2010年下降8个百分点。五是纳税超千万重点企业税收增长。2011年纳税超千万重点企业共缴纳各项税收39227万元，占总体税收的比重为54%，比2010年增收8847万元，增长29%。

【税收收入分析】　一是地区生产总值增长平稳，特殊行业快速发展。有色金属矿采选业入库增值税2938万元，比2010年增收1771万元，增长152%；水泥制造业入库4553万元，比2010年增收2665万元，增长141%。二是固定资产投资较快增长。2011年，全山南地区固定资产投资施工项目共计748个，完成投资63.37亿元，比2010年增长19.3%，与其对应的建筑业营业税入库8079万元，比2010年增收2786万元，增长53%。三是消费市场活跃。2011年，全社会消费品零售总额完成21.8亿元，比2010年增长19.3%，拉动了批发业和零售业增值税增长，入库增值税12968万元，比2010年增收2794万元，增长27%。四是政策调整带动税收增长。车辆购置税税率恢复。2011 年，车辆购置税完成 2432 万元，比 2010 年增收 423 万元，增长 21%。新开征税种增加税收。2011 年新开征城镇土地使用税和地方教育费附加，城镇土地使用税入库 298 万元，地方教育费附加入库 604 万元。企业所得税优惠政策到期。从重点企业看，缴纳企业所得税 1103 万元。五是减收因素有三。其一，部分行业不景气。受矿产品价格下滑因素影响，黑色金属矿采选业完成增值税 4497 万元，比 2010 年减收 2929 万元，下降 39%；其二，受政策影响。工资、薪金所得下降，入库 1263 万元，比 2010 年减收 170 万元，下降 12%；其三，一次性因素减收。利息、股息、红利所得和财产转让所得分别减收 7806 万元和 1173 万元。

业务概况

【税收法治】 加强各项税收政策管理，确保政策落实到位。严格按照《西藏自治区减免税管理办法》和相关税收政策规定，成立减免税领导小组，认真抓好西部大开发、下岗再就业、资源综合利用等一系列税收优惠政策的落实。2011 年，减免各项税收 788 万元。2011 年 5 月 1 日起在全山南地区范围内开征地方教育附加，年内入库 604 万元。加大对一般纳税人监督管理力度，集中对增值税专用发票存根联数据采集、增值税抵扣凭证审核检查，把山南地区共有的 50 户一般纳税人中的 38 户纳入防伪税控系统监管。严格落实新出台的各项税收政策。根据《西藏自治区人民政府关于调整我区推进非公有制经济跨越式发展有关税收政策的通知》，从 2011 年 11 月 1 日起，辖区内 1195 户个体工商户免收增值税、营业税。深入开展税收执法检查，认真做好执法管理信息系统上线工作，切实加强税收执法权和行政管理权的监督制约，防范和纠正执法过程中的不当行为。

【纳税服务】 积极推行“综合服务窗口”和“全程服务”，提高服务效率。围绕政府重点建设项目和当地重点税源企业以及弱势群体，开辟绿色通道，实行上门服务、提醒服务、预约服务。完善“领导坐班制度”，把领导坐班与纳税咨询有机地结合在一起，方便纳税人的纳税咨询。制作《青年文明号服务卡》、《税收服务评议卡》等服务卡片。进一步整合窗口功能，明晰岗位责任，配备骨干力量，利用纳税人电子信息“一户式”查询功能，减少了纳税人办理涉税事项重复报送各类资料。围绕“税收·发展·民生”主题，扎实做好税法宣传工作。通过媒体滚动播放税法宣传动漫片、宣传口号及专题宣传片，发送税宣短信共20余万条。开展送税法进农村、进企业、进校园、税企联谊赛等一系列活动，拓宽与纳税人沟通的渠道。

【税收征管】 加强动态管理和户籍巡查，及时掌握纳税人开业、停业、注销及收入变化情况，办理个体登记户5914户。做好新版普通发票的供应工作，对旧版发票进行清理、统计、销毁，销毁旧版库存发票11885本（份）。加大对有奖发票和发票违法行为举报的宣传力度，提高了消费者索取发票的积极性，全年兑付有奖发票奖励金额共计6.64万元。扎实做好税控收款机推广应用工作，2011年共推行安装税控收款机403户417台。做好对大企业数据采集，全面掌握大企业税源规模、生产经营状况和纳税情况。不断提高对大企业的管理水平，有效防范执法风险。对8户企业进行调查，基本信息上报西藏自治区国税局。

【税务稽查】 以整顿和规范税收秩序为目标，坚持以查促管，以查促收，认真开展专项稽查、专案稽查和日常稽查工作，2011年共检查纳税人23户，查补入库总额267万元。集中力量对电信业进行检查，共查补税额115万元。积极开展重点税源企业税收自查工作，对10家企业下达了税收自查通知书，其中6户存在问题，共计自查查补收入84万元。对3家使用发票嫌疑较大的个体工商户进行核实检查，查补入库税额共计3000元。认真落实税收违法案件举报管理制度，2011年查处举报案件1起，查补收入共计1000元，并给予举报人100元的奖励。

【信息化建设】 利用信息技术采集税务登记、纳税申报信息等资料信息，按照“减负提效”原则，进一步依法清理简并涉税资料。梳理、减并、优化税收流程，着力提升综合征管系统数据应用率，实现数据资源共享，为实施动态监控提供基础数据，减轻基层税务人员和纳税人负担。加强对基层税源管理指导的针对性，全方位掌握税源。加大网络与信息安全管理，建立数据备份机制，提高计算机信息系统的安全等级。从口令、存储介质、杀毒软件、网络隔离等各方面对现有设备开展全面检查、整改。加快车辆购置税信息化建设步伐，完成13895户历史档案电子化。制定和修订一系列信息安全、网络安全相关制度，2011年9月被地委评为“保密先进集体”，顺利完成金税三期的网络升级、改造工程。

内部管理

【机构人员情况】 2011年，山南地区国家税务局在职干部职工150人，其中地区局93人、县局57人。

内设机构11个，3个直属机构，2个事业单位；设置机关党办、离退休干部科，共计18个科室、11个县局。

【领导班子建设】 2011年，在自治区国家税务局的坚强领导下，山南地区国家税务局顺利实现新旧领导班子的更替工作，新领导班子迎难而上，在面临经济下行的趋势下，努力完成了全年各项税收工作。新领导班子不断加强理论学习，以每次理论中心组学习为契机，不断深化党的政治理论学习，用理论武装头脑、指导工作；新领导班子十分注重基层调研，深入全地区11个县局，虚心听取基层税务人员对税收工作的意见和建议，为改进工作明确方向。

【机构调整】 坚持科学用人原则，将在德能勤绩等方面表现优异的人才选拔到领导岗位上。2011年，根据民主集中制的原则，提拔正科级干部11人、副科级干部18人、主任科员8人、副主任科员10人，干部岗位交流调整共41人。

【人事管理】 坚持以人为本，注重人才培养，完成了增补科级后备干部推荐测评工作。并对毕业分配的大学生建立了“青年干部引路人”机制，将年轻人的培养和后备干部动态管理挂钩，使引路机制发挥很好的作用。2011年8月，招录的4名公务员、8名事业人员全部充实到基层县局。

【教育培训】 进一步加大干部教育，提高干部职工业务知识。根据培训计划举办3期内部业务培训，共64人次参加。参加总局、区局组织的各类培训34期，参训人数115人。举行一次山南地区税务系统业务考试，对考试成绩好的干部职工进行奖励，对不及格的进行处罚，促进干部职工加强业务知识学习。

【廉政建设】 认真落实党风廉政责任制，推进内控机制建设，强化权力监督制约，提高制度执行力，狠抓行风作风建设。坚持把党风廉政建设纳入税收工作整体规划。层层签订“党风廉政建设责任书”，强化责任考核，严格责任追究。严格按照廉洁从政52个不准，坚决落实税务系统廉洁从政“八不准”和“六条禁令”。将预防腐败要求融入各项税收工作中，从源头上防止税务人员腐败行为发生，着力推进内控机制建设。明确税收工作195个风险点，梳理工作规程282项，建立内控管理制度202项，做到防控结合、以控为主。开展党员廉政教育学习活动29次，组织广大党员干部参加“拒腐防变每月一课”的学习，以增强广大党员干部廉洁自律意识，提高拒腐防变能力。

【政务管理】 大力推进政务公开。严格按照各项制度要求，做好政府信息公开及依申请公开工作；严格按照保密审查制度，对需要对外公开的信息进行保密审查。

【财务管理】 不断提高预算质量，规范预算编制口径，进一步深化国库集中支付改革，严格控制“三公”经费。抽调人员组成内审组，对县局的日常财务收支核算、财务决算编报、固定资产管理和“双代”手续费情况等进行审计。全面提高内审工作质量，进一步发挥内部审计监督。加大对政府采购重要工作环节的规范化管理力度，不断优化采购程序和采购方式，实现采购活动科学合理。

【后勤管理】 制定《机关服务中心岗位职责》、《驾驶员分工职责》，进一步规范了人员职责。加强食堂管理，保证干部职工饮食安全。严格车辆管理，杜绝公车私用，实现安全行驶30万公里无事故。落实维稳值班、带班制度，确保全系统持续稳定。严格办公用品管理，遏制浪费现象发生。

【税收科研】 抽调具有丰富实践经验的业务骨干人员，进行“关于我区税收执法环境现状的调查研究”的课题研究工作。成立“西藏税收优惠政策评价与完善研究”课题组，深入开展税收调研。

【党建文化】 开展“基层建设年”活动，把群众信任，工作能力较强，具有敬业、奉献精神的同志安排到党总支和支部领导班子中，增强了机关党组织的凝聚力和战斗力。印发《山南地区国家税务局在创先争优活动中开展基层建设的实施方案》，在单位内掀起创先争优热潮。充分发挥党、工、青、妇等的职能作用，关心干部职工身体健康，开展“三八”妇女节、“七一”表彰大会等活动。关心离退休老干部生活，积极开展慰问活动和给老干部过“集体生日”活动，增强了干部的凝聚力。开展献爱心，送温暖活动，为基层联系点农牧民群众捐款，为系统长期生病和生活困难女同事捐款；开展“五四”青年节节日慰问活动，向帮扶学生捐款捐物，为贫困户解决了生活必需品、为扶贫学校维修球场。为洛扎等县地震灾区开展“寄一份包裹、送一份关爱”活动，共捐款近3万元。根据地委、行署安排，山南地区国税局在浪卡子县工布学乡的3个村开展“强基础、惠民生”工作，驻村干部克服高寒缺氧，努力为当地村民办实事、解难事。

林芝地区国家税务局

经济概况

2011 年，林芝地区生产总值完成 64.8 亿元，同比增长 15.8%；财政收入完成 4.8 亿元，同比增长 38.7%；农牧民人均纯收入 6433 元，同比增长 18.9%；全社会固定资产投资完成 60.9 亿元，同比增长 20.2%；社会消费品零售总额完成 14.85 亿元，同比增长 20.5%；招商引资协议资金 71.66 亿元，到位资金 24.8 亿元；接待国内外游客 182 万人次，实现旅游收入 13.3 亿元；农牧业总产值 8.62 亿元，粮油总产量 7.98 万吨，虫草产量 3.74 吨。

税收概况

【概述】 2011 年，林芝地区国税系统牢记“为国聚财、为民收税”工作宗旨，以组织收入为中心，以服务发展为主线，转变思路，创新思维，充分发挥税收职能作用，认真落实执法规范，不断强化执法监督，大力深化内部管理，切实优化纳税服务，圆满完成各项目标任务，为林芝经济社会发展作出了积极贡献。

【政府关注】 林芝地区党委政府十分关心支持税收工作，地委行署主要领导多次听取税务部门的工作汇报，仔细了解税收收入、税源结构和税收工作开展情况，并就做好税收工作作出指示，提出具体要求；在林芝地区 2011 年税务工作会议上，地区行署副专员杨方宇莅临会议并讲话，对地区“十一五”期间税收工作给予了充分肯定和赞扬，对做好新一年税收工作提出了期望和要求，地区财政、商务、工商、金融、公安等各相关部门要大力支持税收工作，和税务部门互相配合，形成合力，共同努力推进林芝地区经济社会跨越式发展进程。在 2011 年 12 月 30 日召开的林芝地区工作大会上，林芝地区国税局被评为 2011 年度地区“先进单位”，这是该局连续 6 年获此殊荣。

【税收收入情况】 2011 年，全地区共组织各项收入 24.81 亿元，比 2010 年增长 7 倍，增收 21.71 亿元，完成年度税收计划的709%。剔除林芝新豪时投资发展有限公司和林芝景傲实业发展有限公司所缴纳的税款20.88亿元这个一次性增长因素，其他税源入库各项税收3.94亿元，同比增长26.9%，增收8344万元。

【税收收入特点】 一是税收总量增长迅猛，单年税收是前20年税收的总和，增速和总量在全区征收单位中均排列第一位。二是中央级税收收入规模、增速高于地方级。全地区中央级税收完成14.27亿元，同比增长9.9倍，占全年总税收收入的57.5%；地区级税收完成10.46亿元，同比增长5.1倍，占税收收入的比重为42.13%。三是各税均呈增长态势。企业所得税和个人所得税比重大，分别完成11.89亿元和10.35亿元，占全年总税收收入的47.95%和41.7%。四是非公有制经济税收贡献突出。非公有制经济完成税收24.13亿元，占全年总税收收入的97.24%。五是第三产业对税收拉动明显。第三产业完成税收23.11亿元，占全年总税收收入的93.18%。

【税收收入分析】 一是固定资产投资带动建筑业税收增长。2011年建筑业完成税收8140万元，同比增长22.13%。二是社会消费品零售总额增长带动相关税收增长。2011年批发和零售业完成增值税5365万元，同比增长47.84%。三是税收政策调整带动税收增长。1.6升及以下排量车辆购置税征收率由7.5%恢复为10%，全年入库车辆购置税2029万元，同比增长12.29%；新开征城镇土地使用税和地方教育附加，分别入库765万元和250万元，净增1015万元。四是旅游市场繁荣发展拉动税收大幅增长。2011年旅游业完成税收2024万元，同比增长54.86%。五是一次性增收因素起决定性作用。股权转让等一次性因素增加税收21.59亿元，占增收总额的99.42%。

除以上增收因素外，受林业政策影响木材指标减少，森工行业税收持续减收。2011年入库森工行业税收2534万元，同比降低42.57%，减收1878万元；贯彻落实修改后的个人所得税法，减少工资、薪金所得和个体工商户生产、经营所得个人所得税150万元；个体工商户起征点提高，2011年后两月减少税收140万元。

业务工作

【税收法治】 全面贯彻落实《国务院依法行政实施纲要》，严格按照法定权限和程序行使权力、履行职责，将税务行政审批、重大税务案件审理、税收规范性文件管理等作为重点，积极做好基层税收调研工作，认真开展税收执法检查，对检查发现的问题进行梳理、确认，并督促限期整改，保证税收执法检查的效果；落实执法责任追究制，共追究各类税收执法过错 5 人次，经济处罚 900 元；积极探索建立税收执法内控机制，实现税收征管、检查、法制互动，有效防范执法风险；全面落实税收优惠政策，对符合条件的纳税人依法减免各项税收 1966 万元；广泛开展“六五”普法工作，加强税收宣传教育，完善纳税人信用等级评价体系，加大涉税违法曝光力度，提高全社会税法遵从度。

【税收科研】 深入贯彻落实科学发展观，不断推进税收理论研究，及时调整和充实科研理论人才库，成立税收科研课题组，积极开展税收政策的调研。2011 年课题组紧跟新时期税收工作发展形势，结合林芝税收工作实际，先后完成《现行我区减免税管理中存在的问题及建议》、《对林芝地区符合条件的城镇低保人员和残疾人部分自用车辆适合免征车船税政策的法律分析》、《支持我区非公有制经济发展税收政策研究》等课题，为完善现行各项优惠政策提供科学依据。

【税种管理】 一是进一步完善增值税管理信息系统，重点加强对纳税人销售货物开具发票、购买货物取得发票信息和以票控税及纳税申报的管理。2011 年，全地区 34 户增值税一般纳税人中的 14 户通过防伪税控系统开具增值税专用发票。二是及时准确落实各项优惠政策，取消虫草、松茸等农产品收购环节营业税，娱乐业营业税征收率由 10% 降至 5%，个体工商户起征点由 5000 元提高至 20000 元。三是加强车辆购置税征收管理，按季采集车辆价格信息，及时对车辆档案进行系统整理，2011 年实现对 14618 辆车辆信息的电子化管理。四是依托信息化手段加快建立个人收入档案管理制度、代扣代缴明细账制度、纳税人与扣缴义务人向税务机关双向申报制度，实现对个人收入的全员全额管理、对高收入者的重点管理、对税源的源泉管理，扩大个人所得税自行申报范围。五是加强企业所得税预缴管理，对纳入当地重点税源管理的企业按实际利润额预缴企业所得税；加强汇算清缴工作，把连续 3 年亏损、长期微利微亏、跳跃性盈亏、减免税期满后由盈转亏或应纳税所得额异常变动的企业作为评估的重点。明确企业所得税优惠审核审批备案管理，加强动态监控。

【税收征管】 把开展税源调查、把握税源底数、理清征管思路作为工作的切入点，深入摸清地区税源情况、征收管理状况，梳理研究税收征管工作中的薄弱环节，清理盘点征管执法环节存在的风险点，及时转变征管思路，调整征管措施；进一步深化税收管理员制度，大力实施税源分类管理，积极推进税源条块化管理模式，建立对招商引资企业的分析监管模式和风险防范内外联动机制；深入推行有奖发票和税控收款机，“以票控税”取得显著成效，全地区399户纳税人安装税控收款机413台，补缴税款250万元；加强森工企业欠税清缴力度，全年清理欠税115万元；加强与地区相关部门的协调和配合，采取有效措施确保新开征的城镇土地使用税、地方教育附加等税种顺利实施，全年征收城镇土地使用税735万元、地方教育附加243万元，其中城镇土地使用税的征收管理工作走在全区前列。

【纳税服务】　认真贯彻全国纳税服务工作会议精神，切实把优化纳税服务作为“争优品牌”加以创建，立足现有硬件设施，加强服务软件建设，促进服务质量进一步提升。深入开展税收宣传和纳税辅导工作，利用手机、网络、报纸、电视、广告牌、户外显示屏等载体，通过税法进机关、进学校、进企业、进军营、进社区等方式，采取税收管理员辅导税法、税务稽查员解释税法、专家中介讲解税法等手段，及时准确地把最新税收政策信息传达给社会各界、传达给广大纳税人；2011年4月，林芝地区首个“税收法律宣传基地”在地区二小授牌成立；扩大财税库银横向联网实时扣税覆盖面，不断加大银行缴库专柜、POS机刷卡缴税系统建设，大力推行多元化报税方式，进一步优化办税流程，简化审批环节，实行“一窗通办”，方便纳税人办理纳税事宜；提升办税人员能力素质，全面落实首问责任制、服务承诺制、限时办结制，提高办税效率；完善“纳税服务之星”考核评比制度，在办税服务人员中形成比业务、比技能、比效率、比服务质量的良好氛围，使办税服务厅成为展示部门形象的重要窗口。2011年，全区税务系统200余人次先后到林芝地区国税局办税服务厅现场观摩，对办税大厅各项工作给予了很高的评价。

【大企业税收管理】　按照“属地化、专业化、精细化、信息化”的管理原则，坚持日常管理与优化服务并重、税源监控与纳税评估并举的管理模式，督促规范税收执法行为，做好执法风险防范，完善管理程序和办法，抓好资产损失税前扣除、税收优惠备案登记、减免税政策执行等管理工作。建立“企税联动、差别服务、下户巡查、风险防范、权益保障”等5项机制，有效提升重点税源企业税收贡献率。以信息管税为依托，充分发挥数据监控作用，加强重点税源分析和预测，高质量完成重点税源数据日常监控和审核上报。2011年，所辖区域内重点监控的18户定点联系企业实现税收1亿元，占地区税收总收入的4.33%。其中缴纳税收1000万元以上的重点企业2户（奇正藏药有限公司、林芝地区烟草公司）完成税收6917万元，占重点税源企业税收收入的69%。

【国际税收管理】 设立非居民税收管理岗位，确保非居民税收管理事项落实到岗、责任到人。做好非居民企业税收相关数据的采集和上报工作，主动与政府相关部门沟通，了解税源动态。加强非居民税收政策宣传，让纳税人、扣缴义务人清楚自己的权利和义务。

【税务稽查】 充分发挥税务稽查在打击涉税违法行为、整顿税收秩序、规范征管行为、防范执法风险等方面的积极作用，通过科学选案、合理计划，加强税务稽查工作力度。按照上级稽查工作部署，结合林芝实际，主要开展了对财产保险、医疗医保、旅游、运输等4行业的专项检查。做好发票专项整治以及其他日常税收检查工作，全年检查纳税户34户，立案处理16户，入库查补收入227万元。

【信息化建设】 分期分批对计算机类设备进行更新，提高税收信息化建设的硬件水平；大力实施“金税三期”工程，提升税收征管科技水平；深入开展税控收款机知识培训、信息安全技术培训和金税三期广域网项目培训，提高了信息化建设软实力；加强网络与信息安全工作、做好各系统的日常维护，确保核心网络畅通。

内部管理

【机构人员】 在职人员127人，其中公务员99人、事业28人，平均年龄34.3岁。

【机构调整】 下设7个全职能正科级县国家税务局：林芝县国家税务局、米林县国家税务局、波密县国家税务局、工布江达县国家税务局、朗县国家税务局、察隅县国家税务局、墨脱县国家税务局；内设机构10个：办公室、政策法规科、所得税科、收入核算科、纳税服务科、征收管理科、财务管理科、人事科、教育科、监察室；另外单独设立机关党委办公室；直属机构2个：稽查局、直属税务分局；事业单位2个：信息中心、机关服务中心。

【人事管理】 深化和落实干部人事制度改革，调整充实基层县局领导班子；增强干部队伍活力；加强干部轮岗交流力度，共轮岗交流干部职工35人次。深入开展创先争优活动和“强基础、惠民生”活动，选派9名干部到察隅县开展驻村工作。

【教育培训】 以“请进来、走出去、蹲下去、上下跟班学习、税收知识大课堂”为主要培训方式，开展赴基层县局现场指导培训交流试点、赴福建省税务干部学校进行房地产开发企业税收管理培训、聘请专家教授进行专题讲座、聘请注册税务师对企业所得税知识进行系统讲解、选派部分科室业务能力较为突出的干部到区局相关处室跟班学习、各基层县局选派干部到地区局跟班学习、抓好新录用人员的职业道德教育、开展综合业务技能考试、组织干部参加总局企业所得税抽考等工作，激发税务人员自觉学习的热情，营造浓厚的学习氛围。2011 年，共有 197 人次接受了不同层次的培训，培训覆盖面为100%。

【纪检监察】 制发《林芝地区国税局 2011 年党风廉政建设和反腐败工作目标任务及落实措施》；加强对领导干部职务消费行为的监督；规范领导干部廉政档案管理，对 18 名科级领导干部进行廉政测评和考核；开展执法监察、廉政监察和效能监察，组织监察人员明察暗访，广泛接受社会各界监督；认真纠正损害纳税人权益的各种不正之风，积极探索建立纠风工作长效机制；大力规范内部管理，理顺工作程序，提高工作效能。2011 年，共开展明察暗访 4 次，召开税企座谈会 3 场，发放税风、行风、税务人员廉政调查表 100 多份，纳税人对林芝地区国税系统文明、廉政执法的满意度达 99%。

【政务管理】 一是健全政务管理制度体系，修订完善《林芝地区国家税务局工作细则》、《林芝地区国家税务局制度汇编》，推动各项工作制度化、标准化、规范化。二是切实抓好制度落实。深入推进内控机制建设，切实加强督察督办工作，提高执行力和工作效率，严格落实《林芝地区国家税务局工作岗位职责责任追究办法》，按月通报政务、事务、会务等方面的工作情况。三是认真贯彻民主集中制和领导分工制度，严格请示报告程序规定，坚持重大事项集体研究，同时充分发挥班子成员在管理中的作用，放心、放权，让大家开展工作，履行职责、承担责任，形成“一把手有精力想事，副手们有舞台干事”的良好氛围。四是规范办会，明确会议组织和议题形成、提交、讨论、督促落实等程序，提高各项会议的召开质量。五是加强政务公开力度，积极落实办税“八公开”制度，主动公开纳税人关心的税收政策、营业额核定、税务处罚等事项，全面公开税务干部职工关注的人、财、物使用以及基建项目、政府采购情况。六是认真贯彻落实《党政机关公文处理工作条例》、《全国税务机关公文处理办法》，进一步规范公文处理流程，严把公文的文字关、格式关、程序关、处理关，对公文运转过程进行全程跟踪监控，确保公文运转及时有效。七是加强舆情监督、做好信访工作，为税收工作营造良好舆论氛围，深入排查和化解税收征纳矛盾，确保不发生涉税群体性事件和非正常上访。

【财务管理】 加强预算执行和结余资金管理，落实预算执行责任制，建立预算执行按月分析通报制度，分析和跟踪预算执行过程中的问题，提高资金使用效益。完成离退休经费核实、医疗保险及相关费用的测算、住房改革支出测算工作。加强固定资产管理，明确资产分类、配置、处置及日常管理的权限及有关要求。按要求做好公务用车统计工作，上报垂直管理单位公务用车情况表。完成全局系统资产清查工作。加强基本建设管理，按月及时上报2011年基建项目收支进度情况。实施林芝地区国税局青年公寓附属工程、工布江达县局旧办公楼改建、察隅县综合业务用房新建项目，实现了朗县综合业务用房、墨脱县综合业务用房及职工周转房项目的立项。

【内部审计】 完成对察隅、米林、波县局局长的离任审计工作，配合区局做好对上一任领导的离任审计工作，完成2011年“小金库”专项治理各阶段工作。

【政府采购】 规范政府采购程序，完善档案管理，提高政府采购管理水平。2011年度政府采购计划预算资金84.5万元，实际采购73.48万元，节约率13%。

【后勤管理】 积极做好社会治安综合治理工作，全力支持开展驻村活动，认真做好接待工作；加强干部管理、严肃组织纪律，认真落实地委行署维稳值班工作制度，确保维稳“三大战役”各个阶段、各重要节庆、敏感节点社会和谐稳定及系统单位的内部安全。

【税务文化】 加强文化阵地建设，完善党员活动室、健身室、球场等，组建了篮球队、足球队、羽毛球队、乒乓球队、自行车队等，组织象棋、围棋、书法、绘画、诗歌、摄影等兴趣小组开展活动，陶冶干部职工情操，丰富了干部职工文化生活，进一步凝聚了人心、增强了活力，推动了工作开展。

昌都地区国家税务局

经济概况

2011年，昌都地区实现地区生产总值76.3亿元，同比增长13.8%；一、二、三产增加值分别达到15.6亿元、28亿元、32.7亿元，同比分别增长3.9%、6.5%、26.9%。农牧民人均纯收入4100元，同比增长12%；城镇居民可支配收入13620元，同比增长7%。固定资产投资完成62亿元，同比增长6.8%。农牧业总产值完成24.76亿元，同比增长4.5%。全年地方财政总财力41亿元。地方财政一般预算收入完成3.5亿元，同比增长12%；实现税收4.03亿元，同比增长52.7%。全年财政支出41.1亿元，同比增长43.3%。年末各项存款余额101.5亿元，同比增长34.21%；全年累计发放各类贷款12.7亿元，同比增长2.6%。社会消费品零售总额实现17.8亿元，同比增长14.7%；居民消费价格指数为105，商品零售价格指数为103.5。全年新增就业3662人，城镇登记失业率控制在3%以内。全年接待国内外游客48万人次，实现旅游总收入3.2亿元。

税收概况

【概述】 2011年，昌都地区国家税务局深入贯彻落实科学发展观，全面贯彻党的十七届五中全会精神，牢记为国聚财、为民收税的神圣使命，围绕服务科学发展、共建和谐税收的工作主题，充分发挥税收职能作用，进一步推进依法治税，深化税制改革，强化税收管理，优化纳税服务，加强队伍建设，提高行政效率，推动税收工作科学发展，圆满完成了各项工作任务，为昌都地区经济社会发展作出了积极贡献。

【政府关注】 2011年2月26日，昌都地区国家税务局向地委、行署主要领导赠送了西藏国税系统干部职工摄影作品集《在这片高天厚土》，中共昌都地委书记王瑞连对赠书活动和税务文化建设给予了高度评价，指出税务系统的摄影活动，既充实了税务文化建设的内容，又有效推动了队伍素质的提高，提升了税务部门的形象。

【税收收入情况】 2011年，昌都地区国税系统共组织入库各项税收收入4.03亿元，与2010年相比增收1.39亿元，增长52.72%，完成自治区国家税务局下达税收收入计划的134.23%。其中：税收收入3.84亿元，同比增收1.29亿元，增长50.38%；其他收入1886万元，同比增收1041万元，增长1.23倍。

【税收收入特点】 一是税收收入总量创新高，收入增长较快。2011年，税收收入规模突破4亿元大关，呈现高速增长势头，增速达到52.72%。二是各税种均呈现较好增势，增值税、营业税双双突破亿元。各税种全线增长，除消费税外，其他各税种均在两位数以上增长，部分税种（如资源税、土地增值税）实现倍数增长。三是各预算级次收入均呈快速增长态势，本级收入突破2亿元。四是12个征收单位超额完成任务，总量均创新高，其中直属税务分局收入突破2亿元，芒康县国税局突破3000万元，车辆购置税征收分局、江达县国税局分别突破2000万元；察雅县国税局、丁青县国税局分别突破1000万元。五是重点税源纳税比重大，增收贡献突出。2011年纳税额在100万元以上纳税人共计26户，全年缴纳税款1.84亿元，占收入总额的45.65%，同比增长1.09倍，增收9592万元，占增收总额的69%。

【税收收入分析】 一是经济快速发展拉动税收收入快速增长。2011年昌都地区生产总值同比增长13.8%，投资、生产和消费高位运行、宏观经济形势持续向好发展、PPI和CPI双双上涨的拉动等因素是税收收入增长的重要基础性因素。二是重点税源拉动收入的持续增长。2011年纳税额100万元以上纳税人共26户，全年缴纳税款1.84亿元，占全年税收总收入的45.66%；同比增收9592万元，占全年增收总额的69%。三是税收政策拉动收入的适度增收。先后开征城镇土地使用税、地方教育附加，增收500万元。四是加强税收征管促收入增收。2011年共安装税控收款机287台；兑现有奖发票奖金80625元；查补入库税款396万元；汇算清缴入库企业所得税600万元，同比增收488万元。

业务工作

【税收法治】 大力宣传和贯彻落实各项税收优惠政策，积极组织干部学习相关税收法律知识。加强税收行政程序建设，建立健全税收执法风险防范机制。推进税收执法责任制，加大对税收执法行为监控力度和执法过错责任追究力度，全年共追究21人次，罚款共计1200元。加强和规范重大税务案件集体审理工作。推进政务公开，开展“六五”普法工作，充分利用网络、报刊、电视等载体，采用税收宣传月集中宣传和日常宣传、专题宣传相结合的形式，积极开展税收宣传，营造依法诚信纳税的良好氛围。

【税种管理】　继续深入贯彻增值税转型政策，积极稳妥地做好增值税一般纳税人认定管理工作，加强增值税管理；做好房屋转让、租赁所得和车购税的征收、减免工作；强化企业所得税征收管理；认真落实个人所得税“四一三”工作思路；结合个人所得税管理系统的推广应用，加强个人所得税全员全额管理，重点做好年收入12万元以上个人所得税的申报工作，全年共有294人进行了自行纳税申报，超额114人，超额率达163%，超额完成自治区国家税务局下达的180人的工作目标。加强对财产行为税的监控管理，做好土地增值税和耕地占用税征收管理，做好城镇土地使用税的宣传和征收工作。

【纳税服务】　建立覆盖征、管、查全方位的纳税服务平台，完善纳税服务规范和标准。合理划分办税服务厅功能区域，及时调整办税窗口设置。推行“三卡”服务、“一窗式”服务、预约服务、延时服务、提醒服务等个性化服务和POS机刷卡缴税等申报缴税方式，切实减轻纳税人负担。开展税法宣传、纳税咨询以及纳税人信用等级评定管理等工作。开展纳税服务公开承诺和纳税人满意度调查，引入外部监督和第三方评价，及时妥善处理纳税服务投诉。

【税收征管】　以建立现代税收征管体系为依托，进一步夯实征管基础，不断完善税收征管方式，深入推进税收科学化、精细化管理，切实提高税收征管质量和效率。按照信息管税的要求，推进信息共享机制，抓好对涉税信息的挖掘和分析利用。规范非正常户认定、发票管理等制度。加强普通发票窗口代开工作，全年代开普通发票共计887份，征收各项税款620万元。加强税款收款机推广应用和后续管理，全年共安装税控收款机287台，兑现有奖发票奖金80625元。加强货物劳务税、所得税和非居民税收管理，开展纳税评估工作。

【大企业税收管理】　按照“抓大、控中、定小”的工作方针，将22户企业纳入重点监管范围，及时了解大企业的生产经营情况及成本核算等基本情况，以纳税服务为抓手，积极探索大企业税收管理模式。

【税务稽查】　深入开展矿产品行业税收调查和移送涉嫌犯罪案件专项自查工作。积极开展税收专项检查和重点税源企业自查，严厉打击各类涉税违法行为，发挥税务稽查以查促管、以查促查、以查促收的作用。全年共检查纳税人42户，查补入库各项收入187万元。

【信息化建设】 按照税务信息“一体化”建设的总体要求，不断完善信息化建设机制。认真做好金税三期广域网项目实施工作，建成连接总局、区局、地市局及县局四级节点的综合性双链路（SDH和MSTP）内部通信网络平台，为加强税收管理和服务提供了有力支撑。牢固树立“网络不能断、系统不能停、数据不能丢”的责任意识，抓好各信息系统日常运维工作和信息网络安全管理，构建起核心应用系统的运维管理平台。

内部管理

【机构人员】 昌都地区国税系统下辖10个县国税局，现有在职干部职工165人、退休人员26人。地区局机关内设机构9个，直属机构3个、事业单位2个。

【人事管理】 不断强化领导班子和人才队伍建设，切实加强干部管理与监督。把开展创先争优活动与深化拓展“讲党性、重品行、作表率、树部门新形象”活动结合起来，着力建设模范部门，打造过硬队伍，加强自身建设。深入开展创先争优强基础惠民生活动，共派出14名驻村税务干部，驻守10个村，驻村干部认真贯彻落实地委、行署的安排部署，深入每户家庭了解社情民意，宣传党的惠民政策，落实农牧民社保医保政策，开展送温暖活动，积极为农牧民办实事。

【教育培训】 加大干部教育培训力度，完善教育培训管理办法，突出抓好领导干部、业务骨干和高层次专业人才等3个层次干部培训，切实提高培训质量。全年共举办或选派干部参加各类培训班43期，培训145人次，培训面达到88%。

【纪检监察】 积极开展反腐倡廉教育，建立健全党风廉政建设工作机制。制定《昌都地区国家税务局廉政执法（行政）风险点及防范措施》，全面推进内控机制建设。积极落实领导干部监督管理和“两权”监督制约有关要求，不断强化权力监督制约。

【党的建设】 扎实开展基层建设年活动，及时优化基层党组织设置，成立综合党支部和业务党支部，不断加强和改进对党员的管理和服务工作。大力推进基层党组织工作创新，广泛深入开展创先争优活动，加大党组织和模范共产党员的宣传力度。

【离退休干部管理与服务】 认真贯彻落实党中央、国务院关于做好离退休干部工作的方针政策。通过组织学习考察、看望慰问等，全面加强离退休干部的思想政治建设，积极落实离退休干部政治和生活待遇，认真做好离退休干部服务管理工作。

【政务管理】　建立健全重大事项集体议事决策制度，规范决策程序，做到科学决策、民主决策。完善管理制度，规范工作程序，提高工作质量和办事效率，推进内部管理科学化、精细化、制度化。加强机关公文运转管理，严格审核把关，提高公文运转效率。加强政务信息，努力为领导决策和了解税收工作提供科学依据。强化政务督查，确保各项工作落实到位。加强保密工作，开展保密教育，增强保密意识，消除保密隐患。增强为基层服务的意识，努力帮助基层解决实际问题。认真落实信访工作责任制，按照“属地管理”和“谁主管、谁负责”的原则，切实加强信访工作。

【财务管理】　坚持依法理财、科学管理的工作方针，切实加强支出管理、资产管理以及基建管理，落实预算执行责任制，认真开展“小金库”专项治理和公务用车专项治理工作。

【内部审计】　加强内部审计工作的组织领导，提高内部审计质量，认真组织后续审计，督促审计意见整改落实。2011 年共对 4 个单位进行了财务审计，审计面达到 40%。

【政府采购】　以服务税收工作为中心，坚持依法采购，推进科学管理，优化采购服务，强化风险防范。2011 年集中采购项目 1 批，采购金额 35 万元。

【后勤管理】　认真做好车辆、资产、食堂等管理工作，切实提高服务保障水平。不断加强节能宣传教育，加大节能设备改造力度，努力建设节约型税务机关。认真落实各项综治措施，全面加强维护稳定工作，确保税务系统和谐稳定。

【税收科研】　积极组织干部围绕税收工作中的新情况、新问题，积极探索，深入研究。2011 年，共上报税收科研论文 135 篇。其中，《西藏税收优惠政策的评估及优化思路研究》通过自治区国税局课题组验收，《关于跨省区水电项目税收征管协作机制的调查与建议》荣获 2011 年度全区税务系统优秀税收科研成果三等奖。

【税务文化】　举办税收知识竞答、“学党史、坚定信念”知识竞赛、税企联谊、财税篮球联谊赛等活动，组建业务知识和业余兴趣小组，建设“廉政文化走廊”，努力营造浓厚的税务文化氛围。

那曲地区国家税务局

经济概况

2011年，那曲地区全年实现国民生产总值58.03亿元，同比增长9.7%。三次产业结构为18∶23∶59，第一、二、三产业对GDP增长的贡献率分别为18%、23%和59%。批发零售业、建筑业、采矿业等重点行业快速发展。全社会固定资产投资43.02亿元，同比增长7.4%。全年实现社会消费品零售总额10.49亿元，同比增长11%。全年城镇居民人均可支配收入15996.23元，同比增长9.4%。全年实现地方财政收入2.4亿元，同比增长20.6%；地方财政支出35.29亿元，同比增长37.48%。

税收概况

【概述】 2011年，那曲地区国税局按照地委、行署对税务工作提出的“后发赶超、缩小差距、发展的步子可以迈得更大一些，发展速度可以更快一些”的总体目标要求，进一步推进依法治税，紧紧抓住经济快速发展的良好契机，全面强化税源税基管理，圆满地完成了各项税收任务。

【政府关注】 2011年1月6日，那曲地委副书记、行署专员谭永寿参加那曲国税系统2011年税务工作会议，对该地税收工作提出三点意见：一是加快发展步伐，“十一五”税收工作成绩突出；二是抢抓发展机遇，贯彻落实好“十二五”税收规划；三是突出工作重点，圆满完成2011年税收工作目标任务。

【税收收入情况】 2011年，全地区共组织收入38782万元，同比增收15409万元，增长66%。其中，税收收入37049万元，同比增收14360万元，增长63%；其他收入1733万元，同比增收1049万元，增长153%，完成年度计划的144%，超额完成全年税收计划。

【税收收入特点】 一是税收收入规模、增收绝对额实现历史性突破。税收增速高于地区经济发展速度，但剔除特殊因素后，税收增长与经济增长不协调差距进一步缩小。二是各主体税种收入均保持较快的增长趋势，特别是增值税、消费税和企业所得税增速较快，增幅较大，增值税和企业所得税两项税收的增收贡献率合计达70%。三是税收收入呈现明显的前低后高态势。除一季度外，二、三、四季度单季收入均过亿元，呈历史最好发展水平，月均税收收入规模创历史最高。四是各级财政收入呈全面增长态势，中央级收入占组织收入的1/2。五是有限责任公司继续一枝独秀，领跑非公有制经济发展势头，成为全地区税收收入增长的重要支撑力量。六是中东西三大区域收入均呈加速增长态势，区域间收入呈现以青藏铁路那曲物流中心为圆心，向东西方向辐射的增长状态，但中间高、两头低的特征明显，同时东部增速略高于西部增速。七是各产业围绕产业建设发展总体要求，税收收入持续增收，但税源结构的单一性特点十分突出。八是重点税源税收贡献进一步凸显，税源专业化管理基础进一步夯实。

【税收收入分析】　一是国民经济又好又快的持续发展，是促进全地区税收增收的主要因素。2011年，那曲地区国民生产总值同比增长9.7%；固定资产投资同比增长7.4%，大项目建设的良好推进为建筑安装行业税源提供坚实基础；全地区消费品市场相对比较活跃，城镇居民人均可支配收入同比增长9.4%；社会消费品零售总额同比增长11%；居民消费价格指数稳定在103.5左右。那曲经济的较快发展为税收快速增长奠定了坚实的税源基础。二是税收政策调整带动税收增长。2011年新开征了城镇土地增值税和地方教育附加，对全地区税收增收起到积极作用。全年实现城镇土地增值税354万元、地方教育附加314万元。自2011年1月1日起，国家对1.6升排量以下汽车车辆购置税税率由7.5%恢复到10%，政策性因素产生增收。三是加强税收征管对税收收入增长的促进作用明显。加强税务稽查、专项检查和税务部门自查，将日常检查和专项检查相结合等方式，以查促管，成效显著。2011年度全地区入库各项查补税款335万元。积极稳妥地开展2010年度企业所得税汇算清缴工作，促进税收收入增长，2011年企业所得税汇算清缴补缴企业所得税2181.26万元，比上年增加1833.77万元。积极安装税控装置。全年全地区480户纳税人安装使用税控收款机，税控收款机的推广应用在税源监控和促进征管方面的作用逐步显现。在办税服务厅积极推广POS机刷卡缴税的多元化申报纳税方式，全年通过POS机刷卡缴税实现税款782万元。

业务工作

【税收法治】 进一步加强税收法制建设，强化税收执法力度，建立健全执法责任追究制，制定《那曲国税税收执法过错责任追究工作细则》，明确税收执法责任，推行和落实税收执法责任追究制，加大对执法过错行为的追究力度，规范了税收执法行为，税收了征管质量。

【税种管理】 增值税2011年同比达1.42倍的高幅增长，占税收收入的比重达34%，增收贡献率高达50%。主要受物流中心“园区企业”申报影响作用显著。消费税主要来自烟草公司卷烟批发零售环节。受该公司经营成果显著，全年缴纳消费税1102万元。营业税同比增收1173万元，增长15%，占税收比重的23%，增收贡献率为8%。企业所得税实现6656万元，同比增收3135万元，增幅达89%，占税收总量的17%，增收贡献率达20%。个人所得税实现657万元，同比减收12万元，小幅下降2%，占税收比重仅为2%。耕地占用税实现收入568万元，同比增收319万元，增幅1.28倍，占税收比重1%，增收贡献率为2%。车辆购置税实现税收3776万元，同比增收822万元，增长28%，占税收的比重10%，增收贡献率5%。

【纳税服务】 始终把优化纳税服务，构建和谐征纳关系作为税收工作的一项重点工作来抓。进一步落实文明办税“八公开”，大力推行“阳光作业”，自觉接受广大纳税人和社会各界的监督，充分保障纳税人的知情权、参与权、表达权、监督权，切实维护纳税人合法权益。2011年那曲地区国税局以投入使用新建综合业务办公用房为契机，投入大量人力、财力，加强办税服务厅软、硬件配置。完善了各类标识，规范设置了办税区、资料取阅区、填单区、等候休息区、银行收款区五大功能区域，并配备了排队叫号机、自助查询机、LED显示屏、服务质量评价器等硬件设施，同时设置导税台，安排导税人员，使广大纳税人的服务需求得到最大限度满足。

【税收征管】 截至2011年底，那曲国税系统登记户数累计6159户，《增值税防伪税控系统》纳入管理的增值税一般纳税人35户。加强普通发票的日常管理工作，贯彻落实新修订的《发票管理办法》及实施细则，做好宣传培训工作；加强对发票开具数据与纳税申报数据等相关数据的分析比对工作，查找征管薄弱环节；防范假发票的出现；规范和加强税务机关代开发票工作。继续做好分步推行税控收款机工作。2011年，全地区所在地纳税人共安装税控收款机

480台。

【大企业税收管理】　一是切实加强大企业税收分析、纳税评估和税务稽查等工作，强化执法检查，包括对纳税人的纳税情况、发票使用情况、政策执行情况等进行详细检查，并提出改正意见和建议。二是加强对那曲地区物流中心入驻企业的税收征收管理。2011年会同相关部门对那曲地区物流中心入驻企业开展税收执法检查，对入驻企业的纳税情况、发票使用情况等方面进行检查。对检查数据认真分析，评估入驻企业的税收风险，提高物流中心入驻企业的税收征管质量、对促进税收收入持续稳定增长起到了很好作用。

【税务稽查】　始终加强税务稽查，促使企业、个人完善其财务会计制度，改善经营管理，加强经济核算，提高税务征管水平。2011年度通过税务稽查全地区共查补税款335万元。

【信息化建设】　截至2011年12月，地区税务系统投入运行的税务系统广域网节点数为10个；投入运行的局域网个数为10个。配备各类网络设备65台；配备的各类计算机227台；配备各类打印机81台。2011年按照区局的统一部署，地区国税系统金税三期网络项目于2011年11月26日顺利实施完成，通过电信运营商的光纤网络形成了县局—地区—区局三级广域网，通过广域网组织开展各类视频系统的会议和培训。通过信息化建设的日趋完善，基本保证了各项工作便捷、有效地开展。

内部管理

【机构人员】　截至2011年年底，国税系统干部职工（含退休人员）157人，其中，在职人员132人（地区局局机关90人、各县区国家税务局42人），退休人员25人。

【机构设置】　地区局现有内设机构9个，直属机构3个，事业部门2个，共计14个。根据《西藏自治区国家税务局系统机构改革实施方案》精神，结合地区国家税务局系统实际情况，货物和劳务税科、所得税科与政策法规科合署办公，机关党委办公室与教育科合署办公，离退休干部科与人事科合署办公。所属县（区）局共计11个。

【人事管理】　认真组织开展年度公务员考核工作，成立考核领导小组，通过个人总结、群众评议、党组审核等方式，充分发扬民主，最终评定年度优秀公务员25人，评定为称职的92人、未确定等次的15人（为当年新分学员）。2011年国税系统共招录新分学员15人，有效缓解了地区国税系统人员紧缺的现状。

【教育培训】　2011年，那曲国

税系统注重抓好理论武装工作，宣传贯彻党的十七届五中、六中、七中全会精神和“三个代表”重要思想，认真贯彻科学发展观。组织理论中心组学习2次、党员大会8次，干部职工大会32次。组织开展“创先争优强基惠民”和“基层组织建设年”活动。认真总结“533”干部教育培训规划落实工作，详细制定《“十二五”干部教育培训规划》和《干部教育培训实施办法》，安排组织干部培训38期、参加人次116人次、占干部总数的90%，举办干部在岗培训班2期，干部受教育培训面100%，干部整体综合能力有了质的飞跃。

【纪检监察】 始终严格执行党风廉政建设责任制，坚持标本兼治、综合治理、惩防并举、注重预防的方针，加强督促检查，深化源头治理，全力推进惩治和预防腐败体系建设。层层签订党风廉政建设责任书，明确党风廉政建设的责任和义务，有效掌握领导干部重大事项报告、工资收入情况等相关资料，纪检监察工作有序推进。

【政务管理】 按照行为规范、运转协调、公正透明、廉洁高效的要求，进一步理顺工作程序，完善运行机制，加强各项内部管理工作。一是建章立制，规范管理。严格执行机关各项工作制度，确保制度的刚性和执行的效力。继续修订和完善《那曲地区国家税务局制度汇编》。二是加大税收执法过错责任追究力度，规避执法风险，制定《那曲国税税收执法过错责任追究工作细则》，推行和落实税收执法责任制，严格考核监督，加大对执法过错行为的追究力度。2011年共计对执法过错的65人给予经济处罚，处罚金额11000元，促进了全地区税收征管质量的提高。

【财务管理】 2011年，那曲国税系统除开展日常财务工作外，重点加强以下两方面的工作：一是根据基层财务岗位人员大部分为“新手”的实际，强化业务培训力度，提高财务人员的综合素质。二是进一步规范财务管理工作，通过学习财经纪律促进财务管理工作的科学化、精细化管理，促使财务管理工作取得显著成效。

【内部审计】 加大审计力度，本年度内完成经济责任审计1项、内部财务审计4项、接受上级部门的审计项目2项。通过开展审计工作和接受审计，税务工作更加严谨、更加规范。

【政府采购】 严格按照政府采购法律法规要求实施，严格按照国税系统规定的采购范围、采购权限执行，无不预算采购和越权采购，采购工作取得显著成效。2011年共安排采购计划资金69.63万元，实际采购执行金额46.88万元，通过政府采购方式有效节约了财政资金。

【后勤管理】　根据那曲无物业管理公司的现状，通过雇用临时工方式加强新建办公楼卫生清洁工作，保证刚刚投入使用的办公大楼干净整洁。加强冬季单位锅炉运行维护工作，减少不必要的经济损失。根据那曲维护稳定工作需要，加强门卫保安人员的规范管理。

【税收科研】　深入开展税收科研工作。全面分析政策调整与实施对经济发展和税收收入的影响。在物流中心企业、虫草、营运车辆、城镇土地等税收征管上，积极调研，充分论证，积极参与地方政府安排的涉税工作，并提出了税务部门的意见和建议。

【税务文化】　深入开展税务文化建设。2011 年举办了税收金点子征集活动和换位思考演讲比赛。征集廉政文化作品，开办机关税务文化建设场所，购买 495 本书籍充实图书阅览室，制作荣誉墙和廉政文化展台，为促进税务文化建设、推动文化大发展大繁荣奠定了基础。

阿里地区国家税务局

经济概况

2011 年，阿里地区实现生产总值 21.30 亿元，同比增长 10.1%。人均地区生产总值 21974 元，增长 7.5%。第一、二、三产业增加值所占比重分别为 18.7%、27.6%、53.7%，与上年相比，第一产业比重下降 1.2 个百分点，第二产业提高 2.1 个百分点，第三产业下降 0.9 个百分点。居民消费价格总水平比上年上涨 3.5%。全部工业实现增加值 0.73 亿元，同比增长 -6.4%。全社会完成固定资产投资总额 16.29 亿元，同比增长 -24.62%。社会消费品零售总额 5.15 亿元，同比增长 18.22%。进出口总额 835 万元，同比增长 1.9 倍。完成地方财政收入 1.285 亿元，同比增长 24.02%。财政总支出 17.248 亿元，同比增长 28.55%。城镇居民人均可支配收入 21895 元，同比增长 11.62%；农牧民人均纯收入 4183 元，增长 21.2%。

税收概况

【收入完成情况】 2011年，阿里国税局共组织各项收入15111万元，同比增长31%，增收3544万元。税收收入14717万元，增收3399万元，同比增长30%，完成自治区税务局下达计划的120%。其中：增值税2849万元，同比增长9%，增收250万元；消费税342万元，同比增长18%，增收52万元；营业税5065万元，同比增长19%，增收815万元；企业所得税1512万元，同比增长13%，增收173万元；个人所得税2527万元，同比增长2倍，增收1683万元；车辆购置税1341万元，同比增长19%，增收216万元；车船税73万元，同比增长18%，增收11万元；城市维护建设税540万元，同比增长15%，增收69万元；资源税224万元，同比下降17%，减收47万元；印花税138万元，同比增长106%，增收71万元；其他收入394万元，同比增长60%，增收147万元（其中，教育附加247万元，同比增长20%，增收43万元；税务部门其他罚没收入14万元，同比下降62%，减收23万元）。

【税收收入特点】 一是收入规模再创新高。2011年阿里国税系统共组织入库各项收入1.51亿元，增收3544万元，同比增长31%，完成区局考核指标的120%，扣除一次性增收因素，增长速度仍高达16%。税收收入的持续快速稳定增长，为支持全地区经济社会发展提供了财力保证。二是各级财政收入全线增长，中央级增收贡献大。税务部门组织中央级收入6262万元，同比增长34%，增收1582万元，占税务部门组织收入的41%；地方级收入8849万元，同比增长28%，增收1962万元。三是各产业税收收入围绕阿里地区产业建设发展要求持续增收。二、三产业分别完成税收8613万元和6498万元，同比分别增长47%和14%；第二产业贡献率最高，增收2735万元，增收贡献率57%。

【税源分析】 一是阿里经济较快平稳发展拉动了税收持续快速增长，“十一五”期间全地区重点建设项目的顺利进展，经济的平稳发展直接带动了主要税种税基规模的持续扩大。二是刺激经济拉动内需的政策措施促进税收增长。中央第四、第五次西藏工作座谈会和西部大开发会议等国家支持西藏等西部地区发展的重要会议召开以来，国家、自治区和阿里地区实施的一批重点工程项目取得了突破性进展，国家投资92.6亿元的阿里“十一五”规划76个重点项目全部开工建设，50个项目已竣工，阿里昆莎机场、县级垃圾填埋场及通县和县际公路等项目有力拉动建筑业等行业税收的增长。旅游业呈跨越式发展势头，带动交通运输、住宿餐饮等行业的发展。

业务工作

【税收法治】　在组织干部学习新税法的同时，向纳税人及时、详细、全面的讲解，确保新税法的推行过程中不出现差错。全面推进依法治税，规范税收执法行为，创造公平税收环境。认真贯彻落实《中华人民共和国税收征收管理法》，大力推进依法治税，落实税收管理员制度，明确征、管、查职责分工；制定岗位工作职责，推行执法责任追究。开展税收执法检查，纠正执法过程中的违法行为。从 2006 年以来，按照自治区国税局的有关要求，在全系统范围内开展了多次税收执法检查和执法监察，及时发现和纠正执法部门在执法过程中的问题。准确、客观、及时通报检查情况，有力地规范了税收执法行为，提高了行政效能。6 年来，严厉打击偷逃税行为，共查补税款、滞纳金和罚款共计 715. 77 万元，保证国家税款及时足额入库，堵住了税款的流失，有力维护了税法的尊严。

【税收征管】　一是依法治税，文明执法。根据《税收征管法》及其实施细则，进一步完善征管业务规程，制定内部风险规程，建立互相连接、环环相扣的工作机制。成立税收“双定”核定领导小组，推行民主评税和审核评税。二是加大对稽查执法环节的监督，重点对实施税务稽查的事实是否清楚、证据是否确凿、程序是否合法、适用法律是否法规正确等方面的内容进行全面监察，对存在问题，提出整改意见。三是开展税收执法检查和执法监察。把重点部门、重要岗位工作中容易出现偏差和产生违法违纪行为的环节和问题作为执法监察工作的重点，按其信息自身的关联要素确定执法监察对象，开展针对性强、效果明显的执法监察。对查出的问题，及时发出整改通知，责令限期整改。四是加强对干部人事、财务、基本建设工程领域、政府采购等工作的监督制约。在干部选拔、任用和竞争上岗环节，始终坚持公开、平等、竞争、择优原则。在财务方面，按照收支两条线原则，实行收支分开，统一管理，并对“管财、管物”重要人员进行重点监督和教育。在基本建设工程领域方面，严格落实基本建设管理办法，依法向社会公开招标建设项目。五是广泛接受社会监督。将有关制度、权利义务、服务承诺、工作纪律和政策法规等内容面向纳税人和社会各界公开，主动向阿里地委、行署和人大、政协汇报工作，自觉接受纳税人和社会各界的监督。

【重点税源管理】 截至2011年底，受个体工商户销售货物的起征点由原来的5000元调增到20000元政策影响，整个阿里地区实有纳税户由原来的2504户减少到412户（包括各县），其中：总局监控的重点企业有3户：阿里地区石油公司，阿里地区烟草公司，阿里地区移动公司。自治区国税局监控的重点企业有20户，固定申报纳税的个体工商户只有177户。

【税务管理信息化建设】 全地区国税系统建成征管局域网7个，配置计算机135余台，全部纳税人和税款都已纳入计算机网络管理，所辖认定的增值税一般纳税人37户，其中24户纳入防伪税控开票系统。

【税务稽查】 努力践行“守则、法治、学习、创新、协作”的现代稽查理念，依法查处税收违法行为。按照税务稽查工作规程的要求，阿里国税稽查局对稽查文书的制作、送达全过程进行了自审自查，促使每个环节都严格按照相关法律规定执行。2011年阿里地区国税局稽查局充分利用协查系统，最大限度地打击涉税违法犯罪活动。一年来该局始终坚持区局和其他地市稽查部门要求协查的案件优先安排办理原则，保质保量地完成了协查工作，及时准确地为自治区稽查局和其他地市稽查局提供了办案依据。

【专项检查】 根据自治区国税局税收专项检查要求，制定阿里地区国税局2011年税收专项检查方案，对该地区4家单位进行了专项检查，共查补税收22.69万元，其中税款11.92万元、罚款6.89万元、滞纳金3.88万元。根据自治区国税局专项检查工作安排，积极配合检查组对涉及废旧物资及交通运输行业的企业进行了逐一检查，查看企业开具废旧物资发票及交通运输发票情况，并摸清了阿里地区废旧物资及交通运输行业的特点，找出了行之有效的税收征管办法。

【打击发票违法犯罪活动】 在全地区纳税人当中推广使用机打发票和税控收款机以来，整个阿里地区的发票违法案件呈现出大幅下降趋势。2011年1～11月，阿里地区国税局受理发票违法案件2起，补缴税款、罚款及滞纳金共计20万元，与上年相比，案件数下降率达到89%，补缴税款收入下降率达60%。

【纳税服务】 努力树立“始于纳税人需求，基于纳税人满意，终于纳税人遵从”为推进和谐税收建设的基本思路，不断改进和优化纳税服务。一是减轻纳税人办税负担。依法简并办税流程，大力推行“一窗式”服务流程，极大地减少了纳税人来回跑的现象。实行限时和延时服务。二是在纳税服务队伍建设方面狠下功夫。“重管理、轻服务”的思想观念逐步转变。三是不断改进和优化办税环境。投资近百万元对地区局办税服务厅进行标准化改造，改造后，办税大厅增设了导税服务、排队叫号、等候休息区、表单填写区、资料取阅区、停车场等功能，新添了LED显示屏，做好即时宣传工作。

【政府采购】 根据《西藏自治区国家税务局系统政府采购管理暂行规定》和《西藏自治区国家税务局系统政府采购管理办法（试行)》，结合实际制定了《阿里地区国税系统政府采购工作规程》，并成立了由分管财务工作的局领导为组长，有关部门组成的政府采购领导小组。2011年组织完成2次采购项目，采购金额61.26万元，政府采购执行率100%。

内部管理

【机构人员情况】 阿里地区国税局下设11内设机构、3个直属机构、2个事业单位及6个县级国税局。截至2011年底，阿里地区国税系统共有110名在职干部，30岁以下的有57人，占干部总数的51.8%；平均年龄33岁；汉族干部24名，占干部总数的21.8%；少数民族干部86名，占干部总数的78.2%；女干部40名，占干部总数的36.4%；党员61名，占干部总数的55.5%；研究生学历1人，占干部总数的0.9%，本科学历78名，占干部总数的70.9%，大专生21名，占干部总数的19.1%；中专学历4名，占干部总数的3.6%；初中及以下6名，占干部总数的5.5%。

【领导班子建设】 以一把手为重点，大力倡导讲学习、讲原则、讲民主、讲团结、讲实效的风气，严格落实党组中心理论学习制度，深入学习“三个代表”重要思想及科学发展观；认真贯彻落实民主集中制原则，严格按议事规则和程序办事，推进决策的民主化；建立完善用人机制，坚持把想干事、能干事的作风好的优秀人才选拔到领导岗位，树立正确的用人导向；努力转变领导作风，说实话，办实事，狠抓制度落实，班子的向心力、感召力增强。

【党风廉政建设】 一是加大廉政教育力度。2011年1月认真组织开展了2010年新录用人员廉政谈话。谈话内容包括思想政治、廉政教育、工作作风及纪律等方面。二是积极开展廉政文化教育活动，组织干部职工观看腐败典型案例纪录片和学习廉政建设有关法规、规章，提高干部廉洁从政意识，打牢防腐思想道德防线。三是强化制度建设。建立健全反腐工作制度，用制度激励和约束干部职工。四是建立领导干部廉政档案。五是落实廉政责任。层层签订廉政责任书。

【党组织建设】 一是党组牵头，党支部、团支部、妇联以及青年组织形成合力，使“传、帮、带”作用日益加强。二是从加强工、青、妇工作入手，密切联系团组织建设，经常听取群众对党员、党组织工作的批评和意见。三是对党员进行教育、管理和监督，提高党员素质，增强党性，严格党的组织生活，开展批评和自我批评。四是充分发挥党员和群众的工作积极性，发现、培养和推荐优秀人才，鼓励他们在改革开放和现代化建设中贡献自己的聪明才智。

【精神文明建设】 以国庆节、象雄文化节、纪念百万农奴解放日等为契机，开展各种各样的群体性文娱活动，增强团队意识。积极参加自治区举办的以反映西藏新面貌、新变化、新气象为主要内容的西藏国税系统干部职工摄影、征文比赛等活动。阿里地区国税局青年志愿者服务站的成员重点开展了为困难户理发、清理庭院卫生等志愿服务活动，用实际行动践行志愿者誓词，让居住在廉租房的困难职工和孤寡老人感受到社会的关爱和帮助。继续开展各种扶贫帮困活动，积极捐赠，向他们伸出友爱之手。

【教育培训】 加强干部教育培训工作，积极组织干部参加由区局组织的区内外培训。2011 年，共参加各类培训 32 期，培训 75 人、105 人次。其中：区外培训 8 期，培训 15 人；区内 24 期，培训 90 人。

【强基惠民】 按照自治区党委和阿里地委以及创先争优强基础惠民生活动办的总体安排，阿里国税驻改则县改则镇日玛村工作队，强基固本，夯实党建基础。坚持重心在基层、创新在基层、活力在基层，切实发挥基层党组织的战斗堡垒作用与党员先锋模范带头作用。引导和鼓励党员干部带头谋事创业、带头发展致富、带头服务群众、带头参与村级事务管理。帮助该村建立村党组织活动记载簿、规范党员言行等，切实把先进树起来，把后进抓起来，把中间带起来，做到“一个党支部就是一个堡垒，一个作业组就是一块阵地，一名共产党员就是一面旗帜”。本着“为民办实事、办好事”的原则，与多方协调，为 50 多户贫困户解决了 8 吨粮食及床上用品等物品，折合人民币 18 万余元。针对 40 多户贫困户因自筹资金困难，安居工程无法按进度开工建设的实情，从经费中拿出 48000 元资助 48 户贫困户完成安居工程建设任务。同时，阿里地区国税局多方筹集资金 30 万元，主要用于日玛村的基础设施建设，其中：21 万元用于乡村公路建设、9 万元用于该村民族手工业建设。

拉萨经济技术开发区国家税务局

税收概况

【概述】 2011年，拉萨经济技术开发区国家税务局以邓小平理论和“三个代表”重要思想、科学发展观为指导，坚定不移地学习和贯彻胡锦涛总书记“七一”重要讲话和习近平副主席在参加西藏和平解放60周年庆祝大会时的一系列讲话精神，坚决落实自治区第八次党代会和全区税务工作会议精神，紧紧围绕“服务科学发展、共建和谐税收”及组织收入中心工作，准确把握经济形势，以规范管理为目标，努力提高征收管理的质量和水平，推进依法治税，加大税法宣传力度，优化纳税服务，不断加强和规范内部管理，探索推进税源专业化管理模式，进一步提高队伍整体素质，强化廉政建设，执行落实好开发区现行的各项税收政策，发挥税收职能作用，较好地完成了各项工作任务。

【收入完成情况】 组织税收收入138166万元，同比增收41777万元、增长43%。其中：增值税完成55314万元，比上年增长65%，增收21774万元；营业税完成10166万元，比上年增长118%，增收5513万元；企业所得税完成59583万元，比上年增长15%，增收7894万元；个人所得税完成3309万元，比上年同期增收1053万元，增长47%；印花税完成725万元，比上年增收116万元，增长19%；城建税完成4583万元，比上年增长72%，增收1918万元；教育费附加完成1964万元，比上年增长103%，增收996万元；土地增值税完成1514万元，同比增收100%。新开征的城镇土地使用税和地方教育附加完成情况为：城镇土地使用税完成162万元；地方教育附加完成812万元。

【税源分析】 增值税主要增长点在批发零售业。主要有矿产品批发业、药品批发业、矿泉水批发业三方面比上年同期增长幅度较大。其中矿产品批发比上年增收10943万元，药品批发比上年增收5826万元，矿泉水批发企业比上年增收4986万元。

主要原因：一是因为企业经营不断完善，销售渠道逐渐拓宽。上年处于筹备期的一些企业开始正常营业。二是因为物价上涨，药品和矿产品价格都有所上升。营业税增长主要行业有建筑业、金融保险业、服务业、销售不动产。建筑业增加 1297 万元、增长 122%，因为开发区内的施工项目多，加强对建筑安装业的监管力度；金融保险业增收 2362 元、增长 1596%，金融保险业中的证券交易收入较多，上年新办的企业在 2011 年实现收入 3832 万元；销售不动产增收 748 万元、增长 437%，世通阳光新城二期房地产开发项目销售情况好，开发商采用了符合本地特色和需求的房屋结构设计方案和策略性较强的销售办法，使得销售不动产情况较好；服务业增收 771 万元、增长 24%，从事投资咨询类的企业不断进入开发区，体现咨询业和广告业的收入 478 万元。个人所得税主要是工资薪金所得和利息、股息、红利所得个人所得税两方面的增长，其中工资薪金所得个人所得税增收 1422 万元，利息、股息、红利所得减收 480 万元。进驻企业的增多，员工也增多，随着物价的上涨，员工工资福利等待遇有所增长；被投资企业为股东分红所得个税 880 万元。

业务工作

【加强税源管理】 按照总局税源专业化、精细化管理的要求，以实施科学分类、准确划分职责为基础，以加强税源监控、强化风险管理为重点，以提升管理水平，转变传统的管理方式为手段，积极摸索推进适应开发区辖区内税源专业化管理模式。一是根据开发区机构、人员配置、纳税户现状等情况，进一步明确细化现有机构职责，设定 9 个岗位落实到人，做到各负其责。二是按照业务分：政策法规科 2 个岗位（流转税、所得税岗位）、征管科 5 个岗位（2 个管理、内勤、申报、会统岗位）。三是按照不同岗位明确了所承担业务职责，做到责任明确、完善内部办税程序。

【汇算清缴工作】 积极安排部署，克服重重困难，采取执法与服务并举、企业自查与重点检查相结合、教育与处罚同步等方式；积极推广涉税鉴证工作（共有 100 家企业），发挥中介机构力量，使涉税鉴证工作实现高效。按照规定对所辖企业进行汇算清缴，共补缴税款 6478 万元。

【12 万元以上个人所得税自行纳税申报】 共受理 2010 年度年所得 12 万元以上纳税人 156 人次，应纳税所得额 3686. 16 万元，应纳税额 788. 63 万元，缴税额 754. 44 万元，

补缴税额34.19万元。自行申报人数比上年增加84人，同比增长116.67%，税额增加229.02万元，同比增长40.92%，超额完成区局下达的自行申报任务。

【税收专项检查】 根据关于“园区企业”的通知要求，高度重视，及时动员部署，并成立专项检查领导小组，制定“园区企业”税收专项检查实施方案，结合本局实际从税收贡献占比、征管难点、为深入了解企业经营运作方式等需要，经深入分析确定90家企业作为此次专项检查的对象，对这些企业2010年和2011年上半年的纳税情况、发票使用情况、违反税收政策及处理情况进行检查，并形成检查报告和工作总结上报相关部门。通过此次专项检查，针对企业经营地点、财务核算和资金管理未达到主管税务机关要求的，对增值税专用发票的使用和日常纳税申报不符合相关政策法规规定的，积极采取相应的措施，进行了及时的整改，要求企业按照规定结合完善相关财务制度，并辅导企业加强改进。补征税款205万元。同时，从税收政策角度，对税收管理中遇到的两大难题：个人平价转让股权重复征税问题和废旧物资收购凭证问题，向区局进行了积极的反映。

【夯实税收征管基础】 一是强化收入目标责任制，加强税收收入分析工作。加强对税源、税收增减因素的分析，及时发现问题，采取措施堵漏增收。二是进一步强化纳税人户籍管理，做好纳税申报催报催缴工作，加强和规范征管档案管理，定期对档案的保存情况进行检查，补充完善征管基础资料。三是做好新版发票的推行工作。根据《西藏自治区国家税务局普通发票简并票种统一式样工作实施方案》，从2011年1月1日起在全区统一使用新版普通发票，结合实际情况，将推广税控收款机与发票换版工作、推行有奖发票与实行发票违法行为举报相结合，及时对辖区内纳税人使用发票情况进行摸底并进行政策宣传，顺利完成换版工作。此次换版共计销毁库存空白旧版普通发票1491本。四是全面开展推广税控收款机工作。利用下户巡查、单位宣传栏、电话告知等方式，广泛、深入地宣传税控收款机推行应用的重要意义。在人员紧缺、工作量大的情况下，对辖区内企业逐步推行税控收款机，力争做到月经营收入超1万元纳税户全部推广，89家企业安装税控收款机。

【依法治税】 一是规范减免审批制度，加大宣传力度，使政策落实到位。在流转税方面，根据《国家税务总局关于取消饲料产品免征增值税审批程序后加强后续管理的通知》，2011年1月，受理西藏三鸣饲料有限责任公司的备案资料，截至2011年

12月底，该企业享受增值税免征金额96万元。根据《西藏自治区国家税务局关于货物和劳务税减免税管理问题的通知》，进一步明确了流转税方面减免的审批与备案分类，严格按照现行规定执行。其他税种方面，个人所得税免征额提高，城镇土地使用税和印花税减免范畴明确，但这些都属于自动免税范畴，一如既往地做好优惠政策宣传，把各项税收优惠政策落实到位。在所得税方面，出台《拉萨经济技术开发区国家税务局企业所得税减免审批操作指南》，规范了开发区的所得税减免管理制度。截至2011年底，享受企业所得税减免政策的企业33家，2011年1月1日后申报减免的企业所得税有2670.9万元。二是认真贯彻执行增值税一般纳税人认定管理办法。截至2011年12月底，开发区国税局认定增值税一般纳税人85户，比上年增加25户，其中生产型企业12户、商业企业73户。在认定过程中，严格按照《增值税一般纳税人资格认定管理办法》的规定执行。三是加大税法宣传力度。以"税收、发展、民生"为主题的税收宣传月为契机，开展形式多样、内容丰富、贴近纳税人的税法宣传活动。坚持日常宣传，坚持及时准确宣传解答上级有关部门新出台的税收政策；巩固宣传现行有关旧的税收政策。结合税法宣传月举办一期辖区企业税收知识培训，主要培训对象为辖区近50家纳税大户、广告业企业、增值税一般纳税人企业负责人或财务负责人，专门对新出台的城镇土地使用税、地方教育费附加、新修订后的个人所得税法政策进行了讲解宣传，并对企业相关税收疑难问题予以解答。组织召开纳税人座谈会，邀请辖区40多家具有行业特点和广泛代表性的企业法人或财务主管和纳税人代表，主要采用发放"纳税服务征求意见表"的形式，广泛征求对开发区国税局税收工作的意见建议。

【优化纳税服务】 逐步建立健全各项服务制度，完善服务措施，提高服务水平，以尽可能让辖区纳税人满意为标准，努力提高税收征管的质量和效率。按照区局纳税服务工作的总体要求，改善纳税服务条件办税大厅建设，为纳税人提供良好的硬件环境，增设办税窗口，采取涉税事项告知、电话提醒、主动上门服务、在办税服务大厅集中现场讲解和操作等办法，提高税务部门自身服务意识，极大地方便了纳税人。

内部管理

【规范内部管理】 一是制定出台了《拉萨经济技术开发区国家税务局内部各项管理制度》，包括：学习制度、会议制度、安全制度、组织纪律制度、车辆管理制度、固定资产管理制度、着装管理制度、责任追究制度等。二是根据国家税务总局和区局有关机构改革文件精神，制定出台了《拉萨经济技术开发区国家税务局内设机构及人员职责的通知》，把责任落实到部门，把具体的岗位职责落实到人，对内设机构和人员职责分工等进行了较合理、较准确的定位，有利推动局内各项工作的顺利开展。三是切实加强维护社会稳定工作。把维护社会稳定工作摆上重要议程，及时传达落实上级各部门对维护稳定工作的重要指示精神，积极参与区局及开发区管委会的各项维稳工作。强化防范意识，坚持做到“管好自己的人、看好自己的人、办好自己的事”的要求。四是按照总局及区局关于内部风险控制各项工作要求，印发了《拉萨经济技术开发区国家税务局内部风险控制工作规程》。五是做好行政管理与服务工作。进一步规范公文处理，提高公文质量；做好会务工作，切实加强各类会议的组织协调、记录、整理封发等工作；做好综合文稿的起草工作，准确领会领导意图，保证质量，精益求精；严格做好信访、保密各项工作；努力做好后勤接待等工作。六是积极参与全区开展的创先争优各项活动，积极响应强基惠民生活动，派出 1 名局领导和 1 名办公室的同志参加驻村工作组。

【干部队伍建设】　一是进一步加强干部自身综合素质的提高，以参加区局举办的各类培训班为契机，踊跃参加针对性、实效性强的业务培训，向书本学习、向实践学习，努力塑造一支“政治过硬、本领过硬、复合型”的年轻优秀的税收专业队伍。二是进一步加强党性修养，从自我做起、从身边做起，强化廉政意识，严格按照党员领导干部廉政准则若干规定和税务干部“十不准”要求，做好税收各项工作。

བོད་ལྗོངས་ཁྲལ་དོན་ལོ་རིམ་མེ་ལོང་

西藏税务年鉴

第四篇 法规及规范性文件（目录）

税政综合

税收征管

国家税务总局关于印发《国家税务总局大企业税收服务和管理规程（试行）》的通知

2011 年 7 月 13 日　国税发〔2011〕71 号

西藏自治区国家税务局关于农牧民专业合作社注册类型的批复

2011 年 8 月 5 日　藏国税函〔2011〕182 号

西藏自治区国家税务局关于印发《非居民企业所得税核定征收管理实施办法》的通知

2011 年 8 月 15 日　藏国税发〔2011〕91 号

西藏自治区国家税务局关于印发《西藏自治区国家税务局税收征管数据质量管理办法》的通知

2011 年 12 月 26 日　藏国税函〔2011〕300 号

税种管理

增值税

国家税务总局关于飞机维修业务增值税处理方式的公告

2011 年 1 月 12 日　国家税务总局公告 2011 年第 5 号

国家税务总局关于纳税人销售伴生金有关增值税问题的公告

2011 年 1 月 24 日　国家税务总局公告 2011 年第 8 号

国家税务总局关于皂脚适用增值税税率问题的公告

2011 年 3 月 16 日　国家税务总局公告 2011 年第 20 号

财政部　国家税务总局关于中国联合网络通信集团有限公司转让 CDMA 网及其用户资产企业合并资产整合过程中涉及的增值税，营业税，印花税和土地增值税政策问题的通知

2011 年 3 月 22 日　财税〔2011〕13 号

西藏自治区财政厅　西藏自治区国家税务局转发《财政部　国家税务总局关于暂停部分玉米深加工企业购进玉米增值税抵扣政策》的通知

2011 年 4 月 20 日　藏财税〔2011〕20 号

国家税务总局关于云南盈江地震灾后增值税一般纳税人增值税扣税凭证认证稽核有关问题的批复

2011 年 5 月 13 日　国税函〔2011〕266 号

国家税务总局关于纳税人无偿赠送粉煤灰征收增值税问题的公告
　2011 年 5 月 19 日　国家税务总局公告 2011 年第 32 号
国家税务总局关于花椒油增值税适用税率问题的公告
　2011 年 6 月 2 日　国家税务总局公告 2011 年第 33 号
西藏自治区国家税务局关于西藏山南雅砻饲料有限公司生产的抗灾饲料免征增值税问题的批复
　2011 年 6 月 15 日　藏国税函〔2011〕154 号
国家税务总局关于部分液体乳增值税适用税率的公告
　2011 年 7 月 6 日　国家税务总局公告 2011 年第 38 号
国家税务总局关于增值税纳税义务发生时间有关问题的公告
　2011 年 7 月 15 日　国家税务总局公告 2011 年第 40 号
国家税务总局关于环氧大豆油氢化植物油增值税适用税率问题的公告
　2011 年 7 月 25 日　国家税务总局公告 2011 年第 43 号
国家税务总局关于废止逾期增值税扣税凭证一律不得抵扣规定的公告
　2011 年 9 月 14 日　国家税务总局公告 2011 年第 49 号
财政部　国家税务总局关于软件产品增值税政策的通知
　财税〔2011〕100 号
国家税务总局关于调整增值税即征即退优惠政策管理措施有关问题的公告
　2011 年 11 月 14 日　国家税务总局公告 2011 年第 60 号

营业税

财政部　国家税务总局关于发布《免征营业税的一年期以上返还性人身保险产品名单（第二十四批）》的通知
　2011 年 1 月 20 日　财税〔2011〕5 号
西藏自治区财政厅　西藏自治区国家税务局转发《财政部　国家税务总局关于调整个人住房转让营业税政策》的通知
　2011 年 2 月 14 日　藏财税〔2011〕5 号
国家税务总局关于纳税人销售自产货物并同时提供建筑业劳务有关税收问题的公告
　2011 年 3 月 25 日　国家税务总局公告 2011 年第 23 号
西藏自治区国家税务局关于机动车驾驶员培训业务征收营业税相关问题的公告
　2011 年 3 月 29 日　西藏自治区国家税务局公告 2011 年第 3 号

西藏自治区财政厅　西藏自治区国家税务局转发《财政部　国家税务总局关于支持和促进就业有关税收政策》的通知

2011 年 4 月 13 日　藏财税〔2011〕15 号

西藏自治区财政厅　西藏自治区国家税务局转发《财政部　国家税务总局关于邮政企业代办邮政速递物流业务免征营业税》的通知

2011 年 5 月 12 日　藏财税〔2011〕19 号

财政部　国家税务总局关于跨境设备租赁合同继续实行过渡性营业税免税政策的通知

2011 年 6 月 17 日　财税〔2011〕48 号

车辆购置税

国家税务总局关于核定车辆购置税最低计税价格的通知

2011 年 2 月 11 日　国税函〔2011〕83 号

国家税务总局关于核定车辆购置税最低计税价格的通知

2011 年 4 月 14 日　国税函〔2011〕198 号

国家税务总局关于核定车辆购置税最低计税价格的通知

2011 年 5 月 30 日　国税函〔2011〕285 号

国家税务总局关于核定车辆购置税最低计税价格的通知

2011 年 7 月 22 日　国税函〔2011〕400 号

国家税务总局关于核定车辆购置税最低计税价格的通知

2011 年 9 月 30 日　国税函〔2011〕557 号

国家税务总局关于核定车辆购置税最低计税价格的通知

2011 年 11 月 18 日　国税函〔2011〕644 号

国家税务总局关于修改《车辆购置税征收管理办法》的公告

2011 年 12 月 19 日　国家税务总局令〔2011〕27 号

消费税

国家税务总局关于配制酒消费税适用税率问题的公告

2011 年 9 月 28 日　国家税务总局公告 2011 年第 53 号

卷烟消费税计税价格信息采集和核定管理办法

2011 年 10 月 27 日　总局令〔2011〕26 号

进出口税收

国家税务总局关于飞机维修业务增值税处理方式的公告

2011 年 1 月 12 日　国家税务总局公告 2011 年第 5 号

国家税务局总局关于发票专用章式样有关问题的公告
　2011 年 1 月 21 日　国家税务总局公告 2011 年第 7 号
国家税务总局关于边境地区一般贸易和边境小额贸易出口货物以人民币结算准予退（免）税试点的补充通知
　2011 年 3 月 15 日　财税〔2011〕8 号
国家税务总局关于部分液体乳增值税适用税率的公告
　2011 年 7 月 6 日　国家税务总局公告 2011 年第 38 号
国家税务总局关于增值税纳税义务发生时间有关问题的公告
　2011 年 7 月 15 日　国家税务总局公告 2011 年第 40 号
国家税务总局关于联网应用中国电子口岸出口退税数据的通告
　2011 年 8 月 4 日　国家税务总局通告 2011 年第 1 号
国家税务总局货物和劳务税司关于调整出口退税率文库的通知
　2011 年 8 月 29 日　货便函〔2011〕130 号
国家税务总局关于废止逾期增值税扣税凭证一律不得抵扣规定的公告
　2011 年 9 月 14 日　国家税务总局公告 2011 年第 49 号
国家税务总局关于逾期增值税扣税凭证抵扣问题的公告
　2011 年 9 月 14 日　国家税务总局公告第 50 号
国家税务总局关于继续执行研发机构采购设备税收政策的通知
　2011 年 10 月 10 日　财税〔2011〕88 号
财政部关于修改《中华人民共和国增值税暂行条例实施细则》和《中华人民共和国营业税暂行条例实施细则》的决定
　2011 年 10 月 28 日　中华人民共和国财政部令第 65 号
国家税务总局关于货物贸易外汇管理制度改革试点后有关出口退税问题的通知
　2011 年 11 月 17 日　国税函〔2011〕643 号
国家税务总局关于纳税人既享受增值税即征即退先征后退政策又享受免抵退税政策有关问题的公告
　2011 年 12 月 1 日　国家税务总局公告 2011 年第 69 号
国家税务总局关于调整增值税纳税申报有关事项的公告
　2011 年 12 月 2 日　国家税务总局公告 2011 年第 66 号
国家税务总局关于印发《研发机构采购国产设备退税管理办法》的公告
　2011 年 12 月 14 日　国家税务总局公告 2011 年第 73 号

国家税务总局关于未按期申报抵扣增值税扣税凭证有关问题的公告
2011 年 12 月 29 日　国家税务总局公告 2011 年第 78 号

企业所得税

国家税务总局关于高新技术企业资格复审期间企业所得税预缴问题的公告
2011 年 1 月 10 日　国家税务总局公告 2011 年第 4 号

西藏自治区国家税务局关于企业所得税减免受理期限有关问题的通知
2011 年 1 月 10 日　藏国税函〔2011〕14 号

西藏自治区国家税务局关于贯彻落实推动文化大发展大繁荣有关税收优惠政策的通知
2011 年 1 月 25 日　藏国税发〔2011〕12 号

西藏自治区人民政府关于我区企业所得税税率问题的通知
2011 年 1 月 26 日　藏政发〔2011〕14 号

西藏自治区财政厅　西藏自治区国家税务局转发《财政部　国家税务总局关于居民企业技术转让有关企业所得税政策问题》的通知
2011 年 3 月 2 日　藏财税〔2011〕6 号

西藏自治区财政厅　西藏自治区国家税务局　西藏自治区民政厅转发《财政部　国家税务总局　民政部关于公布 2009 年度第二批 2010 年度第一批公益性捐赠税前扣除资格的公益性社会团体名单》的通知
2011 年 3 月 2 日　藏财税〔2011〕7 号

西藏自治区财政厅　西藏自治区国家税务局转发《财政部　国家税务局总局关于中华全国总工会公益性捐赠税前扣除资格》的通知
2011 年 3 月 2 日　藏财税〔2011〕9 号

西藏自治区财政厅　西藏自治区国家税务局转发《财政部　国家税务总局关于石油石化企业办社会支出有关企业所得税政策》的通知
2011 年 3 月 2 日　藏财税〔2011〕10 号

西藏自治区财政厅　西藏自治区国家税务局转发《财政部　国家税务总局关于继续实施小型微利企业有关企业所得税政策》的通知
2011 年 3 月 2 日　藏财税〔2011〕12 号

国家税务总局关于发布《海上油气生产设施弃置费企业所得税管理办法》的公告
2011 年 3 月 22 日　国家税务总局公告 2011 年第 22 号

国家税务总局关于非居民企业所得税管理若干问题的公告
2011 年 3 月 28 日　国家税务总局公告 2011 年第 24 号
国家税务总局关于发布企业资产损失所得税税前扣除管理办法的公告
2011 年 3 月 31 日　国家税务总局公告 2011 年第 25 号
国家税务总局关于煤矿企业维简费和高危行业企业安全生产费用企业所得税税前扣除问题的公告
2011 年 3 月 31 日　国家税务总局公告 2011 年第 26 号
西藏自治区财政厅　西藏自治区国家税务局转发《财政部　国家税务总局关于支持和促进就业有关税收政策》的通知
2011 年 4 月 13 日　藏财税〔2011〕15 号
西藏自治区国家税务局关于西藏林升森工有限责任公司税收优惠政策的批复
2011 年 4 月 13 日　藏国税函〔2011〕70 号
国家税务总局关于中国石油天然气股份有限公司　中国石油化工股份有限公司所属二级分支机构就地预缴企业所得税问题的通知
2011 年 4 月 21 日　国税函〔2011〕211 号（藏翻印文件〔2011〕6 号）
国家税务总局关于企业所得税年度纳税申报口径问题的公告
2011 年 4 月 29 日　国家税务总局公告 2011 年第 29 号
国家税务总局关于税务机关代收工会经费企业所得税税前扣除凭据问题的公告
2011 年 5 月 11 日　国家税务总局公告 2011 年第 30 号
西藏自治区国家税务局关于拉萨至日喀则段铁路建设项目有关企业所得税管理问题的通知
2011 年 5 月 17 日　藏国税函〔2011〕98 号
西藏自治区国家税务局转发《国家税务总局关于修订企业所得税汇算清缴汇总表及系统升级》的通知
2011 年 5 月 23 日　藏国税发〔2011〕52 号
西藏自治区人民政府办公厅关于印发《青藏铁路那曲物流中心招商引资优惠政策若干规定实施细则》的通知
2011 年 5 月 30 日　藏政办发〔2011〕52 号
国家税务总局关于企业所得税若干问题的公告
2011 年 6 月 9 日　国家税务总局公告 2011 年第 34 号
西藏自治区国家税务局关于认真贯彻落实支持和促进就业有关税收政策的通知
2011 年 6 月 20 日　藏国税发〔2011〕68 号

国家税务总局关于企业国债投资业务企业所得税处理问题的公告

2011 年 6 月 22 日　国家税务总局公告 2011 年第 36 号

西藏自治区财政厅　西藏自治区国家税务局转发财政部　国家税务总局关于企业所得税优惠的农产品初加工有关范围补充规定的通知

2011 年 6 月 29 日　藏财税〔2011〕24 号

国家税务总局关于企业转让上市公司限售股有关所得税问题的公告

2011 年 7 月 7 日　国家税务总局公告 2011 年第 39 号

国家税务总局关于印发《境外注册中资控股居民企业所得税管理办法试行》的公告

2011 年 7 月 27 日　国家税务总局公告 2011 年第 45 号

西藏自治区国家税务局关于印发《非居民企业所得税核定征收管理实施办法》的通知

2011 年 8 月 15 日　藏国税发〔2011〕91 号

国家税务总局关于实施农、林、牧、渔业项目企业所得税优惠问题的公告

2011 年 9 月 13 日　国家税务总局公告〔2011〕48 号

西藏自治区人民政府关于抗震抢险救灾和支持灾区恢复重建若干政策的通知

2011 年 9 月 30 日　藏政发〔2011〕83 号

西藏自治区财政厅　西藏自治区国家税务局关于“9·18”地震灾后恢复重建有关税收优惠政策的通知

2011 年 10 月 20 日　藏财税〔2011〕42 号

西藏自治区财政厅　西藏自治区国家税务局转发《财政部　国家税务总局关于延长国家大学科技企业园和科技孵化器税收政策执行期限》的通知

2011 年 10 月 27 日　藏财税〔2011〕36 号

西藏自治区财政厅　拉萨海关　西藏自治区国家税务局转发《财政部　海关总署　国家税务总局关于深入实施西部大开发战略有关税收政策问题》的通知

2011 年 10 月 31 日　藏财税〔2011〕37 号

西藏自治区财政厅　西藏自治区国家税务局　西藏自治区民政厅转发《财政部　国家税务总局　民政部关于生产和装配伤残人员专门用品企业免征企业所得税》的通知

2011 年 11 月 22 日　藏财税〔2011〕48 号

西藏自治区财政厅　西藏自治区国家税务局转发《财政部　国家税务总局关于专项用途财政性资金企业所得税处理问题》的通知

2011 年 11 月 22 日　藏财税〔2011〕49 号

国家税务总局关于发布《中华人民共和国企业所得税月（季）度预缴纳税申报表等报表》的公告

2011 年 11 月 30 日　国家税务总局公告〔2011〕64 号

国家税务总局关于发布《中华人民共和国企业所得税月（季）度预缴纳税申报表等报表》的补充公告

2011 年 12 月 22 日　税务总局公告〔2011〕76 号

西藏自治区财政厅　西藏自治区国家税务局转发《财政部　国家税务总局关于小型微利企业所得税优惠政策有关问题》的通知

2011 年 12 月 28 日　藏财税〔2011〕58 号

西藏自治区国家税务局关于拉萨旺古日旅游有限公司税收优惠政策的批复

2011 年 12 月 31 日　藏国税函〔2011〕312 号

个人所得税

国家税务总局关于个人提前退休取得补贴收入个人所得税问题的公告

2011 年 1 月 17 日　国家税务总局公告 2011 年第 6 号

国家税务总局关于企业年金个人所得税有关问题补充规定的公告

2011 年 1 月 30 日　国家税务总局公告 2011 年第 9 号

西藏自治区财政厅　西藏自治区国家税务局　中国证监会西藏监管局转发《财政部　国家税务总局　国家证监会关于个人转让上市公司限售股所得征收个人所得税有关问题》的通知

2011 年 2 月 15 日　藏财税〔2011〕8 号

西藏自治区财政厅　西藏自治区国家税务局　中国证监会西藏监管局转发《财政部　国家税务总局　证监会关于个人转让上市公司限售股所得征收个人所得税有关问题》的补充通知

2011 年 3 月 2 日　藏财税〔2011〕11 号

国家税务总局关于个人所得税有关问题的公告

2011 年 4 月 18 日　国家税务总局公告 2011 年第 27 号

国家税务总局关于雇主为雇员承担全年一次性奖金部分税款有关个人所得税计算方法问题的公告

2011 年 4 月 28 日　国家税务总局公告 2011 年第 28 号

国家税务总局关于切实加强高收入者个人所得税征管的通知

2011年5月3日　国税发〔2011〕50号（藏翻印文件〔2011〕3号）

国家税务总局关于国税发〔1993〕045号文件废止后有关个人所得税征管问题的通知

2011年7月13日　国税函〔2011〕348号（藏翻印文件〔2011〕7号）

国家税务总局关于个人终止投资经营收回款项征收个人所得税问题的公告

2011年7月25日　国家税务总局2011年第41号

国家税务总局关于进一步做好修改后的个人所得税法贯彻实施工作的通知

2011年7月26日　国税发〔2011〕75号（藏翻印文件〔2011〕12号）

国家税务总局关于代开货物运输业发票个人所得税预征率问题的公告

2011年7月27日　国家税务总局公告2011年第44号

国家税务总局关于贯彻执行修改后的个人所得税法有关问题的公告

2011年7月29日　国家税务总局2011年第46号

西藏自治区国家税务局转发《西藏自治区人民政府关于调整个人所得税费用扣除标准》的通知

2011年8月28日　藏国税发〔2011〕106号

西藏自治区国家税务局关于贯彻实施修改后的个人所得税法的通知

2011年8月28日　藏国税发〔2011〕107号

国家税务总局关于2011年度李四光地质科学奖奖金免征个人所得税的公告

2011年12月6日　国家税务总局公告2011年第68号

西藏自治区国家税务局关于进一步做好个人所得税完税凭证开具工作的通知

2011年12月30日　藏国税发〔2011〕171号

财政部　国家税务总局关于证券机构技术和制度准备完成后个人转让上市公司限售股有关个人所得税问题的通知

2012年12月30日　财税〔2011〕108号

印花税

西藏自治区国家税务局关于纳税人多缴印花税退税问题的通知

2011年1月18日　藏国税函〔2011〕23号

财政部　国家税务总局关于中国信达资产管理股份有限公司改制过程中有关契税和印花税问题的通知

2011年1月24日　财税〔2011〕2号

财政部　国家税务总局关于期货投资者保障基金有关税收优惠政策继续执行的通知

2011 年 9 月 27 日　财税〔2011〕69 号

西藏自治区财政厅　西藏自治区国家税务局转发《财政部　国家税务总局关于经营高校学生公寓和食堂有关税收政策》的通知

2011 年 10 月 27 日　藏财税〔2011〕35 号

西藏自治区财政厅　西藏自治区国家税务局转发《关于金融机构与小型微型企业签订借款合同免征印花税》的通知

2011 年 11 月 7 日　藏财税〔2011〕45 号

车船税

国家税务总局办公厅关于做好贯彻落实车船税法准备工作的通知

2011 年 7 月 29 日　国税办发〔2011〕93 号

国家税务总局办公厅关于做好车船税法及其实施条例贯彻落实有关工作的紧急通知

2011 年 12 月 15 日　国税办函〔2011〕812 号

国家税务总局关于印发《中华人民共和国车船税法宣传提纲》的通知

2011 年 12 月 19 日　国税函〔2011〕712 号

国家税务总局　中国保险监督管理委员会关于机动车车船税代收代缴有关事项的公告

2011 年 12 月 19 日　国家税务总局公告 2011 年第 75 号

西藏自治区实施《中华人民共和国车船税法》办法

2011 年 12 月 29 日　西藏自治区人民政府令第 107 号

财政部　国家税务总局　工业和信息化部关于不属于车船税征收范围的纯电动燃料电池乘用车车型目录（第一批）的公告

2011 年 12 月 31 日　国家税务总局公告 2011 年第 81 号

城镇土地使用税

西藏自治区国家税务局关于印发《关于城镇土地使用税具体问题的规定》的通知

2011 年 1 月 12 日　藏国税发〔2011〕4 号

西藏自治区财政厅　西藏自治区国家税务局关于印发《安置残疾人就业单位城镇土地使用税有关政策》的通知

2011 年 4 月 13 日　藏财税〔2011〕18 号

西藏自治区国家税务局关于个人出租住房征免城镇土地使用税的通知
2011 年 5 月 6 日　藏国税函〔2011〕83 号
西藏自治区国家税务局关于西农集团山南有限公司申请免缴城镇土地使用税问题的批复
2011 年 5 月 23 日　藏国税函〔2011〕126 号
西藏自治区国家税务局关于城镇土地使用税征管范围问题的公告
2011 年 6 月 15 日　西藏自治区国家税务局 2011 年第 3 号
财政部　国家税务总局关于中国兵器工业集团公司和中国兵器装备集团公司所属企业城镇土地使用税政策的通知
2011 年 8 月 29 日　财税〔2011〕67 号
财政部　国家税务总局关于天然林保护工程（二期）实施企业和单位房产税城镇土地使用税政策的通知
2011 年 9 月 26 日　财税〔2011〕90 号

地方教育附加

西藏自治区人民政府关于开征地方教育附加的通知
2011 年 4 月 25 日　藏政发〔2011〕41 号
西藏自治区国家税务局关于做好地方教育附加征收管理工作的通知
2011 年 5 月 4 日　藏国税发〔2011〕45 号
西藏自治区国家税务局关于印发《地方教育附加政策宣传提纲》的通知
2011 年 5 月 19 日　藏国税函〔2011〕125 号

内部管理

中共西藏自治区国家税务局党组关于转发《国家税务局系统领导干部报告个人有事项实施办法》、《关于认真做好两项法规贯彻实施工作的通知》的通知
2011 年 1 月 21 日　藏国税党字〔2011〕4 号
西藏自治区国家税务局转发国家税务总局关于国家税务局系统国有资产有偿使用收入专用收据管理暂行办法的通知
2011 年 2 月 10 日　藏国税发〔2011〕19 号

西藏自治区国家税务局转发国家税务总局关于国家税务局系统 2011 年行政事业单位会计科目及调整账务处理方法有关问题的通知

2011 年 2 月 14 日　藏国税发〔2011〕20 号

西藏自治区国家税务局关于印发《西藏自治区税务干部学校培训接待管理办法（暂行）》的通知

2011 年 2 月 21 日　藏国税发〔2011〕24 号

西藏自治区国家税务局转发国家税务总局关于印发《纳税服务经费管理暂行规定》的通知

2011 年 3 月 14 日　藏国税发〔2011〕29 号

西藏自治区国家税务局转发《国家税务总局电子税务管理中心关于印发〈税务系统信息安全管理与技术规范框架（试行）〉等规范》的通知

2011 年 3 月 28 日　藏信便函〔2011〕5 号

西藏自治区国家税务局转发国家税务总局关于印发《国家税务局系统预算单位设立撤销变更调整管理暂行办法》的通知

2011 年 3 月 30 日　藏国税函〔2011〕59 号

西藏自治区国家税务局转发西藏自治区财政厅关于明确政府采购保证金和行政处罚罚款上缴事项的通知

2011 年 3 月 31 日　藏国税函〔2011〕60 号

国家税务总局关于税务机关代征各种基金、费有关征缴入库和会统核算问题的通知

2011 年 4 月 12 日　国税函〔2011〕137 号（藏翻印文件〔2011〕2 号）

西藏自治区国家税务局转发国家税务总局办公厅关于印发《国家税务总局可控 FTP 系统使用管理办法》（试行）的通知

2011 年 4 月 14 日　藏国税函〔2011〕71 号

西藏自治区国家税务局转发国家税务总局关于印发《金税运行费管理暂行规定》的通知

2011 年 4 月 28 日　藏国税发〔2011〕42 号

西藏自治区国家税务局关于印发《西藏自治区国家税务局干部教育培训管理办法（暂行）》的通知

2011 年 5 月 24 日　藏国税函〔2011〕127 号

中共西藏自治区国家税务局党组转发国家税务总局党组关于进一步加强纪检监察部门查办案件工作意见的通知

2011 年 9 月 7 日　藏国税党字〔2011〕37 号

中共西藏自治区国家税务局党组关于转发《税务系统贯彻中央〈关于实行党风廉政建设责任制的规定〉实施办法》的通知

2011 年 9 月 13 日　藏国税党字〔2011〕38 号

国家税务总局关于印发《国家税务局系统会计档案管理暂行办法》的通知

2011 年 9 月 20 日　国税发〔2011〕83 号

国家税务总局关于印发《国家税务局系统内部审计专业文书种类和格式》的通知

2011 年 10 月 10 日　国税发〔2011〕100 号（藏翻印文件〔2011〕24 号）

西藏自治区国家税务局转发《国家税务总局关于加强印花税票管理工作有关问题》的通知

2011 年 10 月 10 日　藏国税函〔2011〕234 号

西藏自治区国家税务局转发《国家税务局关于国家税务局系统行政单位违规公务用车处理办法》的通知

2011 年 10 月 20 日　藏国税发〔2011〕126 号

西藏自治区国家税务局关于执行新国民经济行业分类国家标准的通知

2011 年 11 月 30 日　藏国税函〔2011〕284 号

西藏自治区国家税务局转发《国家税务总局　财政部关于财政支出绩效评价管理暂行办法》的通知

2011 年 12 月 26 日　藏国税发〔2011〕164 号

西藏自治区国家税务局关于转发《国家税务总局关于推进国家税务局系统预算绩效管理意见》的通知

2011 年 12 月 26 日　藏国税发〔2011〕165 号

西藏自治区国家税务局关于印发《计算机系统用户口令安全管理规定（暂行）》的通知

2011 年 12 月 29 日　藏国税函〔2011〕305 号

西藏自治区国家税务局关于印发《西藏国税系统数据机房管理办法（试行）》的通知

2011 年 12 月 30 日　藏国税函〔2011〕310 号

第五篇　统计资料

西藏自治区税收收入情况（1990—2011年）

单位：亿元

年　份	税收收入
1990	1.46
1991	1.45
1992	1.63
1993	2.19
1994	2.59
1995	3.21
1996	3.80
1997	4.81
1998	5.68
1999	6.95
2000	8.16
2001	8.87
2002	9.90
2003	11.25
2004	12.88
2005	15.83
2006	18.48
2007	23.44
2008	30.13
2009	34.67
2010	50.67
2011	96.63

注：本表“税收收入”指西藏自治区税务部门组织收入。

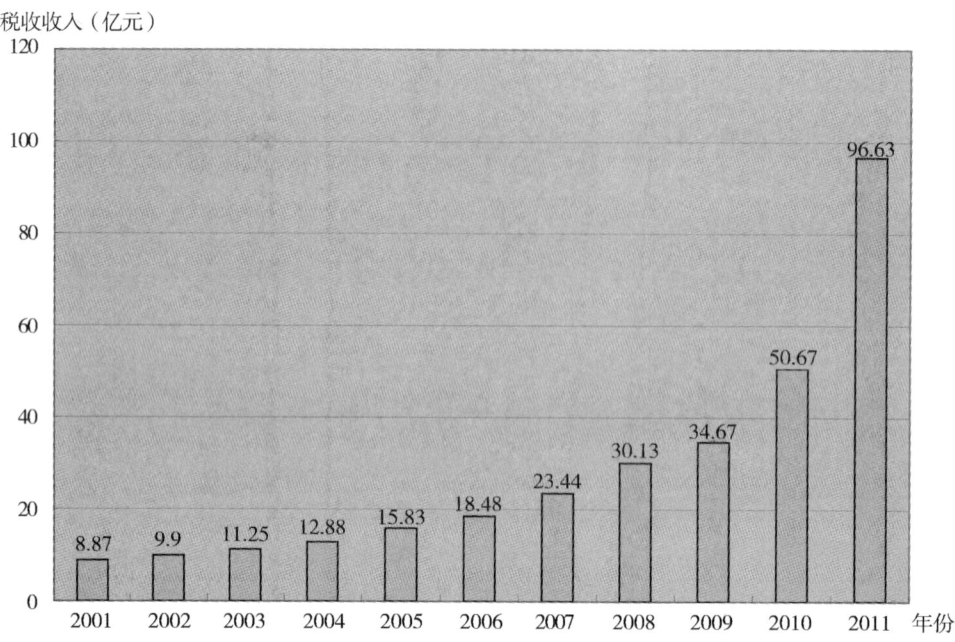

西藏自治区税收收入示意图（2001—2011 年）

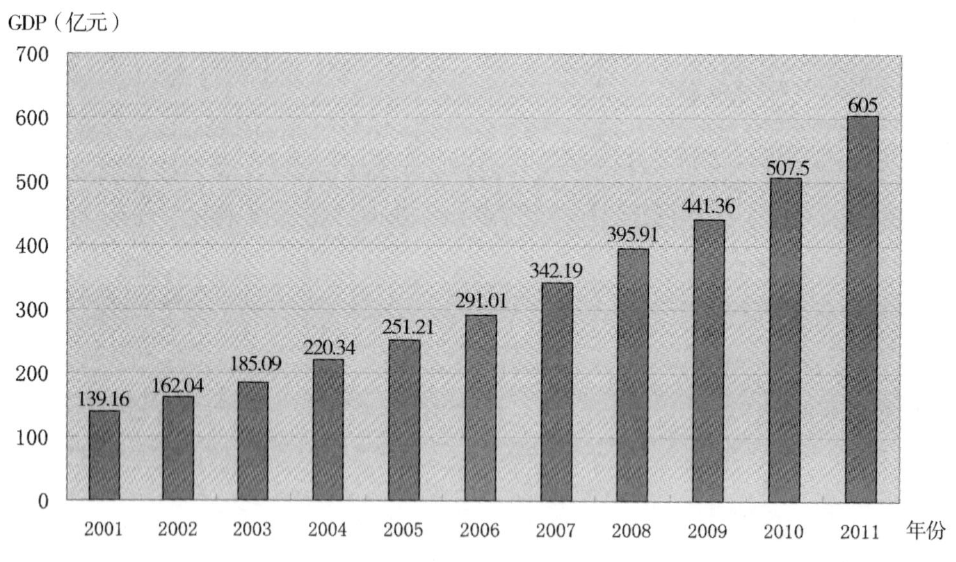

西藏自治区 GDP 分析图（2001—2011 年）

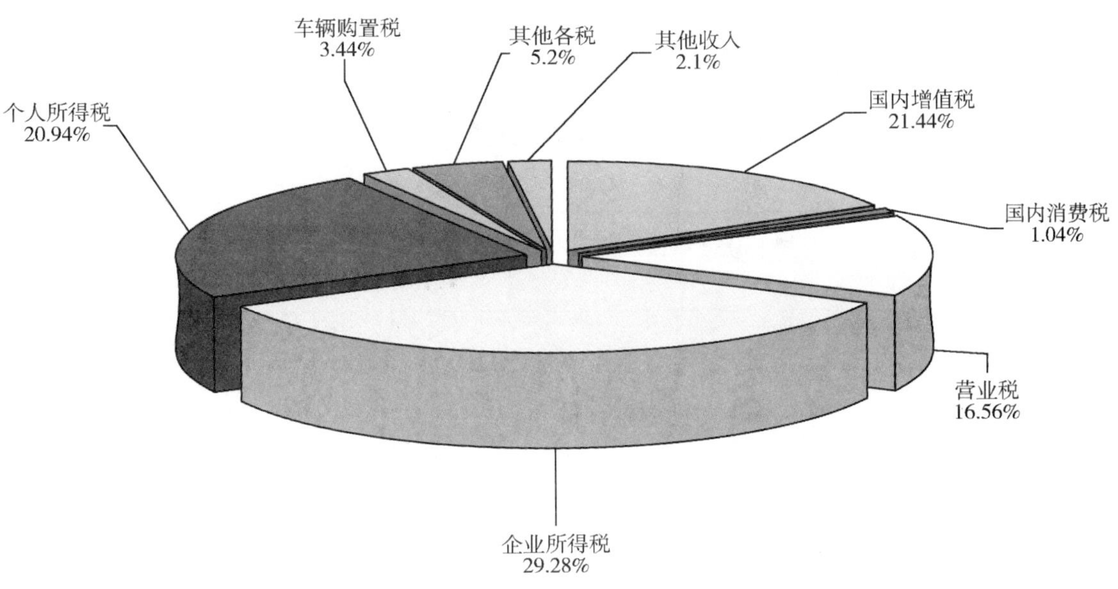

西藏自治区分税种税收比重图（2011 年）

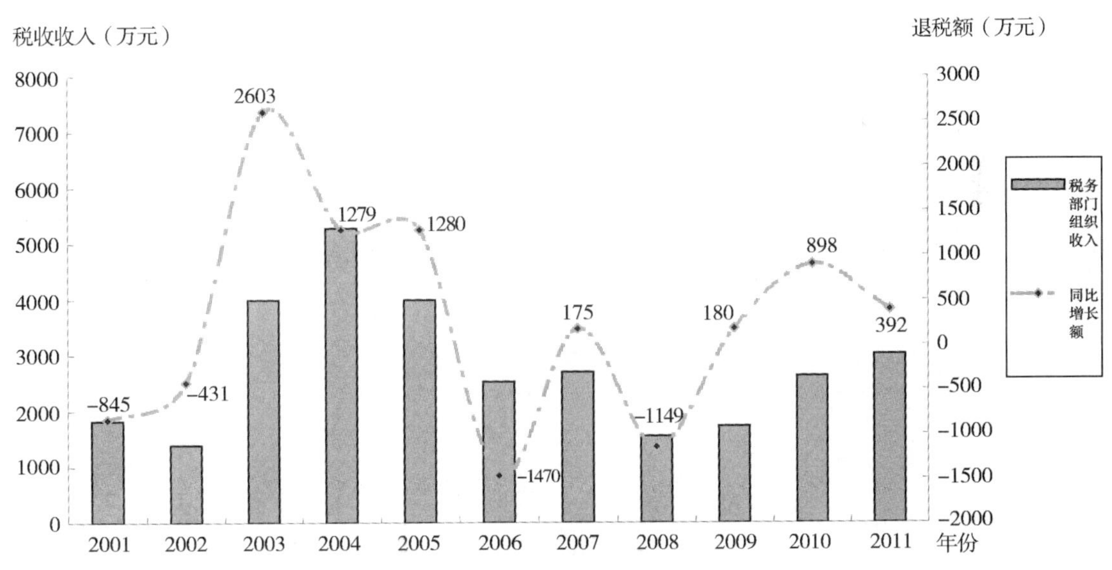

西藏自治区出口退税情况示意图（2001—2011 年）

2011 年西藏自治区税收收入分税种分级次情况表

单位：万元

序号	项　　目	合计	中央	地方
1	总　　计	968997	495678	473319
2	一、税收收入合计	951746	497753	453993
3	1. 增值税收入	212833	161042	51791
4	（1）国内增值税	207162	155371	51791
5	（2）进口货物增值税	5671	5671	
6	2. 消费税收入	10130	10130	
7	国内消费税	10094	10094	
8	进口消费品消费税	36	36	
9	3. 营业税	160022		160022
10	4. 企业所得税	282919	171934	110985
11	5. 个人所得税	202378	121427	80951
12	6. 资源税	8140		8140
13	7. 固定资产投资方向调节税			
14	8. 城市维护建设税	25863		25863
15	9. 房产税			
16	10. 印花税	4031		4031
17	11. 城镇土地使用税	5590		5590
18	12. 土地增值税	3649		3649
19	13. 车船税	2971		2971
20	14. 车辆购置税	33220	33220	
21	15. 烟叶税			
22	16. 其他税收			
23	二、出口退税合计	-3023	-3023	
24	1. 出口货物退增值税	-2883	-2883	
25	2. 免、抵调减增值税	-24	-24	
26	3. 出口消费品退消费税	-116	-116	

注：本表数据含海关代征收入。

2011 年西藏自治区税收收入分税种分产业情况表（1）

单位：万元

序号	项　目	合计	税收收入	国内增值税	国内消费税	营业税	内资企业企业所得税
1	税收收入合计	972020	951746	207162	10094	160022	269115
2	一、第一产业	315	309	90		61	44
3	二、第二产业	250061	241578	70027		85327	47536
4	（一）采矿业	61747	59429	33095		664	9770
5	1. 煤炭开采和洗选业						
6	2. 原油和天然气开采业						
7	其中：原油						
8	3. 黑色金属矿采选业	13137	12598	8368		188	2228
9	4. 有色金属矿采选业	43133	41459	22567		301	7159
10	5. 非金属矿采选业	5253	5153	2142		72	317
11	6. 其他采矿业	224	219	18		103	66
12	（二）制造业	61406	59766	34514		624	13100
13	1. 农副食品加工业	803	772	531		109	51
14	2. 食品制造业	1383	1356	611		23	32
15	3. 饮料制造业	11590	11313	6347		20	2500
16	其中：酒制造	9669	9431	5539		17	1620
17	4. 烟草制品业						
18	其中：卷烟制造						
19	5. 纺织业	363	353	183		23	36
20	6. 纺织服装、鞋帽制造业	64	61	41		6	3
21	7. 皮革、毛皮、羽毛（绒）制品业	200	193	173			8
22	8. 木材加工及木竹藤棕草制品业	2561	2488	1456		28	69
23	9. 家具制造业	125	118	95		3	3

注：本表数据含海关代征收入和出口退税额（下表同）。

2011年西藏自治区税收收入分税种分产业情况表（2）

单位：万元

序号	项　目	合计	税收收入	国内增值税	国内消费税	营业税	内资企业企业所得税
24	10. 造纸及纸制品业	113	109	91			4
25	11. 印刷业和记录媒体的复制	878	848	524		120	121
26	12. 文教体育用品制造业						
27	13. 石油加工、炼焦及核燃料业						
28	其中：成品油						
29	14. 化学原料及化学制品业	2975	2897	1742		12	1002
30	15. 医药制造业	9807	9524	6500		32	2082
31	16. 化学纤维制造业	1	1	1			
32	17. 橡胶制品业	6	6	4			2
33	18. 塑料制品业	22	21	9		3	1
34	19. 非金属矿物制品业	23266	22527	15169		46	5476
35	20. 黑色金属冶炼及压延加工业	18	17	15			
36	21. 有色金属冶炼及压延加工业	368	358	69		73	61
37	22. 金属制品业	243	230	175		8	4
38	23. 通用设备制造业	64	62	33		7	15
39	24. 专用设备制造业	5281	5281	5			1527
40	25. 交通运输设备制造业	984	952	605		53	62
41	其中：汽车制造	868	838	575		46	61
42	摩托车制造	97	96	21		7	1
43	26. 电气机械及器材制造业	16	15	11			2
44	27. 通信设备、计算机及其他电子设备制造业	58	56	1		30	22
45	28. 仪表仪器及文化、办公用机械制造业						
46	29. 其他制造业	217	208	123		28	17

2011 年西藏自治区税收收入分税种分产业情况表（3）

单位：万元

序号	项　目	合计	税收收入	国内增值税	国内消费税	营业税	内资企业企业所得税
47	（三）电力、燃气及水的生产和供应业	9037	8133	2181		2443	411
48	1. 电力、热力的生产和供应业	8186	7318	1634		2400	344
49	其中：电力生产和供应业	8186	7318	1634		2400	344
50	2. 燃气生产和供应业	3	3				
51	3. 水的生产和供应业	848	812	547		43	67
52	（四）建筑业	117871	114250	237		81596	24255
53	1. 房屋和土木工程建筑业	25633	24889	12		16795	5935
54	2. 建筑安装业	70705	68464	138		49230	14769
55	3. 建筑装饰业	811	785	9		521	171
56	4. 其他建筑业	20722	20112	78		15050	3380
57	三、第三产业	721644	709859	137045	10094	74634	221535
58	（一）交通运输、仓储及邮政业	15476	14951	61		9340	1463
59	1. 交通运输业	14136	13640	7		8819	1296
60	2. 仓储业	19	19	2		6	9
61	3. 邮政业	1321	1292	52		515	158
62	（二）信息传输、计算机服务和软件业	16414	15687	493		8947	1171
63	1. 电信和其他信息传输服务业	15473	14782	55		8635	1146
64	其中：电信	15154	14471	17		8495	1115
65	2. 计算机服务业	874	840	433		269	19
66	3. 软件业	67	65	5		43	6
67	（三）批发和零售业	238044	231242	134616	10094	2431	47457
68	1. 批发业	183556	178594	100586	10094	795	40782
69	其中：烟草制品批发	28323	27362	11155	10094	16	3257

2011 年西藏自治区税收收入分税种分产业情况表（4）

单位：万元

序号	项　目	合计	税收收入	国内增值税	国内消费税	营业税	内资企业企业所得税
70	煤炭及制品批发	2058	1976	1758		10	84
71	石油及其制品批发	5246	5056	3165		9	1212
72	汽车及零配件批发	249	240	172		9	31
73	2. 零售业	54488	52648	34030		1636	6675
74	（四）住宿和餐饮业	14999	14304	30		10291	1142
75	1. 住宿业	7272	6927	8		4809	797
76	2. 餐饮业	7727	7377	22		5482	345
77	（五）金融业	67870	67474	86		9271	3658
78	1. 银行业	11689	11465	86		5523	72
79	2. 证券业	46347	46321			588	758
80	3. 保险业	7053	6922			2899	520
81	4. 其他金融	2781	2766			261	2308
82	其中：金融租赁						
83	邮政储蓄	802	798			101	610
84	（六）房地产业	19652	19229	74		10594	5143
85	（七）租赁和商务服务业	286842	286219	406		11874	152908
86	1. 租赁业	2443	2311	36		1440	452
87	2. 商务服务业	284399	283908	370		10434	152456
88	（八）居民服务和其他服务业	9255	8913	994		4794	1513
89	（九）教育	100	98	1		46	21
90	（十）卫生、社会保险和社会福利业	336	316	1		－17	214
91	其中：卫生	336	316	1		－17	214
92	（十一）文化、体育和娱乐业	5441	4664	57		2052	2060
93	（十二）公共管理和社会组织	1181	1046	14		563	90
94	（十二）其他行业	46034	45716	212		4448	4695

2011 年西藏自治区税收收入分税种分产业情况表（5）

单位：万元

序号	项　目	外资企业企业所得税	个人所得税	城市维护建设税	房产税	印花税	资源税
1	税收收入合计	13804	202378	25863		4031	8140
2	一、第一产业		7	9		3	16
3	二、第二产业	4120	12418	10343		2180	7797
4	（一）采矿业	1769	4763	2363		291	6516
5	1. 煤炭开采和洗选业						
6	2. 原油和天然气开采业						
7	其中：原油						
8	3. 黑色金属矿采选业		300	599		48	784
9	4. 有色金属矿采选业	1769	2451	1600		196	5320
10	5. 非金属矿采选业		2012	155		43	393
11	6. 其他采矿业			9		4	19
12	（二）制造业	2327	4591	2467		233	1261
13	1. 农副食品加工业		3	43		2	
14	2. 食品制造业	605	9	44		1	
15	3. 饮料制造业	1722	126	445		39	24
16	其中：酒制造	1722	95	389		3	
17	4. 烟草制品业						
18	其中：卷烟制造						
19	5. 纺织业		5	14		1	
20	6. 纺织服装、鞋帽制造业			4			
21	7. 皮革、毛皮、羽毛（绒）制品业			12			
22	8. 木材加工及木竹藤棕草制品业		12	112		2	752
23	9. 家具制造业		5	7			

2011年西藏自治区税收收入分税种分产业情况表（6）

单位：万元

序号	项　目	外资企业企业所得税	个人所得税	城市维护建设税	房产税	印花税	资源税
24	10. 造纸及纸制品业		3	6		3	
25	11. 印刷业和记录媒体的复制		16	48		1	
26	12. 文教体育用品制造业						
27	13. 石油加工、炼焦及核燃料业						
28	其中：成品油						
29	14. 化学原料及化学制品业		14	123		1	
30	15. 医药制造业		334	454		15	
31	16. 化学纤维制造业						
32	17. 橡胶制品业						
33	18. 塑料制品业		3	1			
34	19. 非金属矿物制品业		151	1067		44	451
35	20. 黑色金属冶炼及压延加工业			1		1	
36	21. 有色金属冶炼及压延加工业		74	10		37	34
37	22. 金属制品业		22	12			
38	23. 通用设备制造业			3		2	
39	24. 专用设备制造业		3687			56	
40	25. 交通运输设备制造业		118	47		26	
41	其中：汽车制造		72	43			
42	摩托车制造		39	2		26	
43	26. 电气机械及器材制造业		1	1			
44	27. 通信设备、计算机及其他电子设备制造业			2		1	
45	28. 仪表仪器及文化、办公用机械制造业						
46	29. 其他制造业		8	11		1	

2011 年西藏自治区税收收入分税种分产业情况表（7）

单位：万元

序号	项　目	外资企业企业所得税	个人所得税	城市维护建设税	房产税	印花税	资源税
47	（三）电力、燃气及水的生产和供应业		1830	325		464	
48	1. 电力、热力的生产和供应业		1808	283		458	
49	其中：电力生产和供应业		1808	283		458	
50	2. 燃气生产和供应业					3	
51	3. 水的生产和供应业		22	42		3	
52	（四）建筑业	24	1234	5188		1192	20
53	1. 房屋和土木工程建筑业		383	1171		279	1
54	2. 建筑安装业		582	2921		731	19
55	3. 建筑装饰业	24	15	37		8	
56	4. 其他建筑业		254	1059		174	
57	三、第三产业	9684	189953	15511		1848	327
58	（一）交通运输、仓储及邮政业	7	2995	658		82	
59	1. 交通运输业		2619	619		80	
60	2. 仓储业		1			1	
61	3. 邮政业	7	375	39		1	
62	（二）信息传输、计算机服务和软件业	484	2985	660		109	
63	1. 电信和其他信息传输服务业	484	2910	609		109	
64	其中：电信	484	2824	597		108	
65	2. 计算机服务业		72	47			
66	3. 软件业		3	4			
67	（三）批发和零售业	8539	9561	10288		921	327
68	1. 批发业	8301	3449	7794		699	
69	其中：烟草制品批发		1211	1488		106	

2011 年西藏自治区税收收入分税种分产业情况表（8）

单位：万元

序号	项　目	外资企业企业所得税	个人所得税	城市维护建设税	房产税	印花税	资源税
70	煤炭及制品批发			124			
71	石油及其制品批发		317	222		31	
72	汽车及零配件批发		1	12		5	
73	2. 零售业	238	6112	2494		222	327
74	（四）住宿和餐饮业	12	1490	722		30	
75	1. 住宿业	7	367	337		27	
76	2. 餐饮业	5	1123	385		3	
77	（五）金融业		50664	654		150	
78	1. 银行业		5057	392		82	
79	2. 证券业		44934	41			
80	3. 保险业		508	203		59	
81	4. 其他金融		165	18		9	
82	其中：金融租赁						
83	邮政储蓄		76	7		1	
84	（六）房地产业	2	842	748		136	
85	（七）租赁和商务服务业		117778	860		306	
86	1. 租赁业		130	104		23	
87	2. 商务服务业		117648	756		283	
88	（八）居民服务和其他服务业	16	1087	404		33	
89	（九）教育		19	2			
90	（十）卫生、社会保险和社会福利业		120	-2			
91	其中：卫生		120	-2			
92	（十一）文化、体育和娱乐业		299	149		20	
93	（十二）公共管理和社会组织		278	41		11	
94	（十二）其他行业	624	1835	327		50	

2011年西藏自治区税收收入分税种分产业情况表（9）

单位：万元

序号	项　目	城镇土地使用税	土地增值税	车辆购置税	车船税	其他各税
1	税收收入合计	5590	3649	33220	2971	5707
2	一、第一产业	31			48	
3	二、第二产业	1710	120			
4	（一）采矿业	198				
5	1. 煤炭开采和洗选业					
6	2. 原油和天然气开采业					
7	其中：原油					
8	3. 黑色金属矿采选业	83				
9	4. 有色金属矿采选业	96				
10	5. 非金属矿采选业	19				
11	6. 其他采矿业					
12	（二）制造业	646	3			
13	1. 农副食品加工业	33				
14	2. 食品制造业	31				
15	3. 饮料制造业	90				
16	其中：酒制造	46				
17	4. 烟草制品业					
18	其中：卷烟制造					
19	5. 纺织业	91				
20	6. 纺织服装、鞋帽制造业	4	3			
21	7. 皮革、毛皮、羽毛（绒）制品业					
22	8. 木材加工及木竹藤棕草制品业	57				
23	9. 家具制造业	5				

2011年西藏自治区税收收入分税种分产业情况表（10）

单位：万元

序号	项　目	城镇土地使用税	土地增值税	车辆购置税	车船税	其他各税
24	10. 造纸及纸制品业	2				
25	11. 印刷业和记录媒体的复制	18				
26	12. 文教体育用品制造业					
27	13. 石油加工、炼焦及核燃料业					
28	其中：成品油					
29	14. 化学原料及化学制品业	3				
30	15. 医药制造业	107				
31	16. 化学纤维制造业					
32	17. 橡胶制品业					
33	18. 塑料制品业	4				
34	19. 非金属矿物制品业	123				
35	20. 黑色金属冶炼及压延加工业					
36	21. 有色金属冶炼及压延加工业					
37	22. 金属制品业	9				
38	23. 通用设备制造业	2				
39	24. 专用设备制造业	6				
40	25. 交通运输设备制造业	41				
41	其中：汽车制造	41				
42	摩托车制造					
43	26. 电气机械及器材制造业					
44	27. 通信设备、计算机及其他电子设备制造业					
45	28. 仪表仪器及文化、办公用机械制造业					
46	29. 其他制造业	20				

2011 年西藏自治区税收收入分税种分产业情况表（11）

单位：万元

序号	项 目	城镇土地使用税	土地增值税	车辆购置税	车船税	其他各税
47	（三）电力、燃气及水的生产和供应业	479				
48	1. 电力、热力的生产和供应业	391				
49	其中：电力生产和供应业	391				
50	2. 燃气生产和供应业					
51	3. 水的生产和供应业	88				
52	（四）建筑业	387	117			
53	1. 房屋和土木工程建筑业	206	107			
54	2. 建筑安装业	64	10			
55	3. 建筑装饰业					
56	4. 其他建筑业	117				
57	三、第三产业	3849	3529	33220	2923	5707
58	（一）交通运输、仓储及邮政业	324	21			
59	1. 交通运输业	179	21			
60	2. 仓储业					
61	3. 邮政业	145				
62	（二）信息传输、计算机服务和软件业	241	597			
63	1. 电信和其他信息传输服务业	237	597			
64	其中：电信	234	597			
65	2. 计算机服务业					
66	3. 软件业	4				
67	（三）批发和零售业	1197	104			5707
68	1. 批发业	387				5707
69	其中：烟草制品批发	35				

2011年西藏自治区税收收入分税种分产业情况表（12）

单位：万元

序号	项　目	城镇土地使用税	土地增值税	车辆购置税	车船税	其他各税
70	煤炭及制品批发					
71	石油及其制品批发	100				
72	汽车及零配件批发	10				
73	2. 零售业	810	104			
74	（四）住宿和餐饮业	457	130			
75	1. 住宿业	445	130			
76	2. 餐饮业	12				
77	（五）金融业	288			2703	
78	1. 银行业	253				
79	2. 证券业					
80	3. 保险业	30			2703	
81	4. 其他金融	5				
82	其中：金融租赁					
83	邮政储蓄	3				
84	（六）房地产业	729	961			
85	（七）租赁和商务服务业	392	1695			
86	1. 租赁业	126				
87	2. 商务服务业	266	1695			
88	（八）居民服务和其他服务业	76		-4		
89	（九）教育	9				
90	（十）卫生、社会保险和社会福利业					
91	其中：卫生					
92	（十一）文化、体育和娱乐业	27				
93	（十二）公共管理和社会组织	28	21			
94	（十二）其他行业	81		33224	220	

2011 年西藏自治区税收收入分税种分企业类型情况表（1）

单位：万元

序号	项　目	合计	内资企业				
			小计	国有企业	集体企业	股份合作企业	联营企业
1	总　计	972020	868785	124186	26788	122	19
2	税收收入合计	951746	851253	121484	26089	119	19
3	1. 增值税收入	212833	182589	27295	2662	3	
4	其中：一般纳税人	184292	166518	20687	1981		
5	小规模纳税人	22870	10400	937	681	3	
6	2. 消费税收入	10130	10130	7699			
7	3. 营业税	160022	140470	17204	13267	77	1
8	4. 企业所得税	282919	269115	10055	6267	10	1
9	5. 个人所得税	202378	193739	50543	964		
10	6. 资源税	8140	5685	350	323		
11	7. 固定资产投资方向调节税						
12	8. 城市维护建设税	25863	22382	3257	1117	6	
13	9. 房产税						
14	10. 印花税	4031	3736	651	191	1	
15	11. 城镇土地使用税	5590	5315	1924	241	7	
16	12. 土地增值税	3649	3606	713	3		
17	13. 车船税	2971	2791	530			
18	14. 车辆购置税	33220	11695	1263	1054	15	17
19	15. 烟叶税						
20	16. 其他税收						

注：本表数据含海关代征收入和出口退税额（下表同）。

2011 年西藏自治区税收收入分税种分企业类型情况表（2）

单位：万元

序号	项　目	内资企业			港澳台投资企业	外商投资企业	个体经营
		股份公司	私营企业	其他企业			
1	总　计	674579	4876	38215	621	46639	55975
2	税收收入合计	661521	4750	37271	599	45380	54514
3	1. 增值税收入	151511	649	469	12	17606	12626
4	其中：一般纳税人	143273	223	354	9	17591	174
5	小规模纳税人	8238	426	115	3	15	12452
6	2. 消费税收入	2431					
7	3. 营业税	83832	1889	24200	427	7372	11753
8	4. 企业所得税	248990	260	3532	5	13799	
9	5. 个人所得税	140307	1007	918	119	2040	6480
10	6. 资源税	4952	51	9		2358	97
11	7. 固定资产投资方向调节税						
12	8. 城市维护建设税	16632	176	1194	31	1747	1703
13	9. 房产税						
14	10. 印花税	2695	22	176	3	205	87
15	11. 城镇土地使用税	2992	12	139	2	216	57
16	12. 土地增值税	2772	97	21		30	13
17	13. 车船税	2251		10			180
18	14. 车辆购置税	2156	587	6603		7	21518
19	15. 烟叶税						
20	16. 其他税收						

2011 年西藏自治区增值税收入分项目分企业类型收入情况表（1）

单位：万元

序号	项　目	合计	内资企业				
			小计	国有企业	集体企业	股份合作企业	联营企业
1	一、增值税收入合计	212833	182589	27295	2662	3	
2	（一）国内增值税	207162	176918	21624	2662	3	
3	1. 采矿业	33095	27450	495	349		
4	（1）煤炭开采和洗选业						
5	（2）石油和天然气开采业						
6	其中：原油						
7	（3）黑色金属矿采选业	8368	8358				
8	（4）有色金属矿采选业	22567	16986	1	44		
9	（5）非金属矿采选业	2142	2098	494	305		
10	（6）其他采矿业	18	8				
11	2. 制造业	34514	28408	3354	1699	1	
12	（1）农副食品加工业	531	520		1		
13	（2）食品制造业	611	266	104		1	
14	（3）饮料制造业	6347	1558		5		
15	酒的制造	5539	753				
16	酒精制造						
17	软饮料制造	808	805		5		
18	精制茶加工						
19	（4）烟草制品业						
20	卷烟制造						
21	烟叶复烤						
22	其他烟草制品加工						
23	（5）纺织业	183	132	19	10		
24	（6）纺织服装、鞋帽制造业	41	14		3		
25	其中：纺织服装	41	14		3		
26	（7）皮革、毛皮、羽毛（绒）制品业	173	169	102	5		
27	其中：皮革、毛皮	173	169	102	5		
28	（8）木材加工及木竹藤棕草制品业	1456	1429	600	285		

2011年西藏自治区增值税收入分项目分企业类型收入情况表（2）

单位：万元

序号	项　目	合计	内资企业				
			小计	国有企业	集体企业	股份合作企业	联营企业
29	（9）家具制造业	95	10		2		
30	（10）造纸及纸制品业	91	90				
31	①纸浆制造						
32	②造纸	45	44				
33	其中：机制纸及纸板制造						
34	③纸制品制造	46	46				
35	（11）印刷业和记录媒介的复制	524	519	224	14		
36	（12）文教体育用品制造业						
37	（13）石油加工、炼焦及核燃料业						
38	①原油加工及石油制品制造						
39	其中：成品油						
40	②人造原油生产						
41	③炼焦						
42	④核燃料加工						
43	（14）化学原料及化学制品业	1742	1741	1			
44	①肥料制造						
45	②农药制造						
46	③专用化学产品制造	1712	1712				
47	④日用化学产品制造	27	27				
48	其中：化妆品制造						
49	⑤其他	3	2	1			
50	（15）医药制造业	6500	6447	1369	537		
51	（16）化学纤维制造业	1					
52	（17）橡胶制品业	4	4				
53	其中：轮胎制造						
54	（18）塑料制品业	9	4				
55	（19）非金属矿物制品业	15169	14989	904	827		
56	①水泥、石灰和石膏制造	7739	7712	781	796		
57	其中：水泥制造	6938	6929		796		

2011年西藏自治区增值税收入分项目分企业类型收入情况表（3）

单位：万元

序号	项　目	合计	内资企业				
			小计	国有企业	集体企业	股份合作企业	联营企业
58	②水泥及石膏制品制造	6817	6738	122	12		
59	③玻璃及玻璃制品制造	4					
60	④其他	609	539	1	19		
61	（20）黑色金属冶炼及压延加工业	15					
62	其中：钢压延加工	15					
63	（21）有色金属冶炼及压延加工业	69	26		3		
64	（22）金属制品业	175	56	18			
65	（23）通用设备制造业	33	28				
66	（24）专用设备制造业	5	4				
67	（25）交通运输设备制造业	605	333	8	6		
68	①铁路运输设备制造						
69	②汽车制造	575	313	8	6		
70	③摩托车制造	21	20				
71	④航空航天器制造						
72	其中：飞机制造及修理						
73	⑤其他	9					
74	（26）电气机械及器材制造业	11	11				
75	电机制造	1	1				
76	电线电缆光缆及电工器材制造	2	2				
77	家用电力器具制造						
78	其他	8	8				
79	（27）通信设备、计算机及其他电子设备制造业	1					
80	通信设备制造						
81	广播电视设备制造						
82	电子计算机制造						
83	家用视听设备制造						
84	其他	1					
85	（28）仪表仪器及文化、办公用机械制造业						

2011年西藏自治区增值税收入分项目分企业类型收入情况表（4）

单位：万元

序号	项　目	合计	内资企业				
			小计	国有企业	集体企业	股份合作企业	联营企业
86	（29）其他制造业	123	58	5	1		
87	3. 电力、燃气及水的生产和供应业	2181	2180	1109	112		
88	（1）电力、热力的生产和供应业	1634	1634	647	112		
89	电力生产	161	161	110	5		
90	电力供应	1473	1473	537	107		
91	热力生产和供应						
92	（2）燃气生产和供应业						
93	（3）水的生产和供应业	547	546	462			
94	4. 批发和零售业	134616	117004	16512	430		
95	（1）批发业	100586	93324	11598	57		
96	①食品、饮料及烟草制品批发	18865	18757	9688			
97	其中：烟草制品批发	11155	11155	9686			
98	②纺织、服装及日用品批发	2002	1814	7	3		
99	③矿产品、建材及化工产品批发	19891	19803	1765	18		
100	其中：煤炭及制品批发	1758	1758				
101	石油及制品批发	3165	3165	1636			
102	建材批发	984	920	130	17		
103	④机械设备、五金交电及电子产品批发	7623	7609	10			
104	其中：汽车、摩托车及零配件批发	172	171	10			
105	家用电器批发	15	13				
106	计算机、软件及辅助设备批发	24	20				
107	⑤其他	52205	45341	128	36		
108	（2）零售业	34030	23680	4914	373		
109	5. 其他行业	2756	1876	154	72	2	
110	（二）进口货物增值税	5671	5671	5671			
111	二、出口货物退增值税合计	-2907	-2907	-151	-402		

2011 年西藏自治区增值税收入分项目分企业类型收入情况表（5）

单位：万元

序号	项　目	内资企业			港澳台投资企业	外商投资企业	个体经营
		股份公司	私营企业	其他企业			
1	一、增值税收入合计	151511	649	469	12	17606	12626
2	（一）国内增值税	151511	649	469	12	17606	12626
3	1. 采矿业	26538	62	6		5581	64
4	（1）煤炭开采和洗选业						
5	（2）石油和天然气开采业						
6	其中：原油						
7	（3）黑色金属矿采选业	8358					10
8	（4）有色金属矿采选业	16941				5581	
9	（5）非金属矿采选业	1231	62	6			44
10	（6）其他采矿业	8					10
11	2. 制造业	23103	50	201		5126	980
12	（1）农副食品加工业	519					11
13	（2）食品制造业	161				284	61
14	（3）饮料制造业	1552	1			4786	3
15	酒的制造	752	1			4786	
16	酒精制造						
17	软饮料制造	800					3
18	精制茶加工						
19	（4）烟草制品业						
20	卷烟制造						
21	烟叶复烤						
22	其他烟草制品加工						
23	（5）纺织业	103				2	49
24	（6）纺织服装、鞋帽制造业	11					27
25	其中：纺织服装	11					27
26	（7）皮革、毛皮、羽毛（绒）制品业	62					4
27	其中：皮革、毛皮	62					4
28	（8）木材加工及木竹藤棕草制品业	544					27

2011年西藏自治区增值税收入分项目分企业类型收入情况表（6）

单位：万元

序号	项　目	内资企业			港澳台投资企业	外商投资企业	个体经营
		股份公司	私营企业	其他企业			
29	（9）家具制造业	8					85
30	（10）造纸及纸制品业	89	1				1
31	①纸浆制造						
32	②造纸	44					1
33	其中：机制纸及纸板制造						
34	③纸制品制造	45	1				
35	（11）印刷业和记录媒介的复制	84	6	191			5
36	（12）文教体育用品制造业						
37	（13）石油加工、炼焦及核燃料业						
38	①原油加工及石油制品制造						
39	其中：成品油						
40	②人造原油生产						
41	③炼焦						
42	④核燃料加工						
43	（14）化学原料及化学制品业	1740					1
44	①肥料制造						
45	②农药制造						
46	③专用化学产品制造	1712					
47	④日用化学产品制造	27					
48	其中：化妆品制造						
49	⑤其他	1					1
50	（15）医药制造业	4541				48	5
51	（16）化学纤维制造业						1
52	（17）橡胶制品业	4					
53	其中：轮胎制造						
54	（18）塑料制品业	3	1				5
55	（19）非金属矿物制品业	13239	9	10			180
56	①水泥、石灰和石膏制造	6134	1				27
57	其中：水泥制造	6132	1				9

2011 年西藏自治区增值税收入分项目分企业类型收入情况表（7）

单位：万元

序号	项　目	内资企业			港澳台投资企业	外商投资企业	个体经营
		股份公司	私营企业	其他企业			
58	②水泥及石膏制品制造	6590	4	10			79
59	③玻璃及玻璃制品制造						4
60	④其他	515	4				70
61	（20）黑色金属冶炼及压延加工业						15
62	其中：钢压延加工						15
63	（21）有色金属冶炼及压延加工业	23					43
64	（22）金属制品业	33	5				119
65	（23）通用设备制造业	28					5
66	（24）专用设备制造业	4					1
67	（25）交通运输设备制造业	296	23				272
68	①铁路运输设备制造						
69	②汽车制造	276	23				262
70	③摩托车制造	20					1
71	④航空航天器制造						
72	其中：飞机制造及修理						
73	⑤其他						9
74	（26）电气机械及器材制造业	9	2				
75	电机制造	1					
76	电线电缆光缆及电工器材制造		2				
77	家用电力器具制造						
78	其他	8					
79	（27）通信设备、计算机及其他电子设备制造业						1
80	通信设备制造						
81	广播电视设备制造						
82	电子计算机制造						
83	家用视听设备制造						
84	其他						1
85	（28）仪表仪器及文化、办公用机械制造业						

2011 年西藏自治区增值税收入分项目分企业类型收入情况表（8）

单位：万元

序号	项　目	内资企业			港澳台投资企业	外商投资企业	个体经营
		股份公司	私营企业	其他企业			
86	（29）其他制造业	50	2			6	59
87	3. 电力、燃气及水的生产和供应业	952	1	6			1
88	（1）电力、热力的生产和供应业	875					
89	电力生产	46					
90	电力供应	829					
91	热力生产和供应						
92	（2）燃气生产和供应业						
93	（3）水的生产和供应业	77	1	6			1
94	4. 批发和零售业	99352	511	199	9	6891	10712
95	（1）批发业	81466	71	132		6776	486
96	①食品、饮料及烟草制品批发	9065	4				108
97	其中：烟草制品批发	1469					
98	②纺织、服装及日用品批发	1799	1	4			188
99	③矿产品、建材及化工产品批发	17955	65				88
100	其中：煤炭及制品批发	1758					
101	石油及制品批发	1529					
102	建材批发	770	3				64
103	④机械设备、五金交电及电子产品批发	7599					14
104	其中：汽车、摩托车及零配件批发	161					1
105	家用电器批发	13					2
106	计算机、软件及辅助设备批发	20					4
107	⑤其他	45048	1	128		6776	88
108	（2）零售业	17886	440	67	9	115	10226
109	5. 其他行业	1566	25	57	3	8	869
110	（二）进口货物增值税						
111	二、出口货物退增值税合计	－2244	－110				

2011年西藏自治区消费税收入分项目分企业类型收入情况表（1）

单位：万元

序号	项　目	合计	内资企业				
			小计	国有企业	集体企业	股份合作企业	联营企业
1	一、消费税收入	10130	10130	7699			
2	（一）国内消费税	10094	10094	7663			
3	1. 酒及酒精						
4	（1）白酒						
5	（2）黄酒						
6	（3）啤酒						
7	（4）其他酒						
8	（5）酒精						
9	2. 烟	10094	10094	7663			
10	（1）工业卷烟						
11	其中：按56%税率征收						
12	按36%税率征收						
13	（2）雪茄烟						
14	（3）烟丝						
15	（4）商业批发卷烟	10094	10094	7663			
16	3. 成品油						
17	（1）汽油						
18	（2）柴油						
19	（3）石脑油						
20	（4）溶剂油						

2011 年西藏自治区消费税收入分项目分企业类型收入情况表（2）

单位：万元

序号	项 目	合计	内资企业				
			小计	国有企业	集体企业	股份合作企业	联营企业
21	（5）润滑油						
22	（6）燃料油						
23	（7）航空煤油						
24	4. 小汽车						
25	（1）乘用车						
26	（2）中轻型商用客车						
27	5. 摩托车						
28	6. 高尔夫球及球具						
29	7. 汽车轮胎						
30	8. 化妆品						
31	9. 贵重首饰						
32	10. 鞭炮焰火						
33	11. 高档手表						
34	12. 游艇						
35	13. 木制一次性筷子						
36	14. 实木地板						
37	15. 税款滞纳金罚款收入						
38	（二）进口消费品消费税	36	36	36			
39	二、出口消费品退消费税	－116	－116				

2011年西藏自治区消费税收入分项目分企业类型收入情况表（3）

单位：万元

序号	项　目	内资企业			港澳台投资企业	外商投资企业	个体经营
		股份公司	私营企业	其他企业			
1	一、消费税收入	2431					
2	（一）国内消费税	2431					
3	1. 酒及酒精						
4	（1）白酒						
5	（2）黄酒						
6	（3）啤酒						
7	（4）其他酒						
8	（5）酒精						
9	2. 烟	2431					
10	（1）工业卷烟						
11	其中：按56%税率征收						
12	按36%税率征收						
13	（2）雪茄烟						
14	（3）烟丝						
15	（4）商业批发卷烟	2431					
16	3. 成品油						
17	（1）汽油						
18	（2）柴油						
19	（3）石脑油						
20	（4）溶剂油						

2011 年西藏自治区消费税收入分项目分企业类型收入情况表（4）

单位：万元

序号	项　目	内资企业			港澳台投资企业	外商投资企业	个体经营
		股份公司	私营企业	其他企业			
21	（5）润滑油						
22	（6）燃料油						
23	（7）航空煤油						
24	4. 小汽车						
25	（1）乘用车						
26	（2）中轻型商用客车						
27	5. 摩托车						
28	6. 高尔夫球及球具						
29	7. 汽车轮胎						
30	8. 化妆品						
31	9. 贵重首饰						
32	10. 鞭炮焰火						
33	11. 高档手表						
34	12. 游艇						
35	13. 木制一次性筷子						
36	14. 实木地板						
37	15. 税款滞纳金罚款收入						
38	（二）进口消费品消费税						
39	二、出口消费品退消费税		-116				

2011年西藏自治区营业税收入分行业分企业类型收入情况表（1）

单位：万元

序号	项目	合计	内资企业				
			小计	国有企业	集体企业	股份合作企业	联营企业
1	合计	160022	140470	17204	13267	77	1
2	一、建筑业	81596	79746	5989	10597	76	1
3	1. 房屋和土木工程建筑业	16795	16506	1384	3252	7	
4	2. 建筑安装业	49230	47870	4015	6820	69	1
5	3. 建筑装饰业	521	397	12	40		
6	4. 其他建筑业	15050	14973	578	485		
7	二、交通运输、仓储及邮政业	9340	5259	1527	59		
8	（一）交通运输业	8819	4738	1178	59		
9	1. 铁路运输业						
10	2. 道路运输业	4368	2064	246	41		
11	其中：道路货物运输	2722	1318	167	37		
12	3. 城市公共交通业	363	345	261	18		
13	4. 水上运输业						
14	其中：内河货物运输						
15	5. 航空运输业	4042	2301	671			
16	6. 管道运输业						
17	7. 装卸搬运和其他运输服务业	46	28				
18	（二）仓储业	6	6	6			
19	（三）邮政业	515	515	343			
20	三、信息传输、计算机服务和软件业	8947	3986	2070	5		
21	1. 电信和其他信息传输服务业	8635	3755	2070			
22	其中：电信	8495	3618	2070			
23	2. 计算机服务业	269	188		5		
24	3. 软件业	43	43				
25	四、住宿和餐饮业	10291	5800	1502	378		

2011 年西藏自治区营业税收入分行业分企业类型收入情况表（2）

单位：万元

序号	项　目	合计	内资企业				
			小计	国有企业	集体企业	股份合作企业	联营企业
26	1. 住宿业	4809	3785	1475	334		
27	2. 餐饮业	5482	2015	27	44		
28	五、金融业	9271	9271	2373		1	
29	1. 银行业	5523	5523	1478		1	
30	2. 证券业	588	588	225			
31	3. 保险业	2899	2899	515			
32	4. 其他金融	261	261	155			
33	其中：金融租赁						
34	邮政储蓄	101	101	101			
35	六、房地产业	10594	9961	442	638		
36	其中：房地产开发经营业	8535	8118	267	313		
37	七、租赁和商务服务业	11874	11150	383	267		
38	（一）租赁业	1440	910	144	86		
39	（二）商务服务业	10434	10240	239	181		
40	1. 广告业	836	734	12			
41	2. 知识产权服务	1	1		1		
42	3. 旅行社	716	715	143	86		
43	4. 其他商务服务	8881	8790	84	94		
44	八、居民服务和其他服务业	4794	3557	198	573		
45	九、教育	46	38		17		
46	十、卫生、社会保险和社会福利业	－17	11				
47	其中：卫生	－17	11				
48	十一、文化、体育和娱乐业	2052	1557	78	2		
49	十二、其他行业	11234	10134	2642	731		

2011年西藏自治区营业税收入分行业分企业类型收入情况表（3）

单位：万元

序号	项　目	内资企业			港澳台投资企业	外商投资企业	个体经营
		股份公司	私营企业	其他企业			
1	合　计	83832	1889	24200	427	7372	11753
2	一、建筑业	40303	1081	21699		153	1697
3	1. 房屋和土木工程建筑业	10698	779	386			289
4	2. 建筑安装业	27121	251	9593		93	1267
5	3. 建筑装饰业	331	5	9		60	64
6	4. 其他建筑业	2153	46	11711			77
7	二、交通运输、仓储及邮政业	3653	10	10		1742	2339
8	（一）交通运输业	3481	10	10		1742	2339
9	1. 铁路运输业						
10	2. 道路运输业	1757	10	10			2304
11	其中：道路货物运输	1095	10	9			1404
12	3. 城市公共交通业	66					18
13	4. 水上运输业						
14	其中：内河货物运输						
15	5. 航空运输业	1630				1741	
16	6. 管道运输业						
17	7. 装卸搬运和其他运输服务业	28				1	17
18	（二）仓储业						
19	（三）邮政业	172					
20	三、信息传输、计算机服务和软件业	1693	218		76	4787	98
21	1. 电信和其他信息传输服务业	1574	111		76	4787	17
22	其中：电信	1548			76	4787	14
23	2. 计算机服务业	76	107				81
24	3. 软件业	43					
25	四、住宿和餐饮业	3746	164	10	346	135	4010

2011年西藏自治区营业税收入分行业分企业类型收入情况表（4）

单位：万元

序号	项　目	内资企业			港澳台投资企业	外商投资企业	个体经营
		股份公司	私营企业	其他企业			
26	1. 住宿业	1896	70	10	99	108	817
27	2. 餐饮业	1850	94		247	27	3193
28	五、金融业	6897					
29	1. 银行业	4044					
30	2. 证券业	363					
31	3. 保险业	2384					
32	4. 其他金融	106					
33	其中：金融租赁						
34	邮政储蓄						
35	六、房地产业	8371	114	396		93	540
36	其中：房地产开发经营业	7181	114	243		93	324
37	七、租赁和商务服务业	10252	85	163	1		723
38	（一）租赁业	518	19	143	1		529
39	（二）商务服务业	9734	66	20			194
40	1. 广告业	719	3				102
41	2. 知识产权服务						
42	3. 旅行社	486					1
43	4. 其他商务服务	8529	63	20			91
44	八、居民服务和其他服务业	2221	52	513	4	27	1206
45	九、教育	13		8			8
46	十、卫生、社会保险和社会福利业	7	2	2			-28
47	其中：卫生	7	2	2			-28
48	十一、文化、体育和娱乐业	885	43	549			495
49	十二、其他行业	5791	120	850		435	665

2011 年西藏自治区营业税收入分税目分企业类型收入情况表（1）

单位：万元

序号	项　目	合计	内资企业				
			小计	国有企业	集体企业	股份合作企业	联营企业
1	合　计	160022	140470	17204	13267	77	1
2	一、建筑业	84468	82441	6508	10637	72	1
3	其中：建筑	47865	46923	2721	6123	64	
4	安装	2627	2522	496	399		
5	二、交通运输业	8391	4325	944	84		
6	1. 陆路运输	4534	2217	417	82		
7	2. 水路运输						
8	3. 航空运输	3808	2067	526			
9	4. 管道运输						
10	5. 装卸搬运	49	41	1	2		
11	三、邮电通信业	7488	2704	1954			
12	1. 邮政	298	298	161			
13	2. 电信	7190	2406	1793			
14	四、金融保险业	11636	11441	2432		1	
15	1. 金融	9045	8850	1957		1	
16	2. 保险	2591	2591	475			
17	五、娱乐业	1761	1141	3	2		
18	其中：按 5% 税率征收	17	2	1			
19	按 10% 税率征收	1743	1138	2	2		
20	按 20% 税率征收						

2011年西藏自治区营业税收入分税目分企业类型收入情况表（2）

单位：万元

序号	项目	合计	内资企业				
			小计	国有企业	集体企业	股份合作企业	联营企业
21	六、服务业	35318	28542	4958	2192	4	
22	1. 代理业	776	713	64	20		
23	2. 旅店业	3832	2859	985	226	3	
24	3. 饮食业	5708	2606	279	95		
25	4. 旅游业	934	924	155	88		
26	5. 仓储业	12	8				
27	6. 租赁业	7380	6698	1487	701	1	
28	其中：房屋租赁	3380	3210	887	468		
29	7. 广告业	1319	1202	14	39		
30	8. 其他服务业	15357	13532	1974	1023		
31	七、转让无形资产	354	340	101	95		
32	其中：转让土地使用权	323	310	91	95		
33	八、销售不动产	9567	8774	207	160		
34	九、文化体育业	430	418	37	7		
35	十、农、林、牧产品采购	418	161	22	83		
36	1. 林产品（松茸）	6	4				
37	2. 药材（虫草）	410	156	22	83		
38	3. 其他	2	1				
39	十一、税款滞纳金罚款收入	191	183	38	7		

2011 年西藏自治区营业税收入分税目分企业类型收入情况表（3）

单位：万元

序号	项　目	内资企业			港澳台投资企业	外商投资企业	个体经营
		股份公司	私营企业	其他企业			
1	合　计	83832	1889	24200	427	7372	11753
2	一、建筑业	42502	851	21870		208	1819
3	其中：建筑	23545	288	14182		4	938
4	安装	1605	21	1			105
5	二、交通运输业	3282	10	5		1741	2325
6	1. 陆路运输	1703	10	5			2317
7	2. 水路运输						
8	3. 航空运输	1541				1741	
9	4. 管道运输						
10	5. 装卸搬运	38					8
11	三、邮电通信业	750			76	4708	
12	1. 邮政	137					
13	2. 电信	613			76	4708	
14	四、金融保险业	9008				195	
15	1. 金融	6892				195	
16	2. 保险	2116					
17	五、娱乐业	867	268	1			620
18	其中：按 5% 税率征收	1					15
19	按 10% 税率征收	865	268	1			605
20	按 20% 税率征收						

2011 年西藏自治区营业税收入分税目分企业类型收入情况表（4）

单位：万元

序号	项目	内资企业			港澳台投资企业	外商投资企业	个体经营
		股份公司	私营企业	其他企业			
21	六、服务业	18895	365	2128	351	357	6068
22	1. 代理业	612		17		3	60
23	2. 旅店业	1572	67	6	211	16	746
24	3. 饮食业	2131	101		119	36	2947
25	4. 旅游业	377		304			10
26	5. 仓储业	8					4
27	6. 租赁业	3924	47	538	1	6	675
28	其中：房屋租赁	1574	8	273	1	3	166
29	7. 广告业	690	20	439			117
30	8. 其他服务业	9581	130	824	20	296	1509
31	七、转让无形资产	142		2			14
32	其中：转让土地使用权	122		2			13
33	八、销售不动产	7945	391	71		163	630
34	九、文化体育业	294	4	76			12
35	十、农、林、牧产品采购	56					257
36	1. 林产品（松茸）	4					2
37	2. 药材（虫草）	51					254
38	3. 其他	1					1
39	十一、税款滞纳金罚款收入	91		47			8

2011 年西藏自治区企业所得税分项目分企业类型收入情况表（1）

单位：万元

序号	项　目	合计	内资企业				
			小计	国有企业	集体企业	股份合作企业	联营企业
1	合　计	282919	269115	10055	6267	10	1
2	（一）采矿业	11539	9770	235	56		
3	1. 煤炭开采和洗选业						
4	2. 石油和天然气开采业						
5	其中：原油						
6	3. 黑色金属矿采选业	2228	2228	12	10		
7	4. 有色金属矿采选业	8928	7159				
8	5. 非金属矿采选业	317	317	223	46		
9	6. 其他采矿业	66	66				
10	（二）制造业	15427	13100	552	380		
11	（1）农副食品加工业	51	51	3	2		
12	（2）食品制造业	637	32	3			
13	（3）饮料制造业	4222	2500				
14	酒的制造	3342	1620				
15	酒精制造						
16	软饮料制造	880	880				
17	精制茶加工						
18	（4）烟草制品业						
19	卷烟制造						
20	烟叶复烤						
21	其他烟草制品加工						
22	（5）纺织业	36	36		1		
23	（6）纺织服装、鞋帽制造业	3	3		2		
24	其中：纺织服装	3	3		2		
25	（7）皮革、毛皮、羽毛（绒）制品业	8	8	5	1		
26	其中：皮革、毛皮	8	8	5	1		
27	（8）木材加工及木竹藤棕草制品业	69	69	57			

2011年西藏自治区企业所得税分项目分企业类型收入情况表（2）

单位：万元

序号	项　目	合计	内资企业				
			小计	国有企业	集体企业	股份合作企业	联营企业
28	（9）家具制造业	3	3		1		
29	（10）造纸及纸制品业	4	4				
30	①纸浆制造						
31	②造纸						
32	其中：机制纸及纸板制造						
33	③纸制品制造	4	4				
34	（11）印刷业和记录媒介的复制	121	121	73	1		
35	（12）文教体育用品制造业						
36	（13）石油加工、炼焦及核燃料业						
37	①原油加工及石油制品制造						
38	其中：成品油						
39	②人造原油生产						
40	③炼焦						
41	④核燃料加工						
42	（14）化学原料及化学制品业	1002	1002				
43	①肥料制造						
44	②农药制造						
45	③专用化学产品制造	1002	1002				
46	④日用化学产品制造						
47	其中：化妆品制造						
48	⑤其他						
49	（15）医药制造业	2082	2082	296	217		
50	（16）化学纤维制造业						
51	（17）橡胶制品业	2	2				
52	其中：轮胎制造						
53	（18）塑料制品业	1	1				
54	（19）非金属矿物制品业	5476	5476	103	152		

2011 年西藏自治区企业所得税分项目分企业类型收入情况表（3）

单位：万元

序号	项 目	合计	内资企业				
			小计	国有企业	集体企业	股份合作企业	联营企业
55	①水泥、石灰和石膏制造	2885	2885	79	148		
56	其中：水泥制造	2805	2805		148		
57	②水泥及石膏制品制造	2462	2462	24	3		
58	③玻璃及玻璃制品制造						
59	④其他	129	129		1		
60	（20）黑色金属冶炼及压延加工业						
61	其中：钢压延加工						
62	（21）有色金属冶炼及压延加工业	61	61				
63	（22）金属制品业	4	4				
64	（23）通用设备制造业	15	15	1			
65	（24）专用设备制造业	1527	1527				
66	（25）交通运输设备制造业	62	62	4	2		
67	①铁路运输设备制造						
68	②汽车制造	61	61	4	2		
69	③摩托车制造	1	1				
70	④航空航天器制造						
71	其中：飞机制造及修理						
72	⑤其他						
73	（26）电气机械及器材制造业	2	2				
74	电机制造	1	1				
75	电线电缆光缆及电工器材制造						
76	家用电力器具制造						
77	其他	1	1				
78	（27）通信设备、计算机及其他电子设备制造业	22	22				
79	通信设备制造	22	22				
80	广播电视设备制造						
81	电子计算机制造						

2011年西藏自治区企业所得税分项目分企业类型收入情况表（4）

单位：万元

序号	项　目	合计	内资企业				
			小计	国有企业	集体企业	股份合作企业	联营企业
82	家用视听设备						
83	其他						
84	（28）仪表仪器及文化、办公用机械制造业						
85	（29）其他制造业	17	17	7	1		
86	（三）电力、燃气及水的生产和供应业	411	411	173	30		
87	（1）电力、热力的生产和供应业	344	344	101	28		
88	电力生产	214	214	45	7		
89	电力供应	130	130	56	21		
90	热力生产和供应						
91	（2）燃气生产和供应业						
92	（3）水的生产和供应业	67	67	72	2		
93	（四）建筑业	24279	24255	930	4732	10	1
94	1. 房屋和土木工程建筑业	5935	5935	202	1431	3	
95	2. 建筑安装业	14769	14769	430	3004	7	1
96	3. 建筑装饰业	195	171	1	23		
97	4. 其他建筑业	3380	3380	297	274		
98	（五）交通运输、仓储及邮政业	1470	1463	291	31		
99	1. 交通运输业	1296	1296	125	31		
100	2. 仓储业	9	9	9			
101	3. 邮政业	165	158	157			
102	（六）信息传输、计算机服务和软件业	1655	1171	93	3		
103	1. 电信和其他信息传输服务业	1630	1146	93			
104	其中：电信	1599	1115	93			
105	2. 计算机服务业	19	19		3		

2011 年西藏自治区企业所得税分项目分企业类型收入情况表（5）

单位：万元

序号	项 目	合计	内资企业				
			小计	国有企业	集体企业	股份合作企业	联营企业
106	3. 软件业	6	6				
107	（七）批发和零售业	55996	47457	3473	68		
108	1. 批发业	49083	40782	3172	5		
109	其中：烟草制品批发	3257	3257	3075			
110	煤炭及制品批发	84	84				
111	石油及其制品批发	1212	1212	1			
112	汽车、摩托车及零配件批发	31	31				
113	2. 零售业	6913	6675	301	63		
114	（八）住宿和餐饮业	1154	1142	527	84		
115	1. 住宿业	804	797	507	78		
116	2. 餐饮业	350	345	20	6		
117	（九）金融业	3658	3658	2292			
118	1. 银行业	72	72				
119	2. 证券业	758	758				
120	3. 保险业	520	520				
121	4. 其他金融	2308	2308	2292			
122	（十）房地产业	5145	5143	189	417		
123	其中：房地产开发经营业	4219	4217	147	258		
124	（十一）租赁和商务服务业	152908	152908	227	207		
125	1. 租赁业	452	452	110	50		
126	2. 商务服务业	152456	152456	117	157		
127	（十二）居民服务和其他服务业	1529	1513	56	105		
128	（十三）教育	21	21		7		
129	（十四）卫生、社会保险和社会福利业	214	214	4	6		
130	其中：卫生	214	214	4	6		
131	（十五）文化、体育和娱乐业	2060	2060	66			
132	（十六）其他行业	5453	4829	947	141		

2011年西藏自治区企业所得税分项目分企业类型收入情况表（6）

单位：万元

序号	项 目	内资企业			港澳台投资企业	外商投资企业
		股份公司	私营企业	其他企业		
1	合 计	248990	260	3532	5	13799
2	（一）采矿业	9479				1769
3	1. 煤炭开采和洗选业					
4	2. 石油和天然气开采业					
5	其中：原油					
6	3. 黑色金属矿采选业	2206				
7	4. 有色金属矿采选业	7159				1769
8	5. 非金属矿采选业	48				
9	6. 其他采矿业	66				
10	（二）制造业	12132		36		2327
11	（1）农副食品加工业	46				
12	（2）食品制造业	29				605
13	（3）饮料制造业	2500				1722
14	酒的制造	1620				1722
15	酒精制造					
16	软饮料制造	880				
17	精制茶加工					
18	（4）烟草制品业					
19	卷烟制造					
20	烟叶复烤					
21	其他烟草制品加工					
22	（5）纺织业	35				
23	（6）纺织服装、鞋帽制造业	1				
24	其中：纺织服装	1				
25	（7）皮革、毛皮、羽毛（绒）制品业	2				
26	其中：皮革、毛皮	2				
27	（8）木材加工及木竹藤棕草制品业	12				

2011年西藏自治区企业所得税
分项目分企业类型收入情况表（7）

单位：万元

序号	项　目	内资企业			港澳台投资企业	外商投资企业
		股份公司	私营企业	其他企业		
28	（9）家具制造业	2				
29	（10）造纸及纸制品业	4				
30	①纸浆制造					
31	②造纸					
32	其中：机制纸及纸板制造					
33	③纸制品制造	4				
34	（11）印刷业和记录媒介的复制	13		34		
35	（12）文教体育用品制造业					
36	（13）石油加工、炼焦及核燃料业					
37	①原油加工及石油制品制造					
38	其中：成品油					
39	②人造原油生产					
40	③炼焦					
41	④核燃料加工					
42	（14）化学原料及化学制品业	1002				
43	①肥料制造					
44	②农药制造					
45	③专用化学产品制造	1002				
46	④日用化学产品制造					
47	其中：化妆品制造					
48	⑤其他					
49	（15）医药制造业	1569				
50	（16）化学纤维制造业					
51	（17）橡胶制品业	2				
52	其中：轮胎制造					
53	（18）塑料制品业	1				
54	（19）非金属矿物制品业	5219		2		

2011 年西藏自治区企业所得税
分项目分企业类型收入情况表（8）

单位：万元

序号	项　目	内资企业			港澳台投资企业	外商投资企业
		股份公司	私营企业	其他企业		
55	①水泥、石灰和石膏制造	2658				
56	其中：水泥制造	2657				
57	②水泥及石膏制品制造	2433		2		
58	③玻璃及玻璃制品制造					
59	④其他	128				
60	（20）黑色金属冶炼及压延加工业					
61	其中：钢压延加工					
62	（21）有色金属冶炼及压延加工业	61				
63	（22）金属制品业	4				
64	（23）通用设备制造业	14				
65	（24）专用设备制造业	1527				
66	（25）交通运输设备制造业	56				
67	①铁路运输设备制造					
68	②汽车制造	55				
69	③摩托车制造	1				
70	④航空航天器制造					
71	其中：飞机制造及修理					
72	⑤其他					
73	（26）电气机械及器材制造业	2				
74	电机制造	1				
75	电线电缆光缆及电工器材制造					
76	家用电力器具制造					
77	其他	1				
78	（27）通信设备、计算机及其他电子设备制造业	22				
79	通信设备制造	22				
80	广播电视设备制造					
81	电子计算机制造					

2011年西藏自治区企业所得税分项目分企业类型收入情况表（9）

单位：万元

序号	项 目	内资企业			港澳台投资企业	外商投资企业
		股份公司	私营企业	其他企业		
82	家用视听设备					
83	其他					
84	（28）仪表仪器及文化、办公用机械制造业					
85	（29）其他制造业	9				
86	（三）电力、燃气及水的生产和供应业	207		1		
87	（1）电力、热力的生产和供应业	214		1		
88	电力生产	162				
89	电力供应	52		1		
90	热力生产和供应					
91	（2）燃气生产和供应业					
92	（3）水的生产和供应业	-7				
93	（四）建筑业	17441	190	951		24
94	1. 房屋和土木工程建筑业	4057	133	109		
95	2. 建筑安装业	10509	53	765		
96	3. 建筑装饰业	147				24
97	4. 其他建筑业	2728	4	77		
98	（五）交通运输、仓储及邮政业	1137	9	-5		7
99	1. 交通运输业	1136	9	-5		
100	2. 仓储业					
101	3. 邮政业	1				7
102	（六）信息传输、计算机服务和软件业	1073	2			484
103	1. 电信和其他信息传输服务业	1053				484
104	其中：电信	1022				484
105	2. 计算机服务业	14	2			

2011 年西藏自治区企业所得税分项目分企业类型收入情况表（10）

单位：万元

序号	项　目	内资企业			港澳台投资企业	外商投资企业
		股份公司	私营企业	其他企业		
106	3. 软件业	6				
107	（七）批发和零售业	43860	22	34	1	8538
108	1. 批发业	37579	1	25		8301
109	其中：烟草制品批发	182				
110	煤炭及制品批发	84				
111	石油及其制品批发	1211				
112	汽车、摩托车及零配件批发	31				
113	2. 零售业	6281	21	9	1	237
114	（八）住宿和餐饮业	517	9	5	2	10
115	1. 住宿业	203	4	5	2	5
116	2. 餐饮业	314	5			5
117	（九）金融业	1366				
118	1. 银行业	72				
119	2. 证券业	758				
120	3. 保险业	520				
121	4. 其他金融	16				
122	（十）房地产业	4198	24	315		2
123	其中：房地产开发经营业	3540	24	248		2
124	（十一）租赁和商务服务业	152360	4	110		
125	1. 租赁业	188	3	101		
126	2. 商务服务业	152172	1	9		
127	（十二）居民服务和其他服务业	1124		228	2	14
128	（十三）教育	2		12		
129	（十四）卫生、社会保险和社会福利业	204				
130	其中：卫生	204				
131	（十五）文化、体育和娱乐业	313		1681		
132	（十六）其他行业	3577		164		624

2011 年西藏自治区资源税分项目分企业类型收入情况表 (1)

单位：万元

序号	项　目	合计	内资企业				
			小计	国有企业	集体企业	股份合作企业	联营企业
1	合　计	8140	5685	350	323		
2	一、原油						
3	二、天然气						
4	三、煤炭	6	6				
5	四、其他非金属矿原矿	912	847		173		
6	1. 水晶						
7	2. 石灰石	473	473		60		
8	3. 硼砂	291	287		101		
9	4. 建筑石料						
10	5. 其他各种石料	62	23		4		
11	6. 其他	86	64		8		
12	五、黑色金属矿原矿	1110	1106				
13	其中：铁矿石	657	657				
14	铬矿石	453	450				
15	锰矿石						
16	六、有色金属矿原矿	5254	2896		7		
17	1. 铜矿石	2729	402				
18	2. 锑矿石	65	65				
19	3. 银矿石	4					
20	4. 铅锌矿石	2264	2264		7		
21	5. 锡矿石						
22	6. 黄金矿石						
23	7. 其他	192	165				
24	七、盐						
25	八、金砂矿						
26	九、木材	817	789	350	143		
27	1. 原木	1					
28	2. 椽子木						
29	3. 电杆						
30	4. 其他	816	789	350	143		
31	十、矿泉水、地下水	24	24				
32	十一、其他						
33	十二、税款滞纳金、罚款收入	17	17				

2011年西藏自治区资源税分项目分企业类型收入情况表（2）

单位：万元

序号	项　目	内资企业			港澳台投资企业	外商投资企业	个体经营
		股份公司	私营企业	其他企业			
1	合　计	4952	51	9		2358	97
2	一、原油						
3	二、天然气						
4	三、煤炭	6					
5	四、其他非金属矿原矿	616	51	7			65
6	1. 水晶						
7	2. 石灰石	412	1				
8	3. 硼砂	186					4
9	4. 建筑石料						
10	5. 其他各种石料	9	10				39
11	6. 其他	9	40	7			22
12	五、黑色金属矿原矿	1106					4
13	其中：铁矿石	657					
14	铬矿石	450					3
15	锰矿石						
16	六、有色金属矿原矿	2889				2358	
17	1. 铜矿石	402				2327	
18	2. 锑矿石	65					
19	3. 银矿石					4	
20	4. 铅锌矿石	2257					
21	5. 锡矿石						
22	6. 黄金矿石						
23	7. 其他	165				27	
24	七、盐						
25	八、金砂矿						
26	九、木材	294		2			28
27	1. 原木						1
28	2. 橡子木						
29	3. 电杆						
30	4. 其他	294		2			27
31	十、矿泉水、地下水	24					
32	十一、其他						
33	十二、税款滞纳金、罚款收入	17					

2011 年西藏自治区涉外税收分项目分税种收入情况表（1）

单位：万元

序号	项　目	税收收入合计	增值税	消费税	营业税	企业所得税	个人所得税
1	一、涉外税收收入	45979	17618		7799	13804	2159
2	（一）中外合资经营企业	19862	9371		3269	3211	602
3	1. 制造业	5527	3758		1	1391	59
4	2. 采矿业	10450	5581			1769	273
5	3. 电力、燃气和水的生产和供应业	3					
6	4. 建筑业	95			88		
7	5. 交通运输、仓储及邮政业	1974			1742	7	102
8	6. 批发和零售业	56	30		1	21	
9	7. 金融业						
10	8. 信息传输、计算机服务及软件业	1559			1280	9	161
11	9. 住宿和餐饮业	47			34	5	
12	10. 文化、体育和娱乐业						
13	11. 租赁和商务服务业						
14	12. 房地产业	104			93	2	1
15	13. 其他行业	47	2		30	7	6
16	（二）中外合作经营企业	106			65	26	
17	1. 制造业	12			1		
18	2. 采矿业						
19	3. 电力、燃气和水的生产和供应业						
20	4. 建筑业	88			60	24	
21	5. 交通运输、仓储及邮政业						
22	6. 批发和零售业						
23	7. 金融业						
24	8. 信息传输、计算机服务及软件业						
25	9. 住宿和餐饮业						
26	10. 文化、体育和娱乐业						

2011年西藏自治区涉外税收
分项目分税种收入情况表（2）

单位：万元

序号	项　目	税收收入合计	增值税	消费税	营业税	企业所得税	个人所得税
27	11. 租赁和商务服务业						
28	12. 房地产业						
29	13. 其他行业	6			4	2	
30	（三）外资企业	26004	8247		4461	10567	1557
31	1. 制造业	2455	1368		8	936	39
32	2. 采矿业	157					157
33	3. 电力、燃气和水的生产和供应业	2					
34	4. 建筑业	1			1		
35	5. 交通运输、仓储及邮政业						
36	6. 批发和零售业	16264	6870		228	8518	80
37	7. 金融业						
38	8. 信息传输、计算机服务及软件业	5535			3583	475	1089
39	9. 住宿和餐饮业	736	3		447	7	183
40	10. 文化、体育和娱乐业						
41	11. 租赁和商务服务业	1			1		
42	12. 房地产业						
43	13. 其他行业	853	6		193	631	9
44	（四）非居民企业	4			4		
45	1. 外国企业常驻代表机构						
46	2. 提供劳务、承包工程作业						
47	3. 金融和保险						
48	4. 国际运输收入						
49	5. 支付单位扣缴						
50	6. 其他	4			4		
51	（五）外籍个人	3					
52	（六）进口货物税收						
53	二、出口货物退税						

2011 年西藏自治区涉外税收分项目分税种收入情况表（3）

单位：万元

序号	项　目	城市维护建设税	房产税	城镇土地使用税	车船税	资源税	其他各税
1	一、涉外税收收入	1778		218		2358	245
2	（一）中外合资经营企业	884		133		2358	34
3	1. 制造业	263		45			10
4	2. 采矿业	391		68		2358	10
5	3. 电力、燃气和水的生产和供应业						3
6	4. 建筑业	6					1
7	5. 交通运输、仓储及邮政业	122					1
8	6. 批发和零售业	2		1			1
9	7. 金融业						
10	8. 信息传输、计算机服务及软件业	89		16			4
11	9. 住宿和餐饮业	2		3			3
12	10. 文化、体育和娱乐业						
13	11. 租赁和商务服务业						
14	12. 房地产业	7					1
15	13. 其他行业	2					
16	（二）中外合作经营企业	4					11
17	1. 制造业						11
18	2. 采矿业						
19	3. 电力、燃气和水的生产和供应业						
20	4. 建筑业	4					
21	5. 交通运输、仓储及邮政业						
22	6. 批发和零售业						
23	7. 金融业						
24	8. 信息传输、计算机服务及软件业						
25	9. 住宿和餐饮业						
26	10. 文化、体育和娱乐业						

2011年西藏自治区涉外税收分项目分税种收入情况表（4）

单位：万元

序号	项　目	城市维护建设税	房产税	城镇土地使用税	车船税	资源税	其他各税
27	11. 租赁和商务服务业						
28	12. 房地产业						
29	13. 其他行业						
30	（三）外资企业	890		85			197
31	1. 制造业	96		8			
32	2. 采矿业						
33	3. 电力、燃气和水的生产和供应业						2
34	4. 建筑业						
35	5. 交通运输、仓储及邮政业						
36	6. 批发和零售业	497					71
37	7. 金融业						
38	8. 信息传输、计算机服务及软件业	251		41			96
39	9. 住宿和餐饮业	32		36			28
40	10. 文化、体育和娱乐业						
41	11. 租赁和商务服务业						
42	12. 房地产业						
43	13. 其他行业	14					
44	（四）非居民企业						
45	1. 外国企业常驻代表机构						
46	2. 提供劳务、承包工程作业						
47	3. 金融和保险						
48	4. 国际运输收入						
49	5. 支付单位扣缴						
50	6. 其他						
51	（五）外籍个人						3
52	（六）进口货物税收						
53	二、出口货物退税						

2011 年西藏自治区个人所得税分项目收入情况表

单位：万元

序号	项　　目	合计	内地	港澳台	外国
1	合　　计	202378	202362	16	
2	1. 工资、薪金所得	20866	20850	16	
3	按 3% 税率征收	611	611		
4	按 10% 税率征收	5587	5585	2	
5	按 20% 税率征收	8202	8196	6	
6	按 25% 税率征收	3457	3449	8	
7	按 30% 税率征收	928	928		
8	按 35% 税率征收	532	532		
9	按 45% 税率征收	1549	1549		
10	2. 个体工商户生产、经营所得	5383	5383		
11	按 5% 税率征收	384	384		
12	按 10% 税率征收	58	58		
13	按 20% 税率征收	189	189		
14	按 30% 税率征收	192	192		
15	按 35% 税率征收	2239	2239		
16	核定征收	2321	2321		
17	3. 企事业单位承包、承租经营所得	80	80		
18	按 5% 税率征收				
19	按 10% 税率征收	1	1		
20	按 20% 税率征收				
21	按 30% 税率征收	1	1		
22	按 35% 税率征收	4	4		
23	核定征收	74	74		
24	4. 劳务报酬所得	537	537		
25	按 20% 税率征收	309	309		
26	按 30% 税率征收	91	91		
27	按 40% 税率征收	137	137		
28	5. 稿酬所得	5	5		
29	6. 特许权使用费所得	325	325		
30	7. 利息、股息、红利所得	124694	124694		
31	其中：储蓄存款利息所得	114	114		
32	8. 财产租赁所得	111	111		
33	9. 财产转让所得	47891	47891		
34	其中：限售股转让所得	47574	47574		
35	房屋转让所得	219	219		
36	10. 偶然所得	2237	2237		
37	11. 其他所得	83	83		
38	12. 税款滞纳金、罚款收入	166	166		

2011 年税务稽查机构查处税收违法案件情况统计表（1）

编表单位：西藏自治区国家税务局稽查局　　　　单位：户、万元

按企业类型统计	税务登记总数	检查户数	有问题户数	结案户数	被查户应纳税额	查补总额					入库总额		
						税款	滞纳金	没收违法所得	罚款	合计	合计	其中	
												税款	以前年度查补额
	1	2	3	4	5	6	7	8	9	10	11	12	13
合　计	70692	141	128	127	39384	2427	328		434	3189	3236	2474	
内资企业	11022	91	78	77	34542	2266	297		383	2946	2946	2266	
港澳台商投资企业	77	1	1	1	102								
外商投资企业	47	2	2	2	880				1	1	1		
外国企业													
个体经营	58729	38	38	38	358	50	12		20	82	82	50	
其他	817	9	9	9	3502	111	19		30	160	207	158	

附　列　资　料

立案情况	件数	综合指标	百分率（%）	案件统计分析资料	结案户数	查补税款	项　目	件数	备　注	
上期移案		选案率	90.78	100 万元以下	121	1231	纳税人提请听证			
本期立案	128	入库率	101.47	100 万～500 万元以下	6	1196	受理行政复议			
本期结案	127	处罚率	17.88	500 万～1000 万元以下			其中：决定撤销或变更			
本期存案	1	偷税处罚率	52.90	1000 万～5000 万元以下			纳税人提起诉讼			
		查补总额 ±%	-54.98	5000 万～1 亿元以下			其中：判决撤销或变更			
				1 亿元以上			国家赔偿			
				合计	127	2427	国家赔偿金额（万元）		上期查补总额	7083

2011 年税务稽查机构查处税收违法案件情况统计表（2）

编表单位：西藏自治区国家税务局稽查局　　　　单位：户、万元

按违法性质统计	户数	查补税款	滞纳金	没收违法所得	罚款	合计	实际入库额		按税种统计	查补税款	入库税款	按其他稽查成果统计	户数	税款	金额
							合计	其中：税款							
	14	15	16	17	18	19	20	21		22	23		24	25	26
合　计	173	2427	328		434	3189	3236	2474	合　计	2427	2474				
偷税	22	465	97		246	808	855	512	增值税	135	147	调减留抵税额			
逃避追缴欠税									消费税			不予抵扣税款			
骗取出口退税									营业税	345	358	不予免、抵、退税			
抗税									企业所得税	1336	1358	调整应纳税所得额	3		591
编造虚假计税依据	2								个人所得税	435	435	其中：弥补亏损	3		591
不进行纳税申报	27	248	34		46	328	328	248	其他	176	176				
发票违法	62				21	21	21								
其他	60	1714	197		121	2032	2032	1714							

2011 年税务稽查机构行政强制措施及移送司法机关案件情况统计表

编表单位：西藏自治区国家税务局稽查局　　　　单位：户、万元

按保全措施、强制执行统计	税收保全措施		强制执行措施					其他行政措施				移送司法统计	移送司法机关案件		
	户数	金额	户数	金额合计	税款	滞纳金	罚款	户数	人数	金额	欠缴税款		件数	人数	金额
	1	2	3	4	5	6	7	8	9	10	11		12	13	14
合　计	1	13										本期移送司法机关处理案件	1		
冻结存款	1	13										其中：不予立案退回案件			
扣押查封财产												公安机关提前介入及联合办理案件			
扣缴税款												免予起诉或予以驳回案件			
依法拍卖或变卖												已判决案件			
责成提供纳税担保												判决情况：管　制			
暂停出口退税												判决情况：拘　役			
收缴或停售发票												判决情况：有期徒刑			
行使代位权、撤销权												判决情况：无期徒刑			
阻止出境												判决情况：死　刑			
提请人民法院强制执行												判决情况：罚　金			
												判决情况：没收财产			

2011年税务稽查机构人员、装备情况统计表

编表单位：西藏自治区国家税务局稽查局　　　　单位：人

机构人员统计	税务机关（个）	税务机关人员	税务稽查机构（个）		税务稽查人员			政治面貌		文化结构			专业资格								年龄结构		
			合计	其中：副科级稽查机构（个）	合计	男	女	党员	团员	研究生	大学本、专科	其他	注册会计师	注册税务师	法律职业资格	资产评估师	物流师	全国计算机等级			35岁以下	35岁至44岁	45岁以上
																		一级	二级	三级			
	1	2	3	4	5	6	7	8	9	10	11	12	13	14	15	16	17	18	19	20	21	22	23
合计	77	1545	8		89	59	30	68	11	3	84	2		1				8	8		48	30	11
省（自治区、直辖市、计划单列市）	1	266	1		21	14	7	16	4	1	20								6		12	3	6
市（地）	7	859	7		68	45	23	52	7	2	64	2		1				8	2		36	27	5
县（区）	69	420																					

装备统计	税务稽查机构主要装备配置情况										备注
	汽车（辆）	复印机（台）	传真机（台）	摄像机（架）	照相机（架）	扫描仪（台）	计算机（台）				
							合计	其中：便携式计算机（台）			
	24	25	26	27	28	29	30	31			
合计	29	17	15	8	17	4	121	55			
省（自治区、直辖市、计划单列市）	5	2	3	1	4	2	42	21			
市（地）	24	15	12	7	13	2	79	34			
县（区）											

第六篇 机构和人员

བོད་ལྗོངས་ཁྲལ་དོན་ལོ་རིམ་མེ་ལོང་

西藏税务年鉴

西藏自治区国家税务局领导名单

党组书记、局长： 袁庆杰
党组成员、纪检组长： 群 培
党组成员、副局长： 陈文通 格桑次仁 旺 堆 杨承碧 袁继军
党组成员、总经济师： 谢学忠
党组成员、总会计师： 穷 达
党组成员、总审计师： 雷纪选
副巡视员： 尼 玛 成永安

西藏自治区国家税务局机关各单位处级领导干部名单

办公室
主 任： 孙清明
副主任： 何 莎 彭文宇
副调研员： 旺堆平措

政策法规处
处 长： 边巴仓决
副处长： 邱韶昆 国 杰 甘夏雨

货物和劳务税处
处 长： 魏忠梅
副处长： 仁青曲珍

所得税处
副处长： 次旺桑培 王 维

收入规划核算处
处 长： 刘春祥

副处长：李　雷

纳税服务处
处　长：扎西平措
副处长：梁国春　徐玉斌
副调研员：陈　军　廖卫国

征管和科技发展处
处　长：林　涛
副处长：江　伟
副调研员：杨建生　格桑曲珍

财务管理处
副处长：杨建昌　德吉央宗

督查内审处
副处长：刘全洪
副调研员：仓　姆

人事处
处　长：李昌友
副处长：莫　毅　仓　吉

巡视工作办公室
副主任：焦　政　孙学兵
正处级巡视专员：贡觉索巴
副调研员：窦　燕

监察室
主　任：马端仁
副主任：次仁卓玛

大企业和国际税务管理处
处　长：刘希明
副处长：曾庆忠

机关党委办公室
副主任：卫　萍　罗文刚

离退休干部处
处　长：土　登
副处长：次仁格桑
调研员：高心义

稽查局
局　长：达娃云丹
副局长：曹　云　李　刚
副调研员：石晓蓉

直属税务分局
局　长：米玛罗布
副局长：刘建昆
调研员：刘国庆

信息中心
主　任：达娃次仁
副主任：史洪合

机关服务中心
主　任：边巴扎西
副主任：赵兴平
副调研员：昂　扎　米玛次仁
其米多吉　洛桑朗达

税收科学研究所

副所长：焦　芳　熊　彪

调研员：李林祥

集中采购中心

主　任：尼　珍

调研员：马世功

拉萨经济技术开发区国家税务局

局　长：珠　加

副局长：公　觉

西藏税务干部学校

校　长：舒启荣

副校长：王向前

西藏自治区国家税务局各地（市）国家税务局处级领导干部名单

拉萨市国家税务局

党组书记：其　美

局　　长：葛程蓉

党组成员、副局长：扎西旺堆　栾铁栓　谭志雄　邱韶昆

党组成员、纪检组长：扎西次仁

党组成员、总经济师：刘　奎

调 研 员：达娃次仁

副调研员：蔡贵平　冯开源　贡觉加措　次　普　小格桑次仁

山南地区国家税务局

党组书记、局长：冯留性

党组成员、副局长：王维林　次仁曲珍　平措坚赞

党组成员、纪检组长：卢彦豪

党组成员、总经济师：达瓦次仁

党组成员、总会计师：德吉卓嘎

副调研员：鲁淑芬　普布次仁

日喀则地区国家税务局

党组书记、局长：杨　锐

党组成员、副局长：白玛旺扎　白　央　平　措　苏湘帆

党组成员、纪检组长：张增民

党组成员、总经济师：张意建

林芝地区国家税务局

党组书记、局长：蒋　辉

党组成员、副局长：平　措　桑枝文　王彬林　董亚英

党组成员、纪检组长：蒋庆利

党组成员、总经济师：次　朗

副调研员：申家安　南　嘎

昌都地区国家税务局

党组书记：夏少云

局　　长：李建群

党组成员、副局长：克珠郎加　李　梅

党组成员、纪检组长：张先强

党组成员、总经济师：李宏伟

党组成员、总会计师：旦木琼

副调研员：安　堆　洛桑克珠
王建平

那曲地区国家税务局

党组书记：刘菊梅

局　　长：南　扎

党组成员、副局长：白玛次仁

党组成员、纪检组长：秀　扎

党组成员、总经济师：叶代洪

党组成员、总会计师：杨　丞

副调研员：德　吉　吉罗布

阿里地区国家税务局

党组书记、局长：索南养培

党组成员、副局长：白玛扎西
卓玛次仁

党组成员、纪检组长：彭佐国

党组成员、总经济师：关志刚

党组成员、总会计师：次旦多吉

副调研员：达瓦加布　索南群培

2011年西藏自治区国家税务局领导任免情况

1月28日，国税任字〔2011〕7号文件，国家税务总局决定，任命尼玛、成永安为西藏自治区国家税务局副巡视员。

9月29日，国税任字〔2011〕212号文件，国家税务总局决定，任命袁继军为西藏自治区国家税务局副局长，雷纪选为西藏自治区国家税务局总审计师，试用期一年。

2011年西藏自治区国家税务局机关各单位处级领导干部任免情况

5月6日，藏国税任字〔2011〕3号文件，西藏自治区国家税务局决定，焦芳任西藏自治区国家税务局税收科学研究所副所长，免去其西藏自治区国家税务局办公室副主任职务；次仁曲珍任西藏自治区山南地区国家税务局副局长（列王维林之后），免去其西藏自治区国家税务局人事处副处长职务；栾铁栓任西藏自治区拉萨市国家税务局副局长（列扎西旺堆之后），免去其西藏自治区国家税务局机关服务中心副主任职务；焦政任西藏自治区国家税务局巡视工作办公室副主任，免去其拉萨经济技术开发区国家税务局副局长职务；扎西平措任西藏自治区国家税务局纳税服务处副处长（列梁国春之前），免去其西藏自治区拉萨市国家税务局副局长职务；仓吉任西藏自治区国家税务局人事处副处长，免去其西藏自治区拉萨市国家税务局总经济师职务；王维任西藏自治区国家税务局所得税处副处长（列次旺桑培之后），免去其西藏自治区拉萨市国家税务局总会计师职务；何莎任西藏自治区国家税务局办公室副主任，免去其西藏自治区山南地区国家税务局总会计师职务；边巴扎西任西藏自治区国家税务局机关服务中心副主任（列达娃次仁之前），免去其西藏自治区林芝地区国家税务局副局长职务；罗文刚任西藏自治区国家税务局机关党委办公室副主任（列卫萍之后），免去其西藏自治区阿里地区国家税务局总经济师职务。

5月6日，藏国税任字〔2011〕4号文件，西藏自治区国家税务局决定，李林祥任西藏自治区国家税务局税收科学研究所调研员，免去其西藏自治区山南地区国家税务局调研员职务。

5月6日，藏国税任字〔2011〕5号文件，西藏自治区国家税务局决定，免去成永安的西藏自治区昌都地区国家税务局局长职务。

5月6日，藏国税任字〔2011〕6号文件，西藏自治区国家税务局决定，达娃次仁任西藏自治区国家税务局信息中心主任，免去其西藏自治区国家税务局纳税服务处处长职务；免去刘菊梅的西藏自治区国家税务局信息中心主任职务。

5 月 6 日，藏国税任字〔2011〕7 号文件，西藏自治区国家税务局决定，蒋辉任西藏自治区林芝地区国家税务局局长，免去其西藏自治区国家税务局直属税务分局局长职务；孙清明任西藏自治区国家税务局办公室主任，免去其西藏自治区林芝地区国家税务局局长职务。

5 月 6 日，藏国税任字〔2011〕8 号文件，西藏自治区国家税务局决定，葛程蓉任西藏自治区拉萨市国家税务局局长，免去其西藏自治区国家税务局所得税处处长职务；米玛罗布任西藏自治区国家税务局直属税务分局局长，免去其西藏自治区拉萨市国家税务局局长职务。

5 月 6 日，藏国税任字〔2011〕9 号文件，西藏自治区国家税务局决定，冯留性任西藏自治区山南地区国家税务局局长，免去其西藏自治区国家税务局巡视工作办公室主任职务；珠加任西藏自治区拉萨经济技术开发区国家税务局局长，免去其西藏自治区山南地区国家税务局局长职务。

5 月 6 日，藏国税任字〔2011〕10 号文件，西藏自治区国家税务局决定，免去尼玛的西藏自治区国家税务局人事处处长职务；免去夏少云的西藏自治区国家税务局监察室主任职务；李昌友任西藏自治区国家税务局人事处处长，免去其西藏自治区国家税务局机关服务中心主任职务；马端仁任西藏自治区国家税务局监察室主任，免去其西藏自治区国家税务局货物和劳务税处处长职务。

5 月 6 日，藏国税任字〔2011〕11 号文件，西藏自治区国家税务局决定，杨锐任西藏自治区日喀则地区国家税务局局长，免去其西藏自治区国家税务局办公室主任职务；免去其美的西藏自治区日喀则地区国家税务局局长职务。

10 月 28 日，藏国税任字〔2011〕15 号文件，西藏自治区国家税务局决定，王向前任西藏自治区税务干部学校副校长。任职试用期满，经考核合格，同意按期转正。

12 月 10 日，藏国税任字〔2011〕17 号文件，西藏自治区国家税务局决定，任命魏忠梅任西藏自治区国家税务局货物和劳务税处处长，免去其西藏自治区国家税务局政策法规处处长职务；刘希明任西藏自治区国家税务局大企业和国际税务管理处处长，免去其西藏自治区国家税务局集中采购中心主任职务；刘全洪任西藏自治区国家税务局督察内审处副处长，免去其西藏自治区国家税务局大企业和国际税务管理处副处长职务；莫毅任西藏自治区国家税务局人事处副处长（列仓吉之前）；孙学兵任西藏自治区国家税务局巡视工作办公室副主任（列焦政之后），免去其西藏自治区日喀则地区国家税务局副局长职务；曾庆中任西藏自治区国家税务局大企业和国际税务管理处副处长，免去其西藏自治区国家税务局稽查局副局长职务；次仁格桑任西藏自治区国家税务局离退休干部处副处长；刘建昆任西藏自治区国家税务局直属税务分局副局长，免去其西藏自治区那曲地区国家税务局总会计师职务；米玛次仁任西藏自治区国家税务局机关服务中心副调研员，免去其西藏自治区国家税务局离退休干部处副调研员职务。

12 月 10 日，藏国税任字〔2011〕20 号文件，西藏自治区国家税务局决定，任命高心义为西藏自治区国家税务局离退休干部处调研员，刘国庆为西藏自治区国家税务局直属税务分局调研员，马世功为西藏自治区国家税务局集中采购中心调研员，杨建生、格桑曲珍为西藏自治区国家税务局征管和科技发展处副调研员，仓姆为西藏自治区国家税务局督察内审处副调研员，石晓蓉为西藏自治区国家税务局稽查局副调研员，洛桑朗达为西藏自治区国家税务局机关服务中心副调研员。

12 月 10 日，藏国税任字〔2011〕21 号文件，西藏自治区国家税务局决定，任命赵兴平为西藏自治区国家税务局机关服务中心副主任，熊彪为西藏自治区国家税务局税收科学研究所副所长（列焦芳之后），试用期一年。

12 月 10 日，藏国税任字〔2011〕22 号文件，西藏自治区国家税务局决定，任命格桑次仁（机关服务中心）为西藏自治区日喀则地区国家税务局副调研员。

12 月 10 日，藏国税任字〔2011〕23 号文件，西藏自治区国家税务局决定，任命边巴扎西为西藏自治区国家税务局机关服务中心主任，尼珍为西藏自治区国家税务局集中采购中心主任，试用期一年。

12 月 10 日，藏国税任字〔2012〕1 号文件，西藏自治区国家税务局决定，任命彭文宇为西藏自治区国家税务局办公室副主任（列何莎之后）；国杰为西藏自治区国家税务局政策法规处副处长；甘夏雨为西藏自治区国家税务局政策法规处副处长（列国杰之后）；李雷为西藏自治区国家税务局收入规划核算处副处长；徐玉彬为西藏自治区国家税务局纳税服务处副处长（列梁国春之后）；德吉央宗为西藏自治区国家税务局财务管理处副处长（列杨建昌之后）；次仁卓玛为西藏自治区国家税务局监察室副主任；曹云为西藏自治区国家税务局稽查局副局长；李刚为西藏自治区国家税务局稽查局副局长（列曹云之后）。以上人员试用期一年。

12 月 10 日，藏国税任字

〔2012〕2 号文件，西藏自治区国家税务局决定，任命边巴仓决为西藏自治区国家税务局政策法规处处长；刘春祥为西藏自治区国家税务局收入规划核算处处长；扎西平措为西藏自治区国家税务局纳税服务处处长。试用期一年。

2011 年西藏自治区国家税务局各地（市）国家税务局处级领导干部任免情况

5 月 6 日，藏国税任字〔2011〕3 号文件，西藏自治区国家税务局决定，次仁曲珍任西藏自治区山南地区国家税务局副局长（列王维林之后），免去其西藏自治区国家税务局人事处副处长职务；栾铁栓任西藏自治区拉萨市国家税务局副局长（列扎西旺堆之后），免去其西藏自治区国家税务局机关服务中心副主任职务；焦政任西藏自治区国家税务局巡视工作办公室副主任，免去其拉萨经济技术开发区国家税务局副局长职务；扎西平措任西藏自治区国家税务局纳税服务处副处长（列梁国春之前），免去其西藏自治区拉萨市国家税务局副局长职务；仓吉任西藏自治区国家税务局人事处副处长，免去其西藏自治区拉萨市国家税务局总经济师职务；王维任西藏自治区国家税务局所得税处副处长（列次旺桑培之后），免去其西藏自治区拉萨市国家税务局总会计师职务；平措任西藏自治区林芝地区国家税务局副局长（列桑枝文之前），免去其西藏自治区山南地区国家税务局副局长职务；何莎任西藏自治区国家税务局办公室副主任，免去其西藏自治区山南地区国家税务局总会计师职务；边巴扎西任西藏自治区国家税务局机关服务中心副主任（列达娃次仁之前），免去其西藏自治区林芝地区国家税务局副局长职务；秀扎任西藏自治区那曲地区国家税务局总经济师，免去其西藏自治区林芝地区国家税务局总会计师职务；谭志雄任西藏自治区那曲地区国家税务局副局长，免去其西藏自治区那曲地区国家税务局总经济师职务；罗文刚任西藏自治区国家税务局机关党委办公室副主任（列卫萍之后），免去其西藏自治区阿里地区国家税务局总经济师职务。

5 月 6 日，藏国税任字〔2011〕4 号文件，西藏自治区国家税务局决定，李林祥任西藏自治区国家税务局税收科学研究所调研员，免去其西藏自治区山南地区国家税务局调研员职务。

5月6日，藏国税任字〔2011〕11号文件，西藏自治区国家税务局决定，杨锐任西藏自治区日喀则地区国家税务局局长，免去其西藏自治区国家税务局办公室主任职务；免去其美的西藏自治区日喀则地区国家税务局局长职务。

5月6日，藏国税党字〔2011〕13号文件，次仁曲珍同志任中共山南地区国家税务局党组成员，平措、何莎等2名同志不再担任中共山南地区国家税务局党组成员。

5月6日，藏国税党字〔2011〕16号文件，西藏自治区国家税务局党组决定，平措同志任中共林芝地区国家税务局党组成员，边巴扎西、秀扎等2名同志不再担任中共林芝地区国家税务局党组成员。

5月6日，藏国税党字〔2011〕17号文件，西藏自治区国家税务局党组决定，刘菊梅同志任中共那曲地区国家税务局党组书记。

5月6日，藏国税党字〔2011〕19号文件，西藏自治区国家税务局党组决定，葛程蓉、栾铁栓等2名同志任中共拉萨市国家税务局党组成员，扎西平措、仓吉、王维等3名同志不再担任中共拉萨市国家税务局党组成员。

5月6日，藏国税党字〔2011〕21号文件，西藏自治区国家税务局党组决定，罗文刚同志不再担任中共阿里地区国家税务局党组成员。

5月6日，藏国税党字〔2011〕22号文件，西藏自治区国家税务局党组决定，其美同志任中共拉萨市国家税务局党组书记，米玛罗布同志不再担任中共拉萨市国家税务局党组书记。

5月6日，藏国税党字〔2011〕12号文件，西藏自治区国家税务局党组决定，夏少云同志任中共昌都地区国家税务局党组书记；成永安同志不再担任中共昌都地区国家税务局党组书记。

5月6日，藏国税党字〔2011〕13号文件，西藏自治区国家税务局党组决定，次仁曲珍同志任中共山南地区国家税务局党组成员，平措、何莎等2名同志不再担任中共山南地区国家税务局党组成员。

5月6日，藏国税党字〔2011〕14号文件，西藏自治区国家税务局党组决定，秀扎同志任中共那曲地区国家税务局党组成员。

5月6日，藏国税党字〔2011〕19号文件，西藏自治区国家税务局党组决定，葛程蓉、栾铁栓等2名同志任中共拉萨市国家税务局党组成员，扎西平措、仓吉、王维等3名同志不再担任中共拉萨市国家税务局党组成员。

12月10日，藏国税任字〔2011〕17号文件，西藏自治区国家税务局决定，谭志雄任西藏自治区拉萨市国家税务局副局长（列栾铁栓之后），免去其西藏自治区那曲地区国家税务局副局长职务；邱韶昆任西藏自治区拉萨市国家税务局副局长（列谭志雄之后），免去其西藏自治区国家税务局政策法规处副处长职务；白央任西藏自治区日喀则地区国家税务局副局长（列白玛旺扎之后）；苏湘帆任西藏自治区日喀则地区国家税务局副局长（列平措之后），免去其西藏自治区日喀则地区国家税务局总经济师职务；平措坚赞任西藏自治区山南地区国家税务局副局长（列次仁曲珍之后），免去其西藏自治区山南地区国家税务局总经济师职务；桑枝文任西藏自治区林芝地区国家税务局副局长（列平措之后）；董亚英任西藏自治区林芝地区国家税务局副局长（列王彬林之后），免去其西藏自治区林芝地区国家税务局总经济师职务；李梅任西藏自治区昌都地区国家税务局副局长（列克珠郎加之后）；白玛次仁任西藏自治区那曲地区国家税务局副局长；免去秀扎的西藏自治区那曲地区国家税务局总经济师职务；卓玛次仁任西藏自治区阿里地区国家税务局副局长（列白玛扎西之后）。

12月10日，藏国税任字〔2011〕19号文件，西藏自治区国家税务局决定，任命南嘎为西藏自治区林芝地区国家税务局副调研员。

12月10日，藏国税任字〔2012〕1号文件，西藏自治区国家税务局决定，任命刘奎为西藏自治区拉萨市国家税务局总经济师；白玛多吉为西藏自治区拉萨市国家税务局稽查局局长（副处级）；张意建为西藏自治区日喀则地区国家税务局总经济师；次仁巴桑为西藏自治区日喀则地区国家税务局稽查局局长（副处级）；达瓦次仁为西藏自治区山南地区国家税务局总经济师；德吉卓嘎为西藏自治区山南地区国家税务局总会计师；旦巴次仁为西藏自治区山南地区国家税务局稽查局局长（副处级）；次朗为西藏自治区林芝地区国家税务局总经济师；赵龙为西藏自治区林芝地区国家税务局稽查局局长（副处级）；李宏伟为西藏自治区昌都地区国家税务局总经济师；旦木琼为西藏自治区昌都地区国家税务局总会计师；陈群瑛为西藏自治区昌都地区国家税务局稽查局局长（副处级）；叶代洪为西藏自治区那曲地区国家税务局总经济师；杨丞为西藏自治区那曲地区国家税务局总会计师；扎西顿珠为西藏自治区那曲地区国家税务局稽查局局长（副处级）；关志刚为西藏自治区阿里地区国家税务局总经济师；次旦多吉为西藏自治区阿里地区国家税务局总会计师；陈高华为西藏自治区阿里地区国家税务局稽查局局长（副处级）。以上人员试用期一年。

12月10日，藏国税任字〔2012〕3号文件，西藏自治区国家税务局决定，任命李建群为西藏自治区昌都地区国家税务局局长，试用期一年。

12月10日，藏国税任字〔2012〕4号文件，西藏自治区国家税务局决定，任命南扎为西藏自治区那曲地区国家税务局局长，试用期一年。

12月10日，藏国税党字〔2011〕56号文件，西藏自治区国家税务局党组决定，谭志雄同志任中共西藏自治区拉萨市国家税务局党组成员，免去其中共西藏自治区那曲地区国家税务局党组成员职务；邱韶昆同志任中共西藏自治区拉萨市国家税务局党组成员；秀扎同志任中共西藏自治区那曲地区国家税务局纪检组长。免去：南扎同志的中共西藏自治区那曲地区国家税务局党组副书记职务；莫毅同志的中共西藏自治区拉萨市国家税务局党组成员、纪检组长职务；白央同志的中共西藏自治区日喀则地区国家税务局纪检组长职务；孙学兵同志的中共西藏自治区日喀则地区国家税务局党组成员职务；次仁格桑同志的中共西藏自治区山南地区国家税务局党组成员、纪检组长职务；桑枝文同志的中共西藏自治区林芝地区国家税务局纪检组长职务；李梅同志的中共西藏自治区昌都地区国家税务局纪检组长职务；白玛次仁同志的中共西藏自治区那曲地区国家税务局纪检组长职务；刘建昆同志的中共西藏自治区那曲地区国家税务局党组成员职务；卓玛次仁同志的中共西藏自治区阿里地区国家税务局纪检组长职务。

12月10日，藏国税党字〔2012〕1号文件，西藏自治区国家税务局党组决定，扎西次仁同志为中共西藏自治区拉萨市国家税务局党组成员、纪检组长；刘奎同志为中共西藏自治区拉萨市国家税务局党组成员；张增民同志为中共西藏自治区日喀则地区国家税务局党组成员、纪检组长；张意建同志为中共西藏自治区日喀则地区国家税务局党组成员；卢彦豪同志为中共西藏自治区山南地区国家税务局党组成员、纪检组长；达瓦次仁同志为中共西藏自治区山南地区国家税务局党组成员；德吉卓嘎同志为中共西藏自治区山南地区国家税务局党组成员；蒋庆利同志为中共西藏自治区林芝地区国家税务局党组成员、纪检组长；次朗同志为中共西藏自治区林芝地区国家税务局党组成员；张先强同志为中共西藏自治区昌都地区国家税务局党组成员、纪检组长；李宏伟同志为中共西藏自治区昌都地区国家税务局党组成员；旦木琼同志为中共西藏自治区昌都地区国家税务局党组成员；叶代洪同志为中共西藏自治区那曲地区国家税务局党组成员；杨丞同志为中共西藏自治区那曲地区国家税务局党组成员；彭佐国同志为中共西藏自治区阿里地区国家税务局党组成员、纪检组长；关志刚同志为中共西藏自治区阿里地区国家税务局党组成员；次旦多吉同志为中共西藏自治区阿里地区国家税务局党组成员。

2011 年西藏自治区国家税务局系统获得省部级以上奖励名单

一、5 月 26 日，国家税务总局表彰 2010 年度税务系统打击发票违法犯罪活动工作成绩突出的单位和个人（国税发〔2011〕64 号）。

表彰单位（1 个）：西藏自治区拉萨市国家税务局稽查局

表彰个人（1 名）：德吉　西藏自治区国家税务局稽查局

二、6 月 14 日，国家税务总局、共青团中央表彰 2009 –2010 年度税务系统全国青年文明号（国税发〔2011〕68 号）。

全国青年文明号（1 个）：西藏自治区国家税务局拉萨市区办税服务厅

三、8 月 31 日，国家税务总局表彰全国税务系统纪检监察先进集体和先进工作者（国税发〔2011〕88 号）。

先进集体（1 个）：西藏自治区阿里地区国税局监察室

先进工作者（1 名）：解松森　西藏自治区林芝地区国家税务局监察室主任

2011 年西藏自治区国家税务局机构设置情况

项　目		合计	自治区	地（市）	县（市）
总　计		230	21	134	75
局机关		79	1	7	71
局机关内设行政机构		87	13	74	
合　计		22	2	20	
直属机构	稽查局	8	1	7	
	直属分局	8	1	7	
	车辆购置税征收管理分局	6		6	
	其他直属机构				
	合　计	23		19	4
派出机构	税务分局	4		4	
	其中：设在开发区				
	税务所	19		15	4
	合　计	19	5	14	
事业单位	信息中心	8	1	7	
	机关服务中心	8	1	7	
	注册税务师管理中心				
	培训中心	1	1		
	税收科学研究所	1	1		
	票证中心				
	报社、杂志社				
	采购中心	1	1		
	其他事业单位				

2011 年西藏自治区国家税务局从业人员基本情况

项目		总计	女	少数民族	学历						学位		政治情况				年龄										人员分布			
					研究生	大学本科	大学专科	中专	高中	初中以下	博士	硕士	共产党员	共青团员	民主党派	无党派或群众	30 岁以下	31 ~ 35 岁	36 ~ 40 岁	41 ~ 45 岁	46 ~ 50 岁	51 ~ 54 岁	51 ~ 54 岁 女	55 ~ 59 岁	55 ~ 59 岁 女	60 岁以上	局机关	直属机构	派出机构	事业单位
总计		1681	783	1146	42	1004	351	54	43	187		30	1016	302		363	527	326	390	174	176	65	14	22		1	825	258	147	451
正式职工合计		1539	712	1031	42	1004	350	52	26	65		30	1010	287		242	476	297	360	161	164	62	14	19			825	258	147	309
干部	小计	1434	685	957	42	996	307	48	16	25		30	964	282		188	469	283	334	131	151	49	14	17			825	258	147	204
	公务员	1230	568	818	41	797	303	48	16	25		29	887	163		180	266	282	334	131	151	49	14	17			825	258	147	
	事业干部	204	117	139	1	199	4					1	77	119		8	203	1												204
正式工人		105	27	74		8	43	4	10	40			46	5		54	7	14	26	30	13	13		2						105
临时工	小计	142	71	115			1	2	17	122			6	15		121	51	29	30	13	12	3		3		1				142
	临时助征员																													
	临时工	142	71	115			1	2	17	122			6	15		121	51	29	30	13	12	3		3		1				142

第七篇　大事记

བོད་ལྗོངས་ཁྲལ་དོན་ལོ་རིམ་མེ་ལོང་

西藏税务年鉴

2011 年度西藏自治区税务大事记

领导重要批示

6 月 24 日　西藏自治区党委书记张庆黎在《自治区国税局关于 2011 年 5 月份全区税收收入执行情况的通报》上指示："前五个月税收工作做得好，税收收入增幅大。"

9 月 30 日　西藏自治区副主席宫蒲光在自治区国税局上报的《关于"服务科学发展　共建和谐税收"座谈会情况的报告》上批示："这次座谈会反映出的意见，对我们加强和改进税收工作、完善税收政策很有价值。请区税务局认真研究，属于政策完善类意见，要在深入调研、认真探索的基础上，提出建议；属于工作服务类，要切实改进工作，提高服务水平。总之，要以此为契机，促进我区税务工作在现在良好的基础上再上新台阶。"

11 月 26 日　西藏自治区党委书记陈全国在《自治区国税局 2011 年 10 月全区税收收入组织通报》上，对税收工作作出重要批示："组织得很好。"自治区党委副书记、自治区常务副主席吴英杰，自治区党委常委、秘书长邓小刚圈阅了文件。

1 月

1 日　西藏自治区开征城镇土地使用税。

同日　个人所得税管理系统在全区各级税务机关推广应用。

同日　西藏新版普通发票在全区范围内启用，旧版发票停止使用。

同日　有奖发票首次在全区范围内推行。

4 日　西藏自治区人民政府下发《关于表彰全区税务系统的决定》（藏政发〔2010〕90 号），号召全区各地（市）、各行业、各部门要以全区税务系统为榜样，立足本职，开拓创新，扎实工作，为西藏跨越式发展和长治久安作出新的更大贡献。

23 日　在西藏自治区效能建设年活动总结暨加强基层建设年活动动员大会上，自治区国税局被评为先进集体。

24日 西藏自治区副主席宫蒲光深入自治区国税局、拉萨市国税局等调研，听取了自治区国税局的工作汇报，并看望慰问广大税务干部职工。

25日 西藏自治区国税局下发《关于贯彻落实推动文化大发展大繁荣有关税收优惠政策的通知》，全力支持西藏文化事业大发展、大繁荣。

2月

1日 西藏自治区国税局新版发票专用章启用。

9日 西藏自治区国税局发布《关于饲料质量检测机构确认公告》，确认农业部农产品质量监督检验测试中心（拉萨）为西藏有计量认证资质的饲料质量检测机构。

3月

1日 西藏自治区国税局基层建设年活动工作组一行4人进驻那曲地区班戈县青龙乡8村联系点。

11日 西藏自治区国税局党组书记、局长袁庆杰主持召开党组理论学习中心组会议，学习传达胡锦涛总书记在参加十一届人大五次会议西藏代表团审议时的重要讲话精神。

13日 全区国税系统2011年第一期科级干部任职培训班在西藏自治区税务干部学校开班，这是西藏自治区税务干部学校建成后举办的第一个培训班。自治区国税局副局长格桑次仁出席开班仪式并讲话。

18日 全区税务系统党风廉政建设工作会议在拉萨召开。会议回顾了2010年党风廉政建设工作，部署了2011年党风廉政建设工作任务。自治区国税局党组书记、局长袁庆杰作重要讲话，纪检组长群培作题为《创新思路，狠抓落实，大力推进党风廉政建设全面发展》工作报告。

21日 西藏自治区副主席宫蒲光在北京与国家税务总局副局长解学智座谈并汇报西藏税收工作。国家税务总局局长肖捷、副局长王力、纪检组长冯慧敏会见宫蒲光副主席一行。自治区国税局党组书记、局长袁庆杰陪同。

4月

1日 全区各级税务机关开展形式多样、内容丰富的税收宣传活动，拉开了全国第20个“税收宣传月”活动序幕。

同日 西藏自治区国税局正式组建12366呼叫中心。

7日 综合征管系统（西藏版）代开普通发票模块开发上线，结束了西藏自治区代开普通发票一直采用手工开具、税款征免无法监控、代开发票信息采集繁琐的历史。

10日 西藏自治区副主席宫蒲光在《西藏日报》发表题为《服务工作主题，建设和谐税收》的署名文章，号召全区社会各界关心、支持、理解税收工作。

14日 全国税务系统师资援助座谈会在西藏自治区税务干部学校召开。国家税务总局教育中心巡视员、副主任魏仲瑜出席，18所全国税务系统教育院校和自治区有关院校的代表参加座谈会；自治区国税局副局长格桑次仁参加会议。

27日 西藏自治区人民政府新闻办公室召开2010年度全区纳税百强企业新闻发布会。自治区国税局总经济师谢学忠出席发布会并回答记者提问。

28日 拉萨市民服务中心工作人员在拉萨市区三级办税服务厅开出“同城通办”业务的第一张税票，标志着综合征管系统（西藏版）实现“同城通办”业务成功运行。

5月

1日 经西藏自治区人民政府常务会议研究通过，《西藏自治区人民政府关于开征地方教育附加的通知》（藏政发〔2011〕41号）下发执行。

6日 西藏自治区国家税务局党组决定，其美任拉萨市国家税务局党组书记；葛程蓉任西藏自治区拉萨市国家税务局党组成员、局长；杨锐任日喀则地区国家税务局党组书记、局长；冯留性任山南地区国家税务局党组书记、局长；蒋辉任林芝地区国家税务局党组书记、局长；夏少云任昌都地区国家税务局党组书记；刘菊梅任那曲地区国家税务局党组书记。

同日 西藏自治区国家税务局决定，孙清明任西藏自治区国家税务局办公室主任；达娃次仁任西藏自治区国家税务局信息中心主任；李昌友任西藏自治区国家税务局人事处处长；马端仁任西藏自治区国家税务局监察室主任；米玛罗布任西藏自治区国家税务局直属税务分局局长；李林祥任西藏自治区国家税务局税收科学研究所调研员；焦芳任西藏自治区国家税务局税收科学研究所副所长；扎西平措任西藏自治区国家税务局纳税服务处副处长；仓吉任西藏自治区国家税务局人事处副处长；王维任西藏自治区国家税务局所得税处副处长；何莎任西藏自治区国家税务局办公室副主任；焦政任西藏自治区国家税务局巡视工作办公室副主任；边巴扎西任西藏自治区国家税务局机关服务中心副主任；罗文刚任西藏自治区国家税务局机关党委办公室副主任。

同日 西藏自治区国家税务局决定，栾铁栓任西藏自治区拉萨市国家税务局党组成员、副局长；次仁曲珍任西藏自治区山南地区国家税务局副局长；平措任西藏自治区林芝地区国家税务局副局长；秀扎任西藏自治区那曲地区国家税务局党组成员、总经济师；谭志雄任西藏自治区那曲地区国家税务局副局长。

13日 西藏自治区国税局召开党组理论学习中心组学习扩大会议，区局领导和区局机关副处级以上领导干部参加学习，集中学习了《中国共产党历史》（第二卷）、《〈中国共产党员领导干部廉洁从政若干准则〉实施办法》等。

17日 西藏自治区国税局党组书记、局长袁庆杰带领工作组到基层建设年联系点那曲地区班戈县青龙乡8村开展扶贫慰问工作。

22－24日 西藏自治区国税局党组书记、局长袁庆杰带领工作组到定点扶贫点山南地区错那县觉拉乡开展扶贫慰问工作，并深入错那县、曲松县、加查县、朗县国家税务局开展调研。

25日 全区税务系统纳税服务和征管工作会议在林芝召开。会议传达了学习全国税务系统纳税服务工作会议精神，总结了近两年来全区纳税服务工作成效，部署了今后一个时期全区国税系统纳税服务工作的主要任务；自治区国税局党组书记、局长袁庆杰，副局长杨承碧出席会议并讲话。

31日 西藏自治区国税局制作的税收法制动漫宣传片《阿古顿巴的新烦恼系列》荣获（全国普及法律常识办公室组织的）第八届全国法制动漫作品比赛一等奖。

6月

24日 西藏自治区党委书记张庆黎在《西藏自治区国税局关于2011年5月份全区税收收入执行情况的通报》上指示："前五个月的税收工作做得好，税收收入增幅大。"

同日 西藏自治区国税局举行庆祝"建党90周年暨西藏和平解放60周年"主题演讲比赛。

27日 全区普通发票兑奖平台上线。这是自治区首次自主研发的信息系统平台，实现了税务与西藏各通讯运营商的信息系统对接。

7月

17日 随中央代表团出席西藏和平解放60周年庆祝活动的原西藏自治区副主席、现上海市委常委、统战部部长杨晓渡，在自治区副主席宫蒲光、丁业现陪同下，前往自治区国税局，看望税务干部并与税务干部座谈。

28日 西藏自治区国税局召开全体干部职工大会，表彰2011年度自治区国税局机关先进党支部、优秀共产党员和优秀党务工作者。先进党支部：区局机关第五党支部、区局机关第四党支部；优秀共产党员：德吉央宗、土登、穷达、达瓦云丹、林涛、国杰、东鲁、钟其坤；优秀党务工作者：次仁、张益、扎西梅朵、白玛多吉、甘夏雨、魏忠梅、刘月林、李保荣、侯斌。

29 日　西藏自治区国税局党组书记、局长袁庆杰主持召开党组会议，传达学习自治区党委七届八次全委（扩大）会议及全国税务系统干部队伍和党风廉政建设工作会议精神，并对会议精神的贯彻落实进行安排部署。纪检组长群培，副局长陈文通、格桑次仁、旺堆、杨承碧，总经济师谢学忠、总会计师穷达参加会议；副巡视员成永安列席会议。

8 月

8－9 日　全区税务系统干部队伍和党风廉政建设工作会议在拉萨召开。会议学习了胡锦涛总书记“七一”讲话、习近平副主席在参加西藏和平解放 60 周年纪念活动的一系列讲话、自治区党委七届八次全委（扩大）会议及全国税务系统干部队伍和党风廉政建设工作会议精神，总结了全区税务干部队伍和党风廉政建设工作，分析了当前面临的形势和存在的问题，明确了加强干部队伍和党风廉政建设的目标、任务。自治区副主席宫蒲光出席会议并作重要讲话，自治区国税局党组书记、局长袁庆杰作《创新干部队伍管理　增强税收服务能力　为推动全区经济跨越式发展和社会长治久安作出新贡献》讲话。纪检组长群培，副局长陈文通、格桑次仁、旺堆、杨承碧，总经济师谢学忠，总会计师穷达出席。

19 日　西藏自治区人民政府下发《西藏自治区人民政府关于调整个人所得税费用扣除标准的通知》（藏政发〔2011〕70 号），规定自 2011 年 9 月 1 日起全区执行新的个人所得税费用扣除标准。

9 月

12 日　西藏自治区 12366 纳税服务热线系统正式运行。具有自动语音、业务受理、业务处理、业务管理、专项调查、质量监控、管理监控、排班管理、短信管理、消息管理、小助手、统计分析、系统管理和网上业务等功能的 12366 纳税服务热线系统，成为税务机关与纳税人、社会各界相互沟通的重要桥梁。

15－16 日　西藏自治区人民政府召开“服务科学发展　共建和谐税收”座谈会。自治区副主席宫蒲光出席会议并作重要讲话，国家税务总局征管和科技发展司副司长赵福增、税收科学科研所副所长靳东升参加座谈会；来自西藏自治区行政事业单位、拉萨市政府、各地区行署及企业界代表共计110人参加会议；纪检组长群培、副局长陈文通、总经济师谢学忠出席。

20日 西藏自治区注册税务师协会成立大会在林芝召开。会议选举杨承碧为西藏自治区注册税务师协会会长、穷达为副会长。截至20日，全区税务师事务所15个，注册税务师资格从业人员85人。

29日 国家税务总局任命袁继军为西藏自治区国税局党组成员、副局长，雷纪选为西藏自治区国税局党组成员、总审计师。

10月

10日 西藏自治区国税局召开第三批赴内地六省挂职锻炼干部经验交流座谈会，12名挂职锻炼干部参加座谈会。自治区国税局副局长格桑次仁主持座谈会并讲话。

12－14日 全区税务系统办公室工作会议在拉萨召开，各地（市）国税局、拉萨经济开发区国税局分管办公室工作的局领导及办公室主任参加会议。自治区国税局副局长旺堆出席会议并讲话，副巡视员成永安主持会议。

18日 西藏自治区副主席宫蒲光在自治区人民政府302会议室听取所分管部门近期重点工作汇报，自治区国税局纪检组长群培作税收工作汇报。

18日 西藏自治区国税局召开2011年一至三季度税收收入分析座谈会，自治区国税局总经济师谢学忠出席座谈会。

22日 根据自治区党委关于开展创先争优强基础惠民生活动的要求，自治区国税局选派的第一批驻村工作组一行20人进驻山南地区错那县觉拉乡觉拉村、年扎村、德吉村、罗堆村、扎洞村等五村。

29日 全区车辆购置税电子档案管理系统正式推行。

11月

3－8日 全区财税库银横向联网税收收入电子缴库系统成功在山南地区、日喀则地区国家税务局上线运行。

9日 《西藏自治区实施〈中华人民共和国车船税法〉办法》（自治区人民政府令第107号）经自治区人民政府第17次常务会议通过，自2012年1月1日起施行。

12－15日 西藏自治区国税局党组书记、局长袁庆杰出席中国共产党西藏自治区委员会第八次代表大会。

16日　西藏自治区国税局党组书记、局长袁庆杰主持召开中心理论组会议和机关全体干部职工大会，传达学习中国共产党西藏自治区委员会第八次代表大会精神。

17日　西藏自治区人民政府下发《西藏自治区人民政府关于调整我区推进非公有制经济跨越式发展有关税收政策的通知》（藏政发〔2011〕112号），从2011年11月1日起，对个体工商户的增值税、营业税起征点调整为月销售额、营业额20000元，日销售额、营业额500元；对于年销售额在120万元以下的纳税人，申请认定增值税一般纳税人的，按照一般纳税人的相关规定进行认定、管理；纳税人未认定一般纳税人的，按照小规模纳税人进行管理；停止征收虫草、松茸采购环节营业税；娱乐业营业税税率由10%调整为5%。

18日　西藏自治区国税局党组召开以“坚持以人为本执政为民理念 发扬密切联系群众优良作风”为主题的党组民主生活会。党组书记、局长袁庆杰，纪检组长群培，副局长陈文通、格桑次仁、旺堆、杨承碧，总经济师谢学忠，总会计师穷达参会；列席会议人员有副巡视员尼玛，人事处、监察室、机关党委办公室、办公室、巡视办公室等部门负责人。

19－25日　西藏自治区国税局党组书记、局长袁庆杰一行四人，看望并慰问自治区局驻错那县觉拉乡强基础惠民生活动驻村工作组，并深入山南地区国家税务局，琼结县、桑日县、扎囊县国家税务局及日喀则地区国家税务局，日喀则市、白朗县、康马县、江孜县、拉孜县、萨迦县国家税务局等调研。

26日　西藏自治区党委书记陈全国在《西藏自治区国家税务局2011年10月全区税收收入组织通报》上作出重要批示：“组织得很好。”

12月

10日　西藏自治区国家税务局决定，边巴仓决为西藏自治区国家税务局政策法规处处长；刘春祥为西藏自治区国家税务局收入规划核算处处长；扎西平措为西藏自治区国家税务局纳税服务处处长；边巴扎西为西藏自治区国家税务局机关服务中心主任；尼珍为西藏自治区国家税务局集中采购中心主任；李建群为西藏自治区昌都地区国家税务局局长；南扎为西藏自治区那曲地区国家税务局局长。

同日　西藏自治区国家税务局决定，魏忠梅任西藏自治区国家税务局货物和劳务税处处长；刘希明任西藏自治区国家税务局大企业和国际税务管理处处长；刘全洪任西藏自治区国家税务局督察内审处副处长；莫毅任西藏自治区国家税务局人事处副处长；孙学兵任西藏自治区国家税务局巡视工作办公室副主任；曾庆中任西藏自治区国家税务局大企业和国际税务管理处副处长；次仁格桑任西藏自治区国家税务局离退休干部处副处长；刘建昆任西藏自治区国家税务局直属税务分局副局长；米玛次仁任西藏自治区国家税务局机关服务中心副调研员；谭志雄任西藏自治区拉萨市国家税务局党组成员、副局长；邱韶昆任西藏自治区拉萨市国家税务局党组成员、副局长；白央任西藏自治区日喀则地区国家税务局副局长；苏湘帆任西藏自治区日喀则地区国家税务局副局长；平措坚赞任西藏自治区山南地区国家税务局副局长；桑枝文任西藏自治区林芝地区国家税务局副局长；董亚英任西藏自治区林芝地区国家税务局副局长；李梅任西藏自治区昌都地区国家税务局副局长；白玛次仁任西藏自治区那曲地区国家税务局副局长；秀扎任西藏自治区那曲地区国家税务局纪检组长；卓玛次仁任西藏自治区阿里地区国家税务局副局长。

同日 西藏自治区国家税务局决定，高心义为西藏自治区国家税务局离退休干部处调研员；刘国庆为西藏自治区国家税务局直属税务分局调研员；马世功为西藏自治区国家税务局集中采购中心调研员；杨建生、格桑曲珍为西藏自治区国家税务局征管和科技发展处副调研员；仓姆为西藏自治区国家税务局督察内审处副调研员；石晓蓉为西藏自治区国家税务局稽查局副调研员；洛桑朗达为西藏自治区国家税务局机关服务中心副调研员；格桑次仁（机关服务中心）为西藏自治区日喀则地区国家税务局副调研员；南嘎为西藏自治区林芝地区国家税务局副调研员。

同日 西藏自治区国家税务局决定，彭文宇为西藏自治区国家税务局办公室副主任；国杰为西藏自治区国家税务局政策法规处副处长；甘夏雨为西藏自治区国家税务局政策法规处副处长；李雷为西藏自治区国家税务局收入规划核算处副处长；徐玉彬为西藏自治区国家税务局纳税服务处副处长；德吉央宗为西藏自治区国家税务局财务管理处副处长；次仁卓玛为西藏自治区国家税务局监察室副主任；曹云为西藏自治区国家税务局稽查局副局长；李刚为西藏自治区国家税务局稽查局副局长；赵兴平为西藏自治区国家税务局机关服务中心副主任；熊彪为西藏自治区国家税务局税收科学研究所副所长；扎西次仁同志为中共西藏自治区拉萨市国家税务局党组成员、纪检组长；刘奎为西藏自治区拉萨市国家税务局党组成员、总经济师；白玛多吉为西藏自治区拉萨市国家税务局稽查局局长（副处级）；张增民为中共西藏自治区日喀则地区国家税务局党组成员、纪检组长；张意建为西藏自治区日喀则地区国家税务局党组成员、总经济师；次仁巴桑为西藏自治区日喀则地区国家税务局稽查局局长（副处级）；卢彦豪同志为中共西藏自治区山南地区国家税务局党组成员、纪检组长；达瓦次仁为西藏自治区山南地区国家税务局党组成员、总经济师；德吉卓嘎为西藏自治区山南地区国家税务局党组成员、总会计师；旦巴次仁为西藏自治区山南地区国家税务局稽查局局长（副处级）；蒋庆利为中共西藏自治区林芝地区国家税务局党组成员、纪检组长；次朗为西藏自治区林芝地区国家税务局党组成员、总经济师；赵龙为西藏自治区林芝地区国家税务局稽查局局长（副处级）；张先强为中共西藏自治区昌都地区国家税务局党组成员、纪检组长；李宏伟为西藏自治区昌都地区国家税务局党组成员、总经济师；旦木琼为西藏自治区昌都地区国家税务局党组成员、总会计师；陈群瑛为西藏自治区昌都地区国家税务局稽查局局长（副处级）；叶代洪为西藏自治区那曲地区国家税务局党组成员、总经济师；杨丞为西藏自治区那曲地区国家税务局党组成员、总会计师；扎西顿珠为西藏自治区那曲地区国家税务局稽查局局长（副处级）；彭佐国为中共西藏自治区阿里地区国家税务局党组成员、纪检组长；关志刚为西藏自治区阿里地区国家税务局党组成员、总经济师；次旦多吉为西藏自治区阿里地区国家税务局党组成员、总会计师；陈高华为西藏自治区阿里地区国家税务局稽查局局长（副处级）。

13 日 西藏自治区税务学会第二次代表大会暨西藏自治区国际税收研究会第一届理事会第二次会议在拉萨召开，来自 7 个会员单位及社会各界的 58 位代表参加会议。会议审议并通过第一届理事会的工作报告，并表决增补、改选出了西藏自治区国际税收研究会理事、常务理事、副秘书长等。

14 日 全区税务系统干部教育培训工作座谈会在拉萨召开，全面总结全区税务系统“十一五”时期干部教育培训工作，交流分析干部教育培训工作中的突出问题，讨论并部署了“十二五”时期税务干部教育培训工作。自治区国税局副局长格桑次仁出席会议。

16 日 “西藏自治区国税系统廉政教育基地”命名挂牌仪式在西藏税务干部学校举行。自治区国税局党组书记、局长袁庆杰，林芝地委委员、行署常务副专员刘来兴为基地揭牌；林芝地区纪检委（监察局）、宣传部主要负责人，西藏自治区税务干部学校及林芝地区国家税务局100余人参加了挂牌仪式。

20日 西藏自治区国税局召开新提任副厅级领导干部任职大会，国家税务总局人事司副司长王满平代表国家税务总局宣布国家税务总局关于袁继军、雷纪选任职决定。

21日 “中国税务林”资产及后续管理移交仪式在拉萨举行，国家税务总局人事司副司长王满平代表国家税务总局与拉萨市人民政府副市长王晖代表拉萨市人民政府签订“中国税务林”资产及后续管理备忘录，自治区人民政府副秘书长梅玉宝，自治区国税局局长袁庆杰、副局长袁继军、总经济师谢学忠出席。

31日 西藏自治区全年共组织各项收入97.20亿元，同比增长90.2%，增收46.09亿元，其中税务部门组织收入96.63亿元，同比增长90.7%，增收45.96亿元，增收幅度在全国36个省市区（含计划单列市）中排列第一位。税收收入94.60亿元，同比增长90.3%，增收44.90亿元，完成国家税务总局下达计划的184%。

同日 全区全年共办理出口货物退（免）税3024万元，同比增长14.89%，其中免抵调库24万元。